Hess/Handel

Familienwelten

Sprache und Lernen

Internationale Studien
zur pädagogischen Anthropologie

Herausgegeben
von Professor Dr. Werner Loch
Professor Dr. Harm Paschen
und Professor Dr. Gerhard Priesemann

Band 41

Robert D. Hess/Gerald Handel

Familienwelten

Kommunikation und Verhaltensstile in Familien

Pädagogischer Verlag Schwann Düsseldorf

Die Originalausgabe erschien bei
The University of Chicago Press, Chicago und London 4. Aufl. 1971
unter dem Titel
Family Worlds
Die deutsche Übersetzung besorgten Heidrun und Udo Jung
Redaktion: Werner Loch

 · 1. Auflage 1975
Umschlaggestaltung Paul A. Wohlrab
Herstellung Lengericher Handelsdruckerei Lengerich
ISBN 3-590-14141-7

INHALT

Vorwort 7

I. *Die Familie als psychosoziale Organisation* 14

II. *Die Clarks*
Flucht aus der Unsicherheit 35

III. *Die Lansons*
Gleichmut und seine Fährnisse 89

IV. *Die Littletons*
Unverbundenheit im Spiel der Kräfte 138

V. *Die Newbolds*
Zurschaustellung konstruktiver Unabhängigkeit 191

VI. *Die Steeles*
Wohl und Wehe des Miteinander 236

VII. *Die fünf Familien*
Eine vergleichende Zusammenfassung 281

Anhang
Einige Bemerkungen zur Methode 309

Nachwort des Herausgebers
Die Konstruktion der Wirklichkeit in der Familie .. 324

VORWORT

In diesem Buch wird der Versuch unternommen, in einer interpretierenden Analyse psychologischen und psychosozialen Datenmaterials die Komplexitäten der emotionalen Organisation von Familien zu untersuchen und Konzepte aufzuzeigen, die nach unserer Meinung für die Untersuchung interner Prozesse in nicht-pathologischer familialer Interaktion und emotionaler Struktur nützlich sein mögen.

Gemäß unserer Überzeugung, daß ein Wissenszuwachs sowohl auf der Basis unvermittelter Darstellung und Beispielgebung als auch durch Generalisierung erfolgen kann, haben wir uns entschieden, unseren Zugang zu familialer Dynamik dadurch darzustellen, daß wir fünf Familien aus einer Untersuchungsgruppe beschreiben. Aus der detaillierten Untersuchung einzelner Fälle ergeben sich Gedankengänge, wird eine Infragestellung gegenwärtiger Theoriebildung nahegelegt, werden diejenigen Bereiche ausgesondert, über die unser Wissen recht spärlich ist, und Hypothesen angeregt, deren Gehalt unter einem anderen Forschungsansatz getestet werden kann. Die Untersuchung eines Einzelfalles erfüllt noch eine andere, vielleicht wichtigere Funktion: Sie überträgt Abstraktionen in konkrete Komponenten tatsächlichen Lebens. Der Sozialwissenschaftler verliert den Kontakt mit seinem Gegenstand, wenn er sich in seiner Arbeit auf »leblose« Reaktionen und in Kategorien gefaßte Handlungen beschränkt. In der Sozialwissenschaft muß der Lernvorgang eine sensorische Basis haben; Tabellen bedürfen einer Beziehung zu Menschen, die man als Handelnde sehen und hören kann. Die tabellarische Datenerfassung bringt unsere Wissenschaft voran; Fallstudie und Analyse erinnern uns daran, daß unser Gegenstand in menschlicher Handlung und menschlichen Gefühlen besteht.

Möglicherweise sind Fallstudien von besonderer Nützlichkeit, wenn es um Probleme geht, die für das Forschungsgebiet Neuland bedeuten. Sie ermöglichen es, die Bezüge neuer Konzepte detailliert darzustellen und über deren Verzweigungen nachzudenken. Konzepte mit weiter Verbreitung entfernen sich manchmal so sehr von den Phänomenen, die sie repräsentieren sollen, daß sie sich entgegen der Absicht verselbständigen. Eine formale Definition von Konzepten genügt nur selten, um sie in geeigneter Weise zu plazieren; in der Tat sind solche Definitionen häufig erst dann möglich, um nicht zu sagen fruchtbar, wenn man sich mit den Phänomenen, die ihnen zugrunde liegen, über längere Zeit beschäftigt hat. Die Untersuchung einer Reihe von Einzelfällen dient dazu, die Nähe der Konzepte zu den Ereignissen, die wir verstehen wollen, zu gewährleisten.

Ein nicht geringer Teil des illustrativen Materials aus den ursprünglichen Rohdaten ist in unsere Analyse der Einzelfälle eingearbeitet worden. Da es in einem interpretativen Kontext dargeboten wird, gibt dieses Material dem Leser die Gelegenheit, unsere Gedanken auf der Basis des Datenmaterials nachzuvollziehen. Gleichzeitig verfügt er auch über eine Grundlage zur Erarbeitung eigener Interpretationen, sei es, daß er nicht mit uns übereinstimmt, oder daß er Wege einschlägt, die von uns außer acht gelassen wurden. Wir hoffen, daß Fallstudien wie diese nicht nur weitere Forschungen nach sich ziehen, sondern sich in Seminaren über die Familie als besonders nützlich erweisen werden.

Wir sind der Überzeugung, daß neue Perspektiven für das Studium der Familie nötig sind. Welches diese neuen Perspektiven sind, versuchen wir in Kapitel I darzulegen und in den folgenden Kapiteln zu belegen. An dieser Stelle teilen wir einige Prämissen mit, die wir für gegeben erachten; sie stellen die Basis dar, von der wir ausgegangen sind.

Gewisse Aspekte des Familienlebens und seiner Umstände können als universell vorgegeben oder als Ausflüsse der biologischen Natur des Menschen angesehen werden. Oberhalb der biologisch determinierten Universalien des Familienlebens findet sich kulturell Vorgegebenes – die Charakteristika, die sich direkt aus der Tatsache ergeben, daß die Familie Teil eines sozialen und kulturellen Systems menschlicher Wesen ist. Auf dieser Ebene sind die Wesenszüge der Familie komplexer und stärker unterschieden; sie variieren nicht nur von einer Kultur zur anderen, sondern auch in Subgruppen von Kulturen. Kulturelle und soziale Konfigurationen überlagern die sexuelle

Aktivität zur Reproduktion der Spezies mit Erwartungen und Grenzziehungen; sie regulieren dieses Verhalten innerhalb der Familie wie auch zwischen Familienmitgliedern und anderen Individuen der Gesellschaft. Es sind auch Vorschriften formaler Art, wie sie in Gesetzen in bezug auf eheliche und elterliche Bindungen zum Ausdruck kommen, und informeller Definition gegenseitiger Verpflichtung in der Familie, die in der Sitte zum Ausdruck kommt.

Kulturelle Erwartungen regulieren auch die basalen Elemente des Sozialisationsprozesses und die Rollenmerkmale, die jedes Familienmitglied annehmen muß. Innerhalb ziemlich weiter Grenzen ist das Verhalten der Eltern gegenüber dem Kind von Gruppennormen indiziert; das Kind lernt durch Erfahrung solche Verhaltensweisen, die dem biosozialen Status eines Kindes angemessen sind, und gewinnt eine Vorstellung von den Rollen der erwachsenen Familienmitglieder. Die Komponenten familialer Rollen, welche den Mitgliedern einer bestimmten Kultur gemein sind, stellen nützliche Konstrukte für das Studium der Familie als einer Institution und für interkulturelle Vergleiche der Familie als eines zentralen Elements der sozialen Struktur dar. Die Dynamik familialer Interaktion wird jedoch von mächtigen situationalen und idiosynkratischen Komponenten beeinflußt, so daß die Analyse einer einzelnen Familie über die Fakten, die sich ergeben, wenn man biologisch und kulturell Gegebenes zum Verhalten einer Familie in Beziehung setzt, hinausgeht. Wir verfolgen die Absicht, hier einige der Variationen in der Lebensgestaltung zu untersuchen, die einzelne Familien entwickelt haben, in der Absicht, ihre emotionalen und sozialen Konsequenzen zu verstehen. Dieses Buch setzt so die Arbeit fort, über die wir bereits berichtet haben.[1]

Es mangelt nicht an Bezugsrahmen und Theorien zum Verständnis des Familienlebens. Die Sozialwissenschaftler haben sich aus unterschiedlichen Interessen und Absichten veranlaßt gesehen, darüber nachzudenken, was Familien sind und was sie sein sollten. Innerhalb eines weitgefaßten Begriffes von Sozialwissenschaft gibt es zahlreiche Zugänge, die in einem großen

[1] Robert D. Hess and Gerald Handel, »Patterns of Aggression in Parents and Their Children«, *Journal of Genetic Psychology,* LXXXIX (1956), 199–212; Gerald Handel and Robert D. Hess, »The Family as an Emotional Organization«, *Marriage and Family Living,* Vol. XVIII, No. 2 (May, 1956).

Korpus niedergelegt worden sind. Wenn wir hier eine weitere Perspektive hinzufügen, so versuchen wir, einen Bereich darzustellen, von dem wir meinen, er sei bisher nur unzureichend beachtet worden. Die Darstellung unserer Absicht gelingt wohl am besten, wenn wir kurz einige professionelle Zugänge zum Studium der Familie darstellen.

Klinische Praktiker – der Psychiater, der klinische Psychologe, der psychiatrische Sozialarbeiter – sind damit befaßt, Menschen, die in Schwierigkeiten sind, zu helfen. Man sucht sie auf oder wird zur Behandlung ihrer Obhut anvertraut, damit eine adäquate Funktionsfähigkeit wiederhergestellt wird. In den meisten der derzeitig existierenden psychotherapeutischen Systeme ist das Individuum, das die Dienste des Therapeuten benötigt, notwendig im Zentrum des Interesses der Therapeuten. Er erforscht die Familienverhältnisse seines Patienten soweit, wie es für die Erlangung eines therapeutischen Zieles erforderlich ist. Dieses Ziel besteht in der so oder so gearteten Änderung der Persönlichkeit. Familienforschung, wie sie von klinischen Forschern durchgeführt worden ist – sei sie nun durch ihre Arbeit mit den Patienten veranlaßt oder nur beiläufig aufgenommen worden –, ist traditionellerweise auf das Verständnis der Persönlichkeit des Patienten gerichtet gewesen. Die Persönlichkeit ist gestört; die Umstände der Störung muß man verstehen; und das hat ein Wissen darüber zur Folge, wie die Beziehungen des Patienten zu anderen zu seiner Schwierigkeit beigetragen haben.

Bei der Behandlung emotional gestörter Kinder ist das Konzept der Störung häufig versetzt oder ausgedehnt worden, so daß – in den meisten Fällen – die Mutter-Kind-*Beziehung* und nicht so sehr die *Persönlichkeit* beider als Herd für die Störung angesehen wird. Für die Behandlung ist in dieser Sicht eine Revision der gegenseitigen Bindungen erforderlich, der Art, wie sie einander einschätzen. Eben diese Vorstellung ist in steigendem Maße – wenn auch noch nicht stark verbreitet – auf die Beziehungen unter Erwachsenen ausgedehnt worden. Die diesbezüglich geleistete Arbeit findet sich in einer neueren Sammlung klinischer Erfahrungsberichte.[2]

[2] Victor W. Eisenstein (ed.), *Neurotic Interaction in Marriage* (New York: Basic Books, 1956).

Ebenso haben einige klinisch tätige Wissenschaftler kürzlich versucht, über die Zwei-Personen-Beziehung hinauszugehen und zu einer Diagnose der Gesamtfamilie zu kommen – unter Einschluß von Eltern und Kindern – in der Überzeugung, daß eine Persönlichkeitsstörung im wesentlichen in die gesamte Matrix intra-familialer Beziehungen eingebettet, wenn nicht gar von ihr verursacht ist. Hier ist die Arbeit von Dr. Nathan W. Ackermann erwähnenswert, da er besonderes Gewicht auf die Komplexität interpersonaler Bezüge innerhalb der Kleinfamilie gelegt hat. Obwohl er auf die Phänomene der Gruppe aufmerksam gemacht hat, bleiben seine Konzepte die der Zwei-Personen- oder Dreiecksbeziehung, so daß er letztlich die Familie untersucht, indem er nacheinander eine jede dieser Beziehungen betrachtet. Bis jetzt hat er noch keine Konzepte entwickelt, um die Gesamtgruppe abhandeln zu können.

Alle diese klinisch orientierten Zugänge gründen auf dem Interesse an Persönlichkeitsstörungen.

Das Studium der Familie als einer Gruppe ist traditionellerweise das Metier des Soziologen und des Anthropologen gewesen. Zu verschiedenen Zeiten hat es verschiedene Schwerpunkte in diesen Untersuchungen gegeben, obwohl in diesen unterschiedlichen Fragestellungen ein durchgehender roter Faden für Kontinuität sorgt – die Art der Kräfte, welche Familienmitglieder aneinander binden, und wie diese Kräfte zu der Form der größeren Gesellschaft in Beziehung stehen. Den verschiedenen Konzeptualisierungen des Problems der Familienkohäsion fehlt es typischerweise an der Vorstellung, daß die jeweiligen Persönlichkeiten der Individuen, die eine Familie ausmachen, ein wesentliches Element ihrer Struktur sind. Da die Soziologen und Anthropologen um das Verständnis sozialer Aggregationen, um Klassifikationen und Gruppierungen bemüht sind, ist die Einschätzung einzelner Personen nicht Teil ihrer Methode oder ihres Denkens gewesen. In gewisser Weise kann man also sagen, daß klinische Praktiker und Theoretiker an demselben Problem von zwei grundsätzlich verschiedenen Perspektiven aus gearbeitet haben. Aufgrund seiner Ausbildung, seiner Denkgewohnheiten und professionellen Verantwortung beginnt der klinische Praktiker beim Individuum und weitet dann Schritt für Schritt seinen Gesichtskreis aus. Aus genau denselben Gründen beginnen der Soziologe und der Anthropologe mit der Gruppe.

In gewisser Hinsicht verläuft die Entwicklung des soziologischen Interesses an der Familie parallel zum klinischen und grenzt daran. Die Ähnlichkeit tritt am deutlichsten in den frühen Anfängen zutage: Die Soziologen waren auch mit dringenden Problemen befaßt – Scheidung, Unehelichkeit, Straffälligkeit. Zumindest in Hinsicht auf die Formulierung ihrer Interessen waren einige frühe amerikanische Soziologen Kliniker. Aber den bedeutsameren Anstoß zu einer Konvergenz erhielten sie durch das Interesse an *sozialem Wandel.* Ogburns denkwürdige Aussage, daß die Familie ihrer Funktionen verlustig gehe, machte eine Reflektion darüber notwendig, was die Familie tat, wenn sie nicht länger tat, was sie getan hatte. Das Ergebnis, zu dem einige, wie zum Beispiel Sorokin und Zimmerman, kamen, war, daß sie kaum mehr tat, als weiter zu verfallen. Eine größere Phalanx kam fast übereinstimmend zu dem Schluß, die Funktion der Familie sei die Entwicklung der Persönlichkeit. In dem Kapitel über die amerikanische Familie schreiben Parsons und Bales: »... die Funktionen der Familie in einer stark differenzierten Gesellschaft dürfen nicht als Funktionen interpretiert werden, die sich direkt an die Gesellschaft wenden, sondern im Dienste der Persönlichkeit stehen.«[3]

Die Bedeutung eines Großteils der Arbeit von Burgess wie auch von Foote und Cottrell gehen in dieselbe Richtung. Die gleiche grundlegende Implikation verfolgen auf verschiedenen Wegen Allison Davis, Waller, Hill und viele andere bekannte Forscher. Obwohl eine detaillierte Diskussion vorausgegangener Forschung und Theorie nicht in der Absicht dieses Buches liegt, haben wir diese Hintergrundinformation schnell eingeflochten, um einen Kontext zu haben, durch den unsere Arbeit zu Vorausgegangenem in Beziehung gebracht wird.

Eine jede der hier vorgestellten fünf Familien wurde ausgewählt, weil sie in ihren interaktionalen Aspekten für eine Subklasse von Familien aus der Gesamtheit der Gruppe repräsentativ war. Familien, deren persönliche Umstände und Psycho-

[3] Talcott Parsons und Robert F. Bales, *Family, Socialization and Interaction Process* (Glencoe, Ill.: Free Press, 1955), p. 16.

dynamik dramatischer oder ungewöhnlich oder abweichend waren, wurden übergangen. Diese fünf Familien weisen keine extremen Konflikte oder psychologischen Krisen auf; ihre Probleme sind typisch. In jedem Fall trafen wir eine Auswahl unter zwei oder drei Familien, die in ihren interaktionalen Problemen, ihrem Lebensstil und allgemeinen soziologischen Charakteristika sehr ähnlich waren. Eine jede der Familien aus der gesamten Untersuchungsgruppe hat ihre Probleme. Es ist nicht unsere Absicht, eine Reihe von Problemfamilien zu dramatisieren, sondern Familien mit typischen Spannungen und internen Beziehungen zu beschreiben und die Art und Weise zu untersuchen, in der Familien mit den tagtäglichen Aufgaben des Familienlebens fertig werden.

Bis zu einem gewissen Grad haben wir es im Interesse eines besseren Verständnisses familialer Interaktion für notwendig erachtet, den Schleier, der eine jede Familie vor den Augen ihrer Nachbarn schützt, zu lüften. Mit Rücksicht auf die Rechte der hier beschriebenen Familien haben wir die fünf Familien unkenntlich gemacht. Natürlich können wir nicht sagen, welcher Art die von uns benutzte Tarnung zur Verzeichung der Identität der betreffenden Familien ist, außer daß die Namen der Familien und der einzelnen Mitglieder fiktiv sind. Diesen Familien, die sich bereit erklärten, an der Untersuchung teilzunehmen, schulden wir großen Dank. Wir anerkennen den von ihnen bewiesenen Mut, daß sie sich an dieser Arbeit beteiligten. Ihr einziger Lohn ist die Befriedigung, die sie aus der Möglichkeit ableiten könnten, einen Beitrag zum Verständnis des Familienlebens geleistet und so vielleicht anderen Familien, deren Probleme größer als die ihrigen sind, geholfen zu haben. Ihnen unseren herzlichsten Dank.

Kapitel I

DIE FAMILIE ALS PSYCHOSOZIALE ORGANISATION

Wie sehr auch immer ihr Dasein in die größere Gemeinschaft hineinreicht, so ist die Familie in einem gewissen Sinne doch ein begrenztes Universum. Die Mitglieder einer Familie – die Eltern und ihre heranwachsenden Kinder – wohnen in einer selbst geschaffenen Welt, einer Gefühls- und Phantasie-, Aktions- und Gebotsgemeinschaft. Bereits vor der Geburt ihres Kindes machen die zukünftigen Eltern Pläne für seine Mitgliedschaft in der Familie, und sie bereiten nicht nur eine Wiege vor, sondern machen sich auch Vorstellungen von seiner zukünftigen Bedeutung für sie. Das Kind bringt Überraschungen mit sich, aber mit der Zeit findet ein gegenseitiges Kennenlernen statt, schließlich Vertrautheit; das geschieht dadurch, daß die Mitglieder der Familie täglich ihre wechselseitige Verbundenheit durch unmittelbaren Umgang, der sie miteinander bekannt werden läßt, konstituieren. Ein jeder von ihnen speichert mit der Zeit ein persönliches Abbild ihres gemeinsamen Lebens, das durch seine eigenen Emotionen und individuellen Erfahrungen geprägt worden ist.

In ihrer wechselseitigen Interaktion entwickeln die Mitglieder der Familie ein mehr oder weniger adäquates Verständnis voneinander und sind gemeinsam bestrebt, Übereinstimmung herzustellen und Ungewißheit zu überwinden. Das Zusammenleben der Familie ist ein endloses Kreisen in und um gegenseitiges Verstehen, von Zuneigung zu Auseinandersetzung zu Entfremdung – und so fort. Getrenntheit und Verbundenheit sind die dem Leben einer Familie zugrundeliegenden Bedingungen, und ihre gemeinsam zu lösende Aufgabe ist es, beiden Gestalt zu geben.

Dieses Buch beschreibt, wie jede einzelne von fünf Familien diese und andere Aufgaben auf unterschiedliche Art angegangen hat. Die Art und Weise, in welcher eine Familie eine Einheit bildet, und die Möglichkeiten, die sie für die Existenz einer selbständigen Persönlichkeit bereit hält, sind in einem gewissen Sinne der Gegenstand jedes Familienlebens. Die von uns skizzierten psychosozialen Portraits sollen etwas von der Besonderheit amerikanischer Familienstrukturen vermitteln. Zwar handelt es sich hier um amerikanische Familien, aber unser vorrangiges Interesse galt nicht dem größeren kulturellen Umfeld. Vielmehr versuchten wir, zunächst die Grenzen der Familie zu finden und dann ihre psychosozialen Dimensionen zu erforschen. Wenn wir das kulturelle Umfeld betrachteten, dann geschah das mit den Augen einer Familie und deren Perspektive. Der Leser wird in diesen analytischen Skizzen Varianten kultureller Themen der Mittel- und Unterschicht erkennen; auch hier ist es unser Ziel gewesen darzustellen, wie diese sich auf die Empfindungen konkreter Individuen, die ein Leben in einer kleinen und vertrauten Gruppe gestalten, auswirken. Zu diesem Zweck haben wir die Methode der Fallstudie gewählt; ihr Ziel ist es, die Wahrnehmungsfülle amerikanischen Familienlebens näher auszuführen.

Jedoch ist Abbildung nicht unser einziges Ziel. Es geht uns darum, einen Bezugsrahmen zu erstellen, mit dessen Hilfe man die Kernfamilie als Gruppe verstehen kann. Vorgänge in einer Familie laufen bei weitem nicht rein zufällig ab; selbst der Ungewißheit wird ein fester Platz im Programm einer Familie eingeräumt. Während wir Verschiedenheit belegen, arbeiten wir auf einen systematischen Überblick über die Familie als eine psychosoziale Organisation hin. Wie kann man wohl eine Familie beschreiben und dabei allen ihren Mitgliedern Rechnung tragen? Die Vielfalt der häuslichen Ereignisse findet in einem Karussell der Interaktion statt, welches nur für den flüchtigen Beobachter ein gestaltloses Durcheinander ist. Es gibt Knotenpunkte, Punkte, an denen Gefühl konzentriert auftritt und Bedeutsamkeit ausgesprochen wird. Es gibt Pfade, zu denen die Interaktion immer wieder zurückkehrt. Eine Familie hat erkennbare Struktur und Gestalt.

Wir machten es uns zur Aufgabe, die ein Familienleben gestaltenden Elemente aufzuspüren. Dabei untersuchten wir die Persönlichkeiten der einzelnen Mitglieder, die Beziehungen zwischen Paaren und in Dreiergruppen und die Integration dieser individuellen, psychodynamischen Züge und vielfältigen

Beziehungen in der psychosozialen Struktur der Gruppe. Wir versuchten, die tragenden Konvergenzen und die intrinsischen Spaltungen einer Familie, die als ein Gefüge individueller Persönlichkeiten, ein System interpersonaler Beziehungen und eine je spezifische Kulturerscheinung gesehen wurde, in einem einzigen Bild zu erfassen.

Es ist unabdingbar, Individualität zur jeweiligen Form der Familie, in der sie vorkommt, in Beziehung zu setzen und die Teilhabe familialer psychologischer Interaktionsarten an den Persönlichkeiten einzelner Mitglieder zu untersuchen. Als leitendes Prinzip schlagen wir vor, daß die innerpsychische Organisation eines jeden Mitglieds Teil der psychosozialen Struktur seiner Familie ist; die Struktur einer Familie schließt die innerpsychische Organisation ihrer einzelnen Mitglieder mit ein. Wenn z. B. Getrenntheit und Verbundenheit eines der grundlegendsten Probleme konstituieren, die eine Familie zu lösen hat, dann ist es notwendig, zunächst einmal einen Standpunkt einzunehmen, von dem aus beide Tendenzen als Teile derselben Lösung gesehen werden können, und dann diese Lösung sowohl als eine Extension individueller Bedürfnisse in die Gruppeninteraktion sowie auch als eine bedeutsame Determinante der einzelnen Persönlichkeit zu betrachten.

Das Verstehen der Beziehung zwischen individueller Dynamik und familialer Interaktionsmatrix kann durch ein zweites Prinzip weiter vorangetrieben werden: In familialen Beziehungen strebt das einzelne Mitglied Voraussagbarkeit erwünschter Erfahrung an; es versucht, Zustände herauszufinden oder herbeizuführen, die seinem Wunschbild von der es umgebenden Welt entsprechen – wie sie auf es reagieren und ihm Gelegenheit geben sollte, seine eigenen Präferenzen zum Ausdruck zu bringen. Dieses Prinzip zeigt an, wie man die Art und Weise untersuchen könnte, in der individuelle Besonderheit als Resultat der eigenen Erfahrung und der anderer zu familialer Besonderheit transformiert wird. Es deckt auch den Einfluß ab, den erfolgreiche oder erfolglose Versuche, die gewünschte emotionelle Atmosphäre zu erlangen, auf das einzelne Mitglied haben. Weder die Bindungen, die die Familienmitglieder zusammenschließen, noch die Barrieren, die sie trennen, werden durch offenes soziales Verhalten allein adäquat dargestellt. Es gibt eine Unzahl von Verbindungen mit anderen sowohl nach außen wie auch nach innen. Beim Studium normaler Menschen wie in unserem Fall verdienen die inneren Verbindungen und Absonderungen genauso viel Aufmerksamkeit wie die äußeren Begegnungen und Möglichkeiten zu sozialer Abgeschiedenheit. Wenn wir also als gegeben hinnehmen, daß die Mitglieder einer Kernfamilie eine je eigene Persönlichkeit haben, daß ein jedes eine psychobiologische Individualität besitzt und daß ein jedes von kulturellen Rollenerwartungen geleitet wird, wie werden wir dann zu einem Verständnis dessen gelangen, wie sie gemeinsam ihr Leben gestalten?

Wir beabsichtigen, in diesem einführenden Kapitel einige Konzepte anzuführen, die für Verständnis und Beschreibung der Komplexitäten normaler familialer Interaktion in nichtpathologischen Termini nützlich sind. Die hier beschriebenen hauptsächlichen Vorgänge geben dem Hinundher des Familienlebens eine Form, den weitgefächerten Ereignissen, Wahrnehmungen, Emotionen, Aktionen, Lernvorgängen und Veränderungen, welche die Mitglieder erfahren oder bewirken, Zusammenhalt. Die weiter unten diskutierten wesentlichen Vorgänge sind folgende:

1. Erstellung eines Schemas für Getrenntheit und Verbundenheit.
2. Erstellung einer zufriedenstellenden Kongruenz der Bilder durch den Austausch geeigneter Information.
3. Entfaltung von Interaktionsweisen zu zentralen Belangen oder Themen der Familie.
4. Festsetzung der Grenzen für die Erfahrungswelt der Familie.
5. Behandlung wesentlicher biosozialer Fragen des Familienlebens, wie etwa in der Disposition der Familie, Definitionen von männlich und weiblich und von älter und jünger zu entwickeln.

Das Bestreben, ein zufriedenstellendes Schema für Getrenntheit und Verbundenheit zu erreichen

Zwei Zustände charakterisieren die Kernfamilie. Ihre Mitglieder sind miteinander verbunden, und sie sind auch voneinander getrennt. Jede Familie füllt diese Zustände auf ihre eigene Art und Weise aus. Ihr Leben kann mehr Nachdruck auf dem einen oder dem anderen sichtbar machen; dennoch sind beide konstitutive Elemente des Familienlebens. Das Kind wird aus der Begrenzung des Mutterleibes in die seines eigenen Körpers – mit individuellen Formen der Sensitivität und Aktivität – entlassen. Es besitzt eine nicht minderbare, psychobiologische Individualität, die keine noch so intensive und wie auch immer geartete Sozialisation aus der Welt schaffen kann. Auch seine Eltern bleiben individuelle Personen, gleich wie tief ihre Liebe, wie leidenschaftlich ihr gegenseitiges Verlangen oder wie diffus ihre individuellen Persönlichkeiten sein mögen. Durch die Wünsche und Fähigkeiten ihrer Mitglieder definiert und verwirklicht die Familie die Getrenntheit, so daß sie in Familienangelegenheiten von großer oder nur geringer Bedeutung ist, Freude oder Niedergeschlagenheit verursacht. Die Skala der Möglichkeiten ist groß. Das autistische Kind oder ein psychotischer Elternteil sind das pathologische Extrem der Getrenntheit. Die wohltuenden Extreme sind weiter gestreut – Gefühlsreichtum, Autonomie des Ich, individuelle Kreativität. Vielleicht vermittelt Eriksons Konzept einer klar umrissenen Ego-Identität am besten die positive Bedeutung von Getrenntheit.[1]

Jedoch ist die Verbundenheit von Familienmitgliedern in gleicher Weise grundlegend. Kein Menschenkind kann ohne Bindungen überleben. Verbundenheit kann von physischer Nähe und elementarer Kinderpflege hinreichen bis zu einer Intensität wechselseitiger Bezugnahme, die beinahe alle übrigen Interessen ausschließt. Getrenntheit ist immer vorhanden, sie kann jedoch transzendiert werden. Liebe und Leidenschaft vereinigen Familienmitglieder und können Getrenntheit unendlich gering erscheinen lassen – oder angenehm. Die Zeichen für gegenseitige Verbundenheit, die die Mitglieder einer Familie suchen, variieren stark sogar im mittleren Bereich. Die eine Familie sucht intensiven Gefühlsaustausch; die Mitglieder müssen Schranken und äußere Fassade abbauen, und sie reagieren frei und ungezwungen. In anderen Familien ist solche Konfrontation bedrohlich, obgleich der Wunsch groß sein kann, sich in starken Bindungen zusammengehörig zu fühlen. Eine

[1] Erik Erikson, *Childhood and Society* (New York: W. W. Norton, 1950).

so geartete Familie kann möglicherweise ihrem dringenden Wunsch nur durch stark formalisierte und ritualisierte Handlungen nachkommen – wie Schenken, Feiern von Geburtstagen, Gestalten der Ferien und Durchführung gemeinsamer Ausflüge.
Diese fundamentale Dualität des Familienlebens ist von beträchtlicher Bedeutung, denn die Bemühungen des Individuums, sich auf seine eigene Art und Weise für die Welt zu interessieren, seine eigene Art Mensch zu werden, gehen einher mit seinen Bemühungen, eine befriedigende Beziehung zu den anderen Mitgliedern herzustellen. Gleichzeitig sind die anderen Mitglieder damit beschäftigt, sich auf ihre Weise für es und sich selbst zu interessieren. Dies ist die Interaktionsmatrix, in der eine Familie ihr Leben entfaltet. Die Familie versucht, sich in einer Weise zu verwirklichen, welche die Art und Weise befriedigt, in der ihre Mitglieder vereint sein wollen und getrennt. Das von ihr verwirklichte Schema ist eine Resultante dieser diversen Beiträge. Diese duale Bedingung unvermeidbarer Individualität und unausweichlicher psychosozialer Verbundenheit ist eine dynamische Bedingung; sie verlangt von der Familie, ihr Leben irgendwie gemeinsam zu verbringen, damit es nicht zur Auflösung der Familie kommt. Die Familie und die Familienmitglieder müssen diese beiden Bedingungen in der *einen oder anderen* Weise erfüllen. Der Versuch des Forschers, Familienleben zu verstehen, wird insofern erleichtert, als er ständig fragt: »In welcher Weise bringt dieses Ereignis oder diese Tendenz oder diese Handlung die Mitglieder zusammen oder hält sie voneinander fern?«

Kongruenz der Bilder

Es ist nützlich, das Leben in einer Familie als deren Versuch zu betrachten, durch den Austausch geeigneter Zeugnisse eine befriedigende Kongruenz individueller und familialer Bilder zu erreichen. Diese Betrachtungsweise lenkt anfänglich die Aufmerksamkeit auf die Familie als eine Gruppe von Familienangehörigen. Die Familienforschung muß sich irgendwie dieser ganz offenkundigen Tatsache stellen. Alle Mitglieder der Kernfamilie müssen miteinbezogen werden, wenn wir das Familienleben verstehen wollen. Von jedem einzelnen Mitglied werden Daten benötigt. Wir können eine Familie nicht verstehen, wenn wir nur die Rollen der Ehegatten als Partner und als Eltern kennen, aber nichts über ihre Kinder in Erfahrung gebracht haben; auch ist unsere Basis unzureichend, wenn wir Material aus erster Hand von Mutter und Kind aus therapeutischen Sitzungen haben, aber den Vater und weitere Kinder nur mit ihren Augen sehen. Diese erste Implikation ist also methodologischer Art. Sie sagt etwas über den zu berücksichtigenden Datenbereich aus.

Während des Zusammenlebens entwickelt jedes Individuum einer Familie ein Bild von den anderen Mitgliedern. Dieses Bild umfaßt auch die emotionale Bedeutung und den Wert, den der andere für ihn hat. Das Konzept des Bildes ist ein vermittelndes Konzept. Sein Bezugsfeld erstreckt sich einerseits auf die Persönlichkeit, andererseits über sie hinaus auf die interpersonale Beziehung. Da sich ein Bild auf die emotional bestimmte Konzeption, die eine Person von einer anderen hat, bezieht, wird das Bild sowohl durch die Persönlichkeit des Inhabers wie auch die des Bezugsobjekts gestaltet. Das Bild hat seinen Ursprung in der Vergangenheit des Inhabers und trägt den Stempel seiner Erfahrung; damit setzt es seinen Möglichkeiten, sich Vorstellungen von anderen zu machen, Grenzen. Es sagt etwas über ihn als Person aus. Aber es ist auch ein in die Zukunft reichender Entwurf, der dem Inhaber eine Richtung gibt in seinen Beziehungen und Interaktionen mit dem Bezugsobjekt. Es stellt nicht nur die Bedürfnisse und Wünsche des Inhabers dar, sondern auch das Objekt als Quelle der Erfüllung.

Jedes Familienmitglied hat irgendeine Art Bild von jedem anderen Mitglied und auch von sich selbst in seinen Beziehungen zu ihnen. Dieses Bild setzt sich aus realistischen und idealisierten Komponenten zusammen, wobei die Proportionen variieren, und es kann sich aus den Persönlichkeiten seines Inhabers und des Bezugsobjekts ebenfalls in unterschiedlichen Proportionen herleiten. Es wird gespeist aus kulturellen Werten, Rollenerwartungen und dem Nachlaß der von den Eltern in ihren Ursprungsfamilien gemachten Erfahrungen. Das Bild des einen von einem anderen ist das Produkt der unmittelbaren Erfahrung, die der eine mit dem anderen macht, und der

Einschätzung des anderen durch dritte. Aus dieser Erfahrung, aus den Wertungen dieser Erfahrung und ihrer Weiterentwicklung in der Phantasie wird eine Vorstellung von einer anderen Person entwickelt, eine Vorstellung, die dazu dient, die Aktion des einen gegenüber dem anderen zu lenken und zu gestalten, und die ein bestimmendes Element der interpersonalen Beziehung wird. *Das Bild, das wir uns von einer Person machen, ist die Definition dieser Person als ein Objekt unserer tatsächlichen oder potentiellen Handlung.*

Folglich ist es bei der wissenschaftlichen Untersuchung einer Familie notwendig, beides zu erforschen, sowohl die Bilder, welche die Mitglieder voneinander haben, als auch die Art und Weise, in welcher diese Bilder untereinander in Beziehung stehen. Es ist notwendig zu verstehen, wie die Interaktion der Mitglieder sich aus dieser Wechselbeziehung der Bilder ableitet und auch zu ihr beiträgt. Dieser Standpunkt impliziert, daß die Interaktion nicht voll verstanden werden kann, wenn man sich auf sie allein beschränkt, daß sie vielmehr im Kontext dessen gesehen werden muß, wie die Teilhaber einander als relevante Objekte definieren.

Aufgrund seiner Erfahrung mit den anderen Mitgliedern seiner Familie und aufgrund seiner Erfahrungen außerhalb der Familie macht sich das Individuum noch eine andere Art Bild – nämlich ein Bild von seiner Familie, welches seine Art der Beziehung zu dieser Einheit ausdrückt und die Art der Wirkung, die die Familie auf ihn hat, definiert. Eine Frau kann sich eine für sie befriedigende Vorstellung von ihrer Familie als Abhängige, die sie brauchen und sie belohnen, machen, oder sie kann sie primär als die sie versklavende Gruppe sehen, für die sie sich aufreibt. Ein Mann kann stolz sein auf seine Familie als Beweis seiner Männlichkeit, oder aber er sieht sie als Gruppe ihn verwirrender Leute mit ihm unverständlichen Emotionen und Reaktionen; seine Familie kann auch für ihn primär einen willkommenen Zufluchtsort von und Gegensatz zu seiner Arbeitswelt bedeuten. Auch für ein Kind kann die Familie verschiedene Bedeutungen haben. Für das eine ist sie die Gruppe, zu der zu gehören es sich glücklich schätzt. Für ein anderes besteht sie aus jenen, mit denen es zusammenlebt, weil es sonst nirgends hingehen kann. Das Bild, das jemand von seiner Familie hat, verkörpert, was

er von ihr erwartet und was er ihr gibt, wie wichtig sie ist und um welche Art Wichtigkeit es sich handelt.
Die Bilder, welche die anderen Mitglieder von einem Mitglied haben, divergieren auf unterschiedliche Weise voneinander und auch von seinem eigenen Selbstbild. Der intime und fortwährende Austausch, der die Kernfamilie charakterisiert, macht eine solche Divergenz alles andere als belanglos. Die Mitglieder einer Familie wollen und müssen miteinander umgehen; von Anfang an befassen sie sich damit, ihre Bilder voneinander zu entwickeln und sie gegenseitig anzupassen. Diese gegenseitige Anpassung findet in der Interaktion statt, und sie ist teilweise sogar das Ziel der Interaktion. Da völliger Consensus höchst unwahrscheinlich ist, ist das Leben in einer Familie – wie auch anderswo – ein Prozeß, der in einer Situation tatsächlicher oder möglicher Instabilität abläuft. Eine Schematisierung wird erreicht, aber sie kann nie vollständig sein, da Aktion immer im Vollzug begriffen und der Status der Familienmitglieder ständiger Veränderung unterworfen ist.[2]
Wenn ein familiales System interpersonaler Beziehungen irgendeine Kontinuität haben soll, dann müssen die Bilder, welche die Mitglieder von der Familie und auch voneinander haben, in gewissem Sinne nach Kompatibilität streben. Dies heißt nur, daß sie eine Art Stabilität oder Voraussagbarkeit erwünschten Verhaltens anstreben. Wenn ein Kind geboren wird, hegen die Eltern ein Bild von diesem Kind – welches sicherlich mit der Zeit geändert und erweitert wird –, an dem dieses Kind noch nicht teilhat. Das Konzept der Sozialisation bezieht sich auf die Bemühungen der Eltern, das Kind dazu zu bringen, sich selbst im wesentlichen so zu sehen, wie sie selbst es sehen. Auch das Kind ist von Geburt an damit beschäftigt, Vorstellungen von seinen Eltern zu entwickeln, und ist bestrebt, eine Ansicht von ihnen zu entwerfen, die im Einklang mit ihren

[2] George Herbert Mead gab in seinem Konzept des »Ich« dieser Ungewißheit zukünftiger Aktion theoretische Bedeutung. »Der Grund dafür, warum wir sagen, daß wir uns nie ganz dessen bewußt sind, was wir sind, daß wir uns selbst überraschen mit unserem eigenen Handeln, ist das ›Ich‹. Während wir handeln, werden wir uns unserer selbst bewußt. ... Ich möchte die Aufmerksamkeit auf die Tatsache lenken, daß diese Reaktion des ›Ich‹ etwas mehr oder weniger Ungewisses ist. ... Das ›Ich‹ gibt das Gefühl der Freiheit, der Initiative« (*Mind, Self, and Society* [Chicago: University of Chicago Press, 1934], pp. 174, 176, 177).

Selbstbildern steht. Keines dieser Ziele kann absolut erreicht werden, aber die Bemühungen, zufriedenstellende Annäherung – oder Kongruenz – zu erreichen, bilden eine der Triebfedern für Interaktion.

Es scheint nützlich, bei der Analyse einen Unterschied zwischen dem tatsächlichen Bild, das eine Person von einer anderen hat, und dem erwünschten Bild zu machen. Ein Individuum hat nicht nur eine Idealvorstellung für sein eigenes Verhalten, ein Ego-Ideal, es macht sich auch Vorstellungen davon, wie es wünscht, daß andere sind. In einigen Familien können zwischen diesen jeweiligen idealen Konzeptionen die größten Diskrepanzen auftreten. Solch eine Diskrepanz kann beschrieben werden als die Diskrepanz zwischen dem Ego-Ideal einer Person (sein eigenes Bild dessen, was er für sich selbst anstrebt) und dem Wunschbild, das ein anderer von ihm hat (welches der andere in ihm zu verwirklichen trachtet). Eine Situation solcher Art tritt in unserer Erörterung der Familie Littleton (Kapitel IV) ziemlich deutlich zutage.

In anderen Familien mag es relativ wenig Spannung dieser Art geben. Die Verschränktheit einer solchen Familie kann so charakterisiert werden: Sie ist das Bemühen, als ein befriedigendes Beispiel dessen, was als wünschenswert akzeptiert ist, zu leben. Es ist wahrscheinlicher, daß die »Probleme« des Lebens in Systemen solcher Art eher durch »Nicht-Genügen« in bezug auf das, was als wünschenswert vereinbart ist, entstehen und durch die Schwierigkeit, alle erwünschten Anforderungen gleichzeitig zu erfüllen, als durch Meinungsverschiedenheiten darüber, was wünschenswert ist.

Familien unterscheiden sich auch durch das Ausmaß ihrer Toleranz gegenüber Bild-Inkongruenz. In einigen wird nachdrücklich Wert auf enge Einhaltung kleinster Einzelheiten gelegt. In anderen gilt eine weniger strikte Beziehung als zufriedenstellend, oder aber das System kann mit Inkongruenz-Spannungen unterhalb der Ebene des offenen Streits fertig werden.

Es geht hier nicht darum, wie ähnlich die Mitglieder einander sein müssen, d. h. ob eine ordentliche Hausfrau von ihrem Mann und Kindern verlangt, sie müßten ebenfalls ordentlich sein, oder ob ein ernster Familienvater von den anderen Mitgliedern seiner Familie ähnliches verlangt. Es geht vielmehr darum, ob Unterschiede und Ähnlichkeiten unter den Mitgliedern gegenseitig akzeptabel sind. In Beratungsstellen für Kindererziehung trifft man immer wieder auf Eltern, die sich darüber beschweren, daß das ungehorsame Kind sich wie seine Eltern verhält und nicht so, wie sie es ihm sagen. Die Persönlichkeiten von Eltern und Kind können ziemlich ähnlich sein; dennoch können sie inkongruente Bilder voneinander haben, die zu einem hohen Maß von Unzufriedenheit führen. Doch kann Verschiedenheit der Persönlichkeiten – auf jeder Ebene – eine feste Basis für eine befriedigende Kongruenz der Bilder liefern. Wenn ein ernster Mann sich selbst für verantwortungsbewußt hält, seine heitere Frau jedoch für frivol, und wenn sie meint, er sei langweilig, sie selbst jedoch geistreich, dann wird ihre Beziehung durch eine Anzahl inkongruenter Bilder charakterisiert. Wo jedoch der ernste Mann die Heiterkeit seiner Frau als lebhaft und anregend genießt, wo sie seine Nüchternheit als eine Art Stärke und Stabilität begrüßt, und wo beide darin übereinstimmen, was jeder sein sollte, da sind die Bilder, die sie voneinander haben, ausreichend kongruent.

Die Gemeinsamkeit der Erlebnisse in einer Familie wird eine gewisse Kongruenz der Bilder von der Familie unter den Familienmitgliedern herbeiführen. Die intrinsischen Unterschiede in Alter, Geschlecht, Reihenfolge der Geburten und Rolle in der Gesellschaft führen zu einer Divergenz der Bilder. Die Überschneidung und die Divergenzen werden im Familienleben im Handlungsvollzug ausgedrückt, wobei jedes Mitglied gemäß der in seinem Bild verkörperten Definition teilnimmt.

Selbst wenn die Kongruenz der Bilder ausreichend ist, so bezieht sich die Interaktion dennoch auf sie. Wenn gegenseitiges Erforschen und Abtasten an Bedeutung verlieren, dann werden Bestätigung und Wiederholung dessen, was etabliert worden ist, zum Inhalt der Interaktion. Die Familienmitglieder demonstrieren ihre Übereinstimmung mit der Gruppe und streben danach, sich ihres individuellen Wertes gemäß den Wertsetzungen der Familie zu vergewissern. Die positiven Züge des Bildes von der Familie liefern die Kriterien für das Evaluieren individuellen Verhaltens. Das Publikum, an welches sich diese Selbstzeugnisse richten, kann sich primär aus der Familie selbst zusammensetzen, oder es kann durch nicht zur Familie gehörige Personen erweitert werden. Wie immer sich das Publikum zusammensetzt, die Validierung erfolgt aufgrund derjenigen

Verhaltensdimensionen, welche die Familie für bedeutsam hält. Dauerhaft ist eine menschliche Beziehung dann, wenn die Mitglieder einen hohen Grad von gegenseitigem Consensus erreicht haben; die Manifestationsformen individuellen Wertes sind klar und allen gemeinsam. Ihre Interaktion ist ein Austausch von Bekundungen darüber, was die Mitglieder einander bedeuten. Die Handlung jeder Person innerhalb ihrer Familie legt Zeugnis ab von dem Bild, das diese von der Familie, von sich selbst und von den anderen hat. Die Mitglieder verwirklichen oder erforschen in interpersonalen Begegnungen jene Arten von Erfahrungen, die für sie bedeutsam scheinen und die bei ihnen Wohlbefinden auslösen. Sie reagieren auf Gefühle und Handlungen gemäß dem, was sie für angemessen halten. *Auf Reaktionen basierende Urteile und Gefühle reagieren zunächst auf die inneren Bilder des Individuums von sich selbst, anderen und der Familie. Dann erst werden sie zu Reaktionen auf und für andere, so daß das Familienleben sowohl in den Teilhabern als auch zwischen ihnen Gestalt gewinnt.*

Wir haben versucht, in einer generellen Aussage zusammenzufassen, wie ein Familienleben gemäß der Bilder, die die Familienmitglieder voneinander und von sich selbst haben, verstanden werden kann; der unvermeidbaren Divergenzen und Fluktuationen dieser Bilder; der psychosozialen Aufgabe, sich zu anderen in Beziehung zu setzen und praktikable Stabilität in dieser möglichen Fluktuation zu erreichen; dem Bild, welches die Mitglieder von einer Familie als einer Einheit entwickeln – seiner Bedeutung für die Familienmitglieder, der Art ihres emotionellen und sozialen Austauschs; und der praktischen Anwendung der positiven Züge des Bildes von der Familie, wodurch jedem Mitglied und der Gruppe individueller Wert und Recht auf emotionale Anerkennung und Teilhabe bestätigt wird.

Das Thema einer Familie

Individuelle Bilder und Reaktionen sind aufeinander bezogen. In jeder einzelnen Familie finden die Handlungsweisen, die wir Abtasten, Erforschen und Bestätigen genannt haben, unter dem Gesichtspunkt einer bestimmten inhaltlichen Füllung statt, die als »Thema der Familie« bezeichnet werden kann. Das Thema der Familie ist ein Muster von Gefühlen, Motiven, Wunschvorstellungen und konventionalisierten Ansichten, die sich um einen gewissen Interessenbereich gruppieren, der in den Persönlichkeiten der einzelnen Mitglieder eine ganz bestimmte Ausprägung hat. Das Muster beinhaltet eine gewisse Grundauffassung von der Wirklichkeit und eine gewisse Art oder Arten, mit ihr umzugehen. Im Thema der Familie finden sich ihre implizite Richtung, ihre Vorstellung von »wer sind wir?« und »wie arbeiten wir daran?«. Beim Aufzeigen des Themas einer bestimmten Familie können mehrere Kriterien zum Tragen kommen.

Erstens beeinflußt das Thema das Verhalten in mehreren wichtigen Bereichen und Aktivitäten der Familie. Es ist eine postulierte Norm, die unterschiedlichen Druck auf die beobachtbaren Ereignisse und feststellbaren Auswirkungen des Familienlebens ausübt. So können die Ansichten einer Familie über die meisten ihrer Aktivitäten als besondere Manifestationen eines umfassenderen organisierenden Prinzips verstanden werden, welches für einen bestimmten Familientyp so gefaßt werden könnte: Die Familie hat das Gefühl, in dieser Welt auf sich selbst verwiesen zu sein. Die einzelnen Mitglieder bemühen sich um Kommunikation untereinander. Sie trachten danach, jedes Zeichen oder Anzeichen von Kommunikation auszubauen. Der Kommunikationsprozeß selbst ist allen Familienmitgliedern wichtig, und Bemühungen, Kontakt zueinander zu bekommen, müssen, wann immer möglich, verfolgt werden. Ein Versagen bei der Kommunikation oder ihre Unterbrechung sind ein Versagen bei dem Versuch, das Ziel der Familie zu erreichen.

Das Thema der Familie ist ein impliziter Ausgangs- und Orientierungspunkt für das Verhalten dieser Familie. Die Heimkehr des Vaters gegen Abend bringt stürmische Begrüßung und Aufregung mit sich; das Abendbrot der Familie wird zu einem der wichtigsten Ereignisse des Tages. Im Haus anfallende Arbeiten werden als Gelegenheiten zu Gesprächen verstanden. Um den Erwartungen zu entsprechen, müssen die Mitglieder »Rücksicht« aufeinander nehmen und Konfliktstoff und Disharmonie, die die Kommunikation stören könnten, meiden. Unabhängigkeit oder Alleinsein wird mißbilligt; jedes einzelne Familienmitglied sollte sich für Interaktion bereit und zur Verfügung halten; Tätigkeiten, die ein Mitglied von der Gruppe entfernen, werden mißbilligt.

Dies ist eine kurze Veranschaulichung eines Themas. Eine umfassendere Darlegung würde denjenigen Kräften mehr Rechnung tragen, mit denen bei der Einhaltung der tatsächlich angestrebten Lösungs- und Integrationsrichtung gerungen werden muß.
Zweitens, ein Thema ist ein bedeutsames Problem im Leben der Familie; in ihm kommen grundlegende Formen der Beziehung zur Außenwelt und der interpersonalen Verflechtung zum Ausdruck.
Drittens, alle Mitglieder der Familie sind an den psychosozialen Definitionen und Prozessen, die in das Thema eingehen, beteiligt, obwohl jeder auf verschiedene Art und Weise beteiligt sein kann. Folglich hat das Thema sowohl seinen Ursprung in den Persönlichkeiten aller Mitglieder wie auch Folgen für sie.
Das Thema bildet also eine besonders nützliche Einheit für die Analyse des Familienlebens, denn es schafft die Möglichkeit, die Familie in weitgespannten und bedeutsamen psychosozialen und psychokulturellen Dimensionen zu charakterisieren. Es ist zugleich eine flexible Kategorie, da sie keine willkürliche Einheit ist und es nicht erforderlich macht, eine Familie in apriorischen Kategorien zu verstehen. Der Forscher kann vielmehr an die Familie gemäß den ihr eigenen Bedingungen herangehen, indem er auf die Höhepunkte ihres Lebens eingeht und sie verfolgt.[3]
Das Konzept des Themas ist in zwei weiteren wichtigen Punkten von Vorteil. Da dieses Konzept eine Charakterisierung der Familie im Hinblick auf bedeutsame Probleme in ihrem Leben darstellt, liefert es einen Bezugspunkt für das Verstehen der einzelnen Mitglieder und bestimmter interpersonaler Beziehungen als spezifische Ausformungen und Ausdrucksformen des Themas. Der Platz eines Individuums in der Familie – was es tut und was ihm da zustößt – kann verstanden werden als die Art und Weise, in der es an diesen breiteren Strömungen teilhat, welche dazu beitragen, das Wesen seiner Familienmitgliedschaft zu bestimmen. Wenn wir ein Thema verstehen als eine Zusam-

[3] Das Konzept des Themas ist von dem Psychologen Henry Murray und dem Anthropologen Morris Opler in die Sozialwissenschaften eingeführt worden. Vgl. Henry A. Murray et al., *Explorations in Personality* (New York: Oxford University Press, 1938), und Morris Opler, »Themes as Dynamic Forces in Culture«, *American Journal of Sociology*, LI, 198–206. Obgleich Fritz Redl das Wort nicht gebraucht, verwendet er in seinen Untersuchungen zur Gruppenstruktur einen ähnlichen Gedankengang. Vgl. dazu sein »Group Emotion and Leadership«, *Psychiatry*, V (1942), 573–96.

mensetzung aus einem bedeutsamen Problem und der generellen Richtung versuchter Lösung oder Behebung eben dieses Problems, dann hat jedes Mitglied in dieser größeren Konfiguration eine Rolle zu spielen. Seine Rolle ist wie jede Rolle komplex bestimmt – teils von anderen zugewiesen, teils selbstgeschaffen. Wenn wir die herausragenden Themen in dem Leben einer Familie bestimmen, dann können wir klarer sehen, welche Gestalt das Schicksal eines jeden Individuums annimmt, welche Möglichkeiten es hat, sein Leben mit anderen zu verknüpfen, und gegen welche Arten von Druck es kämpfen muß.
Das Konzept des Themas macht es auch möglich, Familien untereinander zu vergleichen. Es ermöglicht die Charakterisierung einer ganzen Gruppe auf eine Art und Weise, die auch für die einzelnen Mitglieder dieser Gruppe relevant ist; doch da es sich um eine summarische, auf die Gruppe bezogene Aussage handelt, kann sie im Zusammenhang mit anderen Charakterisierungen solcher Art aufgeführt werden.

Festsetzung der Grenzen für die Erfahrungswelt der Familie

Die von uns vorgeschlagenen Konzepte sind dahingehend orientiert, nicht nur das interne Funktionieren der Familie zu enthüllen, sondern auch ihren Standpunkt, die Position, die sie gegenüber der externen, nicht zur Familie gehörigen Welt eingenommen hat. Die bedeutsamen Themen umfassen folglich nicht nur den psychischen Inhalt des Familienlebens, sondern geben auch einen Anhaltspunkt für die Ausdehnung ihrer Welt. Eine Familie konstituiert ihre eigene Welt, was nicht heißen soll, daß sie sich gegenüber allem anderen abschließt, sondern daß sie Entscheidungen darüber fällt, welche Teile der externen Welt zulässig sind und bis zu welchem Grad. Die Familie steckt den Bereich akzeptabler und wünschenswerter Erfahrungen, ihren Lebensraum, ab. Die äußeren Begrenzungen des Lebensraumes einer jeden Familie sind recht genau bestimmt und ziemlich gut gekennzeichnet. Es gibt Wegweiser für Ziele und Warnzeichen. Aber diese Metaphern sind unzureichend, weil die Grenzen innerhalb der Personen liegen, und so sicher sie auch sein mögen, es gibt immer Bereiche, die aufgrund mangelnder Erfahrung nicht ausreichend erschlossen sind. Neue Erfahrungen und neue Gefühle bewirken neue Handlungsweisen, und diese werden an die internen Grenzen der Person, die sie durchführt, herangetragen und an die Grenzen, welche andere aufzurichten helfen. In diesem Wechselspiel der Interaktion vollzieht sich die gegenseitige Regulierung der Familienmitglieder. Jeder wendet sich an die anderen gemäß deren Repräsentation in seiner Vorstellung; die anderen reagieren auf ihn gemäß ihrer Vorstellung von ihm. Grenzen der Erfahrung – weite oder enge – werden auf vielfältige Weise und entlang mehrerer Dimensionen etabliert. Zu den wichtigsten gehören folgende:

1. *Die Differenzierung individueller Persönlichkeit.* – Wie ausgeprägt individuelle Persönlichkeiten der Familienmitglieder sind; wie stark die Individuen eigengesteuert sind und werden sollen. Ausgehend von den groben Kategorien kindlicher Erfahrung, Wohlbefinden und Unbehagen, Einbezug und Ausschluß, entwickelt sich die Persönlichkeit, um schließlich weitreichende, emotionelle Erfahrung und reifere Ego-Mechanismen zu umfassen. Die Komplexität und Differenzierung der Persönlichkeit kann in einigen Familien weiter voranschreiten als in anderen.

2. *Die Intensität der Erfahrung.* – Wie tief oder wie flach Erfahrung ist; wie verbunden oder unverbunden Familienmitglieder in ihren Tätigkeiten und in ihrem Bezug zueinander sind; wie gezügelt oder wie spontan ihr Verhalten ist. Hier ist die Frage angeschnitten, wieviel vom Selbst für Erfahrung zur Verfügung gestellt wird – die Fülle der Intimität oder der Enthusiasmus der Hingabe an etwas.

3. *Die Extensität der Erfahrung.* – Der geographische Bereich, im eigentlichen Sinne des Wortes, der Bereich und die Vielfalt der Handlungen; die Bedeutung von Nachbarschaft und Örtlichkeit im Vergleich mit Gemeinschaften abstrakterer Definition wie »demokratische Gesellschaft« oder »Anwaltschaft«; welches Ausmaß an Kenntnissen über und welches Interesse an der Welt man möglichst haben sollte; wie weit sich die tatsächliche Bekanntschaft erstreckt. Folglich, und weniger wörtlich, wieviele Arten zu leben und zu handeln werden erkannt, gekannt oder verstanden?

4. *Die Tendenz, Erfahrung zu evaluieren.* – Familien unterscheiden sich in ihrer Neigung, den Mitgliedern individuelle persönliche Evaluationen von und Reaktionen auf Stimuli zuzugestehen. Evaluationsbeschränkungen – die Verinnerlichung

von Kriterien – modifizieren und übersetzen Stimuli und Erfahrungen. Wertsetzungen schaffen in dem einzelnen Mitglied emotionale Positionen gegenüber definierbaren Erfahrungskategorien – Jazz, Sport, »klassische« Kunst und Musik, Comic-Hefte, Politiker, Wissenschaft und Wissenschaftler, Literatur – der weite Bereich von Stimuli, wie sie in unserer Kultur zur Verfügung stehen. Die Familie evaluiert auch Erfahrung, die vom einzelnen Mitglied initiiert worden ist, und veranlaßt es zu Reaktionsmodi gegenüber seinem eigenen Verhalten und dem anderer. Ein hervorstechendes Element dieser Dimension ist die Tendenz zu moralischer Evaluation der Erfahrung. Die Freiheit von oder die Beschränkung durch Schuld und die Freiheit, innerlich in Gedanke, Impuls und Phantasie frei auszuschwärmen, mit ungewohnten Möglichkeiten umzugehen, sind hier impliziert. Moralische Evaluation beeinträchtigt auch die Freiheit, den externen Erfahrungsbereich zu erweitern, sich unter neuen Umständen zu Hause zu fühlen, eigene Erfahrungen zu sammeln. Der zentrale Punkt ist das Bedürfnis oder das Fehlen eines solchen Bedürfnisses, zu verurteilen und zurückzuweisen oder einfach zu vermeiden, was herkömmlicherweise außerhalb des eigenen Erfahrungsbereichs liegt.

Dies sind zumindest einige der wichtigsten Dimensionen zur Beschreibung der Grenzen in der Welt einer Familie und der Art von Leben, das darin möglich ist. Die Charakteristika dieses Raumes tragen dazu bei, jedes Mitglied die Vielfältigkeit seines Lebens, dessen Nähe zu sich selbst, zu anderen, zum Zuhause erkennen zu lassen. Festsetzung der Erfahrungsgrenzen mit den gerade aufgezählten Mitteln ist einer der wichtigsten Vorgänge im Familienleben. Er dauert an, nicht nur solange die Familienmitglieder zusammenleben, sondern auch nachdem sie auseinandergegangen sind – er erstreckt sich sogar darauf, wieweit sie sich voneinander entfernen und in welche Richtung.

In einem endgültigen Sinne werden die angesprochenen Zustände nie erreicht. Welche Wendungen ein Leben nehmen mag, kann man nicht voraussagen; d. h. die Etablierung von Verhaltensmustern führt nicht zu unveränderbaren Lösungen. Man kann zwar voraussagen, wie ein bestimmter Familientyp mit eventuellen wirtschaftlichen Schwierigkeiten fertig werden wird, die vorausgesagte Veränderung wird aber nur auftreten, wenn die wirtschaftliche Schwierigkeit sich tatsächlich einstellt. In ähnlicher Weise sind die »Festsetzungs«-Mechanismen mehr oder minder ständig im Fluß, reagieren sie auf neu in das Familienleben eingegangene Elemente. Es ist jedoch notwendig zu erkennen, daß, obgleich die Grenzen der Erfahrung niemals endgültig festgesetzt sind – im wörtlichen, konkreten Sinn –, es doch möglich ist, mit hoher Wahrscheinlichkeit zu ermitteln, wie sie voraussichtlich für eine bestimmte Familie aussehen werden. Wenn das Familienleben niemals eine endgültige, unveränderbare Form erreicht – auch nicht für einen begrenzten Zeitabschnitt des Familienzyklus, wie z. B. die Kindererziehung – so erlangt es dennoch eine erkennbar feste Struktur, ohne die keine menschliche Verbindung auskommt.

Behandlung signifikanter biosozialer Fragen des Familienlebens

Die wesentlichsten strukturellen Charakteristika der Kernfamilie sind bekannt und brauchen hier nicht in extenso behandelt zu werden. Die Tatsache, daß im Unterschied zu anderen auf freiwilliger Basis entstandenen Gruppen die Familie von je einem Mitglied der beiden Geschlechter konstituiert werden muß, bedeutet, daß die Zugehörigkeit zu einem bestimmten Geschlecht ein grundlegender Bezugspunkt ist. Es ist unumgänglich, bei der Untersuchung einer bestimmten Familie zu erforschen, was sie unter männlich und weiblich versteht. Welche Eigenschaften werden jedem Geschlecht zugeschrieben? Was wird von jedem verlangt? Was wird jedem zugestanden? Für wie wichtig wird der Unterschied gehalten? Wird der Geschlechtsunterschied minimiert, oder dient er als Basis für die verstärkte Erzeugung von Emotionen und Aktivitäten? Werden die beiden Geschlechter unterschiedlich evaluiert, so daß Belohnungen und Strafen aufgrund der Geschlechtszugehörigkeit ausgeteilt werden? Auf alle diese Fragen gibt es natürlich gewisse konventionalisierte Antworten, die die größere soziale Einheit, der eine Familie angehört, vorgibt – soziale Klasse, ethnische Gruppe, Gemeinschaft. Doch jede Familie stellt auch eigene Antworten bereit; jede Familie verwendet diese Verschiedenheit der Geschlechter beim Aufbau ihrer eigenen Welt.

Während die Eltern bei der Heirat einander auf freiwilliger Basis erwählen, werden ihre Kinder Familienmitglieder, ohne diese Wahlfreiheit zu besitzen. Diese Tatsache und die Tatsache, daß sie bei der Geburt hilflos sind und daher von Geburt an der Pflege und Autorität ihrer Eltern unterstehen, werfen die Frage auf, wie die Unterschiede zwischen den beiden Generationen gefaßt und gehandhabt werden. Die Frage, ein wie großer Teil des Familienlebens durch Autoritätserwägungen reguliert wird, wird zu einer wichtigen Dimension. Elterliche Autorität – ihr Ausmaß, die Art, in der sie ausgeübt wird – ist eine der Kräfte, die das Schema Getrenntheit / Verbundenheit bestimmen. Ihr Potential zeigt sich an verschiedenen Folgen für das Kind, Eigensteuerung, Unterwürfigkeit, ein Gefühl für Ungerechtigkeit oder eine Bereitschaft, von Personen mit mehr Erfahrung zu lernen.

Bei der Bewältigung der zwischen Eltern und ihren Kindern bestehenden Kluft von Macht und Fähigkeit müssen Eltern zu einer Entscheidung darüber kommen (in ihren wesentlichen Zügen keine bewußte Entscheidung, sondern eine, die ihren Ursprung in ihren eigenen Persönlichkeiten hat), mit wieviel Nachdruck sie ihre Bilder ihren Kindern aufdrängen wollen. Familien unterscheiden sich in dem Ausmaß der Interaktion zwischen Eltern und ihren Kindern, inwieweit sie ihre eigenen Ziele korrigieren und neu gestalten, während ihre Kinder zunehmend geprägt werden. Wo sie von den Kindern erwarten, daß nur diese sich anpassen, da ist der Verhandlungsspielraum gering, so daß der Prozeß der Selbstfindung und gegenseitiger Erkennung in enge Grenzen gedrängt wird.

Familien unterscheiden sich auch in der Geschwindigkeit, mit der die Eltern ihre Kinder durch die Kindheit geleiten – ob sie drängen, ermutigen oder zurückhalten. Eltern wollen ihre Kinder in Einklang mit ihren eigenen Wünschen formen, um erwünschte Erfahrung zu erreichen. Sie geben ihren Kindern Anregungen in Einklang mit ihrem Wunschbild von Kindern als Teil ihrer Aktivität bei der Definition ihrer eigenen Welt. Die Art und Weise elterlicher Stimulation – ihre Intensität, Häufigkeit, Verschiedenheit – drückt die Ziele ihrer Fürsorge und Autorität aus. Wenn wir beobachten, daß Eltern darum bemüht sind, daß sich ihr Kind so schnell als möglich und so weit als möglich wie ein Erwachsener benimmt, wohingegen andere den Verlust des Kleinkindverhaltens bei ihrem Kind bedauern, ist deutlich, daß verschiedene persönliche Wünsche oder Ziele in den beiden Fällen wirksam sind. Es würde sich aber auch zeigen, daß verschiedene Wachstumskonzepte und verschiedene Zeitperspektiven impliziert sind. In manchen Familien findet man einen starken Nachdruck auf schnellem Erwachsenwerden, der manchmal durch den Wunsch der Eltern, schnell von dem, was sie als die belastenden Aspekte der Kindererziehung ansehen, erlöst zu werden, motiviert wird, oder durch eine Besorgnis, daß jede »Verzögerung« oder Konzession an Impulsivität die angestrebte Entwicklung bedrohen könnten. Diese Vorstellung scheint einen fixen Endpunkt zu implizieren, einen Zeitpunkt, zu dem die Entwicklung ihr Ziel erreicht hat und im wesentlichen abgeschlossen ist. Was jenseits dieses Punktes liegt, wird nicht als Wachstum interpretiert, sondern einfach als Ereignisse, wichtig oder nicht, innerhalb der Zeit. In anderen Familien herrscht eine Vorstellung von einer langen unbestimmten Zeitspanne vor und geht einher mit der Meinung, daß Wachstum nicht beschleunigt werden kann. Ihrer Meinung nach sind die Kinder einem langsamen Reifungsprozeß unterworfen, und die Zeit scheint nicht zu drängen. Wachstum ist ein komplexer Vorgang und kann nicht einfach mechanisch gelenkt werden: die Energie der Kindheit wird eher gezähmt als gebrochen.

In diesen verschiedenen Aspekten elterlichen Fühlens und Handelns ihrer Nachkommenschaft gegenüber ist eine weitere Entscheidung impliziert: *Welche Teile der Welt des Kindes gehören nicht seinen Eltern?* Zum Teil ist das eine Frage der Autorität. Bei der Ausübung ihrer Autorität wählen die Eltern nicht nur unter Praktiken der Belohnung und Bestrafung. Sie können darüber hinaus die Grenzen der Domaine des Kindes beachten oder nicht. Ob einem Kind Privatsphäre in irgendeinem Sinne – eigener Wohnbereich, eigener Besitz, eigene Gedanken und Gefühle, eigene Reaktionen auf andere – gewährt wird oder ob all dies auch der Inspektion und Manipulation durch seine Eltern unterliegt, ist eine Frage, die gemäß der Definition der Eltern von sich selbst und ihren Kindern entschieden wird. Verknüpft mit der Entscheidung ist eine Konzeption der Integrität, denn die Bedingungen, unter denen man Zugang zueinander hat, werden während der Kindheit in zunehmendem Maße definiert und aktualisiert, während sie zuerst im Kontext der Säuglingspflege mitgeteilt wurden.

Die sich zwischen den verschiedenen Familienmitgliedern entwickelnden Beziehungen bewegen sich nicht einfach in den von Geschlecht und Alter vorgezeichneten Bahnen. Sie werden auch von den zugrundeliegenden Themen und Bildern der Familie geprägt, die Geschlecht und Alter und auch verschiedenen anderen persönlichen Charakteristika Bedeutung beilegen. Aufgrund der Bedeutungen, die die Mitglieder füreinander haben, entwickeln sich bestimmte interpersonale Bindungen. Die Nähe zwischen zwei beliebigen Mitgliedern z. B. oder die Entfernung zwischen einer Gruppe dreier eng miteinander verbundener Mitglieder und einem nicht mit einbezogenen vierten leitet sich von den verschränkenden Bedeutungen her, die unter ihnen Geltung haben. Jede Familie hat gewöhnlich eine charakteristische Distribution der Bindungen oder ein Gruppierungsschema der Mitglieder (welches emotionell negativ oder positiv getönt sein kann). Wie diese Schemata entwickelt und aufrecht erhalten werden, ist eine Frage von beträchtlicher Bedeutung beim Verstehen des Familienlebens wie auch des Lebensablaufes eines jeden einzelnen Mitglieds.

In diesen Konzepten haben wir versucht, einen Bezugsrahmen für das Verstehen der Familie als einer eng zusammengehörigen, mit System funktionierenden Gruppe von Mitgliedern zu erstellen. Wir haben den Schwerpunkt auf die inneren Zusammenhänge der Familie gelegt, so daß der Bezugsrahmen etwas weniger nützlich ist für die Analyse der Beziehung zwischen der Familie und der Gesellschaft. Die Fallstudien in diesem Buch sind in Einklang mit dem in diesem Kapitel vertretenen Standpunkt vorbereitet worden; die hier erarbeiteten Konzepte werden jedoch nicht mit jedem Detail des Familienlebens zusammen wiederholt. Wir haben an verschiedenen Punkten, an denen es nötig schien, einen Gedanken weiter ausgeführt, wenn wir ihn im Falle der zur Diskussion stehenden Familie für besonders aufschlußreich hielten. Der Bezugsrahmen soll nur dazu dienen, den Bereich der erfaßten Phänomene und die Begriffe, in denen sie abgehandelt werden, zu kennzeichnen.

Kapitel II

DIE CLARKS
FLUCHT AUS DER UNSICHERHEIT

Manchmal sind harte Gegebenheiten der Vergangenheit der Ursprung des psychologischen Themas im Leben einer Familie. Zwei junge Leute, die in ihrer gegenseitigen Beziehung einen Ausweg aus emotionaler Deprivation suchen, binden sich aneinander in dem gemeinsamen Bestreben, eine neue Familie zu gründen, die für sie selbst und für ihre Kinder eine verläßliche Quelle der Sicherheit und Gratifikation sein wird. Solch eine Familie versucht, sich in ihrem Lebensstil von der vorangehenden Generation abzusetzen und die Kindheit zu überwinden, die sich ihnen dabei innerlich immer noch entgegenstellt. Mit dem Bemühen, ihr eigenes Leben gemeinsam umzugestalten, entwickeln sie ein Wunschbild von ihrem Wesen und Handeln und auch dem ihrer Kinder.

Die Clarks sind solch eine im psychologischen Sinne mobile Familie. Ihre Bemühungen, die Lebensumstände der Familie zu verbessern, gehen dahin, einige mißliche Umstände sowohl finanzieller wie psychologischer Art, an die sich die Eltern noch lebhaft als wesentliche Bestandteile ihrer eigenen Kindheit erinnern, möglichst zu vermeiden. Sie haben keinen Ehrgeiz, zur sozialen Elite zu gehören: Sie würden sich damit zufrieden geben, eine sichere, festgefügte Familie mit gesichertem Einkommen, anständigen Kindern und moralisch untadeligem Verhalten zu werden. Ihre Vergangenheit hinterläßt jedoch ihre Spuren. Sie kann nicht einfach abgelegt werden; sie muß abgewehrt werden. Die Clarks sind in einer Phase der Mobilität, die als die Formulierung einer negativen Identität beschrieben werden könnte – der Entwicklung von Ressourcen, die im wesentlichen defensiver und protektiver Natur sind und Züge aufweisen, die aus dem Grunde wichtig sind, weil sie Gegensätze zu den chaotischen Entbehrungen von Herrn und Frau Clarks Kindheit bilden. Diese Ressourcen spiegeln die Befürchtungen wider, die den für diese Familie charakteristischen Problemen zugrunde liegen.

Die immer gegenwärtige Vergangenheit

Henry Clark war sechs Monate alt, als sein Vater an Typhus starb. Henry kann sich nur an dasjenige Bild seines Vaters erinnern, welches die Familie bewahrte; dieses Bild war verschwommen, skizzenhaft und wenig schmeichelhaft, aber es übte eine tiefe Wirkung auf Henry aus. Die ihm vermittelte Erinnerung an seinen Vater war die eines Zimmermanns, der zwar in angemessener Weise für seine Familie sorgte, ihr aber weder Seßhaftigkeit noch einen Sinn für Stabilität gab: »Mein Vater war kein seßhafter Mensch. Er zog gerne umher und folgte der Sonne.« Als er starb, war er gerade auf der Spur eines Öl-Booms in einer kleinen Stadt in Texas. Gleich nach seinem Tode nahm Frau Clark die Familie mit in eine kleine Stadt in Süd-Indiana, wo sie als Näherin arbeitete, um Henry und seine fünf Brüder ernähren zu können. Henry wurde bei einer unverheirateten Tante untergebracht, die ein paar Ecken weiter wohnte.

Henry Clark erinnert sich an die mütterlichen Gestalten in seiner frühen Kindheit mit zwiespältigen Gefühlen. Er versteht, daß seine Mutter aus Armut gezwungen war, ihre Familie zu vernachlässigen, und er versucht, sie von dem Tadel freizuhalten, daß sie für die Umstände, die sein häusliches Leben charakterisierten, verantwortlich sei, und auch von seinem unbestimmten Empfinden, sie habe ihn im Stich gelassen.

> Sie versuchte, uns eine Vorstellung davon zu geben, was recht war, und schärfte uns die Wichtigkeit von Rechtschaffenheit und ähnlichem ein. Weil sie nicht im Hause war, kümmerte sie sich nicht viel um uns, und tagsüber stromerten wir umher. Wir hatten überhaupt kein normales Familienleben – keinen Vater, und Mutter den ganzen Tag außer Haus.

Er erinnert sich dunkel an seine Tante als eine Frau, die »gut und freundlich zu mir war«. Diese Tante – die herzlichste unter den Erwachsenen in seiner frühen Kindheit – starb, als Henry fünf Jahre alt war. Seine Reaktion auf diese Folge von Verlusten tritt in seinen Äußerungen über mangelnden festen Halt und in seinem Gefühl, emotional leer ausgegangen zu sein, zutage.

Nach dem Tode seiner Tante zog Henry wieder zu seiner Familie. Einige Jahre später ging er nach Chicago und wohnte dort bei einem älteren Bruder und dessen Frau. Um die finanzielle Belastung gleichmäßiger zu verteilen, wurde Henry von einem Bruder zum anderen geschickt, bis er für seinen Unterhalt selbst sorgen konnte.

Obwohl seine Erinnerungen unangenehm sind, läßt er gewisse Gesichtspunkte seiner frühen Erlebnisse gelten und gewinnt ihnen sogar positive Seiten ab. Eine seiner positiven Erinnerungen an seine Familie ist das Verantwortungsgefühl, das jeder Sohn den jüngeren Familienmitgliedern und der Mutter gegenüber empfand. »Es war immer so – jeder half dem anderen, wenn er konnte. Wir helfen heute unserer Mutter auch noch so.«[1] Jedoch betraf der Beitrag eines jeden Individuums zur Aufrechterhaltung der Familie in erster Linie ökonomische und soziale Erfordernisse. Im psychologischen Sinne bildete die Familie nie eine Einheit; drohende Isolation und Armut begünstigten weder enge emotionelle Bindungen, noch regten sie die Interaktion an. Obwohl die Brüder ihre Mutter immer noch finanziell unterstützen, gibt es wenig Kontakt oder Kommunikation zwischen den Brüdern selbst.

So gründeten sich Henry Clarks frühe Erlebnisse auf emotionale und ökonomische Verarmung. Die übliche Struktur des Familienlebens wurde durch ökonomische Protektion ohne emotionale Interaktion ersetzt. Diese Unterstützung wurde als Selbstverständlichkeit angesehen, ohne daß als Gegenleistung dafür Dankbarkeit, Abhängigkeit oder Zuneigung erwartet wurde. Finanzielle Unterstützung und andere Formen elementarer Hilfe wurden zu Symbolen von Einheit und Verpflichtung in der Familie; es wurde offensichtlich ohne Murren gegeben und ohne Schuldgefühl angenommen. Das Leben selbst war hart und bedrohlich, und viel verfügbare Energie wurde darauf verwendet, wesentliche physische Gratifikation zu erlangen. Herrn Clarks Verhältnis zu seinem gegenwärtigen Leben basiert in starkem Maße auf seinen inneren Reaktionen auf frühe Erlebnisse. Er ist von der Notwendigkeit erfüllt, sich selbst und seine Familie vor wirtschaftlicher Unsicherheit, sozialer Isola-

[1] Dies ist eine Parallele zu der Beschreibung in Allison Davis, »The Motivation of the Underprivileged Worker«, in: W. F. Whyte (ed.), *Industry and Society* (New York: McGraw-Hill, 1946).

tion und Unsicherheit zu schützen. Er hat ein Verhaltensschema entwickelt, mit dessen Hilfe er die äußeren Gefahren, die er am meisten fürchtet, abwehrt und das ihm gleichzeitig eine partielle Lösung seiner elementaren psychologischen Konflikte ermöglicht.

Der jetzt fünfunddreißigjährige Clark lebt mit seiner Frau und zwei Kindern in Gary im Staate Indiana. Die Familie zog vor drei Jahren aus Süd-Indiana nach Gary; damals wurde Herr Clark befördert und in die dortige Filiale der mit alkoholfreien Getränken handelnden Gesellschaft, für die er als Bürovorsteher arbeitet, versetzt. Ihre Sechs-Zimmer-Wohnung ist gerade groß genug und mit Gegenständen verschiedener Art ausreichend möbliert. Die Zimmer sind mit gemusterten Tapeten ausgestattet; es gibt Chintz-Vorhänge und Möbelschoner und Chenille-Brücken. Eine große Bibel liegt auf dem Tisch im Eßzimmer.

In dieser Wohnung gibt Thelma Clark den Ton an. Ohne ihren Mann um Rat zu fragen, stimmte sie sofort zu, sich für dieses Forschungsprojekt zur Verfügung zu stellen, und war freundlich und sehr kooperativ während der ganzen Zeit der Interviews und Tests in ihrem Heim. Sie ist eine große, blonde, attraktive Frau. Obwohl zu Hause ihre Kleidung und Erscheinung gelegentlich ganz formlos sind, verwendet sie ziemlich viel Energie darauf, sich selbst sorgfältig zu pflegen und die Wohnung in Ordnung zu halten.

Thelma Clark wuchs auch in einer zerrütteten Familie auf. Als sie drei Monate alt war, ließ ihr Vater die Familie im Stich; er hat danach auch keinen Versuch mehr unternommen, Kontakt zu Frau Clark oder ihrer Mutter herzustellen. Thelma Clark berichtet, daß sie außer seinem Namen und der Tatsache, daß er seine Familie im Stich ließ, wenig von ihm weiß. Sie fügt jedoch hinzu, daß er gut aussah, unregelmäßig arbeitete und »zu den falschen Leuten Kontakt bekam«. Er war ein Bergarbeiter und hinterließ keine Ersparnisse oder sonstigen Besitztümer. Da Frau Clark ein Einzelkind war, waren die finanziellen Belastungen doch nicht ganz so schwer wie die der Familie ihres Mannes. Ihre Mutter ging arbeiten, zunächst als Dienstmädchen, später in einer Autofabrik in Detroit. Thelma Clark wurde bei zwei Tanten untergebracht – sie verbrachte die Sommermonate bei der einen, die Wintermonate bei der anderen.

Sie sehnt sich wenig nach ihrer Kindheit zurück:

Ich glaube nicht, daß es eine glückliche Zeit war. Ich wurde nicht schlecht behandelt, aber ich hatte kein Familienleben. Ich war immer unterwegs von einem zum andern, und ich gehörte einfach nicht zu meinen Tanten.

In einigen entscheidenden Punkten weist ihre Kindheit Parallelen zu der ihres Mannes auf.
Zur Zeit der Wirtschaftskrise heiratete Thelmas Mutter erneut und nahm ihre Tochter wieder zu sich. Thelma war damals elf Jahre alt, und obwohl sie keine Schwierigkeiten hatte, mit ihrem Stiefvater und ihrer Mutter auszukommen, hatte sie doch nie das Gefühl, daß ihre Mutter ihr ein Zuhause geben konnte. Sie mildert ihre Kritik durch die Versicherung, daß ihre Mutter es ernsthaft versucht hat:

Sie versuchte, uns ein Zuhause zu schaffen. Ich hörte nicht viel auf sie. Sie bestrafte mich, wenn es ihr gerade paßte. Sie kümmerte sich nicht viel darum, was ich tat. Ich ging schon sehr früh zu Tanz- und ähnlichen Veranstaltungen. Ich möchte nicht gerne, daß meine Kinder so etwas tun. Jetzt lebt sie in Chicago. Es ist bemerkenswert, wie sie sich verändert hat. Sie wird der Vorstellung von einer Mutter ähnlicher. Meine Mutter war nicht herzlich – sie ist es heute mehr als früher. Die eine Tante war herzlicher, und ich war es ihr gegenüber auch. Mit meiner Mutter war ich nicht viel zusammen. Ich hatte nicht das Gefühl, daß irgend jemandem an mir gelegen war. Meiner Stiefschwester war sie eine bessere Mutter als mir.

Thelma heiratete mit siebzehn kurz vor Abschluß der High-School. Aus heutiger Sicht meint sie, zu früh geheiratet zu haben; sie bestreitet jedoch sofort den Wunsch nach einem anderen Ehemann. Die Ablehnung, auf die diese Heirat stieß, hielt sich im Rahmen:

Der Direktor meiner High-School und meine Mutter wollten, daß ich warte. Ich glaube, ich heiratete, weil ich mich zu Hause im Weg fühlte – besonders nachdem meine Schwester geboren wurde. Mit siebzehn ist sich kein Mädchen im klaren darüber, was es tut. Ich wollte mich amüsieren, aber sechs Monate nach unserer Hochzeit wurde ich schwanger. Bis zum sechsten Monat ging ich immer noch tanzen.

Die ernüchternde Verantwortung der Mutterschaft wurde also Frau Clark allzu früh auferlegt und zerstörte das sorgenfreie Amusement der Adoleszenz. Dreizehn Jahre später ist die Verstimmung immer noch nicht ganz verklungen, die sie darüber empfand, daß sie gezwungen wurde, Teenager-Freuden zugunsten mütterlicher Pflichten aufzugeben. Tatsächlich war die Entscheidung zu dieser Heirat komplexer Art gewesen. Frau Clark wollte geliebt werden, ein anerkanntes Mitglied einer Familie sein, auch wenn sie dazu eine eigene Familie gründen mußte. Sie wollte auch dem Zuhause entfliehen, in dem sie nie eine Familie im eigentlichen Sinne hatte. Ihre Entscheidung war zwar bestimmt, aber unreif. Sie erkennt heute zum Teil ihre Motivierung, aber sie ist immer noch betroffen und wehmütig über ihre verlorene Jugend und stellt sich möglicherweise die Frage, wieviel besser und aufregender ihr Leben gewesen sein könnte, wenn sich die Pflichten der Mutterschaft für sie nicht so bald eingestellt hätten.

Lucy, das älteste der beiden Kinder, ist ein hübsches, blauäugiges Kind in den sehr frühen Stadien der Adoleszenz. Wie ihre Mutter ist sie höflich, freundlich und kooperativ, und sie gibt sich ernsthafte Mühe, eine Dame zu sein. Ihr Benehmen und ihre Reaktionen vermitteln den Eindruck eines sehr artigen Mädchens, welches versucht, auch den geringsten Anschein von Verhaltensweisen oder Impulsivität, die von Erwachsenen mißbilligt würden, zu vermeiden.

Lucy ist stolz auf ihre Familie und sagt, daß sie an »allem, was sie gemeinsam machen«, Freude hat, von den alljährlichen Ferien bis hin zu den zu Hause verbrachten Abenden. Ihr gefällt ein ziemlich großer Teil der Fernsehsendungen für Erwachsene und Kinder (»Super Circus«, »Ramar of the Jungle«, »Mr. and Mrs. North«, »I Married Joan« und »This Is Your Life«), und mit nahezu gleicher Begeisterung spricht sie von der Schule. Sie ist ein lebhaftes und aktives Mädchen:

Ich schwimme gerne. Ich hatte eigentlich nie so recht die Gelegenheit dazu, aber ich würde gerne reiten. Montags habe ich meinen Pfadfinderinnen-Abend. Im Sommer gehe ich schwimmen – letzten Sommer hatte ich Stunden.

INTERVIEWER: Gehörst du irgendwelchen Vereinigungen an?

LUCY: Den Pfadfinderinnen. Ich habe immer so viel vor, daß es mir schwerfällt, alles unterzubringen. Und außerdem noch die Kirche.

INTERVIEWER: Was machst du da?

LUCY: Das Jugendprogramm – tägliches Lesen der Bibel und Auswendiglernen von Bibelversen.

INTERVIEWER: Mit wem bist du zusammen?

LUCY: Mit etwa drei oder vier Mädchen; gewöhnlich einem oder zwei. Einmal sind wir in einer großen Gruppe gemeinsam zum Schlittschuhlaufen gegangen. Wir spielen zusammen – Monopoly, Himmel-und-Hölle-Spiel, Basketball. Wir gehen auch in die Bibliothek.

Lucy ist schon stark auf Erwachsenen-Verhalten ausgerichtet und hat ungewöhnlich feste Vorstellungen von ihrer beruflichen Laufbahn. Sie will das College besuchen und eine Sekretärinnenschule. All ihre Pläne zeichnen sich jedoch durch die Möglichkeit aus, daß sie den Drang fühlen könnte, sich einer Laufbahn mit religiösem Anliegen zu widmen. »Möglicherweise möchte ich gerne Missionarin sein. Wenn Gott mich dazu beruft, werde ich es auch sein. Sonst Sekretärin oder Hausfrau. Ich werde das tun, wozu ich berufen werde.« Diese Bemerkungen geben zu erkennen, daß hinter Lucys forscher Art, tägliche Aufgaben anzugehen, der Wunsch liegt, ein abhängiger, Anweisungen ausführender Teil eines umfassenderen Plans zu sein – eine Bereitschaft, ihre Individualität in den Dienst der Bedürfnisse und Ansprüche anderer zu stellen.
Jimmy ist mit seinen acht Jahren ein flachsblonder, gutaussehender Junge, aufgeweckt, ernst und fast genauso kooperativ wie seine Schwester. In vielen seiner Äußerungen über seine Familie schwingt Stolz mit – verbales Bekenntnis zur Familie als einer Quelle der Befriedigung. Er ist jedoch über den Dienst, den ihm die Familie erweist, geteilter Meinung, und er gibt diesem Zwiespalt in unverhohlener Klage Ausdruck:

INTERVIEWER: Wie verhältst du dich, wenn du wütend bist?
JIMMY: Na ja, ich spreche mit niemandem, und wenn sie irgend etwas sagen, sitze ich da und tue so, als hätte ich sie nicht gehört.
INTERVIEWER: Über wen ärgerst du dich gewöhnlich?
JIMMY: Meistens über meine Schwester. Wenn sie schreit, ermahnen sie sie, es nicht wieder zu tun, aber ich bekomme die Schläge.

Jimmys Verstimmung über seinen Platz in der Familie ist teilweise eine Generalisierung seiner Ansicht, daß die Jungen es in seiner Familie schwieriger haben als die Mädchen. Folglich gibt es auch bis zu einem gewissen Grade keine Hoffnung auf Lösung seiner Probleme. Die in seinen Bemerkungen zum Ausdruck kommende Rivalität unter den Geschwistern ist zwar nicht ungewöhnlich, hat jedoch über den Antagonismus hinaus noch eine ganz andere Bedeutung. Sie weist hin auf Themen und Probleme, um welche sich Jimmys emotionelle Konflikte ranken – und vielleicht auch die der Familie; auf diese Weise läßt sie erste Schlüsse auf grundlegende Probleme der Familie zu. Wenn es um die Teilnahme an Aktivitäten in Familie und Schule geht, ist Jimmy weniger enthusiastisch als Lucy. Die

Pausen zwischen den Unterrichtsstunden, das Spiel mit seinen Freunden und Fernsehen gehören zu seinen bevorzugten Beschäftigungen. Er gehört keinen Vereinigungen an, und es fehlt bei ihm die bei Lucy offenbar werdende Fülle von Formen der Freizeitgestaltung. Er hat jedoch einen engen Freund, der gleich nebenan wohnt, und auch eine Gruppe Gleichaltriger, und er spricht frei davon, wie leicht in der unmittelbaren Nachbarschaft Spielkameraden zu finden sind.

In seinem ausdrücklichen Wunsch, sich nützlich zu machen, folgt Jimmy einem Verhaltensschema der Familie. Er versteht sich als Hilfe seiner Mutter bei der Hausarbeit, und es ist offensichtlich, daß ihm solche Handreichungen Freude bereiten. Wenn es darum geht, seiner Schwester zu helfen, zeigt er weniger Eifer, und gelegentlich hat er das Gefühl, daß sie ihn auszunutzen versucht.

Von den beiden Kindern ist Lucy das ausgeglichenere. Sie hat sich besser in der Hand und leidet weniger unter der Gefahr heftiger Gefühle als Jim. Kompetenz gehört zu ihrem Selbstbild – sie weiß, was sie tun soll, und meint zu wissen, was sie will. Jim ist größeren Gefühlsschwankungen unterworfen und weniger selbstsicher. Innere Konflikte verbrauchen einen Teil seiner Energie, so daß diese dann nicht mehr voll verfügbar ist für aktive, offene Darstellung. Er möchte den festgesetzten Normen der Familie in bezug auf selbstloses Geben und Helfen entsprechen, aber er fühlt sich im Nachteil und kann die Überzeugung nicht völlig unterdrücken oder aufgeben, daß ihm mehr Leute mehr geben sollten.

Der erste Eindruck, den man von den Clarks bekommt, ist der einer »gewöhnlichen« Familie. Die Kinder passen sich in Kirche und Schule an und »benehmen sich« im allgemeinen »gut«; die finanziellen Mittel reichen aus; die Kinder haben genügend akzeptable Freunde; die Gruppe hat starke Bindungen an zwei wichtige soziale Institutionen – Schule und Kirche – und bekundet ein Gefühl der Genugtuung, emotionaler Beständigkeit und Zufriedenheit. Jedoch wurde die relative Stabilität des Familienlebens, die diese Gruppe zeigt, etabliert und wird aufrecht erhalten trotz der in starkem Maße unerfreulichen Kindheitserlebnisse der Eltern. Sowohl Henry als auch Thelma Clark hatten keine Vaterfigur, mit der sie sich identifizieren konnten; ihre Beziehungen zu weiblichen Identifikationsmodellen waren unbeständig und ungewiß. Diese Familie bietet eine ungewöhnliche Gelegenheit, die Vorgänge und Ressourcen zu untersuchen, die für die Stabilität einer Familie förderlich sind. Obwohl der Wunsch, Unsicherheit und Isolation zu vermeiden, die Clarks motivierte, sehen sie ihre Ziele nicht ausschließlich positiv, sondern auch defensiv begründet.

Die Gestaltung des täglichen Lebens

Der Haushaltsablauf ist bei den Clarks voraussagbar und teilweise von der Familie selbst bewußt geplant. Frau Clark organisiert die tägliche Handlungsabfolge und übernimmt die Verantwortung für ihre Einhaltung. Obgleich andere Familienmitglieder nicht so bestimmt zu einem geregelten Ablauf des Familienlebens beitragen, sind sie doch dankbar für ihr lenkendes und fürsorgliches Interesse. Sie macht ihnen klar, daß ein fester Tagesablauf der ganzen Gruppe zugute kommt. Nur Herrn Clarks Arbeitszeiten wirken sich störend auf die geregelte Abfolge der häuslichen Ereignisse aus. Frau Clark berichtet von diesem Störfaktor so:

> Wegen seiner Arbeit ist er eigentlich nie zu Hause. Sein Posten erfordert seine Anwesenheit, wenn die Waren eintreffen. Mir wäre es lieb, wenn er eine Stellung hätte, wo er acht Stunden am Tag arbeitet und dann nach Hause kommt. Ich weiß nie, wann er zurück sein wird – kann nie etwas Gemeinsames planen außer dem Kirchgang. Schon dreizehn Jahre geht das so. Noch nicht einmal das Abendbrot kann ich vorausplanen. Mir wäre es lieb, wenn er die Stellung wechselte, aber ich habe keine Hoffnung, daß er das tun wird.

Thelma Clark hat, betroffen und bedrückt von der Unregelmäßigkeit des tagtäglichen Zeitplans, beträchtlichen Druck auf ihren Mann ausgeübt in dem Bemühen, die Familie zu einem geregelteren Tagesablauf zu bringen. Henry Clark ist sich der Tatsache bewußt, daß die Unregelmäßigkeit seiner Arbeitsstunden eine leichte, aber ständige Quelle des Ärgers in der Familie bildet. Er widersteht jedoch den Versuchen seiner Frau, die für sie so unangenehme Situation zu korrigieren. Der einzige Punkt, in dem er seine Frau kritisiert, ist der, daß sie »immer wissen will, wann genau ich zurück

sein werde. Sie will, daß ich ihr eine Zeit nenne, obwohl sie weiß, daß ich sie nicht einhalten kann«.[2]
Bis auf seinen eigenen Arbeitsplan überläßt Henry Clark die Aufsicht über den Tagesablauf gerne seiner Frau. Er beschreibt einen »normalen Arbeitstag« wie folgt:

Irgendwann am Morgen stehe ich auf. Wenn ich lange arbeite, schlafe ich lange. Wir stehen gewöhnlich zwischen sechs und acht Uhr auf. Thelma sieht zu, daß ich zur Arbeit komme. Sie bereitet mein Mittagessen vor und schickt die Kinder in die Schule. Ich bin den ganzen Tag über an meinem Arbeitsplatz. Die Kinder sind in der Schule. Thelma ist zu Hause. Gewöhnlich komme ich zum Abendbrot später als die anderen. Dann noch Fernsehen und Hausarbeit, und dann gehen wir ins Bett.

Im Vergleich mit vielen anderen Ehemännern unserer Untersuchungsgruppe ist es ungewöhnlich, daß Henry Clark sich darauf verläßt, daß seine Frau ihm dabei behilflich ist, den Übergang vom Schlaf zur Arbeit zu bewältigen. Diese Abhängigkeit von ihr kontrastiert mit seinem Widerstand gegen ihre Versuche, ihn zu einem Stellenwechsel zu überreden, um geregeltere Arbeitszeiten zu bekommen. Vielleicht klammert sich Henry Clark an die augenscheinliche Autonomie seines Arbeitstages als Ausgleich zu seinem Wunsch, sich, solange er zuhause ist, auf seine Frau zu stützen.
Frau Clarks Eindruck vom Tagesablauf stimmt inhaltlich mit dem von Herrn Clark überein, aber ihr Ton unterstreicht das Repetitive und die Langeweile. Sogar die mangelnde Voraussagbarkeit der Rückkehr ihres Mannes ist ein fester Punkt in ihrem Bild voraussehbarer Ereignisse geworden.

Es ist immer das gleiche ... Aufstehen, Kinder in die Schule schicken, Frühstück, Mittagessen jeden Tag zur gleichen Zeit. Um sechs essen wir Abendbrot; manchmal halb sieben. Dann zwei Stunden Fernsehen für die Kinder. Wir hatten schon Familienandachten, aber mein Mann kommt zu unterschiedlichen Zeiten nach Hause. Jeden Tag lesen wir die Bibel.
Am Tag mache ich das Haus sauber, richte die Betten und wasche ab. Ich backe jeden Tag, und einmal in der Woche wasche und bügle ich. Ich koche gerne. Ich backe jeden Tag – Pasteten, Kuchen, Törtchen,

[2] Obgleich der ungewisse Zeitpunkt seiner Rückkehr am Abend praktische Schwierigkeiten mit sich bringt, ist es möglich, daß Henry Clarks Arbeitsplan aus anderen Gründen emotional so wichtig ist, weil er nämlich an die chaotischen psychologischen Zerrüttungen der Vergangenheit erinnert.

Brötchen. Ich backe, um der Familie eine Freude zu machen. Sie essen gerne Selbstgebackenes.

Wenige Frauen der Untersuchungsgruppe sehen ihre täglichen Aufgaben so ausschließlich in den auf das Wohl der Familie und die Pflege der Wohnung ausgerichteten Tätigkeiten. Thelma Clark hat andere Interessen und Beschäftigungen, die ihre Zeit und Aufmerksamkeit außerhalb ihres Heimes und der Familie in Anspruch nehmen, aber in ihren Gesprächen mit unserem Mitarbeiter macht sie wenig Aufhebens von diesen außer-familialen Tätigkeiten. In dem Bild, das sie uns gibt, konzentriert sie sich ganz auf ihre Rollen als Mutter und Hausfrau. Ihre Rolle als Ehefrau und ihre Tätigkeiten als Frau in der größeren Gemeinschaft sind ihr weniger wichtig. Gerade in dieser Hausfrauenrolle kritisiert sie Herrn Clark am unverhohlensten. Frau Clark investiert viel Kraft in ihre Fähigkeit, den Haushalt reibungslos und wirkungsvoll zu handhaben. Dies ist der Kern ihres Selbstbildes als Ehefrau und Mutter. Sie vermag alle wesentlichen Punkte des Tagesablaufs im Hause zu kontrollieren und zu organisieren bis auf die Arbeitszeiten ihres Mannes. Anhaltende Versuche, diesen schwachen Punkt zu korrigieren, sind erfolglos geblieben, und sie läßt ein Gefühl der Resignation gegenüber der Lage erkennen. Die Resignation hat sie jedoch nicht verstummen lassen; sie bringt weiterhin ihre Einwände vor, jedoch jetzt zu dem Zweck, eher Unzufriedenheit auszudrücken als ein gemeinsames Problem direkt anzugeben.

Frau Clark betrachtet die Hausarbeit als den Bereich, den sie allein zu verantworten hat. Sie würde sich gerne von den anderen Familienmitgliedern helfen lassen, aber ein Insistieren auf deren Hilfe würde ihr als Einschränkung ihrer eigenen Kompetenz erscheinen. Auf die Frage, wie die Hausarbeit unter den Familienmitgliedern aufgeteilt ist, antwortet sie:

Niemand hilft. Vater tüncht im Frühjahr die Wände, aber ich bestehe nicht darauf, daß sie Geschirr spülen. Lucy hilft im Haus, um Pfadfinder-Abzeichen zu bekommen. Ich lasse sie helfen, wenn sie kommen und fragen, aber ich fordere sie nicht dazu auf. Dann tun sie einiges mehr, als wenn ich sie darum bitte. Oder wenn ich mal krank bin, tut jeder seinen Teil.

Ihr Einsatz für die Familie, verbunden mit nur geringen Forderungen an diese, dient dazu, die Familie an sie zu binden und deren fortwährende Anhänglichkeit und Zuneigung zu sichern.

Lucys Beschreibung des gewöhnlichen Tagesablaufs offenbart ein Bewußtsein von dem, was ihr Vater tut. Ihre anfänglichen Bemerkungen über einen »normalen Arbeitstag« lassen auf ein feines Gespür für seine Gegenwart und das Gefühl, daß seine Arbeit ein wichtiger Teil des Tagesablaufs ist, schließen. Tatsächlich erwähnt sie ihre Mutter nicht, bis sie vom Interviewer ausdrücklich gefragt wird:

LUCY: Vater ist manchmal hier, wenn wir zum Frühstück aufstehen. An manchen Tagen geht er früh weg, wenn er abends nicht länger gearbeitet hat. Wenn es regnet und er hier ist, bringt er uns zur Schule, dann geht er zur Arbeit. Dann kommen wir zum Mittagessen nach Hause. Manchmal essen wir im Wohnzimmer zu Mittag und sehen fern. Wenn Jim und ich abends nach Hause kommen, geht er spielen, und ich gehe zu meiner Freundin oder sehe fern.
INTERVIEWER: Wie verläuft der Abend?
LUCY: Wir sind alle zum Abendbrot zu Hause – gewöhnlich ich, Jim und Mutter. Vater ißt später, wenn er nach Hause kommt. Ich mache meine Hausaufgaben zu Ende, sehe fern bis halb neun oder halb zehn. Freitags bleibe ich bis elf auf und schlafe dann sonnabends lange.
INTERVIEWER: Was tut deine Mutter den Tag über?
LUCY: Einen Tag wäscht und bügelt sie. Sie macht das Haus sauber und näht, backt Pasteten und Kuchen. Gestern machte sie einen Schokoladenkuchen.
INTERVIEWER: Wie hilfst du im Haus?
LUCY: Manchmal helfe ich beim Abwasch oder backe einen Kuchen oder passe auf Jim auf, während Mutter und Vater einkaufen gehen. Wenn Mutter krank ist, mache ich für mich und Jim Frühstück.
INTERVIEWER: Hast du keine regelmäßigen Aufgaben?
LUCY: Ich hätte gerne welche. Oh, doch! Ich muß die schmutzige Wäsche, meine und Jims, einsammeln und den Hund versorgen.

Lucy teilt nicht die leichte Verärgerung ihrer Mutter über die unregelmäßigen Arbeitszeiten von Herrn Clark. Sie akzeptiert den Tagesablauf, weil er ihren Ansprüchen genügt. Ihre einzige Unzufriedenheit mit ihrem Platz in diesem Tagesablauf rührt von ihrem Gefühl her, daß sie zu wenig Anteil hat an dem, was ihre Mutter tut. Anders als die Mehrzahl der Kinder ihres Alters in unserer Gruppe zeigt sie keine Verstimmung über die ihr von ihren Eltern zugeteilten Aufgaben. Im Gegenteil, ihr scheint eine Teilhaberrolle Freude zu machen, oder zumindest glaubt sie, daß sie ihr Freude machen würde, wenn sie ihr geboten würde. Sie ist jedoch nicht ge-

neigt, dies als ein ernstes Problem anzusehen; sie beurteilt den Tagesablauf als geordnet, bis zu einem gewissen Grade voraussagbar und wenig aufregend.
Jims Zusammenfassung des normalen Arbeitstages stimmt mit den Berichten anderer Familienmitglieder überein – er hält ihn nicht für aufregend:

Meine Mutter, die arbeitet im Haus. Lucy und ich gehen zur Schule. Mein Vater, der arbeitet im Büro, und manchmal kann es vorkommen, daß mein Vater rausgeht. Wenn Mutter das Mittagessen nicht eingepackt hat, geht er während der Arbeit raus und kauft sich was zu essen.
Interviewer: Wie ist es nach der Schule?
Jim: Wenn der Fernseher an ist, sehen wir fern. Wenn nicht, gehen wir raus und spielen. Manchmal gehe ich zu den Nachbarn und spiele in dem Haus meines Freundes.
Interviewer: Und am Abend?
Jim: Abends ist das Fernsehen an. Dann essen wir Abendbrot, dann weiter Fernsehen und ins Bett. Ich gehe um neun Uhr ins Bett. Alle frühstücken zusammen, aber zum Mittagessen sind nur Lucy, Mutter und ich da. Zum Abendessen sind wir alle zusammen, aber manchmal kommt mein Vater später nach Hause, und dann essen wir, bevor er heimkommt.

In Jims Version des Tagesablaufs hat jeder in der Familie seinen Platz. Die Familienmitglieder sind zu den üblichen Zeiten zusammen – den Mahlzeiten und zum Fernsehen. Wie seine Schwester gibt er keinen Hinweis auf ständige Klage über den Tagesablauf der Familie, noch scheint er von irgendeinem der sich wiederholenden Ereignisse besonders begeistert zu sein. Sein erster Eindruck vom normalen Tagesablauf der Familie klingt wie eine Kennmelodie des Stereotyps einer amerikanischen Familie der Mittelschicht: Die Mutter arbeitet im Haus; der Vater arbeitet im Büro; die Kinder gehen zur Schule. Jims Kommentar befaßt sich damit, was die Familienmitglieder als Individuen tun, und er zeigt kein Interesse daran, was sie *sind.* Als Gegensatz dazu die Antwort von Sally Littleton (Kapitel IV): »Meine Mutter schreit uns gewöhnlich an, und Tabby [die Katze] ist immer hungrig, und das Fernsehen wird ausgemacht.« Sallys Aussage läßt unter anderem einen Sinn für die Atmosphäre der Familie, für Interaktionen und dafür, daß die Menschen aufeinander einwirken, erkennen. All dies fehlt in Jims Antworten. Dieser Unterschied spiegelt den Unterschied zwischen dem Tagesablauf der beiden Familien, und er läßt auch das Ausmaß erkennen, bis zu welchem eine gleichmäßige, voraussagbare Folge von allgemein üblichen Tätigkeiten in der Familie das Bild der Clarks vom Wesen einer Familie widerspiegelt.

Für die Clarks ist das Wochenende ausgefüllt mit Kirchgang und Ausflügen, um Verwandte oder Stätten, die für die Kinder von Interesse sind, zu besuchen. Keiner der Eltern zeigt große Begeisterung für diese Art von Beschäftigung, aber die Kinder haben offensichtlich viel Freude daran. Herr Clark formuliert das so: »Am Sonntag gehen wir morgens und abends in die Kirche. Sonnabends machen wir verschiedenes – fahren spazieren oder besuchen Verwandte im Westen der Stadt, schlafen vielleicht länger.« Frau Clark fügt hinzu, daß die Familie sonntags gewöhnlich Besuch hat und Fernsehen tabu ist, obwohl Herr Clark anfängt, auch am Sabbat etwas Fernsehen zu erlauben. Sie macht auch ihre Abneigung gegen die Wochenendausflüge der Familie deutlich:

INTERVIEWER: Was tun Sie nicht gerne mit der Familie?
FRAU CLARK: Ins Museum gehen. Ich hasse so etwas, und sie sind begeistert davon. Wenn ich kann, bleibe ich zu Hause, so daß ihnen der Tag nicht verdorben wird. Wenn das Wetter schön ist, gehen wir ziemlich oft mit ihnen, und oft gehe ich mit, obwohl ich meine, daß man alle gesehen hat, wenn man eines gesehen hat.

Lucy zeigt offen ihre Begeisterung für die Wochenendunternehmungen der Familie. Sie hat die Ausflüge zu den Museen gerne und freut sich sehr auf die gelegentlichen gemeinsamen Unternehmungen mit ihrem Vater am Sonnabendnachmittag. Sie ist sich der Abneigung ihrer Mutter gegen Ausflüge zu Museen oder Tiergärten nicht bewußt, oder es kümmert sie nicht. Für Jim bietet das Wochenende weniger Gelegenheit zu Interaktion als für Lucy, aber er erwähnt auch die Familienausflüge und die Tatsache, daß »Vater mit uns fernsieht«.

Ein Charakteristikum der täglichen Gewohnheiten der Clarks ist, daß außer Kirchgang kein anderes sich wiederholendes Ereignis im Tagesablauf oder am Wochenende ein Familienritual zur Aufrechterhaltung von Interaktion und Einheit geworden ist. Vielmehr haben die Kinder individuelle Präferenzen für Tätigkeiten, die eine bestimmte Bedeutung für Interaktion beinhalten. Herr und Frau Clark äußern wenig, wenn überhaupt irgendwelche Präferenzen; Lucy hat die nicht geplanten, kleineren Beschäftigungen gern, die gelegentlich den Sonnabendnachmittag ausfüllen – Zeitung holen, einkaufen, den Hund versorgen–, und Jim spricht anerkennend von dem, was er mit seinem Vater zusammen macht:

Ich und mein Vater machen was zusammen, während Lucy und Mutter was tun, und wenn wir nichts zu tun haben, sitzen wir einfach rum und sehen fern. Gewöhnlich sehen wir Bücher an und denken an Sachen, die wir eventuell kaufen könnten – etwas für meine Mutter, oder so..., manchmal liest Vater mir vor, während Mutter das Abendbrot richtet.

Er fügt hinzu, daß er, wenn er mehr Zeit hätte, »mit meiner Schwester spielen, mit Vater schlittenfahren und mit Mutter in die Vorstellung gehen« würde.
Ferien sind eine Verlängerung der Wochenendunternehmungen. Gelegentlich macht die Familie eine Reise, aber häufiger besuchen sie Verwandte. Sie geben keine Begründungen oder bestimmte Ziele für diese Tätigkeiten. Wie andere Tätigkeiten auch, scheinen sie eher in die Kategorie der »Dinge, die getan sein wollen«, zu gehören, als Teil eines bewußten Plans zur Erziehung der Kinder, zur Bereitstellung von Anregungen oder zur Erweiterung des Familienhorizontes zu sein. Wie dem auch sei, die Gleichförmigkeit und Voraussagbarkeit der häuslichen Geschehnisse sind für Frau Clark Quellen der Befriedigung und zugleich auch Unzufriedenheit. Sie ist befriedigt, wenn Haushalt und Familie reibungslos ablaufen. Sie ist der Schrittmacher der Familie und fühlt sich in ihrer Fähigkeit als Mutter und Hausfrau bestätigt, wenn die Familie im Gleichschritt geht. Jedoch erinnert sie gerade diese Voraussagbarkeit, die sie für die Gruppe erreicht hat, daran, daß ein großer Teil ihres Lebens öde ist, daß sie die Gelegenheit zu Glanz und Amusement der Jugend für immer verpaßt hat und daß der Trost der Sicherheit wohl der wahrscheinlichste Lohn ihrer Bemühungen ist. Das Ergebnis ist hierbei jedoch für Herrn Clark befriedigender. Während der Haushaltsablauf für Frau Clark eine Validierung der Rollenkompetenz ermöglicht, ist er für ihren Mann ein sichtbares Zeichen für Sicherheit, Schutz und mütterliche Fürsorge.

Bild und Ziel der Familie:
Die Voraussetzungen der Zufriedenheit

Die Ziele, die sich eine Familie gesteckt hat und durch welche sie versucht, ihr äußeres soziales Verhalten und ihre internen Kommunikations- und affektiv bestimmten Interaktionsvorgänge zu regulieren, spiegeln notwendigerweise sowohl ihre Assimilation kultureller Ziele als auch diejenigen psychologischen Bereiche, welche ihre dominanten Mitglieder am meisten beschäftigen, wider. Das erwünschte Bild, daß ein jeder Elternteil an die Familie, die sie zusammen begründen, heranträgt, wird teilweise durch das Bild derjenigen Familie bestimmt, von der sie die intensivsten Kenntnisse haben. Manche Eltern versuchen, in die Verhaltensmuster ihrer Familie gewisse Themen einzuführen, die einen Gegensatz zu ihren Kindheitserlebnissen bilden, aber eben dieses Bemühen unterstreicht den Einfluß der Orientierungsfamilie beim Verursachen von Problemen und Problembereichen mit psychologischer Relevanz für Familien der nächsten Generation. Folglich tendiert gerade dieser Wunsch nach Neugestaltung und -formulierung des allgemeinen Modells für familiale Interaktion zur Perpetuierung zentraler Themen der Familie, obwohl die Art und Weise, in der diese Themen gehandhabt werden, deutlich divergieren kann. Erfolgreiche Neugestaltung oder Besserung von Verhaltensmustern der Familie wie bei den Clarks kommt vielleicht häufig vor; doch selbst, wenn sie »erfolgreich« ist, bleibt die Beschäftigung mit dem bekämpften Problem weiterhin erhalten und befaßt auch die Kinder damit.

Herr Clark meint, daß die Familie auf dem Weg zu den Zielen, die er für höchst wichtig hält, einen angemessenen Erfolg zu verzeichnen hat. Einer der wichtigsten Aktivposten der Familie ist eine kompetente Mutter: »Meine Frau ist in vieler Hinsicht eine außerordentliche Person. Im Vergleich mit anderen Frauen steht sie an der Spitze. Sie ist eine gute Hausfrau und Mutter.« In seiner Einschätzung hat sie einen starken Willen, kann Entscheidungen für die Familie treffen und übt eine starke und ausreichende Kontrolle über die Kinder aus. Die Bedeutung mütterlicher Befähigung steht in Beziehung zu Herrn Clarks Wunsch, die Familie möge ein festes, normales Interaktionsmuster haben. Seiner Meinung nach ist die

Mutter in erster Linie verantwortlich für die Planung und Organisation des Tagesablaufs der Familie – ein Standpunkt, der offensichtlich in Beziehung zu seinen Bemerkungen über seine eigene Mutter steht. Der Ehemann spielt eine kleinere, helfende Rolle bei der Erziehung der Kinder und dem Besorgen des Haushalts. Er leistet jedoch einen wichtigen grundlegenden Beitrag – den finanziellen Unterhalt –, der der Mutter die Freiheit gibt, ihren Verpflichtungen in der Familie nachzukommen.

Wenn man die soziale Herkunft berücksichtigt, so hat die Familie relativ starke Ambitionen für die Kinder. Sowohl Lucy als auch Jimmy wollen das College besuchen, und wir können vermuten, daß der hier zu einem Zeitpunkt, da sie noch nicht die High-School besuchen, ausgesprochene Wunsch auf eine Nachahmung elterlicher Präferenzen hindeutet. Aber in ihrem Drang nach Aufwärts-Mobilität hat die Familie eine gewisse Unverbindlichkeit, was die Ziele der Kinder anbetrifft, eingeschlossen. So gibt es zum Beispiel keine eindeutig festgelegten Berufsziele, denen Jimmy nacheifern könnte.

INTERVIEWER: Was sollen Ihre Kinder Ihrer Vorstellung nach einmal werden?
HERR CLARK: Sie sollen das werden, wozu sie Lust haben, Für keines von ihnen habe ich besondere Wünsche. Wenn sie zu guten Bürgern heranwachsen und seßhaft und glücklich werden, dann bin ich auch glücklich. Ich würde meinen Jungen gerne in einem akademischen Beruf sehen, wenn ihm das liegt.
INTERVIEWER: Welche Schulbildung wünschen Sie sich für Ihre Kinder?
HERR CLARK: Nun, diejenige, die sie für ihren späteren Beruf brauchen. Ein richtiges College wäre natürlich schön.

In einem anderen Kontext distanziert er sich von seinem Durchsetzungswillen und drückt den Wunsch aus, Jimmy möge nicht zu ehrgeizig sein. Die für Herrn Clark bedeutsamsten Tugenden und Leistungen kommen in seinem Aufsatz über die »ideale« Person zum Ausdruck.[3]

Mein Sohn

Ich möchte, daß Jimmy rechtschaffen ist und die Bedeutung von Integrität kennt. Ich möchte, daß er ein Christ ist. Mir wäre es lieb, wenn er lernen könnte, die Intelligenz, die er hat, dafür einzusetzen, aus

[3] Die Anweisung dazu lautete: »Bitte, schreiben Sie einen Aufsatz darüber, was für Menschen Ihre Kinder Ihrer Vorstellung nach werden sollen.« Alle Untersuchungsmethoden werden im Anhang abgehandelt.

dieser Welt eine bessere zu machen und der Menschheit zu nützen; wenn er lernen könnte, an den einfachen Dingen im Leben Freude zu haben, und nicht versuchen würde, zu ehrgeizig zu sein; wenn er lernen könnte, sein Temperament zu zügeln und jemand zu sein, den alle mögen. Ich möchte, daß er Gottes Ziele für sein Leben erkennt und danach lebt.

Meine Tochter

Ich möchte, daß sie glücklich ist. Mir wäre es lieb, wenn sie so fleißig würde wie ihre Mutter. Ich möchte, daß sie sich ihren Lebensunterhalt selbst verdienen kann, falls nötig, und möchte, daß sie Gottes Willen erkennt und danach lebt. Ich möchte, daß andere sie gernhaben.

Diese Aufsätze zeigen den Wunsch nach Stabilität, Sicherheit und Konformität, der Herrn Clarks Ziele für sich selbst und seine Familie charakterisiert. Er wünschte sich, sein Leben wäre anders verlaufen und er könnte mit dem Vorteil seiner heutigen Erfahrung von vorne anfangen. Er hat das Gefühl, er hätte unter richtiger und erfahrener Lenkung wesentlich Besseres leisten können, meint aber, daß es jetzt zu spät sei. Gelegenheiten wurden verpaßt, und er fühlt sich nicht dazu in der Lage, sie neu zu schaffen.

INTERVIEWER: Für welche Tätigkeit würden Sie sich entscheiden, wenn Sie die Wahl hätten?
HERR CLARK: Wahrscheinlich würde mir nichts Besseres einfallen, als dort zu bleiben, wo ich bin ..., aber wenn ich von vorne anfangen müßte und wenn ich wüßte, was ich heute weiß, würde ich vielleicht Rechtsanwalt werden ..., ich argumentiere von Natur aus gerne. Ich teile gerne meine Ansichten mit, damit die Leute sich auf meine Seite stellen können.

In seinen Aufsätzen führt Herr Clark ein Thema der Familie ein – die Bindung an einen religiösen Glauben. Das Bauen auf den religiösen Kode ist ein integraler Bestandteil ihres Bildes von der Familie geworden. In diesem Zusammenhang wird erwartet, daß Lucy die Pläne für ihre berufliche Laufbahn aus einer höheren, heiligen Quelle erhalten wird; Abhängigkeit wird zu einer Tugend erster Ordnung. Auch Frau Clark betont, wie wichtig Lauterkeit, Hilfe und Dienstbarkeit sind, aber sie betrachtet Lucys Zukunft als der Eigenkontrolle viel stärker unterworfen. »Was sie beruflich macht, hängt ausschließlich von ihr ab ... mir wäre es lieb, es wäre im Dienste der Kirche ... Ihr Wunsch ist es, Missionarin zu werden ... wenn nicht das, irgendeine Lehrtätigkeit.«

In Henry Clarks Verständnis gibt es nichts Besseres für die Familie und die Kinder, als freundliche, konfliktfreie Beziehungen zur Außenwelt zu unterhalten. Die einzelnen Familienmitglieder sollten nicht nach Macht, Wohlstand oder Ruhm für sich selbst streben, sie sollten dagegen liebenswürdig sein und sich einen ausreichenden Lebensunterhalt verdienen können. Das Ziel der Bemühungen wäre es, der »Menschheit zu nützen« und dadurch das Recht zu erwerben, von der Gemeinschaft akzeptiert und anerkannt zu werden. Was die Kinder anbetrifft, so besteht die Rolle der Familie darin, ihnen Wert und Bedeutung allgemein anerkannter moralischer Normen zu vermitteln und sie zu lehren, daß selbstsüchtige und andere antisoziale Impulse zu unterdrücken sind. Die Familie ordnet sich der Kirche unter und verläßt sich in starkem Maße auf die Hilfe der Kirche, wenn es darum geht, moralisches Verhalten zu fördern und zu belohnen. In der Familie selbst sollte der Einfluß der Mutter dominieren und sich sowohl auf die Kinder als auch auf den Ehemann erstrecken. Allen sollte in reichlichem Maße Trost, Fürsorge und Anleitung durch die Mutter zukommen, und als Gegenleistung sollten Kinder und Mann sie achten, verehren und Anhänglichkeit zeigen. Der Ehemann sorgt für den finanziellen Unterhalt, moralische und religiöse Führung und Unterstützung bei der notwendigen und unvermeidbaren Aufgabe, ungehöriges Verhalten der Kinder zu strafen. Das Heim ist der Ort, wo man Gefühlen Ausdruck geben darf, die in der Außenwelt als nicht akzeptabel gelten. In der Familie sind Anerkennung und Liebe unveränderbare Verpflichtungen.

Frau Clarks Bild von der Familie ist detailliert und festgefügt, und sie verwendet viel Energie darauf, die Familie zu diesem Ziel hinzuführen. Die Familie, die ihren offen geäußerten und heimlich gehegten Wünschen am nächsten kommt, hat mehrere Charakteristika. Sie müßte eine gut organisierte, gut geführte, konfliktfreie Gruppe sein. Ein jedes Mitglied müßte sich selbst genügen und nur gelegentlich der Fürsorge der Mutter bedürfen (in erster Linie dann, wenn ihr solche Dienstleistungen am gelegensten kommen). Die Kinder würden ihren Forscherdrang sowohl in geographischer wie in sexueller Hinsicht einschränken und in Konformität und routinemäßigen Tätigkeiten ausreichende Gratifikation finden. Sie würden

»wissen, welches ihr Platz ist«, sich anständig und zurückhaltend benehmen, Erwachsene bei ihren Unterhaltungen und Beschäftigungen nicht unterbrechen, es sei denn, sie hätten besondere Nöte oder Probleme, die es zu lösen gilt. Interaktion zum Zwecke des persönlichen Vergnügens und der Geselligkeit würden in allen Beziehungen auf ein Minimum beschränkt, es sei denn, daß die Kinder den Wunsch hätten und dazu fähig wären, sich ohne große Aufsicht durch Erwachsene zu vergnügen.

Die äußeren Formen des Rollenverhaltens würden streng eingehalten werden. Die Mutter würde rechtzeitig die erforderlichen Mahlzeiten auf den Tisch bringen; die Familie würde sich rechtzeitig einfinden und gerne essen, was sie vorbereitet hat. Das Haus würde ordentlich und sauber gehalten werden, die Mitglieder der Familie würden ihre Anziehsachen selbst wegräumen und sich die Schuhe auf der Matte abtreten. Ab und an würden die Eltern von aller Last und Verantwortung für die Familie befreit werden. Die Familie würde sich auf moralische Direktiven aus- und ihr Verhalten dementsprechend einrichten, insbesondere auf formale religiöse Anweisungen für die ordentliche und richtige Lebensführung. Die Rolle der Eltern würde weitgehend darin bestehen, göttliche Erwartungen weiterzugeben und Eigensinn zu bestrafen.

Den Erfolg ihrer Bemühungen, die Familie gemäß ihrem Bild zu formen, sieht Frau Clark durchaus realistisch. Sie ist jedoch davon überzeugt, daß sie ihre Aufgabe ziemlich gut angegangen hat. Manchmal hat sie das Gefühl, daß sie die Heiratsurkunde, ohne zu wissen, was auf sie zukommen würde, und in mädchenhaftem Überschwang unterzeichnete, aber sie ist stolz auf ihren Mann und die Kinder und »würde sie für nichts in der Welt hergeben wollen«. Sie unternimmt weiterhin anhaltende und entschlossene Versuche, ihr Wunschbild von der Familie in die Tat umzusetzen, und sie versucht, das Gefühl zu unterdrücken, sie könnte durch ihre frühe Heirat etwas Wichtiges (undefiniert und unerkannt, natürlich) verpaßt haben.

Im allgemeinen sind die Wünsche der Kinder ein Echo der Wünsche der Eltern. Sie betonen zwar ihre eigenen Wünsche, befinden sich damit aber nie in grundsätzlichem Gegensatz zum Bild der Familie. Lucy sagt:

Ich möchte gern Sekretärin werden. Ich finde, das ist ein netter Beruf für ein Mädchen. Ein weiterer Grund ist der, daß ich gerne schreibe

und Bücher führe. Außerdem gibt es eine Menge offener Stellen für Sekretärinnen.
Ich möchte ein freundliches Mädchen sein, so daß mich jeder gut leiden könnte und ich eine Menge Freunde hätte. Außerdem will ich versuchen, dem Herrn Jesus nach besten Kräften zu gefallen, wenn ich groß bin. Ich glaube, ich möchte gerne wie meine Mutter sein, weil sie alles das ist, was ich vorher erwähnt habe. Ich will ganz einfach ein guter Christ sein.

Lucy ist ein hingebungsvolles Mädchen. Die von ihr gegebene Darstellung der Familie ist die einer schützenden Gruppe, der zu gefallen sie sich bemühen müsse.

Unsere Familie ist einzigartig. Ich finde, sie sind einfach wunderbar. Sie sind nicht so streng wie die Eltern anderer Kinder. Manche Eltern lassen ihre Kinder zu jeder Tageszeit aus dem Haus; unsere Mutter sagt uns, wann wir reinkommen sollen, und wir gehorchen. ... Wir dürfen nicht wie manche anderen Kinder herumlaufen.

Der intensive Wunsch, zu gefallen und jede Andeutung nichtakzeptabler Impulse zu vermeiden, zeigt sich auch an ihrer Beschreibung eines vorbildlichen Mädchens ihres Alters: » . . . den Eltern gehorchen – nichts tun, was ihnen mißfällt, und nichts aus Trotz tun, nur weil sie unfair gewesen sind.«
In Lucys Idealfamilie gäbe es keine Meinungsverschiedenheiten, keine Konflikte, keine Gedankenlosigkeit, keine Eigenständigkeit. Unter dem Schutz eines mächtigen Gottes und verständiger Eltern würde das Leben heiter dahinfließen. Die Bereitschaft zu gefallen wird so als der Preis für emotionale Ausgeglichenheit verstanden. Bei einer so starken Ausrichtung auf Hilfestellung für andere ist Lucys Bauen auf einen strikten, von außen auferlegten Moralkode als Hilfe für die Bestimmung und Lenkung ihres Verhaltens eine virtuelle Notwendigkeit.
Jimmys Zukunftsvorstellungen drehen sich im Augenblick um die Industrie und andere Tätigkeiten, die im Gegensatz zu seiner Schwester mehr praktisch ausgerichtet sind. Hier sein Aufsatz:

Wenn ich groß bin, möchte ich gerne ein Bürovorsteher wie mein Papa sein, und wenn ich dann einmal so alt bin, möchte ich gerne jung genug sein, um mich mit kleineren Dingen zu beschäftigen, wie ich es als Kind tat. Ich würde gerne Briefmarken aus verschiedenen Ländern sammeln, und wenn das nicht ginge, würde ich gerne Modellflugzeuge bauen.
Ich würde ganz gerne ein netter Mensch sein und genügend Geld haben wollen, um verschiedenes einkaufen zu können, und ich wäre ganz gerne jemand, der es an andere Leute verschenken würde.

Sein Platz in der Familie scheint Jim nicht so gesichert und befriedigend zu sein, wie es bei Lucy der Fall ist. Er sagt zwar, daß er eine nette Familie hat – eine, die für ihn sorgt –, aber häufig offenbart er seine Überzeugung, daß er nicht richtig behandelt wird. Er empfindet wie Lucy, aber weniger intensiv, daß der ideale Mensch gut, gehorsam, großzügig und aufopferungsvoll sein sollte, um mit anderen zurechtzukommen. In seinem Wunschbild von der Familie würde Jim viel mehr Zeit mit seinem Vater verbringen, als er es jetzt tut, er würde genauso behandelt werden wie seine Schwester, und er würde von seiner Mutter mehr Fürsorge erhalten. Er ist jedoch weniger als Lucy davon überzeugt, daß ein selbstloses Leben der Weg zur Erfüllung seiner Wünsche ist.

Das wiederkehrende Thema der Selbstaufopferung zugunsten anderer ist eines der offensichtlichsten Merkmale in den Aufsätzen der Kinder. Die altruistischen Momente kommen bei den Clarks viel häufiger und viel expliziter zum Ausdruck als bei den meisten Familien der Untersuchungsgruppe. Im Gegensatz zu den Lansons (Kapitel III) ist die Hilfsbereitschaft der Clarks viel eher schwerpunktmäßig auf die äußere Welt als in erster Linie auf die eigene Familie gerichtet. Es handelt sich hier um ein gemeinsames Thema, welches das Verhalten ausrichtet, aber es betont nicht die Einheit der Familie als Ziel. Der daraus resultierende Zusammenhalt ist ein Nebenprodukt des Bemühens, ein Ideal oder einen Kode zu erfüllen, der als von außen herangetragen und sowohl den Bedürfnissen der Familie als auch denen der Individuen übergeordnet angesehen wird.

Frau Clark zeigt deutlicher als andere Familienmitglieder die Tendenz, ihre Wünsche zum Wohle der anderen zurückzustellen. Sie versteht diese Haltung als Teil ihrer Mutterrolle, und wenn sie manchmal auch unzufrieden ist mit dieser Aufgabe, fühlt sie sich dieser selbstaufopfernden Rolle als Teil ihrer Lebensform verpflichtet. Sie sagt: »Ich würde ganz gerne tanzen gehen, aber das kann ich nicht, weil ich den jungen Mädchen ein Vorbild sein muß.« Wie wir bereits gesehen haben, greift die Unterordnung ihrer eigenen Präferenzen unter die der Familie auf die Freizeitbeschäftigung der Gruppe über. Das entspricht nicht ihren Wünschen, aber sie ist bereit, ihre eigene Präferenz bei der leisesten Andeutung, daß ihre eigenen Wünsche selbstsüchtig oder nicht ausreichend mütterlich seien, zu opfern.

Die Elemente der Clarkschen Familienideologie stehen in enger Beziehung zu drei Themen: der entscheidenden Bedeutung eines stabilen, voraussagbaren Schemas der Tätigkeiten in der Familie, das nur mit der Hilfe einer kompetenten Muttergestalt und Konformität auf Seiten der Kinder erreicht werden kann; der Wirksamkeit selbstverleugnenden Dienstes in sozialer Interaktion; und dem Rückgriff auf eine externe übergeordnete Quelle für einen Verhaltenskode. In einem solchen Kontext ist der Wunsch nach Selbständigkeit als solcher eine Bedrohung. Stärke beweist man dadurch, daß man »den Mut, für seine Überzeugungen einzustehen« demonstriert. Die Überzeugungen, die sich diese Familie zu eigen gemacht hat, gehen von der Unterlegenheit des Individuums gegenüber anderen Mitgliedern der Gesellschaft aus. Teilweise Aufgabe der Unabhängigkeit im Austausch gegen die Anerkennung durch die Gruppe ist natürlich ein klassisches Modell des Sozialisationsprozesses. In dieser Familie jedoch ist der Preis überzogen; das Opfer übersteigt die soziale Notwendigkeit aufgrund innerer Befürchtungen vor nicht mehr existenter, situationsbedingter Verwundbarkeit. Den Clarks erscheint der Preis nicht hoch; sie haben die Früchte sozialer und finanzieller Stabilität, die beide Eltern angestrebt haben, geerntet. Im Hinblick auf ihre Kindheit betrachten sie das Erreichte als substantielle Kompensation. Wie die meisten anderen Familien der Untersuchungsgruppe haben die Clarks Verhaltensschemata entwickelt, die geeignet sind, eine Kongruenz der Bilder, die sie von der Familie und von ihren Wunschvorstellungen von der Familie entwickelt haben, herbeizuführen. Die Art und Weise, in der sie versuchen, Consensus zu schaffen und zu erhalten bei gleichzeitiger Befriedigung von sowohl individuellen Bedürfnissen als auch Ansprüchen der Gruppe, und die daraus resultierenden Interaktionsschemata öffnen zusätzliche Dimensionen, durch die es uns möglich wird, die Welt ihrer Familie zu betrachten.

Die Regulierung sozialen Verhaltens

Die Verhaltensgrenzen sind für die Mitglieder der Familie Clark durch zwei deutlich voneinander verschiedene Standards defi-

niert – die Ideologie der Familie und den Inhalt eines moralischen, aus formalen religiösen Glaubenssätzen abgeleiteten Kodes. Diese Ideologien ergänzen einander und entsprechen den gemeinsamen psychologischen Bedürfnissen der Familie.
Der Gebrauch moralischer Imperative bei der Verhaltenskontrolle ist einer der wesentlichsten und bedeutendsten Züge der Familie. Alle Mitglieder sind davon überzeugt, daß die Zwänge, die sie sich selbst auferlegen oder die ihnen auferlegt werden, zu ihrem eigenen Nutzen oder zum Nutzen der Gruppe sind. Die Institutionen, die die Kontrolle ausüben, sowohl die elterliche als auch die göttliche, sind mit protektiver Benevolenz ausgestattet. Die Kinder veranschaulichen diese Haltung in folgenden Bemerkungen:

INTERVIEWER: Wie ist deine Familie?
JIM: Sie sind nett. Sie achten wirklich gut auf mich. Wenn sie es können, geben sie mir alles, was ich will.

Lucy gibt einen genauer formulierten Kommentar:

INTERVIEWER: Wie ist es mit deinen Eltern, reichen sie an dein Ideal heran?
LUCY: Ich finde sie ausgezeichnet. Sie geben mir einfach alles, was ich will, wenn sie meinen, ich sollte es haben.

Diese Bemerkungen spiegeln die religiöse Überzeugung der Eltern wider, daß diesem Leben von einem höheren Plan oder Obrigkeit eine Ordnung auferlegt worden ist und daß es im Interesse und zum Nutzen des Individuums ist, diese einzuhalten.
Die Vorstellung der wohlwollenden Kontrolle rechtfertigt harte Durchsetzungsmaßnahmen und strikte Konformität. Henry und Thelma Clark setzen ihre elterliche Erziehung sehr bestimmt durch, und sie haben ihren Kindern ihre Standards mit Erfolg vermittelt. Sie haben keine wichtigen Beschwerden über Jims und Lucys Verhalten vorzubringen. Sie sind keine Problemkinder, und die kleineren Verfehlungen, die von Zeit zu Zeit vorkommen, werden von Herrn und Frau Clark nicht für besonders schwierig gehalten. Frau Clark beschreibt ihre Eindrücke von den Disziplinierungsmaßnahmen:

Mit Jim muß alles gründlicher diskutiert werden. Lucy fragt nicht, warum; sie tut einfach, was ich sage, ohne große Diskussion.
INTERVIEWER: Was mißbilligen Sie an Ihren Kindern?
FRAU CLARK: Jede Art von Widerrede. Ich lasse sie nicht durchgehen,

wenn ich es verhindern kann. Ich habe keinen Ärger mit Lucy, mit Jim wohl. Lucy nimmt Bestrafung und Anweisungen ohne Widerspruch an. Ich billige es auch nicht, wenn einer von ihnen dabeisitzt, wenn Erwachsene sich unterhalten. Lucy ist in der Beziehung schlimmer als Jim. Ich mag es auch nicht, wenn einer von ihnen Erwachsene zurechtweist – auch wenn es nur eine Kleinigkeit ist. Lucy neigt dazu. Wir ermutigen sie, große Sachen – grobe Fehler – aufzuzeigen, aber wir mögen es nicht, wenn sie uns auf kleinere hinweisen. Lucy ist langsam. Ich weiß nicht, wie ich das ändern könnte; es irritiert sehr.
INTERVIEWER: Was tun Sie, wenn sie Widerworte gebrauchen?
FRAU CLARK: Nun, ich frage, warum sie das tun und gebe ihnen dann noch eine Chance. Wenn es wieder vorkommt, bestrafe ich sie irgendwie. Ich erkläre ihnen, wie häßlich Launen sind. Ich meine, Widerworte sind eine Frage der Selbstbeherrschung.
INTERVIEWER: Schlagen sie sich manchmal?
FRAU CLARK: Nein, sie machen Theater, aber sie schlagen sich nicht. Wenn es um einen bestimmten Gegenstand geht, nehme ich ihn ihnen ab. Gewöhnlich geht es um Eßsachen – Nachtisch oder etwas, was sie sehr gerne essen. Wenn das Fernsehen der Grund ist, mache ich es aus.
INTERVIEWER: Was machen Sie, wenn sie nicht rechtzeitig nach Hause kommen?
FRAU CLARK: Sie darf eine ganze Woche lang nirgends hingehen. Wenn es bei meinem Sohn vorkommt, gehe ich ihn suchen. Er weiß nie, wie spät es ist.
INTERVIEWER: Welche Art der Bestrafung wenden Sie an?
FRAU CLARK: Eine ihrem Alter entsprechende. Meine Tochter ist zu alt, um geschlagen zu werden, deshalb nehme ich ihr Sachen weg. Für meinen Sohn ist es die schlimmste Strafe, ins Bett gesteckt zu werden. Manchmal schlage ich ihn. Es ist wirksamer, ihn ins Bett zu stecken, aber manchmal habe ich ihn geschlagen, bevor ich an so etwas denke. Schlagen geschieht teilweise zum Dampfablassen.

Für Frau Clark und in gewissem Maße auch für Herrn Clark sind Widerworte, Lügen und verbale Kritik an Erwachsenen alles Ausdruck von impulsivem Sichgehenlassen der Kinder. Sie deuten auf intellektuelle Non-Konformität hin – innere Vorbehalte und Grundlagen für Selbstverwirklichung. Insofern kollidieren sie mit der von beiden Eltern geteilten Ansicht – Verhinderung von Experimenten, Abenteuern und Selbständigkeit sind absolut notwendig für die Aufrechterhaltung einer festen, sicheren Lebensführung.

Thelma Clark berichtet, daß sie selten die Beherrschung verliert, aber gibt auch zu verstehen, daß sie sich nicht immer so gut beherrschen konnte wie heute. Sie erwähnt ein Ereignis, das drei Jahre zurückliegt, um zu schildern, wann sie »das letzte Mal« die Kontrolle über aggressive Neigungen verlor. In diesem Falle war Herr Clark, und nicht die Kinder, das Objekt ihres Gefühlsausbruchs.

Frau Clarks Bemühungen gehen dahin, Haus und Familie sauber und ordentlich zu führen und sie sowohl physisch wie emotional in einem der Außenwelt präsentierbaren Zustand zu halten. Ihr Versuch, die Kinder, wenn es vermeidbar ist, nicht vor Besuch zurechtzuweisen, deutet auf ihren Wunsch, eine in den Augen der Welt respektierliche Fassade zu erhalten. Dies soll nicht die Vermutung nahelegen, daß sie mit zwei verschiedenen Maßstäben mißt; ihre eigenen Normen für akzeptables Verhalten sind sehr streng, aber sie zieht es vor, in der Erziehung begründete Spannungen und offenen Konflikt im Familienkreis zu halten.

Frau Clark besteht auf Gehorsam und versucht gleichzeitig, ihren Kindern vernünftige Erklärungen für die ihnen auferlegten Strafen und Beschränkungen zu geben. Diese rationalen Erklärungen haben die gewünschte Wirkung gehabt – die Kinder fühlen, daß die Eltern das Kind nur zu seinem eigenen Wohl disziplinieren. Diese Art, disziplinarische Maßnahmen zu rechtfertigen, verschleiert die Ausnutzung des Generationsgefälles im Regulierungsprozeß. Die Clarks erheben keinen Anspruch darauf, eine nach demokratischen Regeln funktionierende Familie zu sein. Die Eltern respektieren die ihnen unterstellten Mitglieder der Familie, aber sie behaupten nicht, daß jedes Familienmitglied bei Familienangelegenheiten in gleicher Weise stimmberechtigt sei. Die Anerkennung einer Statushierarchie innerhalb der Familie hat ihre Parallele in der Anerkennung der einem höheren Wesen untergeordneten Stellung der Erwachsenen, mit daraus folgender Abhängigkeit von und Gehorsamsschuld gegenüber einem übergeordneten ideologischen System.

Herr Clark gibt sich mit einer sekundären Rolle innerhalb der Familie zufrieden. Obwohl er Entscheidungen trifft, die die Finanzen und einige Unternehmungen der Familie wie Wochenendausflüge und Teilnahme am Gottesdienst betreffen, läßt er gerne die Probleme der Familienführung und der Sozialisation in Frau Clarks Händen: » . . . sie ist eine gute Hausfrau und Mutter. Bis auf mich ist es eine großartige Familie. Von mir gibt es nicht allzu viel zu berichten. Ich bin nicht oft genug hier. Ich überlasse ihr eine Menge.« Auf eine Frage über seine Beteiligung an Haushaltspflichten antwortet er:

Nicht allzuviel. Gelegentlich mache ich den Abwasch. Ich eigne mich nicht für Hausarbeit.
INTERVIEWER: Betätigen Sie sich handwerklich im Haus?
HERR CLARK: Nicht allzuviel. Wenn es schlimm ist, rufe ich den Besitzer an.

Herr Clark trägt nur wenig zur Bestimmtheit des erzieherischen Tons in der Familie bei. Er versucht, den Schein der Autorität aufrecht zu erhalten, aber im Grunde zieht er ein Zuhause vor, in dem er nicht genötigt wird, bei der Aufrechterhaltung der Ordnung mitzuhelfen, besonders nicht bei zwischenmenschlichen Spannungen. Obgleich Herr Clark die routinemäßige Sozialisation zum größten Teil seiner Frau überläßt, reagiert er heftig auf Fehlverhalten, wenn es in seiner Anwesenheit vorkommt. In der Tat berichten die Kinder, daß er das Familienoberhaupt ist, wenn er zuhause ist. Seine Art, Strafen aufzuerlegen, ist heftiger und impulsiver als die seiner Frau.

INTERVIEWER: Was sehen Sie nicht gern, wenn es Ihre Kinder tun?
HERR CLARK: Etwas, was sie nicht tun. Sie putzen sich ihre Zähne nicht oft genug.
INTERVIEWER: Was macht Sie wütend?
HERR CLARK: Was mich sehr ärgert – was ich nicht tun sollte.
INTERVIEWER: Aber tun Sie's?
HERR CLARK: Ja, natürlich. Wenn ich das Bedürfnis habe, sie aus einem Impuls heraus zu schlagen, nur weil ich wütend bin, dann sollte ich das natürlich nicht tun. Sie sind nicht eigentlich niederträchtig. Meine Tochter ist ein bißchen schwerfällig – das macht mich wütend, aber das entspricht ihrer natürlichen Anlage. Ich bin genauso. Der Junge hat nicht allzu viele schlechte Angewohnheiten, aber er neigt mehr zum Widerspruch.
INTERVIEWER: Was tun Sie dagegen?
HERR CLARK: Gewöhnlich schlage ich ihn. Wir unternehmen nicht viel wegen Lucys Schwerfälligkeit. Ich habe meiner Frau geraten, ihr jeden Tag etwas zu tun zu geben, um ihre Trägheit zu überwinden, aber sie tut es nicht.
INTERVIEWER: Was würden Sie tun, wenn sie sich prügelten?
HERR CLARK: Ich würde ihnen eine runterhauen. Ich habe nichts dagegen, wenn Lucy Jim eine runterhaut, aber ich habe etwas dagegen, wenn Männer Frauen schlagen. Ich will, daß Jim mit der Vorstellung aufwächst, daß eine Frau eine Dame ist, selbst wenn sie es nicht ist. Mit anderen Kindern sollen sie alleine fertig werden. Ich finde, sie sollten ihre eigenen Angelegenheiten allein lösen.
INTERVIEWER: Verlieren Sie je die Beherrschung?
HERR CLARK: Nicht ganz und gar.
INTERVIEWER: Wie verhalten Sie sich?
HERR CLARK: Als mein Sohn mich einen Lügner nannte, habe ich

sofort zugeschlagen. Aber ich werde nicht richtig wütend oder ziehe mich zwei Wochen lang in den Schmollwinkel zurück.

Henry Clark ist nicht vollkommen zufrieden mit der Ausübung seiner Autorität innerhalb der Familie. Seinen Kindern gegenüber besteht er auf Gehorsam, und es ist ihm unmöglich, impertinente Verhaltensweisen oder offene Auflehnung zu tolerieren. Er ist sich jedoch der Tatsache bewußt, daß sein disziplinarisches Verhalten manchmal hart und selbstsüchtig ist. »Väter / behandeln [manchmal] ihre Familien schlecht,« sagt er im Satz-Complettierungs-Test.[4] Er ist der Meinung, daß er durch den Mangel an strenger und genauer Aufsicht und Kontrolle während seiner Kindheit gelitten hat, und er ist entschlossen, seine Kinder nicht eine ähnliche Benachteiligung erfahren zu lassen. Die Bewunderung für seine Frau gründet sich teilweise auf deren Fähigkeit, die Kinder wirksam zu disziplinieren, und er versucht, sie dadurch zu unterstützen, daß er Lucy und Jim gegenüber eine konsistente disziplinarische Linie einhält.
Er ist sich der Tatsache bewußt, daß er manchmal disziplinarische Maßnahmen dazu benutzt, seiner eigenen Gereiztheit Ausdruck zu verleihen. Das kommt in dem folgenden Gespräch zum Ausdruck:

INTERVIEWER: Wo werden Sie öfter wütend, zu Hause oder am Arbeitsplatz?
HERR CLARK: Zu Hause wahrscheinlich.
INTERVIEWER: Warum?
HERR CLARK: Zu Hause hat man ein größeres Recht, ärgerlich zu werden. Von denen zu Hause erwartet man mehr Nachsicht. Im Geschäft könnte man die anderen verärgern, und sie würden es nicht vergessen.

Diese Haltung weist auf die innere Unzufriedenheit hin, die Henry Clarks Manifestation von Autorität und Vaterrolle charakterisieren. Für ihn ist das Zuhause ein Zufluchtsort von den Standards und den Beschränkungen der Außenwelt, ein Ort, der ihm außerdem eine Minderung der internen Standards gestattet, ohne daß damit die Drohung verbunden wäre, Schutz und Zuneigung würden entzogen. Er würde oft gerne die Notwendigkeit, seine Kinder zu disziplinieren, vermeiden – nicht

[4] Der Satz-Complettierungs-Test (SCT [Sentence-Completion-Form]), den wir bei der Datensammlung für dieses Projekt verwendet haben, wird auf Seite 321 ff. wiedergegeben.

aus Abneigung gegenüber disziplinarischer Tätigkeit, sondern aus einem Wunsch, seine Verantwortung abzulegen und sich lieber auf seine Familie zu stützen für die Erfüllung seiner eigenen Bedürfnisse. Seine Disziplinierungstätigkeit wird zuweilen ein Ausdruck seiner Verärgerung über häusliche Vorfälle, die ihn dazu zwingen, die Rolle des dominierenden Vaters anzunehmen, wenn er nicht dazu aufgelegt ist. Thelma Clark beklagt sich darüber, daß er ihr die Entscheidungen über häusliche Angelegenheiten überläßt. Wenn er von den Kindern sagt: »Ich möchte, daß sie einen ebenso starken Willen wie meine Frau entwickeln,« wird daran sein Gefühl deutlich, sich ihr überantwortet zu haben. Diese Bemerkungen zeigen seinen Wunsch nach einem Heim, das nicht von ihm geführt wird, in dem er aber einen sicheren Platz innehat. Sein Wunsch nach einem von einer kompetenten Frau und Mutter gut geführten Zuhause ist ein Ausdruck seiner ambivalenten Haltung gegenüber Unabhängigkeit und Durchsetzungsvermögen. Seine Antworten auf zwei TAT-Karten sind weitere Indikatoren dafür, daß ihm Abhängigkeit und Selbstbehauptung ein Problem sind (vgl. S. 320 f.):

KARTE 2: Ich weiß nicht. Also, die Mutter von dem da drüben sieht zu, wie er pflügt. Es sieht so aus, als ob das Mädchen auf dem Heimweg von der Schule ist, und dieser Nachbarsjunge, sie hätte es wohl ganz gerne, wenn er sie beachtete, und wahrscheinlich wird er das auch tun, wenn seine Mutter weggegangen ist. Sie hat es nicht gerne, wenn er sich mit Mädchen herumtreibt. Und wenn er mit der Arbeit fertig ist, wird er sie besuchen. Es sieht vielversprechend aus. Ich glaube, er wird sie wahsrcheinlich heiraten und einen eigenen Bauernhof haben. Dieses Landleben spricht mich jedenfalls an.

KARTE 6 BM: Ach du liebe Zeit! Also, das ist ein Junge und seine Mutter, und er ist das letzte der Geschwister, und auch er hat sich zu guter Letzt verliebt. Wie das bei manchen Müttern der Fall ist, hat die Mutter geglaubt, der Sohn würde sie nie verlassen. Und eines Abends kam der Sohn mit der Nachricht nach Hause, daß er ein Mädchen gefunden hätte und ernsthaft heiraten wollte. Ein gutaussehender Bursche ..., netter Kerl ..., eine nette Mutter, und sie hatte diesen Jungen mehrere Jahre lang ganz für sich und hatte das schätzen gelernt, und wenn er jetzt heiratet, was macht sie dann? Und sie denkt darüber nach, sie denkt über ihr Leben nach und wie sie ohne den Vater des Jungen leben mußte, und jetzt muß sie ohne ihn leben. Dieser Junge weiß, daß sie betroffen sein wird, und sie tut ihm leid. Und sie hat entschieden, daß sie nur das will, was ihn glücklich macht, egal, was es sei, und sie ist damit einverstanden, daß er den Weg einschlägt, den er für den besten hält. Und wissen Sie, was passierte? Sie hatten drei Kinder, die der alten Dame viel Freude machten, und sie beteten ihre Großmutter an. Also, der normale Weg ist immer noch so ungefähr der beste Weg.

Mehrere vergleichbare Elemente tauchen in diesen beiden Antworten auf. Das Frauenbild in den beiden Geschichten ist das einer dominierenden, schützenden und kontrollierenden Gestalt. In beiden Fällen besteht das Problem der männlichen Personen darin, einen zufriedenstellenden Grad an Freiheit von mütterlicher Kontrolle zu erreichen. Er ist jedoch besorgt über die Reaktion, die solche Bemühungen in ihm selbst hervorrufen könnten, und deshalb versucht er, seine Motive zu verschleiern. Er ist nicht in der Lage, seine eigene Furcht vor Selbstbehauptung einzugestehen, und deshalb beschreibt er die Mutter als den trennungsunwilligen Teil des Paares.
Herrn Clarks innerer Konflikt zwischen seinem Wunsch nach Schutz und seinem Wunsch nach Eigenständigkeit tritt deutlicher in seiner Selbsteinschätzung und in seiner Haltung gegenüber den Kindern zutage als in der Beziehung zu seiner Frau. Mit seiner Frau hat er den Konflikt gelöst, indem er ihr eine Mutterrolle in bezug auf ihn selbst und auch die Kinder zuweist. Sie ist das Symbol seiner Unabhängigkeit von seiner eigenen Mutter und zugleich ein Ausdruck mütterlicher Kontrolle. Er hat jedoch seine Kinder in seine ambivalente Haltung miteinbezogen. Er macht sich Sorgen, daß seine Kinder zu ehrgeizig sein könnten, und hofft, daß sie sich keine sehr hohen materiellen Ziele setzen werden; auf diese Weise projiziert er seine eigene Furcht vor Selbstbehauptung auf sie. Dennoch erwartet er, daß sie in der Schule gut vorankommen und zuhause Verantwortung und Selbstbeherrschung zeigen. Er will, daß sie einen starken Willen haben wie seine Frau, aber er legt ihnen die Beschränkungen seiner religiösen Überzeugungen in einer Weise auf, die Selbstdarstellung und Eigeninteresse verhindert. Die Art, wie er sich auf das Gewissen und religiöse Institutionen stützt, erscheint gewissermaßen als ein Ersatz für den Vater, auf den er sich nicht stützen konnte. Konformität gegenüber einem moralischen Kode mildert die Schuldgefühle, die er wegen seines Wunsches nach Selbständigkeit hat, und seine Unzufriedenheit aufgrund einiger unbewußter Impulse. Er fühlt sich frustriert, weil er Ziele nicht erreicht hat, die er sich einmal gewünscht haben muß. In dem Interview spricht er von seinem

Wunsch nach einem schwarz-roten Mercury, aber bei anderer Gelegenheit rationalisiert er sein Gefühl, versagt zu haben, durch Abwertung materieller Erwerbungen. Gleichzeitig spielt er mit dem Gedanken, den Eindruck, den er auf andere macht, dadurch zu erhöhen, daß er öffentliche Reden hält und öffentliche Zustimmung gewinnt. Diese Träumereien von Selbstbehauptung dienen ihm als Ersatz; er erzählt uns, daß die Arbeit (die eigentliche Art der Selbstbehauptung des Mannes) ihn ermüdet und deprimiert. Letztlich drängt er den Konflikt in den Hintergrund; er bewältigt sein Gefühl, etwas entbehrt zu haben, indem er nach moralischen Werten strebt, sich bemüht, ein »guter Mann« zu sein, und durch das Gefühl, wertlos zu sein, wodurch er seine Schuldgefühle unter Kontrolle hält.

Herrn Clarks Haltung gegenüber Selbständigkeit und Kontrolle finden unterschiedlich Anwendung auf seine Kinder. Er hat deutlich getrennte Verhaltensstandards für Jim und Lucy, wie aus seiner Bemerkung über Jims tätliche Angriffe auf Lucy hervorgeht. Seine Haltung gegenüber seiner eigenen Mutter ist nicht so ausreichend von der gegenüber seiner eigenen Tochter differenziert, daß sie eine rationale Disziplinierung der beiden Kinder bei bestimmten Verhaltensweisen gestattete. Lucy hat aufgrund der Tatsache, daß sie ein Mädchen ist, eine besondere Stellung; Herr Clark gestattet sich, seine Einstellung gegenüber Frauen in ungleiche Disziplinierungsverfahren gegenüber seinen Kindern umzumünzen.

Genau an diesem Punkt haben Herr und Frau Clark ihre ausgeprägtesten Meinungsverschiedenheiten darüber, wie die Kinder kontrolliert und diszipliniert werden sollten.

INTERVIEWER: Welche Meinungsverschiedenheiten haben Sie und Ihre Frau in bezug auf die Behandlung der Kinder?

HERR CLARK: Wenn sie müde und abgespannt ist, sind es meine Kinder. Wenn ich Jim verhaue, bin ich zu hart mit ihm, und das Mädchen fasse ich nie an. Wir haben nicht viele Meinungsverschiedenheiten, weil sie sie ziemlich verünftig behandelt.

Dieser Auszug zeigt deutlich, wie er sich auf seine Frau verläßt, wenn es sich um die Kontrolle der Kinder handelt, aber auch seine Enttäuschung und Verärgerung, wenn sie versucht, die Verantwortung für die Disziplinierung ihm zu übertragen. Er zeigt aber auch, daß er sich verglichen mit Lucy größerer Strenge gegenüber Jim bewußt ist. Frau Clarks Bemerkungen zeigen, daß auch sie diese Neigung ihres Mannes erkennt:

INTERVIEWER: Haben Sie und Ihr Mann Meinungsverschiedenheiten wegen der Behandlung der Kinder gehabt?
FRAU CLARK: Nur wegen meines Sohnes. Ich bin eher bereit, Erklärungen meines Sohnes Glauben zu schenken, als er. Gewöhnlich geht es ums Essen. »Iß dein Gemüse auf« oder so ähnlich. Ich weiß, was wir mittags hatten und ob er hungrig ist oder nicht. Mein Mann glaubt, der Teller müßte leergegessen werden.
INTERVIEWER: Sonst noch was?
FRAU CLARK: Fernsehen am Sonntag. Ich kann nichts Schlimmes daran finden. Er schon. In dieser Beziehung ist er strenger als ich. Ansonsten sind wir uns ziemlich einig.

Herrn Clarks Neigung zu geringer Flexibilität in bezug auf Disziplinierungsmaßnahmen und zur Einhaltung von Regeln ist eigenartig im Hinblick auf seinen Wunsch, Frau Clark die Haushaltsführung und Disziplinierung der Kinder zu gestatten. Er verzichtet auf seine disziplinarische Autorität und Entscheidungsbefugnis; dennoch ist er konsequenter und strenger als seine Frau in seiner Forderung nach Befolgung von Regelungen und in seinem Tadeln der Kinder bei ungebührlichem Verhalten. Er ist sich halb bewußt, daß seine Härte besonders Jim gegenüber Verstimmung und Spaltung in der Familie verursacht. Er scheint die Ursprünge seiner autokratischen Anwandlungen selbst nicht zu verstehen; sie führen ihn dazu, seine Kompetenz als Vater abzuwerten. Auf die Bitte, sich mit dem idealen Vater zu vergleichen, antwortet er: »Ich würde nur zu einem Sechstel an ihn heranreichen.«

Es ist wahrscheinlich, daß Herrn Clarks Insistieren auf der Befolgung von Regeln um ihrer selbst willen ein Ausdruck seines mangelnden Vertrauens in sich selbst als Vater ist. Er ist der Meinung, daß er als Kind nur unzureichend beaufsichtigt wurde, und entschlossen, daß solch lockere Kontrolle in seinem eigenen Haus nicht gestattet sein soll. Der seiner disziplinarischen Verfahrensweise zugrundeliegende Affekt deutet jedoch auf einen großen Anteil an Rivalität mit seinen Kindern, besonders Jim, hin und darauf, daß disziplinarische Maßnahmen als eine Möglichkeit genutzt werden, das Kind in seine Schranken zu weisen. In gewisser Weise wetteifert Herr Clark mit ihnen um die Aufmerksamkeit und Fürsorge von Frau Clark, und er benutzt seine Statusposition, um seinen Vorteil aufrecht zu erhalten. Folglich enthält seine Art zu disziplinieren mehrere Elemente: Das Gefühl, mit seinen Kindern wetteifern zu

müssen, den Wunsch, sie kompromißlos einen geraden Weg gehen zu lassen, was er als Kind vermißte, sein Bild von der überlegenen Stellung der Frauen im Haushalt und seine eigenen Ängste vor Verlangen nach Selbständigkeit.
Die Kinder bleiben nicht unberührt von der komplexen Mischung von Emotionen, die in die elterlichen Disziplinierungsmaßnahmen eingewoben sind. Beide Kinder versuchen, einen anerkennenden, angenehmen Bericht der disziplinarischen Praxis im Hause zu geben. Lucy tut sich dabei leichter als Jim, möglicherweise deshalb, weil sie weniger Grund zur Klage hat.

INTERVIEWER: Tust du irgend etwas, was deine Eltern mißbilligen?
LUCY: Nicht daß ich wüßte.
INTERVIEWER: Nichts, was sie wütend macht?
LUCY: Ich wüßte nichts. Na ja, sie sehen es nicht gerne, wenn der Hund mich anspringt, aber er tut es halt. Sie hören es nicht gerne, wenn ich »yeah« sage.
INTERVIEWER: Woran erkennst du, daß deine Eltern wütend sind?
LUCY: Manchmal schreit uns Mutter an, wenn wir etwas tun, was sie nicht mag. Vater ist ruhig. Er spricht bloß mit uns. Er wird nicht richtig wütend auf uns.*
INTERVIEWER: Wer gibt im Haus den Ton an?
LUCY: Vater. Wenn er nicht da ist, die Mutter, aber wenn er da ist, dann er ... Vater ist strenger. Er hat es nicht gerne, wenn wir am Sonntag fernsehen.**
INTERVIEWER: Wer trifft die Entscheidungen in der Familie?
LUCY: Ich glaube, Mutter und Vater besprechen sich und sind sich in der Regel einig.
INTERVIEWER: Wenn es eine Meinungsverschiedenheit gäbe, wer würde sich durchsetzen?
LUCY: Ich weiß nicht genau. Jeder könnte das tun, was er vorhatte. Wenn es um den Kauf eines Autos ginge, würde Vater sich durchsetzen. Sie würden einen Kompromiß schließen. Es hat nie eine solche Meinungsverschiedenheit gegeben.

Die ideale, glückliche, vernünftige Familienszenerie, die Lucy hier vorführt, nur durch den Hund und einen gelegentlichen grammatischen Lapsus in ihrer Harmonie durchkreuzt, erscheint auch in den mit ihr durchgeführten projektiven Tests. Darin sind jedoch Ausdrücke auffallend, die innere Spannungen und Konflikte anzeigen, obwohl sie im wesentlichen mit ihrem äußeren Verhalten übereinstimmen. Sie ist sich feindseliger Gefühle bewußt, aber Bezeugungen von Feindschaft gegenüber ihren

* Lucy sagt: »He *don't* get real mad at us.«
** Lucy sagt: »He *don't like for us* to watch TV on sundays« [Anmerkungen und Hervorhebungen der Übers.].

Eltern sind gleich null; wenn sie einmal vorkommen, dann sehr tentativ. Alle feindseligen Situationen werden durch eine abrupte Umkehr beendet. Gewöhnlich impliziert das Unterdrükkung des feindseligen Affektes. Sie erkennt Streitereien in zwei TAT-Geschichten, aber in beiden Fällen wird eine der Personen willkürlich überzeugt und fügt sich den Wünschen der anderen. Lucys TAT-Antworten zeigen im allgemeinen ihre Bereitschaft, sich anzupassen. Besonders in Beziehung zu ihrer Mutter und Mutterfiguren – wie zum Beispiel Lehrerinnen – bemüht sie sich um Anerkennung und positive Reaktionen. Dieses Gefühl motiviert zu einem großen Teil ihre Konformität und Verhalten, von dem sie glaubt, daß es anderen gefallen wird. Sie läßt ab von ihren Impulsen in Richtung auf Selbständigkeit und Aufbegehren zugunsten fortwährender Abhängigkeit.

In gewisser Weise ist Lucy der Meinung, daß Eltern ihre Kinder nicht genügend verstehen und daß Strafen willkürlich und ungerecht sein können. Feindschaft und Strafe durch Erwachsene ist irgendwie nicht voraussagbar, und man muß dauernd auf der Hut sein, der Bedrohung zu begegnen oder den Urheber zu besänftigen. In der zweiten Karte der TAT-Serie betrachtet sie die ältere Frau als über die Maßen feindlich:

... dieses Schulmädchen kommt vorbei, und die Bauersfrau kann das Mädchen nicht besonders leiden, und sie fängt an, häßliche Sachen zu sagen, und das Mädchen schweigt und geht weiter, und es überlegt sich, daß es, wenn es einmal groß ist, nicht wie diese Frau sein will.

Die Geschichte fährt in diesem Sinne fort und endet damit, daß die Aggression ungelöst bleibt.

Die Strenge und Härte der Disziplinierungsmaßnahmen ihres Vaters scheinen zu ihrer Antwort auf die vierte Karte in Beziehung zu stehen.

Also, dieses Ehepaar, sie haben ein Kind, und manchmal stimmen sie nicht miteinander überein. Er glaubt, daß ihr Kind etwas angestellt hat, und sie versucht, ihn zurückzuhalten. Also erzählt sie ihm, warum sie nicht glaubt, daß das Kind etwas angestellt hat, und er erzählt ihr, warum er glaubt, daß das Kind etwas angestellt hat, und sie versucht, ihn zu überreden, das Kind nicht zu bestrafen, und es endet damit, daß er herausfindet, daß sie recht hat.

Für Lucy ist die Beziehung zwischen Bestrafung und vorausgegangenem Verhalten im allgemeinen nicht voraussagbar; die Erwachsenen meinen es vielleicht gut, aber sie verstehen die

Kinder nicht und können sie falsch behandeln. Ihrer Haltung gegenüber Erwachsenen liegt ein unbestimmtes Gefühl von Schuld und Verwundbarkeit zugrunde. Ihre Antworten auf die Testinstrumente sind oft defensiver Natur – sie argumentiert, sie sei mißverstanden, sie verdiene nicht ihr Schuldbewußtsein oder die Mißbilligung ihrer Eltern. Einige Bemerkungen aus ihrem Satz-Complettierungs-Test befassen sich ausdrücklich mit ihrer Ansicht, daß Eltern nicht verständig genug und zu streng sind; angesichts dieses Umstandes ist Konformität der sicherste Weg zu interpersonaler Harmonie:

Mein Vater / versteht.
Meine Mutter / versteht.
Kinder / müssen verstanden werden.
Die Kinder wären besser dran, wenn ihre Eltern / sie besser verstehen könnten.
Väter / sind [manchmal] streng.
Mütter / sind [manchmal] zu unnachgiebig.
Um mit anderen auszukommen, / versuche ich, mich richtig zu verhalten

Lucy hat versucht, ihre Zweifel bezüglich des Wohlwollens von Autorität und der Ungewißheit von Harmonie durch Hinwendung zu religiöser Ideologie und Konformität zuhause zu lösen. Diese Ziele setzt sie explizit in Verhalten um. Das zeigt sich an ihrer Beschreibung eines idealen zwölfjährigen Mädchens:

Hält sich sauber. Ich versuche, das zu tun. Ihren Eltern gehorchen – nichts tun, was ihnen nicht gefallen würde, und nicht etwas anstellen, weil sie denkt, die Eltern sind unfair zu ihr gewesen, und nett zum kleinen Bruder sein und sich gut benehmen und versuchen, eine kleine Dame zu sein.

INTERVIEWER: Was meinst du, wie nahe du an dieses Ideal herankommst?

LUCY: Ich tue mein Bestes, heranzukommen. Manchmal habe ich schlechte Manieren und so, aber ich bemühe mich wirklich ernsthaft.

Jim hat es nicht geschafft, für sich das Ausmaß an innerer Entschlossenheit und äußerer Harmonie zu erreichen, das seine Schwester zeigt. Obwohl er offen sein Bedürfnis zur Schau stellt, andere zu beschwichtigen und durch den Nachweis kooperativen Verhaltens sowie durch Versuche, positive Reaktionen mit Geschenken zu erkaufen, deren Gunst zu gewinnen, ist er nicht so erfolgreich gewesen bei der Verdrängung seiner Verstimmung über die Neigung seines Vaters, ihn eher und stärker zu bestrafen als Lucy.

INTERVIEWER: Tust du irgend etwas, was deine Eltern mißbilligen?
JIM: Das Haus auf den Kopf stellen, und sie haben es nicht gerne, wenn ich im Auto herumspringe.
INTERVIEWER: Woran merkst du, daß sie wütend sind?
JIM: In der Regel sagen sie mir, ich soll es nicht wieder tun, und sie zeigen, daß sie wütend sind. Sie schreien mich an, und wenn sie weggehen, zeigt sich ihre Wut an ihrem Gang.
INTERVIEWER: Wer ist am häufigsten wütend auf dich?
JIM: Meine Mutter, denn mein Vater ist nie oft hier.

Jim gibt seinem Kummer darüber, daß Lucy »mit allem durchkommt«, unverhohlen Ausdruck.

INTERVIEWER: Wieso das?
JIM: Na ja, wenn sie schreit, ermahnen sie sie, es nicht wieder zu tun, aber ich bekomme die Schläge.
INTERVIEWER: Weil du jünger bist?
JIM: Ja. Vielleicht denken sie, ich sollte lernen, weil ich älter werde.
INTERVIEWER: Wer schlägt dich?
JIM: Meine Mutter schlägt mich häufiger.

Seine Antworten auf den Satz-Complettierungs-Test bieten Evidenz dafür, daß Jim seinen Vater als den gefürchteteren Elternteil ansieht und bei seiner Mutter Schutz sucht. Ob richtig oder nicht, er betrachtet sich als Ursache eines wichtigen Konfliktpunktes zwischen seinen Eltern. Seine tieferen Gefühle bezüglich der Bestrafung, die er als ungerecht ansieht, erzeugen beträchtliche Angst und Schuld. Wie seine Schwester versucht er, seine Schuld durch Konformität zu mildern (»Damit die Leute mich gern haben, / versuche ich, mich nett zu verhalten«), aber der Lohn für Gehorsam ist häufiger Selbstschutz als Gratifikation.

Jims Gehorsam ist eine Reaktion sowohl auf eine generalisierte Furcht vor Bedrohung und Verhängnis als auch auf eine spezifische Sorge um seine Stellung in der Familie. Seine Deutungen im TAT kreisen wiederholt um das Thema des Todes und die Auflösung der Familie, gemeinhin bei Abwesenheit des Vaters. Die Kinder in seinen Geschichten werden häufig von Unheil erfaßt, besonders dann, wenn sie selbständiges oder impulsives Verhalten an den Tag legen. Diese Ungewißheit über seine Stellung in der Familie und in der Welt ist es, die seine Impulse zügelt und Verhalten verhindert, das seine Eltern mißbilligen.

Jim ist gewissermaßen das Opfer des Zusammentreffens von Umständen, deren eigentliche Wirkung letztlich seine Entwicklung zu einem selbstbewußten Mann behindert. Wir verfügen über beträchtliches Material, aus dem hervorgeht, daß Herr und Frau Clark selbstbewußter Männlichkeit nicht mit Sympathie begegnen. Beide sind sie der Meinung, daß sie unter Vätern zu leiden hatten, die umherzogen und ihren eigenen Neigungen nachgingen. Darüber hinaus ist es wahrscheinlich, daß Frau Clark ihren Mann teilweise dafür verantwortlich macht, daß sie ihre mädchenhafte Unbeschwertheit gegen frühe Mutterschaft eintauschte, obwohl sie damals meinte, daß ihre Ehe ihr bei der Flucht aus der konfliktreichen Beziehung zu ihrer Mutter und ihrem Stiefvater half. Schließlich stellen wir wiederholt fest, daß Herr Clark sich und seine eigene Männlichkeit erniedrigt. Er will, daß seine Kinder aufwachsen und die Stärke ihrer Mutter erwerben, nicht die seinige. Jim, der versucht, sich mit seinem Vater zu identifizieren, sieht sich einem Mann gegenüber, der ihm praktisch sagt, daß er nicht als Modell für seinen Jungen gelten will.

Die Art und Weise der sozialen Kontrolle, die sich in der Familie Clark offenbart, ist also eine Transformation der Ungewißheiten und des drohenden affektiven Auseinanderbrechens, die beider Eltern frühe Kindheit charakterisierten. Sie haben hart und wirksam gekämpft, um sich selbst vor ihren eigenen Erinnerungen an emotionales Unheil zu verteidigen und um ihre Kinder vor dem Trauma zu schützen, das sie so genau kannten. Dadurch haben sie möglicherweise unbewußt etwas von ihrer eigenen Furcht und unbestimmten Angst an die Kinder weitergegeben. Für die Kinder ist diese Angst vergleichsweise unrealistisch und könnte weniger manipulierbar für sie sein, als sie es für Herrn und Frau Clark war. Wie im Falle der Eltern sorgt die Konformität, welche durch diese unbestimmte Sorge hervorgerufen wurde, für momentane emotionale Sicherheit auf Kosten der Spontaneität.

In wenigen Familien der Untersuchungsgruppe konnten wir eine so feste und explizite Beziehung der Familie zu den Institutionen der Gemeinschaft feststellen. Die Führung der Familie ist in bezeichnender Weise in die Hände der Kirche und ihrer Ideologie gelegt worden, und die Familie hat sich ihr unterworfen. Für Herrn Clark ist die Zugehörigkeit zu einer Religionsgemeinschaft ein höchst wichtiges Wesensmerkmal seiner Familie: »Ich glaube, unser religiöses Leben ist für uns alle das wichtigste.« Wir haben bereits gesehen, wie eng verschlungen die religiösen Werte mit den offenbarten Idealen und Zukunftsplänen der Kinder sind. Es ist bemerkenswert, wie sich die familialen und kirchlichen Erfordernisse gegenseitig stützen. Die Kirche hat den Clarks dazu verholfen, eine Lebensform zu entwerfen und zu erhalten, die ihrer Vorstellung in befriedigender Weise entgegenkommt; sie lassen ihrerseits der Kirche ihre Loyalität, Geld und Anstrengung zukommen. In einem gewissen Sinne sorgt Herr Clark für die Führung der Familie, indem er sie auf die Kirche hinweist und die unterordnende Beziehung der Familie, die er für sich selbst eingenommen hat, sowohl exemplifiziert als auch für die anderen verbindlich macht.

Da kein Elternteil in einem stabilen Zuhause mit Vater und Mutter aufgewachsen war, fehlte beiden das elterliche Beispiel für die Führung einer Familie und des Heimes. Die Veränderung, auf der sie in ihrer eigenen Familie bestanden haben, ist durch die eindeutige Regelsetzung, wie sie die Kirche anbietet, stark unterstützt worden. Diese religiösen Erwartungen, die bis in Einzelheiten in den Tagesablauf hineinreichen, haben viele Aspekte im Leben der Clarks bestimmt und ihnen Selbstvertrauen und die Erkenntnis, daß sie sich auf dem rechten Weg befinden, gegeben, die sie andernfalls entbehrt haben würden. Die Tatsache jedoch, daß die Familie sich für ethische und Verhaltensstandards auf die Kirche stützt, mindert nicht Herrn und Frau Clarks Tatkraft, wenn es darum geht, diese Prinzipien auf sich und die Kinder anzuwenden. Gemessen an äußeren Verhaltensstandards schneiden sie gut ab.

Latente Krise

Die Konventionalität sozialen Verhaltens, wie sie sich in der Familie Clark zeigt, ist nur unter Schwierigkeiten erreicht worden. Emotionale Entbehrung komplizierte den Prozeß, ein stabiles Familienleben zu etablieren und zu erhalten. Obwohl diese Auswirkungen nicht zu offensichtlichen oder offenen Familienkrisen geführt haben, haben sie bis zu einem gewissen Grad die

Interaktionsschemata sowohl in der Familie als auch zwischen Familienmitgliedern und den Institutionen der Gemeinschaft gelenkt oder eingeschränkt. Die gegenwärtige Stabilität der Familie hat gewisse psychosoziale Fragen, die aus Überbleibseln der frühen Beziehungen zur Familie und durch die Familie zur erweiterten sozialen Gruppe entstanden sind, ungelöst gelassen. Wir können die Clarks gründlicher verstehen, wenn wir sowohl die dominierenden Probleme der Familie als auch deren Beziehung zu Herrn und Frau Clarks psychodynamischen Charakteristika untersuchen. Ein Großteil der emotionalen Struktur der Familie Clark läßt sich verstehen, wenn man ihn als ein zugrundeliegendes Thema des Konflikts über das Heranwachsen und Erwachsenwerden auffaßt. Das Erwachsenendasein und was es impliziert, Selbständigkeit und Initiative, wird als unerreichbar angesehen und als bedrohlich, falls es erreicht wird. Selbständigkeit und Initiative sind mit gefürchteten Folgen belastet, die Schaden für einen anderen oder einen selbst mit sich bringen. Folglich will Herr Clark, daß sein Sohn »nicht versucht, zu ehrgeizig zu sein« und »sein Temperament zügelt und jemand ist, den alle mögen«. Er beschuldigt sich jedoch selbst eines Mangels an Ehrgeiz, behauptet, daß Erfolg lediglich vom Ausmaß an Ehrgeiz abhängt, und er gibt an, er würde versuchen, ein Akademiker zu werden, hätte er eine Gelegenheit, sein Leben von vorn zu beginnen. Lucys Antwort auf Karte 6BM kann als weitere Illustration gelten:

Also, das ist ein Junge und seine Mutter, und er kommt, um ihr zu sagen, daß er weggeht und sehen will, ob er einen Arbeitsplatz findet, aber seine Mutter möchte das nicht, weil sie glaubt, daß er dort in der Stadt in Schwierigkeiten kommen könnte, und sie versucht, ihn zum Bleiben zu überreden. Aber er ist irgendwie eigensinnig, und sie schaut aus dem Fenster, so als ob sie von der Betrachtung der Wolken Hilfe erwartete. Na ja, sie redet weiter auf ihn ein und versucht, ihn zum Bleiben zu veranlassen, aber er verläßt sie sowieso. Und nach einigen Stunden – sie hat die ganze Zeit geweint, weil er sie verlassen hat – kommt er zur Tür herein und erzählt ihr, daß, als er zur Bushaltestelle kam, er darüber nachzudenken begann, was sie gesagt hatte, und so beschloß er, daß es das beste wäre, wenn er zurückkäme.

Der Konflikt zwischen dem Wunsch wegzulaufen, eine Eigensteuerung vorzunehmen, und der Furcht vor möglichen Konsequenzen der Eigeninitiative ist in Lucys Geschichte auffallend. Der Wunsch nach Selbständigkeit ist stark, aber bedrohlich; ein

Großteil psychischer Energie wird darauf verwendet, Bestrebungen zurückzudrängen und zu verhindern. Auch Jim gibt in seinen TAT-Antworten dramatische Evidenz für seine Furcht vor Selbständigkeit; in ihnen endet unverhohlene Eigeninitiative häufig im Unglück. Ein Beispiel dafür ist Karte C:

Also, diese Familie, sie saßen herum, und der ältere Junge kam herein und sagte, er hätte ein Problem, und sie fragten ihn, was das für ein Problem ist, und er sagte, alle anderen Jungs würden irgendwo hingehen, und er fragte, ob er auch gehen kann, und sie sagten ja. Also ging er, aber sie wußten nicht, daß er das Auto nehmen würde, dann hörten sie, daß ein Auto mit fünf Jungs verunglückt war, und er erfuhr, daß einer von ihnen sein Sohn war, und das war derjenige, der das Auto gefahren hatte.

Als Reaktion auf eine Sorge über Wünsche nach Selbständigkeit hat die Familie ein emotionales Klima entwickelt, in dem gemeinsame Anstrengungen unternommen werden, sich zu beschränken, von Versuchen Abstand zu nehmen, zuviel zu wollen, und die Familie wird ein kunstvolles System zur Begrenzung von Aspirationen. Dies hinwiederum führt dazu, daß die Mitglieder die Hoffnung ganz aufgeben, je zu sich selbst zu kommen. Ausgeprägte Wunschvorstellungen, »es den anderen zu zeigen«, werden eingesetzt, um dieser Überzeugung letztendlicher Verzweiflung entgegenzuwirken. Herr Clark wäre Rechtsanwalt geworden, »wenn ich damals gewußt hätte, was ich heute weiß,« und Frau Clark sieht sich oft als Mannequin und träumt davon, wie das Leben für sie ausgesehen hätte, wenn sie keine so frühe Ehe eingegangen wäre. Der Nachdruck, den die Familie auf moralische Korrektheit legt, und eine feste religiöse Überzeugung, daß persönliche Tugend schließlich triumphieren wird, sind nicht ohne Beziehung zu diesen Wunschträumen mit kompensatorischem Charakter.

Verbunden mit der Furcht vor Selbständigkeit ist eine wiederkehrende Bemühung, von der Verantwortung entpflichtet zu werden. Dieser Wunsch bewirkt eine Suche nach jemandem, der Verantwortung übernehmen und Schutz bereitstellen kann. In dem tatsächlichen Verhalten bewirkt dieser Wunsch eine entschlossene Anstrengung, Verantwortung durch die Verneinung des Wunsches nach Hilfe anzunehmen und adäquat zu tragen. Die Suche nach Schutz folgt vielen Wegen, führt aber meist wiederholt zu dem Versuch, eine Mutter zu finden, die Schutz und Fürsorge gewährt. Die Aufgabe der Selbständigkeit wird als Bezahlung angeboten, aber sie haben das Gefühl, daß der Preis vergeblich bezahlt wird, weil tiefe Zweifel zurückbleiben und niemand überzeugt ist, daß verläßlicher Schutz dafür eingehandelt wird. Im Verhältnis zu den anderen ist Frau Clark stärker, aber sie hat Schwierigkeiten bei dem Versuch, Wärme, Trost oder Schutz zu gewähren; sie übernimmt keinesfalls bereitwilliger Verantwortung als die anderen im Bereich der affektiven Funktionen der Familie. Von Zeit zu Zeit wenden sich die Kinder an ihren Vater. Obwohl er zeitweilige Befriedigung anbietet, ist er nicht in der Lage, das grundlegendere Problem zu meistern wegen der Rolle, die er übernommen hat, und weil auch er nach einem Protektor sucht und nicht in der Lage ist, sich selbst zu verstehen als jemand, der genug Kraft hat, um anderen davon abzugeben. Herrn Clarks Bemerkungen über seine Frau und sich selbst veranschaulichen das Ausmaß, bis zu welchem er sie als zentrale Gestalt in der Gruppe sieht:

Meine Frau ist in vieler Hinsicht eine außerordentliche Person. Im Vergleich mit anderen Frauen steht sie an der Spitze. Sie ist eine gute Hausfrau und Mutter. Mit Ausnahme von mir sind wir eine nette Familie.

INTERVIEWER: Warum sagen Sie »mit Ausnahme von mir«?

HERR CLARK: Es gibt nicht viel zu meinen Gunsten zu sagen. Ich bin nicht oft genug hier. Ich überlasse ihr einen Großteil. ... Ich würde nur zu einem Sechstel an ihn [den idealen Vater] heranreichen. Ich verbringe nicht genügend Zeit mit ihnen, um über die wichtigen Dinge des Lebens zu sprechen. Ich habe nicht genug Geduld, dabei etwas zu erklären. Möglicherweise sorge ich nicht so gut, wie ich es könnte.

Henry Clarks Bemerkungen sprechen von seinem Selbstbild, aber der wesentliche Punkt dabei ist die Bestimmung seiner eigenen Stellung in der Familie gegenüber seiner Frau. Eine Anstrengung seinerseits und die Annahme einer dominierenderen Rolle würden die Beziehungen zwischen ihnen in einer Richtung verändern, die ihm nicht genehm ist. Indem er sich selbst eine untergeordnete Stellung in der Familie zuschreibt, überläßt er die Hauptverantwortung seiner Frau und neutralisiert gleichzeitig seine Angst vor seinen eigenen feindseligen Gefühlen. Seine Bemerkung, daß er unwürdig sei, kann man am besten als Umkehrung seines Gefühls, daß er tatsächlich mehr Gratifikation verdient, als er in der Kindheit erhielt, interpretieren.

Jims Antwort auf Karte 3BM des TAT enthüllt seine Sorge um die Beständigkeit mütterlicher Fürsorge. Sein Bild von der Mutter ähnelt der emotionalen Position seines Vaters:

Sieht aus, als ob er weint. Sieht aus, als ob seine Mutter ihn verhauen hat und er in seinem Zimmer weint, und er ging nach draußen und fing an zu spielen, und als er zurückkam, ist seine Mutter weg, und er dachte, sie hätte ihn verlassen, also ging er in das Büro seines Vaters und erzählte dem, daß seine Mutter verschwunden war, und sie kamen beide nach Hause, und da war sie da, und sie sagte, sie war nur einkaufen. Und sie sagte, daß, als sie merkte, daß er gegangen war, sie nach ihm gesucht hätte, und an dem Abend setzten sie sich alle zusammen, und ganz plötzlich fing es an zu regnen, und danach gingen sie raus und versöhnten sich wieder und vergnügten sich.

Enttäuschung über den vergeblichen Versuch, verläßlichen Schutz zu finden, ist immer nur ein wenig unterhalb der Bewußtseinsschwelle. Frau Clark verarbeitet die Enttäuschung ihrer Kindheit, indem sie offen und bewußt versucht, ihre Kinder für den Mangel an Liebe und Fürsorge zu entschädigen, den sie mit ihrer eigenen Kindheit assoziiert. Dem Interviewer gegenüber gesteht sie ein, daß sie gelegentlich weint und sich einsam fühlt. »Die meisten Leute wissen nicht, daß ich / einsam bin,« sagt sie im SCT. Erfolg in ihrer Rolle als Mutter ist eine der Schutzmaßnahmen gegen den Schmerz des Einsamkeitsgefühls.

Die Furcht vor Gewalt und Bedrohung aus den projektiven Tests ist ein weiterer Indikator für den intensiven Wunsch nach Schutz. Heftigkeit der Gefühle und physische Katastrophe erscheinen als eine Bedrohung in über der Hälfte der Antworten der Kinder im TAT. Diese Wahrnehmungen stehen in Beziehung zu dem Schuldgefühl, das diese Familie charakterisiert. Sie haben das Gefühl, in einen endlosen Kampf mit den Versuchungen der Impulsivität verwickelt zu sein, welche als Übel verstanden wird. Die Antworten der Eltern auf die TAT-Karte 7BM veranschaulichen dieses Gefühl. Herr Clark sagt:

Der alte Albert Einstein. Ein junger und ein alter Mann. Der alte Mann gibt dem jungen einen Rat. Er kam herein und bat ihn darum. Es ist eine geschäftliche Angelegenheit, und in den Augen des jungen Mannes liegt die Frage, ob es sich um eine ehrliche Sache handelt. Dies ist ein Kaufmann, ein Jude, und er und der junge Mann haben Freundschaft geschlossen, und er sieht eine Gelegenheit, schnell zu Geld zu kommen, wenn es ihm gelingt zu vergessen, was der alte Mann ihm über persönliche Integrität erzählt hat. Er kann einen Haufen Geld verdienen. Und er ist zu dem Mann gekommen, um ihm seine Neigung zur Ehrlichkeit auszureden, und er versucht, den alten Mann zu seinem Ideal von Unehrenhaftigkeit zu überreden. Und der alte Mann greift auf seinen Erfahrungsschatz zurück und erzählt ihm, daß er vor fünfzig Jahren das gleiche hätte tun und einen Haufen Geld verdienen können, wenn er bereit gewesen wäre, etwas zu sagen, was nicht ganz der Wahrheit entsprach, und er erzählt dem jungen Mann weiter, daß er gefunden hat, daß es etwas gibt, das mehr wert ist als Geld, nämlich in der Lage zu sein, aufzustehen und jedermann gerade in die Augen zu sehen und zu wissen, daß man niemanden betrogen hat. Dieser junge Mann wollte das Geld immer noch, aber er beschloß, daß möglicherweise gerade das, was er an dem alten Mann am meisten bewunderte, das war, was er versucht hatte, ihm auszureden. So bleibt er ehrlich.

Diese Geschichte zeigt das Verlangen nach einer Vaterfigur, um Persönlichkeit und Verhalten stabilisieren zu helfen, um Standards für Verhalten und Gedanken bereitzustellen. Gleichzeitig sind diese Standards dazu angetan, fehlenden Erfolg zu rationalisieren, und sie liefern ein Bild von der Welt als eines Ortes, wo der Tugendhafte im Nachteil ist. Die Beziehung dieser Antworten zu Herrn Clarks eigener Erfahrung liegt auf der Hand. Besonders relevant ist hier die Tendenz, in der moralischen Desintegration die Alternative zur Gegenwärtigkeit oder Verfügbarkeit einer Quelle der Weisheit, Führung und Kontrolle zu sehen.

Über dasselbe Bild sagt Frau Clark:

Also, sagen wir mal, daß sie etwas aushecken, das nicht ganz astrein ist. Sie könnten gerade darüber miteinander flüstern, und der jüngere Mann versucht, mit dem älteren Mann zu einem Geschäftsabschluß zu kommen, und möglicherweise versucht der junge Mann, den älteren Mann dazu zu überreden, ein bißchen weniger ehrlich in seiner Arbeit zu sein, vielleicht, um ein bißchen mehr Geld zu machen. Und der ältere Mann sieht aus, als ob er nett sei, und könnte versuchen, den jungen Mann auf die richtige Bahn zurückzubringen, und er wird mit dem jungen Mann reden und ihn überreden, den rechten Weg zu gehen und eine bessere Entscheidung zu treffen.

Die Ähnlichkeit in den Antworten von Herrn und Frau Clark ist offensichtlich. Wie im Falle ihres Mannes präsentiert Frau Clarks Geschichte ein Thema, in dem Abhängigkeit von äußerer Kontrolle für moralisches Verhalten betont wird. Beide Eltern sehen den jüngeren Mann als jemand an, der unehrlich sein will, und den älteren als einen, der freundliche moralische Hilfe anbietet. Die Eltern scheinen sich einig zu sein in dem Empfinden, daß die Menschen teilweise einander helfen, um sich gegen Impulse zu antisozialem Verhalten zu wappnen. Diese Haltung bildet einen Teil der Eltern-Kind-Beziehungen in der Familie Clark und erscheint zum Beispiel in Frau Clarks Bemerkung, daß sie gerne tanzen würde, aber »... ich kann nicht, weil ich den jungen Mädchen ein Vorbild sein muß«.

Die Deutungen der Kinder enthalten oft Wünsche oder Verhaltensweisen, von denen sie fürchten, daß sie für elterliche Personen unakzeptabel sind. Sogar der Wunsch nach Selbständigkeit ruft Angst und Schuldgefühl hervor, als ob der Wunsch nach Selbständigkeit als solcher eine kardinale psychologische Sünde wäre. Es gibt ein zusätzliches Element vager und unbestimmter Schuld, welches die Kinder noch nicht in adäquater Weise zu dem Verhaltenskode, den ihnen ihre Eltern vorstellen, in Beziehung setzen können.

Lucys Antwort auf TAT-Karte 4 (S. 68) zeigt ihr Empfinden an (welches zu einem gewissen Grade von anderen Familienmitgliedern geteilt wird), daß moralische Standards von außen auferlegtes Verlangen darstellen und daß sie viel eher vom Urteil einer Person oder einer Gruppe abhängen als von einem unpersönlichen oder absoluten Kode. In dieser Geschichte wie auch in anderen Geschichten zeigt sich eine Furcht, daß die Handlungen einer Person schließlich bestraft werden könnten oder daß sie zu Disharmonien in der Familie führen.

Auch Jim hat viel in seinen Index von schlechten Verhaltensweisen, von denen er meint, daß er sie kontrollieren sollte, aufgenommen. Seine SCT-Antworten zeigen seine Furcht vor Fehlverhalten und seinen Versuch, sich anzupassen in dem Bemühen, Schuld zu vermeiden.

Es tut mir leid, wenn ich / etwas tue, was ich nicht tun sollte.
Was mich in Schwierigkeiten bringt, ist /wenn ich etwas Schlechtes tue.
Ich mag Kinder nicht, die / mit Messern spielen.
Wenn es nach mir ginge, / würde ich tun, was richtig ist.
Wenn man mir sagt, ich soll es nicht tun, / werde [ich] es nicht tun.
Damit die Leute mich gern haben, / versuche ich, mich nett zu verhalten.

Wie andere Familienmitglieder hat auch Jim das Gefühl, den strengen Blicken allgegenwärtiger Beobachter ausgesetzt zu sein, die ein moralisches Urteil über Verhalten und Gedanken fällen könnten. Die Familienmitglieder wünschen, lauter genug zu sein, um nichts verbergen zu müssen, aber sie fürchten immer, entlarvt zu werden. Die Kinder versuchen, durch Konformität und dadurch, daß sie akzeptables, rechtschaffenes Verhalten an den Tag legen, Schuldgefühle zu mildern. Jedoch ist die Möglichkeit, Schuldgefühle mit ihren eigenen Eltern zusammen zu überwinden, gering, da diese die Schuldgefühle teilen und unfähig sind, den Kindern die gesuchte Vergebung und Zuversicht zu ermöglichen.

Bezeichnend für das Kontrollsystem der Familie ist ein scharfer Kontrast in der Einschätzung männlicher und weiblicher Familienmitglieder. Weibliche Mitglieder (nicht Weiblichkeit) werden idealisiert und hervorgehoben und als mit besonderen Vorrechten ausgestattet angesehen; männliche Familienmitglieder werden abgewertet. Sie sehen es als ihre Pflicht an, für die Gratifikation der weiblichen Familienmitglieder zu sorgen; und diese betrachten die männlichen Familienmitglieder als Behinderung ihrer berechtigten Selbstverwirklichung.

Herrn Clarks Frauenbild ist vielleicht der Schlüssel zu der Haltung der Familie weiblichen Personen gegenüber. Offensichtlich betrachtete er seine Mutter als Kontrollorgan und empfand stark, daß es ihrer Gegenwart bedurfte, um diese Kontrolle auch für ihn selbst nutzbar zu machen. (»Weil sie nicht im Hause war, kümmerte sie sich nicht viel um uns, und tagsüber stromerten wir umher.«) Ihre Abwesenheit und ihr Mangel an Beachtung sind zum Teil für diese ambivalenten Gefühle ihr und Frauen im allgemeinen gegenüber verantwortlich. Auf der einen Seite hat er vor Frauen die größte Hochachtung, er erhebt sie aufs Podest und hält sie für den Männern weit überlegen: »Im Vergleich mit Männern sind Frauen / wunderbar.» Die gegensätzlichen Beschreibungen seiner eigenen Kompetenz und der seiner Frau in ihrer Elternrolle veranschaulichen dieses Gefühl deutlich. Auf der anderen Seite beklagt er sich über das Besitzheischen und die Reizbarkeit der Frauen und hegt einige Zweifel an ihrer Fähigkeit, Probleme zu meistern. Seine Erwartungen in bezug auf Frauen sind mit der Vorstellung einer gewissen Perfektion verbunden. Er beklagt sich nicht offen über seine Mutter, sondern akzeptiert die Gegebenheiten seiner Kindheit als das Ergebnis ungünstiger Umstände, an denen sie keine Schuld trug. Seine Antwort auf die

TAT-Karte 4 offenbart seine Ansichten sowohl über männliche und weibliche Personen als auch über die Beschaffenheit heterosexueller Interaktion:

Ich kann nicht genau sagen, woran dieser Mann da denkt. Kann nicht sagen, ob sie versucht, ihm Einhalt zu gebieten oder ihn zu umarmen. Es sieht so aus, als ob er auf jemanden böse sein könnte, und er hat Angst, er könnte in einen Kampf verwickelt werden. Jemand kam vorbei und beleidigte dieses Mädchen, und ihr Freund wurde wütend und will jemandem die Nase einschlagen. Sie findet, das lohnt sich nicht, und sie hält ihn zurück, und er wird davon ablassen und es noch einmal überdenken. Ich glaube nicht, daß er ihm eine runterhauen wird; es ist sowieso keine große Sache. Sie nimmt ihn mit rein und gibt ihm was zu essen, und er ist wieder in Ordnung.

Herrn Clarks Bemerkungen im Interview führen das Thema der Karte 4 weiter aus. In beiden kommen der Wunsch und der Versuch vor, weibliche Personen zu beschützen. Jedoch ist in der TAT-Geschichte gerade die Frau die vernünftigere und auch fähiger, Situationen und Beziehungen zu kontrollieren. Das letztendliche psychologische Ziel der Geschichte ist erreicht, wenn die weibliche Person die Rolle der sorgenden Mutterfigur annimmt und den Mann beschützt und ihm zu essen gibt.

Wir haben schon Jims Antworten betrachtet, die ein Indiz für einen ähnlichen Wunsch nach Schutz sind und seine Befürchtung darüber offenbaren, ob mütterliche Liebe und Fürsorge stetig verfügbar sein werden. Obgleich Jims und seines Vaters Antworten sich ähnlich sind, sind sie doch in gewissem Sinne nicht vergleichbar wegen ihres großen Unterschiedes in Alter, Status und Rolle. Jim scheint jedoch eine Vorstellung von weiblichen Personen als begünstigte, als Schutz vor Strafen genießende – ein Schutz, der sich nicht auf ihn erstreckt – und als die Quelle von Zuspruch und Liebe zu entwickeln.

Jim fühlt sich im Vergleich mit seiner Schwester im Nachteil; was vielleicht noch bezeichnender ist, er meint, sein Vater mache nur den Frauen in der Familie Geschenke. In einem anderen Kontext im Verlaufe des Interviews erinnert sich Jim an einiges, was er und sein Vater gemeinsam tun: »Gewöhnlich sehen wir Bücher an und denken an Sachen, die wir eventuell kaufen könnten – etwas für meine Mutter, oder so.«

Die Tendenz, das männliche Geschlecht abzuwerten, taucht in Frau Clarks SCT und TAT auf. Dies ist eine völlig verständliche Haltung angesichts der Tatsache, daß ihr Vater die Familie im Stich gelassen hat, und der damit verbundenen Umstände. Frau Clark gibt diese SCT-Antworten zum Thema der Differenzierung der Rollen nach Geschlecht:

Die meisten Frauen / sind nett.
Die meisten Männer / trinken.
Mütter / weinen [manchmal].
Väter / sind [manchmal] hilflos.
Im Vergleich mit Männern sind Frauen / wunderbar.
Wenn Vater nach Hause kommt, / tut er nichts.

Frau Clarks TAT-Geschichten konkretisieren das Bild weiter. In ihrer Antwort auf Karte 2 beachtet sie den Mann gar nicht; die Interaktion findet ausschließlich zwischen den beiden Frauen statt. Frau Clarks Vorstellung von der Frau als im Vergleich kompetenter und mit höheren persönlichen Eigenschaften ausgestattet, schlägt sich häufig in bestimmter Kritik an ihrem Mann nieder (»Ich meine manchmal, er könnte mehr leisten [im Beruf]«). Sie ist unzufrieden mit Herrn Clark, weil er wieder angefangen hat zu rauchen: »Ich mag den Geruch nicht. Ich finde ihn unrein.« Trotz der Tatsache, daß sie sich über die häufige Abwesenheit ihres Mannes von zuhause beklagt und ihn kritisiert, weil er nicht mehr Zeit mit den Kindern verbringt, beschreibt sie Herrn Clarks Abwesenheit während des Krieges folgendermaßen: »... ohne Mann im Haus war es leichter – meine Schwiegermutter half.« Dies war während ihrer zweiten Schwangerschaft, als sie fast die ganze Zeit das Bett hütete.

Frau Clark sieht die Männer als Hindernisse auf dem Weg zur Eigen-Gratifikation. Sie können nicht immer überredet oder manipuliert werden; manchmal muß man sich einfach mit ihnen abfinden. Teilweise entspringt ihre Einstellung ihrem eigenen starken Wunsch, eine fähige Mutter zu sein als Kompensation für ihr eigenes Gefühl der Verlorenheit und als Schutz für die emotionale Entwicklung ihrer Kinder. Sie würde es gerne sehen, wenn ihr Mann aktiver an diesen Erneuerungsbemühungen mitarbeiten würde. Er greift jedoch wie auch die Kinder auf ihre Ressourcen zurück, und diese reichen nicht aus.

Lucys Vorstellungen von männlich und weiblich stehen im Gegensatz zu denen der anderen Familienmitglieder. Sie drückt für beide, ihren Vater und ihre Mutter, Bewunderung aus und wählt bei jedem von ihnen Charakteristika aus, mit denen sie sich identifiziert. Sie sagt, sie hat es nicht gerne, wenn ihr Vater raucht, und fügt dann hinzu: »Aber ich glaube, er hat ein Anrecht darauf.« Sie spricht auch von ihrem Vater als von jemandem, der »Geduld und Verständnis« hat. Ihre SCT-Antworten zeigen typische Haltungen:

Wenn etwas schief geht, / dann bringt es [Mutter] oder Vater gewöhnlich wieder ins Lot.
Meine Mutter / versteht.
Die meisten Frauen / rauchen nicht.
Die meisten Männer / sind gut.
Wenn Vater nach Hause kommt, / amüsieren wir uns.
Im Vergleich mit Frauen sind Männer / gut.
Im Vergleich mit Männern sind Frauen / gut.

Lucys Wunsch nach Konformität und ihre Unterdrückung feindlicher Impulse und kritischer Bemerkungen sind zum Teil für die positiven Begriffe verantwortlich, die sie zur Darstellung beider Elternteile benutzt. Ihre TAT-Antworten schließen jedoch auch Situationen ein, in denen es zu einem Austausch zwischen Erwachsenen verschiedenen Geschlechts kommt, wobei jeder abwechselnd vom anderen überzeugt und von ihm beeinflußt wird.

In der Familie Clark stehen die kritischen Probleme, was Emotionen und Interaktionen anbetrifft, zwar in Verbindung mit den Kindheitserlebnissen der Erwachsenen, sie haben aber in der emotionalen Struktur der Familie einen ihnen eigenen Stellenwert: Obgleich diese Probleme nicht bewußt erkannt oder offen angegangen werden, sind sie ein Teil des Gesamtschemas des Familienlebens und der interpersonalen Kommunikation geworden.

Affektionale Interaktion:
Die Tragik eines psychologischen Defizits

Dem Versuch, normale, stabile und befriedigende Interaktion in der Familie auf unreifen und emotionalen unterprivilegierten psychologischen Grundlagen aufzubauen, kann vermutlich nie ein voller Erfolg beschieden sein. Hierin liegt das Wagnis der Clarkschen Bemühungen um emotionale und soziale Mobilität. Das soll nicht etwa heißen, daß solche Bemühungen gegenstandslos sind. Die emotionale Unzufriedenheit, die das Familienleben der Clarks charakterisiert, würde in jedem Fall bestehen, auch wenn keine Erneuerungsbemühungen unternommen worden wären. In der Tat ermöglichen es ihnen die Gratifikationen, die sich aus dem Grad der von der Familie erreichten Stabilität und Normalität ableiten, mit den Schattenbildern ihrer Vergangenheit einigermaßen zufrieden zu leben.

In affektionaler Interaktion innerhalb der Familie werden die Folgen der Vergangenheit am ehesten sichtbar. Die Familie Clark wird gut versorgt, gut geführt, ist gründlich sozialisiert und nimmt aktiv an Aufgaben in der größeren Gemeinschaft teil, aber es handelt sich um eine Familie, die durch einen geringen Grad an Gefühlswärme und Zuneigung gekennzeichnet ist. Dies ist jedoch weder eine Folge ungewöhnlich ambivalenter oder feindlicher Gefühle unter den Familienmitgliedern, noch ist es ein Anzeichen für ein grundlegendes Fehlverhalten der Gruppe, was die Interaktion anbetrifft, in dem Sinne etwa, daß die Gruppe geteilt wäre und einen Mangel an kooperativen Bemühungen aufwiese. Viele der inneren Spannungen haben ihren Ursprung in nicht ausreichender Stärke gegenseitiger Zuwendung und spärlich entwickelten interpersonalen Fähigkeiten.

Das Anliegen der Clarks ist es, irgendeinen Weg zu finden, um ein Gefühl der Verbundenheit zu bekommen. Aber Nähe ist schwierig zu bewältigen, und die Familie hegt keine großen Hoffnungen, daß sie das Gefühl des Einsseins, das sie ersehnt, auch erreicht. Andere Aspekte des normalen Familienlebens haben sie sich offensichtlich zu eigen gemacht. Aber Wärme und Einheit in der Familie werden nicht ohne Mühe angestrebt. Die Clarks erkennen die äußeren Anzeichen für Einheit der Familie in den Familien ihrer Umgebung und bemühen sich, diese Verhaltensweisen zu kopieren, aber in ihre Bemühungen ist die Erkenntnis eingegangen, daß die Wärme, die sie in anderen Familien beobachten, in ihrer eigenen fehlt. Wie das Bedürfnis nach Schutz ist auch fortwährend emotionale Unstillbarkeit zu einem lebenslangen Problem geworden.

Die Familienmitglieder unternehmen stark motivierte und wiederholte Anstrengungen, um einander näher zu kommen. Diese Versuche finden jedoch im Kontext der dominierenden Familienprobleme statt. Wünsche, in engere Beziehung zueinander zu treten, werden in typischer Weise in Versuche umgemünzt, symbiotische Beziehungen zu etablieren oder narzißtische Gratifikation zu erlangen. Folglich ist die interpersonale emotionelle Annäherung so mit familialen und individuellen Problemen belastet, daß sie fremden Zwecken untergeordnet wird und weniger eine Erfahrung an sich ist. Jim spricht von seiner Interaktion mit seinem Vater, wenn er daran erinnert, daß sie beide Bücher ansehen und an Dinge denken, die sie für Frau Clark kaufen könnten. Dies ist ein Modellfall für emotionale Interaktion in dieser Familie. Zwei Familienmitglieder werden zueinander hingezogen aufgrund eines ähnlichen Abhängigkeitsverhältnisses zur Mutter, aber ihre wechselseitige Interaktion beruht nicht auf Kontakt zwischen zwei Individuen, sondern auf einer gemeinsamen Furcht vor Isolation, und sie versuchen, einen Weg zur Kommunikation nicht untereinander, sondern mit der dritten, abwesenden Person zu finden, und greifen auf Geschenke als Ersatz für emotionale Interaktion zurück.

Sowohl Herr als auch Frau Clark sind Menschen, die sich im wesentlichen in sich selbst zurückgezogen haben und die sich von anderen isoliert fühlen. Ihr eigenes Empfindungsvermögen ist begrenzt, und keiner von beiden hat ein gutes Einfühlungsvermögen. Auch nimmt Frau Clark schnell die Rolle des Antagonisten an insofern, als sie dazu neigt, aus interpersonalen Begegnungen einen Konflikt zwischen unterschiedlicher Willensstärke zu machen. Sie spricht häufig von ihrem Wunsch, anderen zu helfen, vor allen Dingen ihren Kindern, aber dies erhält in den folgenden TAT-Antworten eine spezifische Bedeutung:

Karte 7GF: Sagen wir so, die Puppe des kleinen Mädchens war verletzt, und das Mädchen war sehr besorgt, sie richtig zu verarzten, und so bat sie ihre Mutter um Hilfe, und die Mutter war nett und holte

das Gesundheitslexikon herunter und sagte ihr, wie die Puppe verarztet werden müsse. Und die Puppe war nicht allzu stark verletzt und wurde wieder gesund.
KARTE 9GF: Nun, so wie das Bild aussieht, würde ich sagen, das Mädchen, das da läuft, hat etwas getan, was nach seiner eigenen Meinung nicht sehr nett war, und das Mädchen, das ihm zuschaut, hat gesehen, was es getan hat, und es möchte nicht, daß dieses Mädchen es gerade jetzt sieht, aber das Mädchen sieht so aus, als ob es jemand wäre, der später zu dem anderen Mädchen hingeht und ihm sagt, daß es Unrecht getan hat, und ihm auf jede mögliche Weise helfen wird.

Frau Clarks Wunsch, anderen zu helfen, ist ein bewußtes, hoch eingeschätztes Motiv, welches sie bei ihren Kindern fördert. Sie erkennt nicht den Unterton moralistischer Kontrolle (dieser ist in den obigen Geschichten evident), der oft ihre Versuche, hilfreich zu sein, kennzeichnet. Ihr Entschluß, ihrer Familie ein normales Leben zu ermöglichen und eine kompetente Mutter zu sein, ist nicht frei von Zwang; dieser wird als Ersatz für bestimmte Erfordernisse gegenseitiger Achtung und Zuneigung wirksam. Sie backt jeden Tag, um »der Familie eine Freude zu machen«, aber sie beklagt sich darüber, daß ihr Leben langweilig und durch Routine bestimmt ist. Sie glaubt, daß eine gute Mutter nicht zu streng ist und daß ein Kind mit vernünftigen Argumenten überzeugt werden sollte, aber sie ist stolz darauf, daß Lucy »nicht nach dem Warum fragt, sie tut einfach widerspruchslos, was ich sage«. Dies soll nicht Frau Clarks gewohnte Sorge und Fürsorge für ihre Familie in Abrede stellen. Sie sieht deutlich das Bedürfnis nach einer sicheren, verläßlichen, sorgenden Frau im Hause und würde eher ihre persönlichen Präferenzen opfern, als dieses Selbstbild verletzen, aber sie fühlt, daß die Stabilität der Familie bis zu einem gewissen Grade auf ihre Kosten erreicht wird.
In der Familie Clark sind Mutter-Sohn- und Vater-Tochter-Gruppierungen offensichtlich. Herr Clark gesteht zu, daß er seinen Sohn härter bestraft als seine Tochter; Frau Clark hat mehr Geduld mit ihrem Sohn als mit ihrer Tochter. Die Aussagen der Kinder bestätigen diese Gruppierung. Lucy offenbart eine Vorliebe für ihren Vater; sie berichtet, daß sie mehr Vertrauen in ihn setzt als in Frau Clark, daß sie gerne Familienausflüge in die Umgebung macht (Frau Clark geht nicht gerne mit) und daß sie Vergnügen bei dem Gedanken empfindet, die Gesichtszüge ihres Vaters zu haben: »Ich sage immer, ich sehe

Vater ähnlich, aber ich sah einmal ein Bild von Mutter mit vierzehn Jahren. Es sah genauso aus wie ich, daher vermute ich, ich sehe ihr ähnlich.« Die folgenden Bemerkungen über ihre Eltern sind vielleicht die aufschlußreichsten in bezug auf ihre Gefühle für sie.

INTERVIEWER: Was gefällt dir an jedem in der Familie am besten?
LUCY: Mir gefällt es, daß Mutter mit dem, was sie hat, auskommen kann. Sie ist auch eine gute Köchin. Mir gefällt einfach alles an ihr, nichts Bestimmtes. Mir gefällt alles an Vater. ... Ich würde gerne so gut kochen und den Haushalt so gut führen können wie Mutter. Ich würde gerne wie Vater sein in dem, was wir in der Kirche tun, und soviel Geduld und Verständnis haben wie er. ... Vater hat mehr Verständnis als Mutter. Ich glaube, Mutter versteht manche Dinge doch genauso gut.

Und in einem anderen Kontext spricht sie so von ihrem Vater und seiner Arbeit: »Sie gefällt mir einfach gut. Er ist schon lange dabei. Ich habe immer gesagt, ich würde auch da arbeiten, wenn ich könnte. Alles, was ihm gefällt, gefällt auch mir. Ich habe immer gesagt, ich würde eines Tages für Daddy arbeiten.«

Obgleich Jim gerne mehr Liebe von seiner Mutter empfangen würde, sieht er doch, daß sie eine Quelle des Schutzes bietet, die Herr Clark nicht geben kann. Jim scheint zu fühlen, daß seine Mutter von ihm erwartet, daß er die Zeit, während der sie mit Lucy zusammen ist, mit seinem Vater verbringt. In dieser Lage wendet er sich seinem Vater zu, aber wird häufig enttäuscht. Jims Deutungen befassen sich wiederholt mit einem zweifachen Thema: Der Abwesenheit des Vaters während langer Zeitabschnitte und dem Ausgesetztsein physischer Gefahr oder einer Auflösung der Familie während seiner Abwesenheit. So dient die Anwesenheit des Vaters als Schutz, aber sie erfüllt Jims starken Wunsch nach engerem Kontakt zu beiden Elternteilen nicht. Seine Befürchtung, die Bindungen in der Familie seien nur schwach, ist eine tiefe Quelle der Angst.

In ihrer Beziehung zu ihren Kindern zeigt Frau Clark eine Präferenz für Jim. Sie sagt, der Junge sei ihr ähnlich, was seine Gewohnheit, sich zu kleiden, oder seinen musikalischen Geschmack anbetrifft. In dem folgenden Dialog ist ihre Begeisterung für ihren Sohn evident:

INTERVIEWER: In welcher Weise unterscheiden sie sich von Ihnen und ihrem Vater und voneinander?

FRAU CLARK: Ich weiß nicht, ob ich diese Frage beantworten kann. Ich glaube, Lucy nimmt alles im Leben ernster als Jim. Manchmal meine ich, sie ist zu ernst für ihr Alter. Das macht mir Sorge. Ich finde nicht, daß sie sich ähnlich sehen. Beide haben sie blaue Augen.
INTERVIEWER: Worin unterscheidet sich Lucy von Ihnen?
FRAU CLARK: Sie liest und lernt gerne, ich nicht.
INTERVIEWER: Und von ihrem Vater?
FRAU CLARK: Ich vermute, sie geht gerne irgendwohin, und sie mag Sport gerne, und er nicht. Ich vermute, sie ist im Grunde mir ähnlicher in dem, was sie gerne tut.
INTERVIEWER: In welcher Beziehung würden Sie es gerne sehen, wenn sie Ihnen oder ihrem Vater ähnlich wären?
FRAU CLARK: Ich möchte gerne, daß Lucy eine gute Mutter und Hausfrau wird, wenn sie heiratet, falls sie heiratet, wie ich. Ich möchte gerne, daß sie ehrlich und aufrichtig ist wie ihr Vater.
INTERVIEWER: Und wie ist es mit Ihrem Sohn?
FRAU CLARK: So wie er zu sein, ist so voller Leben, es ist nett, ihn um sich zu haben. Ich möchte, daß er darin mir ähnelt. Mein Mann und ich haben unterschiedliche Vorstellungen. Er versteht es nicht, sich zu amüsieren. Ich möchte, daß Jim einer Arbeit treu bleibt wie mein Mann. ... Ich glaube, Lucy gleicht ihrem Vater und Jim kommt mehr nach mir. Vielleicht ist das ererbt.

Frau Clarks Reaktion auf ihren Mann wird vielleicht am besten als höflich beschrieben. Sie erkennt, wie wichtig ein Vater für die Familie ist, aber hat keine so klare Vorstellung von seiner Rolle, wie sie sie von dem Aufgabenbereich der Mutter hat, den sie zu erfüllen versucht. Verstimmung schleicht sich in Nebentönen in ihre Bemerkungen über ihn ein – Einwendungen gegen seine Arbeitszeiten, sein Rauchen, seinen Mangel an Ehrgeiz und an Interesse am Heim. In ihren Augen ist er in seiner Elternrolle wesentlich weniger kompetent als sie.

INTERVIEWER: Wieweit reichen Sie an Ihre Idealvorstellung von einer guten Mutter heran?
FRAU CLARK: Jeder müßte antworten, nicht so besonders, aber ich glaube, ich mache es ganz ordentlich. Meine Kinder stehen bei mir an erster Stelle. Ich verzichte, wenn sie etwas haben wollen. Ich falle in einem Punkt ab, ich kann nicht nähen. Das ist wichtig, wenn man ein Mädchen hat, aber ich bin immer da, wenn sie mich brauchen.
INTERVIEWER: Inwiefern reicht Ihr Mann an Ihre Idealvorstellung heran?
FRAU CLARK: Ich glaube nicht, daß mein Mann genug Zeit mit den Kindern verbringt. Manchmal vergehen zwei oder drei Tage, ohne daß er sie sieht. Ich glaube, er hat größeres Interesse für Kirche und Arbeit als für das Zuhause.

Im allgemeinen wird ihre Kritik durch die Tatsache, daß ihre Gefühle und ihre Fähigkeit zu lieben nicht sehr intensiv sind, modifiziert. Sie neigt dazu, sich von sowohl positiver wie negativer enger Interaktion mit allen Mitgliedern der Familie zurückzuziehen. Dennoch ist klar, daß sie fühlt, daß Herrn Clarks Hauptinteressen nicht die Interaktion mit der Familie und seine emotionale Bindung an sie sind. Obwohl er zu Hause nur eine untergeordnete Rolle einnimmt, braucht sie seine Aufmerksamkeit und sein Interesse zur Bestätigung ihrer eigenen Identität.

Die Welt, die die Clarks sich selbst geschaffen haben, gründet sich auf eine starke innere Beschränkung der Zuneigung und auf ein Gefüge formaler Regeln und bewußte Rollenerfüllung. Diese Familie stützt sich auf die Evidenz, die äußeres Verhalten und beobachtbares Zeugnis liefern. Ein Gefühl grundlegenden Mißtrauens gegenüber der Zukunft und auch der Vergangenheit erfordert ständige Validierung durch konkretes Entfalten von Bindung an das Bild der Familie von Normalität, Stabilität und Sicherheit. Affektiver Ausdruck ist eine Interaktionsart, die die Eltern in ihren Kindheitserfahrungen mit der Familie nicht gut lernen konnten; ihre psychische Anpassung an emotionale Deprivation erschwert den relativ späten Versuch, neue Ausdruckstechniken zu erlernen.

Weder Jim noch Lucy haben gelernt, affektive Komponenten familialer Interaktion zu akzeptieren und auszudrücken. Sie werden von einer vagen Angst vor möglichen Bedrohungen der Sicherheit überschattet; im Unterschied zu ihren Eltern kennen sie nur den Schatten, nicht die Substanz der Lebensumstände, die solche Besorgnis rechtfertigen. Folglich ist diese um so schwieriger zu meistern. Das Unbehagen der beiden Clark-Kinder hat weniger Beziehung zu der externen und offensichtlichen Realität als diejenige ihrer Eltern. Die Veränderungen, die die Clarks bewirkt haben, wurden durchgeführt, um mit der Furcht vor Deprivation fertig zu werden, aber die Unruhe bleibt als ein innerer Zustand, der nur von einem auf Routine aufgebauten, stabilen Leben einer »gewöhnlichen« amerikanischen Familie überdeckt wird, bestehen.

Kapitel III

DIE LANSONS
GLEICHMUT UND SEINE FÄHRNISSE

Wenn man für kurze Zeit im Heim der Lansons weilt, bekommt man das Gefühl, daß hier das Leben geruhsam und gedämpft abläuft. Kein Forte ist zu hören, keine sichtbaren Akzente lassen das Auge verweilen. Die Plastikschoner auf den konventionellen Möbeln lassen auf Sorgfalt und Zurückhaltung schließen. Die Menschen sprechen in diesem Hause ruhig und mit einer stimmlichen Ausgewogenheit, die sich auf die physische Umgebung ausbreitet. Wände, Teppich und Möbel sind in blassen neutralen Farbtönen gehalten. Beim Sprechen bewahren die Lansons eine gleichbleibende Haltung, bewegen sich nur gelassen und beschränken ihre Gesten auf ein Minimum. Das bescheidene, aber neue Haus mit fünf Zimmern ist in fast jeder Hinsicht ein geeigneter Rahmen für ein Familienleben, wie es sich die Lansons idealerweise vorstellen: harmonisch, ruhig und unauffällig. Für solch ein Leben sind nur wenige Paraphernalia nötig, und wenige sind unmittelbar zu sehen. Im Wohnzimmer sieht der Besucher keine Bücher, Bilder oder Zeitschriften – nur die Zeitungen vom Vortag. Die Abwesenheit kultureller Erzeugnisse spiegelt nicht Mangel an Intelligenz wider. Noch bedeutet sie in dieser Familie ein Mangel an Interesse am Haus selbst oder an seiner Verschönerung; als die Lansons vor fünf Jahren gleich nach Fertigstellung in dieses Haus einzogen, realisierten sie einen lange gehegten Traum von einem Eigenheim. Herr Lanson und seine Töchter haben Freude an der Arbeit im Garten, Herr Lanson bleibt dort oft bis zehn Uhr abends. Seine Einstellung zum Haus ist teilweise aus der Freude ersichtlich, die er am Selbsttapezieren hat. Die Hingabe der Lansons an ein Eigenheim als den einzig richtigen Rahmen für ein Familienleben hat nicht nachgelassen und ihr Besitzerstolz nicht abgenommen. Die Abwesenheit von Gegenständen muß also in einem anderen Kontext verstanden werden. In dieser Familie gibt es wenig Raum für einer Laune entsprungene, ziellose Impulsivität oder unbedachtes Verfügen. Noch darf man Raum, der allen gehört, übermäßig beanspruchen. Ausgeprägte Geschmacksbildung, die von Individualität und nicht-geteilter Erfahrung zeugt, kommt bei den Lansons nicht vor, und die Entfaltung persönlicher Neigungen ist keine akzeptable Ausdrucksform. Nur diejenigen Handlungen und Erfahrungen, die ganz offensichtlich dem Wohle aller förderlich sind, dürfen von allen eingesehen werden. Aktivität darf nicht ungesteuert hervorbrechen; obgleich die Lansons fröhlich sind, gehört Ausgelassenheit nicht dazu. Rücksicht auf andere erfordert, daß man sich nicht gewaltsam in ihr Bewußtsein drängt und so die herrschende Ruhe empfindlich stört. Donald Lanson, seine Frau und seine beiden Töchter empfinden alle so; und es gefällt ihnen, daß ihr Haus Ausdruck ihres Empfindens ist.

Die Familienmitglieder

Dieses Haus mit seinem kleinen gepflegten Vorgarten war das Ziel einer bescheidenen, aber klar konzipierten Reise. Die Lansons sind beide englischer Abstammung, aber ihre Familien leben schon seit drei oder vier Generationen in diesem Land. Der zum Zeitpunkt dieser Untersuchung vierundvierzigjährige Donald Lanson wurde in einer kleinen, ländlichen Gemeinde im Mittleren Westen geboren, wo sein Vater einen Laden für Futtermittel und landwirtschaftliche Geräte besaß. Die Familie war finanziell gut gestellt. Sein Vater hatte nur Mittelschulbildung, aber seine Mutter besuchte ein Lehrerseminar und gab im Anschluß daran Unterricht. Beide Eltern waren nicht nur eifrige Kirchgänger, sondern auch in einer Anzahl kirchlicher Organisationen tätig.

Donald absolvierte die High-School in seiner Geburtsstadt und machte dann weiter, um einen BA von einer staatlichen Universität im Mittleren Westen zu bekommen, wo er allgemeine humanistische Fächer belegte. Als Einzelkind erinnert er sich an seine Familie als enge Gemeinschaft, obwohl er im Ungewissen darüber ist, ob er seiner Mutter oder seinem Vater näher stand. Er neigt dazu zu glauben, daß er seiner Mutter näher stand, und wir können festhalten, daß auch er seine berufliche

Laufbahn als Lehrer begann. Obgleich einige Jahre im Lehrberuf tätig, war er damit unzufrieden und wechselte in einen Gewerbebetrieb über, als sich die Gelegenheit bot. Er ist aufgestiegen und wurde Leiter der Einkaufsabteilung einer mit chemischen Produkten handelnden Firma. Bis vor kurzem war er auch Mitherausgeber des »Kaufmännischen Handelsblattes«, verfaßte einige Artikel selbst und schrieb einige von anderen eingereichte Artikel um. Er scheint dies nicht als Betätigungsfeld für persönlichen Ausdruck oder als Gelegenheit zu Prestige oder Einflußnahme angesehen zu haben, denn er erzählt uns, daß er diese zusätzliche Arbeit »zum Teil wegen der Kontakte, die ich herstellen konnte, und zum Teil wegen des Geldes, das vor meiner letzten Beförderung sehr gelegen kam,« angenommen hat. Die Nebenbeschäftigung ist nicht mehr notwendig, und deshalb hat er sie aufgegeben.

In seinem Beruf ist Donald Lanson jetzt zufrieden. »Ich habe eine Arbeit, die mir Freude macht. Ich habe zu mir selbst gefunden und bin sehr zufrieden.« Er betrachtet das Zwischenspiel seiner Lehrtätigkeit nicht als falschen Schritt während einer Periode der Selbst-Erforschung. Es war vielmehr eine nüchterne Notwendigkeit. »Ich gab Unterricht, weil ich einen Job brauchte, als ich die Abschlußprüfung bestand. Ich wollte immer ins Geschäftsleben.« So ist ein von Jugend an fest ins Auge gefaßtes Ziel erreicht worden. In seinem Beruf gibt es keinen anderen Platz, den er einnehmen möchte. Er hat Statuszufriedenheit erreicht.

Aber nicht nur in seiner Arbeit ist Donald Lanson an dem von ihm gesetzten Ziel angekommen. Er ist der Meinung, dort zu sein, wo er sein will, und hat das Gefühl, daß jetzt im mittleren Lebensabschnitt nichts wirklich Bedeutendes mehr zu erstreben ist; dies gilt auch für sein Privatleben. »Ich finde sowohl meine Frau wie meine Kinder ideal. Ich würde sie in keiner Weise ändern, auch nicht, wenn ich es könnte.« Er ist zufrieden damit, daß seine Kinder so leben, wie er gelebt hat. »Ich möchte, daß meine Kinder / ein glückliches, normales Leben führen und ein so glückliches eigenes Zuhause haben, wie das unsrige ist.« Sorge für und Verbesserung seines Heims ist eine seiner Lieblingsbeschäftigungen. »Ich betätige mich gerne handwerklich im Haus. ... Anstreichen und Tapezieren und Gartenarbeit machen mir Freude.« Er ist auch ein Mann, der bei allem, was er tut, mit Sorgfalt vorgeht. So charakterisiert er sich selbst:

Vielleicht gehe ich in meiner Arbeit sehr methodisch vor. Ich bin sehr systematisch. Meine Frau arbeitet schneller, erreicht vielleicht mehr in einer bestimmten Zeitspanne. Ich glaube, die Kinder sind darin möglicherweise ihrer Mutter ähnlich und anders als ich. Sie versuchen nicht, den Grund dafür zu erfassen, warum sie etwas tun.

Daß sein Leben in geordneten Bahnen abläuft, ist aus seiner Antwort auf die Frage des Interviewers, zu wem er geht, wenn er ein Problem hat, ersichtlich.

Meine Frau und ich würden darüber sprechen, wenn es sich um ein persönliches Problem der Familie handelte. Am Arbeitsplatz würde ich zum Direktor der Gesellschaft gehen. Wenn es ein persönliches Problem wäre, das wir nicht lösen könnten, würde ich wahrscheinlich zu unserem Pfarrer gehen. Wenn es finanzieller Art wäre, würden wir wahrscheinlich zu Freunden gehen. Wir haben keine Familiengeheimnisse.

Mary Lanson ist bis auf einige kleinere Abweichungen einen Weg gegangen, der ein getreues Abbild desjenigen ihres Mannes ist. Auch sie stammt aus einer ländlichen Umgebung; sie und ihre vier Jahre ältere Schwester wurden in einer kleinen Stadt unweit des Geburtsortes ihres Mannes in einem angrenzenden Staat geboren. Ihre Eltern waren beide High-School-Absolventen, und beide waren gläubige Mitglieder der Kirche und versuchten, die Lehren der Kirche in ihrem täglichen Leben zur Anwendung zu bringen. Ihr Vater war Handlungsreisender und sorgte bis zu seinem Tode – Mary war in der Vorpubertät und die Familie kurz davor nach Chicago übergesiedelt – reichlich für seine Familie. Danach war die finanzielle Lage angespannt.

Mary absolvierte die High-School und ließ sich dann in einer Handelsschule weiter ausbilden. Nachdem sie neun Jahre lang für eine alteingesessene Firma verschiedene Büro- und Sekretariatsarbeiten erledigt hatte, traf und heiratete sie Donald Lanson. Sie arbeitete weiter bis zu ihrer ersten Schwangerschaft. Während dieser Zeit lebten sie bei Frau Lansons verwitweter Mutter, aber als Angela sieben und Alice vier Jahre alt waren, zog die Familie in das Haus, das sie jetzt bewohnen. Der geheime Stolz, den Frau Lanson darüber empfindet, wird daran deutlich, daß sie unaufgefordert bemerkt, daß ihre ebenfalls verheiratete ältere Schwester immer noch zu Hause, d. h. bei ihrer Mutter, wohnt. »Sie hat nie ein eigenes Heim gehabt. Sie hat drei Kinder, die älter sind als meine.« Wenn Frau Lanson in einem anderen Kontext beobachtet, daß »meine Schwester immer dominierender war als ich,« spüren wir, daß sie in gewisser Weise meint, erfolgreicher gewesen zu sein als ihre Schwester, und daß sie auf diese Weise einiges Unrecht der Kindheit korrigiert hat.

Es wäre jedoch ein Irrtum, daraus zu schließen, daß Mary Lanson sich daran weidet, so als ob sie einen erfolgreichen Coup gelandet hätte, denn weder der Klang ihrer Stimme noch ihr Verhalten oder ihre eigene Assoziationskette deuten auf eine kompetitive Gesinnung hin. Nichts könnte ihr ferner liegen als der Gedanke, einen anderen übertreffen zu wollen oder sich am geringeren Erfolg anderer zu weiden. Mary und ihre Schwester unterhalten sehr enge Beziehungen zueinander.

Sie kommen dauernd her. Wir besuchen uns oft, öfter als einmal in der Woche. Die Beziehungen sind sehr eng. Wir scheinen alle zusammen eine große Familie zu sein. Meine Schwester und ihr Mann und Donald und ich gehen oft zusammen aus, während die Kinder bei meiner Mutter bleiben.

Für Frau Lanson steuert die Tatsache des Überflügelns ihrer Schwester höchstens eine sekundäre Bedeutung zu diesem Haus bei. In erster Linie ist es bedeutsam als physische und symbolische Darstellung eines erreichten Ziels. Wie ihr Mann hat sie das Gefühl, daß sie jetzt, mit dreiundvierzig Jahren, an dem von ihr gesteckten Ziel angekommen ist und daß die Zukunft nur einen Abstieg bringen kann. Wie sie selbst es formuliert: »Wir haben nicht allzu viele hochgesteckte Ziele. Wir sind zufrieden mit dem, was wir haben.« Ihre Familie leistet den größten Beitrag zu ihrer Zufriedenheit. »Ich habe mich so lange danach gesehnt, eine Familie zu haben, daß ich sie jetzt ganz und gar genieße, bevor sie erwachsen werden und uns verlassen.«

Obwohl Frau Lansons Hauptinteresse der Familie gilt, beteiligt sie sich auch an einigen außer-familialen Aktivitäten, und zwar eindringlich. Sie ist die zweite stellvertretende Vorsitzende der PTA* und Vorstand der Frauenvereinigung in der Kirche ihrer

* PTA = Parent-Teacher Association; Eltern-Lehrer-Vereinigung [Anmerkung der Übers.].

Gemeinde; die Familie besucht regelmäßig jeden Sonntag den Gottesdienst. Die Familie gehört auch einer Organisation ihrer entfernten Verwandtschaft – Cousins Club genannt – an, und Mary und ihr Mann sind Mitglieder eines Bridge-Clubs, der sich unregelmäßig, und eines Tanz-Clubs, der sich einmal im Monat trifft. Aber wenn sie gefragt wird, woran sie am meisten Freude hat, treten diese Beschäftigungen deutlich in den Hintergrund.

Ich bin glücklich darüber, daß ich das habe, was ich jetzt habe – einen Mann und Kinder. Mir macht es einfach Freude, dort zu sein, wo sie sind, und das zu tun, was sie tun. ... Wir gehen kaum mal ins Kino, außer alle zusammen. ... Wir tun beinahe alles gemeinsam.

Angela und Alice sind beide hochgewachsen; in dieser Beziehung gleichen sie ihren Eltern. Die zwölf Jahre alte Angela ist schon fünf Fuß sieben Inches groß und ihre neun Jahre alte Schwester ist größer als fünf Fuß. Die Mädchen kommen auch in anderen Eigenarten deutlich aus dieser Familie. In ihrem Betragen sind sie sanft und freundlich. Sie begrüßen die Besucher höflich, und sie beherrschen mehr als nur die elementaren Gebote der Gastfreundschaft. Es hat ihnen Freude gemacht, mit dem Interviewer zu kooperieren, und im Gegensatz zu der Mehrzahl der Kinder der Untersuchungsgruppe saßen sie die ganze Zeit über still. Ein weiterer Gegensatz zu anderen Kindern der Untersuchungsgruppe: Während der Interviewer sich mit dem einen oder anderen Elternteil befaßte, war das Spiel der Kinder in einem anderen Teil des Hauses kaum hörbar, und sie kamen nicht ins Zimmer, um zu unterbrechen. Mäßigung und Rücksichtnahme bestimmen die Lebensart in dieser Familie, und beide Mädchen nehmen voll daran teil.
Als Angela gefragt wird, wie sie sich ein liebes zwölfjähriges Mädchen vorstellt, antwortet sie:

Sie sollte höflich sein und wissen, wie sie sich benehmen muß, wenn sie Fremden begegnet. Sie sollte bei Tee- und anderen Gesellschaften nicht unbescheiden sein, wie sie es in jüngeren Jahren war. Sie sollte wissen, wie sie sich für jede Gelegenheit, ob sie nun arbeitet oder ausgeht, passend kleidet. Ich meine, sie sollte fähig sein, sich an Dingen zu beteiligen, aber nicht zu laut und unbescheiden sein, so daß alle über sie reden würden.

Und auf die Frage des Interviewers, wie gut sie an diese Vorstellung heranzureichen meint, antwortet sie: »Ich versuche, mich passend zu kleiden, und versuche, höflich und nicht unbescheiden zu sein. Ich versuche, so zu sein.« Sie offenbart kein Gefühl der Spannung oder Auflehnung. Was sie sein sollte, ist richtig, und ihr Verhalten entspricht dieser Norm. Über ihre Eltern sagt sie: »Ich glaube nicht, daß ich sie in irgendeiner Weise anders haben möchte.« Auch sie ist, wo sie sein will.

Es gibt keine Rebellen und keine schwarzen Schafe in der Familie Lanson. Diese Familie und dieses Leben sind nach dem Geschmack von Alice ebenso wie dem ihrer Eltern und ihrer Schwester. Die einleitende Frage des Interviewers lautet: »Wie ist Deine Familie?« Darauf antwortet die neunjährige Alice:

Ich finde sie nett. Sie behandeln mich alle gut und überhaupt. Manche Leute haben mehr Geld und sind nicht so glücklich wie wir. Ich glaube nicht, daß ich überhaupt sehr vieles anders haben wollte.

Eineinviertel Stunden später stellt die Interviewerin ihre abschließende Frage: »Würdest Du in irgendeiner Beziehung anders sein wollen?« Falls das Interview irgendwelche Ängste oder Unsicherheiten hervorgerufen hat, so treten sie hier nicht zutage, und Alice bleibt unerschütterlich in ihrer Antwort:

Nein, ich glaube, ich möchte genauso sein, wie ich bin. Ich wäre nicht gerne reich. Wenn ich es wäre, wäre ich vermutlich verwöhnt, und ich bin glücklich, genauso zu sein, wie ich bin. Ich meine, Arbeit bereitet einen auf die Zeit vor, wenn man älter wird und heiratet, und das ist gut. Ich würde also wirklich nicht anders sein wollen.

Alle Mitglieder dieser Familie bringen zum Ausdruck, daß sie ihre Art zu leben für richtig halten und mit ihrer Familie als Ausdruck persönlicher Erfüllung zufrieden sind. Der Ausdruck von Zufriedenheit ist jedoch das Endprodukt einer Reihe vorausgegangener Ereignisse und Umstände. Wenn wir versuchen, das Funktionieren einer bestimmten Familie zu verstehen, können wir offensichtlich nicht bei der Beobachtung, daß hier alle glücklich sind, halt machen. Wir wollen genauer verstehen, mit was für einer Art Leben die Mitglieder einer Familie zufrieden sind und wie diese Zufriedenheit erreicht wird. Nachdem wir gesehen haben, wie die Lansons in der Öffentlichkeit, sich selbst und einem Beobachter gegenüber erscheinen, wenden wir uns nunmehr einer detaillierten Untersuchung ihrer gegenseitigen Beziehungen zu.

Die Beschaffenheit bevorzugter Erfahrung

Wie wir in Kapitel I vorgeschlagen haben, ist es nützlich, nach jenen zentralen, beherrschenden Tendenzen im Leben einer Familie zu suchen, die als umfassende Charakterisierung dienen können und uns die Möglichkeit geben, in allgemeinen Begriffen zu sagen, um was für eine Art Familie es sich handelt. Es lohnt sich für uns, die Grundhaltung der Familie gegenüber der Welt und ihren eigenen Erfahrungen mit ihr zu erforschen. Wir finden, daß es für die meisten Familien unserer Studie eine bestimmte Beschaffenheit bevorzugter Erfahrung gibt, die die Familie sucht. Sie wollen das Leben auf eine ganz bestimmte Art und Weise erfahren. Die Familien investieren unterschiedlich viel Energie in diese Bemühung. Manche streben hartnäckig danach, alle ihre Aktivitäten, Beziehungen, Gedanken und Gefühle so zu gestalten, daß sie im Einklang mit der bevorzugten Erfahrung stehen, und es ist ihr Anliegen, alles, was nicht kongruent ist, auszuschließen.

Vor allem anderen versuchen die Lansons, das Gleichgewicht in ihrem Leben zu halten und zu bewahren. Sie fühlen sich in der Tat nur wohl, wenn fortwährende Harmonie zu spüren und das Gefühl da ist, daß alles wohl ausgewogen ist. Die Umstände werden danach bewertet, ob sie zum Gleichgewicht beitragen oder es stören, und die Menschen werden gemäß ihrer Kooperation eingestuft. In einer Vielzahl von Kontexten wird die Suche nach Gleichmut erneuert und bestätigt. Wie Frau Lanson es formuliert, sind es die schönsten Befriedigungen eines Familienlebens, »wenn alles sanft dahingleitet und jedes Gesicht einen glücklichen Ausdruck hat.« Freiheit von Spannung und Trennung ist für sie der Prüfstein für ein gutes Leben. Wenn wir dies der Antwort einer anderen Frau gegenüberstellen, wird deutlich, daß Frau Lansons Gefühl nicht einfach eine vage Äußerung ist, mit der jeder auf solch eine Frage antworten könnte, sondern eine deutliche emotionale Wahl, die vielen anderen spezifischen Wahlmöglichkeiten eine Richtung gibt. Eine andere Frau unserer Untersuchungsgruppe drückte die hauptsächlichen Befriedigungen, die sie aus dem Familienleben schöpft, so aus:

Lieben und geliebt werden – von Leuten, die man bewundert und achtet. Das Verstehen und die Sympathie, die man mit den Kindern und dem Ehemann hat, und ihre Liebesbezeugungen. Wie z. B. Ostern die beiden all ihr Geld zusammenlegten und mir eine große Bonbonniere kauften. Ich war wirklich gerührt. Es gibt richtig Auftrieb, wenn man so etwas bekommt. ... Leute in seiner Nähe zu haben, denen man am Herzen liegt und die einem selbst am Herzen liegen, macht die Welt so herzlich und befriedigend.

Die Konzentrierung des Gefühls in dem »Auftrieb«, die diese Frau beschreibt, ist Frau Lanson unangenehm. Für sie ist eine weniger intensive und weniger fluktuierende Stufe des Sich-wohl-Fühlens ein befriedigenderer Zustand. Je homogener die Erfahrungen sich aneinanderreihen – soweit das überhaupt möglich ist – desto besser. Betonung, Abweichung, Höhen und Tiefen – dies alles kollidiert mit ihrer Ansicht von Stabilität. Aber diese Option für eine spannungsfreie Welt hat auch ihre Schattenseiten, und bei längerem Nachdenken kann Unzufriedenheit nicht ganz gebannt werden. Wie sie es in zwei Satz-Ergänzungen formuliert: »Meine schwächste Seite / Mangel an Mut zu Experimenten. Ich halte mich oft für / zu sanft und fade.«
Während Frau Lanson vielleicht der deutlichste Repräsentant von Sanft- und Gleichmut ist, teilen die anderen Familienmitglieder ihre Gefühle. Es ist wahrscheinlich kein Zufall, daß diese Eigenschaften gerade bei ihr am ausgeprägtesten sind, weil sie schmerzlicher als die anderen den Mangel an Stetigkeit, die sie alle hoch einschätzen, erfahren hat. Ihr war während beider Schwangerschaften ständig übel. »Sie haben alles mit mir ausprobiert, und nichts hat geholfen. Unser Chiropraktiker sagte uns, dem könne abgeholfen werden, und es sei nicht nötig, sich so elend zu fühlen. Aber ich wußte es nicht.« Zur ersten Entbindung »ging ich ins Krankenhaus und erwartete nicht, überhaupt mit einem Baby nach Hause zu kommen.« Beim Gespräch über die Krankheiten, die die Familienmitglieder gehabt haben, berichtet sie:

Ich hatte nichts außer den Kinderkrankheiten und einer Blinddarmoperation. Ich hatte zweimal einen Nervenzusammenbruch, einen nachdem mein Vater gestorben war, als ich ungefähr zehn war. Dann hatte ich einen Anfall gleich nach dem Abschluß der High-School. Seitdem habe ich gelernt, meine Nerven unter Kontrolle zu halten. Gelegentlich habe ich eine Nervenentzündung.

Die anderen Familienmitglieder tragen hierzu bei, weil auch sie einen gelassenen Ton bewahren. Frau Lanson sagt selbst, auf ihre Kinder sei Verlaß. Und sie hat einen Mann geheiratet, der in seinem Wesen zurückhaltend war und mit den Jahren reifer geworden ist. Sie formuliert es: «Ich habe an meinem Mann nichts auszusetzen. Es ist selbstsicherer und umgänglicher geworden, seit wir verheiratet sind. Er ist ausgeglichen und ein richtiger Familienvater.« Donald Lanson meint auch, daß ein Teil seiner eigenen Verdienste in den Augen anderer seinem Gleichmut zuzuschreiben ist. »Was den Leuten an mir am meisten gefällt, ist / mein ausgeglichenes Wesen.« Wenn Gleichmut ein wesentlicher Bezugspunkt für die Emotionen der Lansons ist, wie gestalten sie dann ihr Leben, so daß sie sich nicht zu weit davon entfernen? Der Wunsch, alles möge reibungslos ablaufen, ist eine eindeutige Festlegung des Gefühls, eine Bindung der emotionalen Energie an einen Erfahrungsbereich, der andere Bereiche ausschließt. Es gibt Wege, die in die erwünschte Richtung führen, und Wege, die in die Irre führen. Wie eine Einzelpersönlichkeit versucht auch eine Familie, ihre Energie in Bahnen zu lenken, die kompatibel sind mit dem, wie sie die Welt erleben wollen, und die auch auf einer bestimmten Verallgemeinerungsebene untereinander stimmig sind. Im Heranlassen von Eindrücken an das Ich, in expressiver Offenbarung und in der Gestaltung der Aktivität können Tendenzen zur Schematisierung gefunden und diese können wiederum im Konzept des Lebensstils zusammengefaßt werden. In den folgenden Abschnitten verfolgen wir einige der Wege, die die Lansons bei der Gestaltung ihres gemeinsamen Lebens einschlagen.

Das Selbst und die Familie: Das symbolische Idiom

Welcher Weg als der richtige gilt und welcher in die Irre führt, wird in der Familie Lanson in einem Paar antithetischer Symbole dargestellt, die in den Interviews immer wieder vorkommen. Wir haben herausgefunden, daß viele Familien Schlüsselbegriffe gebrauchen, um einen weiten Bereich des Strebens oder Konflikts auszudrücken. Die Symbole, die eine Familie auswählt, dienen als Wegweiser zu den Bereichen, die ihnen besonders am Herzen liegen. Für die Lansons ist Gleichmut durch *Kooperation* zu erreichen, und *Eigennutz* empfinden sie als Bedrohung der Stabilität. Für sie ist das Wohl der Familie der Orientierungspunkt; jede Handlung muß an diesem Standard gemessen werden, und alles, was nicht als positiver Beitrag zur Familie gedeutet werden kann, ist nicht akzeptabel. Dieser Maßstab wird in der Tat nicht nur an eigennützige Handlungen angelegt, sondern weit darüber hinaus, so daß fast jede Handlung, in der ein Individuum nicht-geteilte Gratifikation beansprucht, mit Mißfallen betrachtet wird. Die Zentralität der Familie wird von Herrn Lanson deutlich in seiner Antwort auf die Frage: »Welches sind die wichtigen Punkte in Ihrer Familie?« herausgehoben.

Wir sind uns immer darüber einig gewesen, daß wir versuchen sollten, jederzeit unseren Verhältnissen entsprechend zu leben. Wir haben uns nie hoch verschuldet, um etwas zu bekommen, was wir wollten, ausgenommen der Kauf dieses Hauses, wofür wir eine Hypothek in Anspruch genommen haben. Ich glaube, wir nehmen Rücksicht aufeinander. Wir alle haben versucht, die Gefühle aller übrigen Mitglieder unserer Familie bei jeder wichtigen Entscheidung oder bei der Erstellung von Verhaltensrichtlinien zu berücksichtigen.

Seine größte, eingestandene Furcht ist die, »daß irgendeine unvorhergesehene Krise die Einheit unserer Familie vorzeitig auflösen könnte«. Und später, als er über die für einen idealen Vater und für eine ideale Mutter notwendigen Eigenschaften spricht, schlägt er vor:

Um ein guter Vater zu sein, muß man in erster Linie Kinder haben wollen und Kinder gern haben, man braucht ein ausgeglichenes Wesen, die Fähigkeit, sich in die Rolle des Kindes zu versetzen. Wenn man sie liebt und haben will, kann man einen ernsthaften Versuch unternehmen, ein guter Vater zu sein. Jeder Vater möchte gerne in der Lage sein, ihre elementaren Lebensbedürfnisse zu befriedigen, ihnen Erziehung und einige Bildung zu geben.

Und eine gute Mutter ist »so wie meine Frau, würde ich sagen. Jemand, der ausgeglichen ist und freundlich, der einen Haushalt zu führen versteht und der vollkommen selbstlos ist«. Wenn er in gewisser Weise in der Rolle der Mutter größere Selbstaufopferung involviert sieht als in der des Vaters, ist es dennoch wichtig festzuhalten, daß der Nachdruck auf Selbstlosigkeit ihn von vielen Eltern unterscheidet, die wir in unserer Untersuchung erfaßt haben und welche meinen, daß die am dringendsten erforderliche Eigenschaft einer Mutter Geduld ist. Geduld ist ein viel weniger extremer Appell an Selbstunter-

werfung und spiegelt eine realistischere Hinnahme der Unstetigkeit der menschlichen Natur wider.
Alle Lansons erwarten einen hohen Grad der Selbstaufgabe zugunsten der Familiengemeinschaft. Sublimierung wird nicht nur als ein Ideal hingestellt, wie aus den obigen Bemerkungen des Vaters und aus Angelas Charakterisierung eines braven zwölfjährigen Mädchens ersichtlich ist, sondern sie wird auch als Tatsache genommen. Als Angela gebeten wird, die wichtigen Fakten über ihre Familie zu berichten, stellt sie fest:

> Alice und ich streiten uns überhaupt nicht. Wir versuchen, kooperativ zusammenzuarbeiten. Wenn wir kooperativ arbeiten oder miteinander sprechen, vermitteln wir unsere Ansichten einander auf nette Art, ohne uns gegenseitig anzuschreien.

Zurückhaltung bei der Selbstdarstellung in all ihren Ausprägungen ist sowohl Usus wie Gebot. Unziemliches Vergnügen am Essen darf nicht sein, denn das wäre gleichbedeutend mit Gier. Unmut ist der unverhüllte Angriff eines Individuums auf die kooperative Struktur und folglich das Wohlergehen der Familie. Lautes Wesen ist selbstsüchtige Verletzung der gebührenden Rücksicht gegenüber anderen.
Die Forderung nach geziemender Beschränkung ist auch in Angelas Aussparung jeden Hinweises auf Spiel evident. Stattdessen spricht sie von der Arbeit mit ihrer jüngeren Schwester. Alice ist in ihrer eigenen Aussage darüber, wie ein braves neun-fast-zehn-Jahre-altes Mädchen sein sollte, etwas kindlicher, aber ihr Bild angemessenen kindlichen Verhaltens ist die klassische Beschreibung eines Mädchens in der Latenzzeit:

> Wenn sie zehn Jahre alt ist, sollte sie, meine ich, wissen, wie sie ihrer Mutter helfen kann, und höflich sein und gute Tischmanieren haben. Ich finde, sie sollte nicht flegelhaft oder laut sein und sie sollte eine junge Dame sein. Sie sollte spielen dürfen, aber keine zu derben Spiele.

In diesem Kontext können wir auch an Alices Äußerungen der Zufriedenheit mit ihrer Familie, zitiert auf Seite 95, erinnern. Dort spricht sie von den Gefahren des Reichtums, des Lebens im Überfluß; es ist leichter, glücklich zu sein, wenn man auf Wünsche verzichten kann. Die Eltern nachahmend hält sie sich die Gefahr des Verwöhntseins warnend vor Augen; sie würde in ihren Augen nicht-akzeptabel werden und würde das Gefühl der Zufriedenheit verlieren, das sie jetzt hat. Einschrän-

kung der Wünsche ist folglich einer der Schlüssel zur Erlangung der Selbstachtung, die ihrerseits die durchgängige Zufriedenheit, die den Lansons gemeinsam ist, einbringt.
Schließlich können wir dem noch Mary Lansons Worte hinzufügen. Eine ideale Mutter sollte »nicht dauernd in ihren Wünschen selbstsüchtig sein. Die Familie sollte Vorrang haben. Sie fair behandeln, nicht parteiisch sein«. Und sie schließt ihre schriftlichen Äußerungen über die von ihr erwünschten zukünftigen Persönlichkeiten ihrer Kinder mit dem Satz: »Ich hoffe von ganzem Herzen, daß sie nie selbstsüchtig und egoistisch sein werden.« Die Gefahr, zu streng zu sein, liegt nicht nur in ihrem Bedürfnis, ihre eigenen Wünsche unter Kontrolle zu halten, sondern auch in ihrem Projizieren dieser Restriktion auf die äußere Welt bei der Behandlung der Wünsche anderer. Fairneß und Unparteilichkeit beim Dienst an anderen dienen dazu, die anderen zu äußeren Repräsentanten und Garanten ihrer eigenen Selbstbeherrschung zu machen. Hier gibt es keine Selbstermahnung, jedem das zu geben, was er oder sie besonders nötig hat, sondern vielmehr allen gleiche Teile desselben zu geben. Ausgewogenheit der Disposition im Sinne von Kontrolle über die Launen und den Eigennutz wird derart erweitert, daß sie eine Voraussetzung für die Urteilsfindung in allen Beziehungen wird. Es ist wichtig, auch festzuhalten, daß Frau Lanson keine wirklich positiven Anweisungen dafür gibt, was eine Mutter tun sollte. Ihr Schwerpunkt liegt auf dem, was eine Mutter nicht tun darf, wenn sie ihre Rolle zufriedenstellend ausfüllen soll. Sie darf nicht vorenthalten, und sie darf nicht zu viel geben; sie muß darauf achten, sich zurückzuhalten und nicht ihren Neigungen nachzugeben. Aber aktive Vermittlung von Erfahrung der einen oder anderen Art ist kaum impliziert. Angemessene Beschränkung, und nicht so sehr Erschließung der weitest möglichen Grenzen ist das implizite Ziel der Kindererziehung.
Die Austreibung von Selbstsucht erfordert nicht nur die Aufrechterhaltung der Kooperation, sondern bedeutet für die Lansons auch eine Absage an offenen Konflikt. In der Tat sind sie frei von eingestandenem Konflikt. Beide Elternteile betonen das. In bezug auf Unstimmigkeiten darüber, wie die Kinder behandelt werden sollten, sagt Herr Lanson: »Es gibt keine. Noch nicht einmal geringfügige, niemals.« Und seine Frau äu-

ßert sich im gleichen Sinne: »Wir haben eigentlich niemals Meinungsverschiedenheiten gehabt in den sechzehn Jahren, die wir verheiratet sind.« Angela ist nur etwas weniger absolut: »Nicht zu viele. Vater meint manchmal, Mutter sei überängstlich, daß wir auch Jacken anziehen, oder so etwas. Aber keine wirklichen Meinungsverschiedenheiten.« Und Alices positive Aussage bestätigt das, was die Eltern betonen: »Sie tun das nicht. Sie leben glücklich zusammen, und sie schreien sich überhaupt nie gegenseitig an.« Auch die Kinder streiten sich nicht. So sagt Frau Lanson:

Ich habe es einfach nicht gestattet. Wir finden heraus, worum es geht, und dann bekommt es gewöhnlich keiner. Aber sie sind brav. Jeder gibt dem anderen gelegentlich nach. ... Die Kinder schubsen und stoßen sich nicht gegenseitig weg.

Es geht nicht nur darum, jedes sichtbare Zeichen von Konflikt auszulöschen, sondern Konflikt darf auch unter keinen Umständen zu persönlicher Gratifikation führen. Frau Lanson bemerkt: »Die Kinder teilen alles. Sie sind nicht selbstsüchtig. Wir haben sorgfältig darauf geachtet.« Niemandem ist es je gestattet, einen Streit für sich zu entscheiden. Der Familie liegt es am Herzen, daß keine Statusdifferenzierung in Sieger und Verlierer zutage tritt und daß niemand auch nur für einen Augenblick Entfremdung von der Familie erfährt. Es gibt keine Bestechung – indem man etwa einem Kind seinen Willen gibt und dem anderen einen Trostpreis offeriert. Man erwartet von den Kindern und die Kinder erwarten auch weitgehend von sich selbst, daß sie eine sich ganz ohne äußeren Eingriff ausbalancierende Beziehung unterhalten, und die Beziehung der Ehegatten wird ihnen als das zu verinnerlichende Vorbild angeboten.

Es wäre sehr ungewöhnlich, wenn selbst solch beharrliche Bemühungen ganz und gar effektiv wären. Und tatsächlich bleiben doch Reste von Meinungsabweichungen, obwohl offener Konflikt minimal ist. Am deutlichsten wird dies bei Alice, die, da sie die jüngste ist, am wenigsten Zeit gehabt hat, sich die von dieser Familie geforderten Selbstbeschränkungen ganz anzueignen. Über ihre Beziehung zu Angela bemerkt sie: »Wir streiten uns nicht; aber wir sind nicht immer derselben Meinung. Sie tut Dinge, die ich nicht mag.« Diese Aussage stand in dem spezifischen Kontext einer Frage nach Dingen, die sie wütend machen, wenn ihre Schwester sie tut; im Kontext der Gesamt-Familie gesehen ist es wenig mehr als ein Wölkchen am Himmel der Eintracht. Und Alices Anpassung an die Feinheiten sozialer Kontrolle ist aus ihren Bemerkungen über ihre eigene Verärgerung ersichtlich. Sie behauptet, daß sie nie ihre Beherrschung verliert, daß sie aber wütend wird. Nach einem Beispiel zur Veranschaulichung gefragt, führt sie ein Ereignis an, das sich außerhalb ihres Zuhauses abspielt und ganz und gar mit sozialer Sanktion erfüllt ist.

Ich mag keine Spielverderber. In der Schule haben wir ein paar Mädchen, die das sind. Sie stellen sich beim Seilhüpfen nicht an oder wollen sich bei Spielen nicht abschlagen lassen, und ich mag das nicht, also werde ich wütend. ... Wenn's wirklich schlimm ist, erzähle ich es dem Lehrer oder sage, daß ich nicht mit ihnen spielen will. Sie sind nicht immer so, und wenn sie sehen, daß wir es nicht mögen, dann kapieren sie es.

Die Sozialisation von Aggressionen dergestalt, daß sie in den Dienst über-persönlicher Zwecke gestellt werden, zeigt sich auch bei Angela. Gefragt, ob sie je die Beherrschung verliert, antwortet sie: »Na ja, nicht so richtig, aber ich werde ziemlich wütend, wenn die Kinder in der Schule schubsen und stoßen. Ich bin ein ›monitor‹*, also schreie ich sie an und sorge dafür, daß sie in der Pause nicht hinausgehen.« Danach ist offensichtlich, daß der Beitrag der Kinder zur Harmonie in der Familie teilweise dadurch gestützt wird, daß sie ihre Aggressionen in der Schule und auf dem Spielplatz abreagieren – an Orten außerhalb des Elternhauses. Aber die Aggressionen kommen nicht wahllos zum Durchbruch. Der Impuls dazu wird in einem institutionalisierten Kontext freigesetzt und steht vollständig im Dienst positiver Normen. Sogar die Rivalität zwischen den Geschwistern ist in die kooperative Struktur der Familie eingebunden. Gedrängt, ein weiteres Beispiel für Dinge, die sie wütend machen, zu geben, fügt Angela hinzu:

Manchmal bitten Mama oder Papa mich, etwas zu tun, und Alice tut es schnell, bevor ich Gelegenheit dazu habe. Es gibt so viele kleine Kinder, die sich immer hier aufhalten, und sie stören. Ich sage ihnen, sie sollen weggehen, und wenn sie gegangen sind, tue ich, was ich machen wollte.

* Im amerikanischen Schulsystem ist der »monitor« ein Schüler, dem Kontroll- und Ordnungsfunktionen über seine Mitschüler übertragen worden sind [Anmerkung der Übers.].

Es besteht Rivalität, wer von den Kindern am kooperativsten ist.
Man wird sich erinnern – von früheren Zitaten –, daß keine bewußten Beschwerden gegen diese Ordnung und ihre Konsequenzen erhoben werden. Alle Mitglieder sind sich einig, daß diese Familie und ihre Art zu leben nicht nur zufriedenstellend, sondern auch die bestmögliche ist. Es gibt keinen offenen Konflikt und auch keinen offenbaren Grund für einen solchen. Eine der haupsächlichen Techniken, solche Einigkeit herbeizuführen, ist eine gemeinsame Anstrengung, um zu verhindern, daß Statusunterschiede aufkommen. Wie wir gesehen haben, werden Tendenzen, die zu einer Unterscheidung zwischen Sieger und Besiegtem führen, bei ihrem Auftreten sofort umgekehrt und an ihrer Weiterentwicklung gehindert.
In ähnlicher Weise werden Autoritätsunterschiede minimiert und sogar für nicht existent erklärt. Herr Lanson sagt nicht nur, daß die Gefühle aller Mitglieder bei allen wichtigen Entscheidungen in Betracht gezogen werden, er weigert sich auch, Entscheidungen einer Person oder einem Personenpaar zuzuschreiben. »Wir alle« entscheiden. »Alle Entscheidungen, die die Kinder betreffen, werden von uns gemeinsam gefällt.« Wenn man ihn drängt zu beschreiben, »wer die Oberhand behalten würde« im Falle einer Meinungsverschiedenheit, antwortet er: »Eine fifty-fifty Affäre. Manchmal würde ich, manchmal sie gewinnen.« Schließlich wird deutlich, daß Entscheidungen ein elterliches Vorrecht sind und in ihrer Verantwortung liegen, aber zwischen den beiden Eltern zu gleichen Teilen wahrgenommen werden. Im Gegensatz zu vielen Familien, die wir gesehen haben, wird keine Aufteilung in Autoritätsbereiche anerkannt. Und Frau Lanson stimmt dem zu. »Entweder Vater oder ich, wer immer zuerst damit konfrontiert wird. Eine Zeitlang fragten sie immer mich, aber ich veranlasse, daß sie Vater fragen.«
Wir haben es hier mit einem weiteren Aspekt des selbsttätigen Ausbalanciervorgangs in der Familie zu tun. Wenn ein Ungleichgewicht vorhanden ist, wird es korrigiert; der differenzierte Status wird ent-differenziert und geht in den gemeinschaftlichen Autoritätsfond ein. Obwohl die Eltern sich dagegen sträuben anzuerkennen, daß die meisten Entscheidungen von ihnen getroffen werden und die Kinder keinen Anteil dar-

an haben können, ist deutlich, daß der Unterschied zwischen den Generationen erhalten bleibt, obwohl die äußeren Anzeichen dafür so unauffällig wie möglich gehalten werden. Beide Töchter sehen sich als gleichberechtigte Partner im Entscheidungsprozeß; sie nehmen jene unauffälligen äußeren Merkmale kaum wahr. Das Bild der Eltern ist – zumindest auf einer Ebene – das Bild, welches die Kinder als wahr anerkennen. Angela sagt: »Eigentlich tun wir alle es. Alle sagen, was sie denken. Jeder von uns hat eine faire Chance, und das Votum der Mehrheit gilt.« Gesetzt den Fall, es gibt unterschiedliche Meinungen: »Weiß ich nicht. Vielleicht würden wir etwas anderes tun.« Alice hält den Entscheidungsvorgang für demokratisch, sie gebraucht fast identische Wendungen: »Wir alle tun es. Wir sprechen darüber und tun, was die meisten wollen.« Wie ihre Schwester auch, ist sie außerstande zu erklären, wer im Falle unterschiedlicher Meinungen entscheiden würde: »Puhh, ich weiß nicht. Vater vielleicht, aber ich weiß nicht.«

Das vorausgehende Material kann von mehreren Gesichtspunkten aus betrachtet werden, die alle auf der überragenden Bedeutung der Familie als Objekt der Hingabe basieren. Es ist möglich, daß das Ausmaß der Übereinstimmung zwischen den Eltern so groß ist, daß die Mädchen keine Vorstellung davon haben, wie Meinungsverschiedenheiten gelöst werden können. Es ist zwar wahrscheinlich, daß sich dies im Vergleich mit vielen anderen Familien tatsächlich so verhält, aber die Wahrscheinlichkeit, daß die zwischen den Eltern doch aufkommenden Meinungsverschiedenheiten außerhalb der Reichweite der Kinder beigelegt werden, ist größer.

Eine andere Möglichkeit ist die, daß das Prinzip der Symmetrie und des Gleichgewichts, welches wir in einer Anzahl von Kontexten beobachtet haben, die Beilegung der Meinungsverschiedenheiten entweder bewußt oder unbewußt lenkt. In diesem Falle kann ein Ehegatte, der eine vorausgegangene Entscheidung beeinflußt hat, die folgende in gewisser Weise an den anderen abtreten. Dieser Ausbalancierungsvorgang kann ohne erkennbare Struktur sein – d. h. weder buchstäblich einer nach dem anderen, noch an bestimmte Aufgabengebiete gebunden –, so daß er die Entwicklung eines festen, nahtlosen Entscheidungsbildes verhindert.

Eine weitere Möglichkeit ist die, daß die Mädchen selbst nicht das Wagnis eingehen, entgegengesetzte Meinungen zu äußern, entweder weil sich ihnen solche Alternativen nicht stellen, oder weil diese von ihnen selbst oder von anderen unterdrückt werden. Angela und Alice sind der Familie ebenso stark ergeben wie ihre Eltern, und ein mit Individualität gefärbter Vorschlag wird leicht als selbstsüchtig gebrandmarkt. Selbstbeschränkung beim Vorschlagen von Alternativen ist ein hervorstechendes Merkmal des Ausbalanciervorgangs, und wir müssen fragen, wie es möglich ist, den Konflikt zu eliminieren und Unterschiede in den Ansichten auf ein solch unendlich kleines Ausmaß zu reduzieren.

Die Antwort auf diese Frage ist – auf einer Ebene – klar und einfach. Wenn Frau Lanson gebeten wird zu erzählen, wie ihre Familie aussieht, gibt sie bereitwillig und ausführlich Auskunft:

Als die Kinder klein waren, brachten wir ihnen bei, daß nein auch nein heißt, und jetzt gibt es keine Diskussionen. Jede sagt, was sie zu sagen hat, aber wir haben keine großen Unstimmigkeiten. Die Kinder schubsen und stoßen sich nicht gegenseitig weg. Wir haben sie dazu erzogen, es nicht zu tun. Jede gibt der anderen gelegentlich nach. Ich habe es sehr gerne, wenn sie einen freien Tag haben und ich sie zu Hause habe. Sie arbeiten mit mir zusammen. Ich versuche, sie darin zu unterweisen, den Haushalt zu machen. Wir arbeiten zusammen und spielen zusammen. Donald hatte an der Schule unterrichtet, und ich hatte meine Freunde im Umgang mit ihren Kindern beobachtet. Donald sagte, sie würden keine Flegel werden. Wir meinten, wenn wir uns mit ihrer Erziehung intensiver befaßten, solange sie noch sehr jung waren, würden wir, wenn sie älter würden, weniger zu tun haben, und es scheint zu funktionieren. Ich sage einfach nein, wenn ich das Gefühl habe, ich sollte es tun, und wir sind mit ihnen glücklich gewesen.

Aus der in dieser Aussage enthaltenen Information können wir nicht erklären, warum die Mädchen nicht eine offen feindliche und negative Einstellung entwickelt haben, ein Ergebnis, das aufgrund der Erziehung mindestens ebenso möglich erscheinen würde wie die Richtung, die ihre Entwicklung tatsächlich genommen hat. Aber es scheint deutlich, daß die Erziehung die von den Eltern vorausgesehenen praktischen Konsequenzen gehabt hat. Beide Töchter haben ein sehr feines Gespür entwikkelt für die Erkennung der Grenzen der ihnen erlaubten Handlungsweisen, da jene Grenzen ihnen im frühen Alter auf unmißverständliche Weise gezeigt worden sind. Sie beschränken sich jetzt selbst.

Hinter dieser Aussage über den Erziehungsprozeß ist ein implizites Ziel der Kindererziehung und ein implizites Bild von der Kindheit zu erkennen. Die Eltern finden, daß die am schnellsten erreichte und vollständigste Selbstkontrolle die beste ist. Die Kindheit ist die beste Vorbereitung auf das Erwachsenendasein, wenn sie diesem möglichst nahe kommt. Unter Unabhängigkeit versteht man die Fähigkeit, speziell die Aufgaben, die zunächst andere für einen ausführen müssen, selbst zu leisten; sie erfaßt nicht die Verantwortung, neue Möglichkeiten zum Handeln zu erschließen oder sich Urteile zu bilden, die im Widerspruch zu der bestehenden Ordnung stehen.

Dieses Bild von der Kindheit, welches die Eltern zu der Zeit hatten, als sie anfingen, ihre Kinder großzuziehen, ist von immenser Bedeutung für den Aufbau der interpersonalen Beziehungen in der Familie. Da das Verhalten der Mädchen das Bild der Eltern ganz und gar bestätigt und es dadurch legitimiert, können äußere Autorität und Statusunterschiede minimiert werden. Die Kinder brauchen sich nicht länger besorgt damit zu befassen, wer der Herr im Hause ist und wie er sie seine Autorität spüren lassen wird. Und da die Kinder früh gelernt haben, »was ihnen zukommt«, brauchen die Eltern jetzt nur wenig Mühe darauf zu verwenden, sie darauf zu beschränken, und die Kinder versuchen nicht, diese Statusvereinbarungen zu ändern. Das Problem ist gewissermaßen ein für alle Mal gelöst worden, und die Kinder leben und handeln jetzt in einem System des Vertrauens zu ihren Eltern, da die sich ergebenden Fragen die Grundordnung nicht in Frage stellen. Wie Angela erklärt:

Eine gute Mutter sollte wie meine Mutter sein. Sie kümmert sich immer auf irgendeine Art um ihre Familie. Und Papa ist ebenfalls ein guter Vater. Er denkt immer an die Familie. Ich meine, sie sind ziemlich gut. Sie hören mir zu und antworten erst, wenn sie alles darüber gehört haben. Ich glaube, ich habe gute Eltern.

Daß die erkennbare Statusordnung nicht so fest gesichert ist, um jede elterliche Sorge zu zerstreuen, zeigt sich auf dramatische Weise im folgenden Dialog zwischen Herrn Lanson und dem Interviewer:

INTERVIEWER: Welcher Art sind die Dinge, die die Kinder tun und die Sie mißbilligen?
HERR LANSON: Wirklich nicht allzuviel; kaum der Rede wert.
INTERVIEWER: Irgendwelche Kleinigkeiten, die sie ärgern?
HERR LANSON: Laut Kaugummi kauen.
INTERVIEWER: Wie verhalten Sie sich?
HERR LANSON: Ich bitte sie aufzuhören.
INTERVIEWER: Und tun sie das?
HERR LANSON: In der Regel ja.
INTERVIEWER: Was sonst?
HERR LANSON: Mir fällt wirklich nichts ein.
INTERVIEWER: Wer hat am meisten mit der Disziplinierung der Kinder zu tun?
HERR LANSON: Ich glaube, das ist gleichmäßig aufgeteilt. Wenn sich Fragen ergeben, holt meine Frau meinen Rat ein.
INTERVIEWER: Welche Disziplinierungsmaßnahmen wenden Sie an?
HERR LANSON: Wir mußten nie auf Schlagen zurückgreifen, seit die Kinder älter geworden sind. Wir machten allerdings davon Gebrauch, als sie kleiner waren. Aber wir glauben, man sollte mit ihnen vernünftig reden und sie verstehen lassen, was und weshalb wir etwas tun.
INTERVIEWER: Was würden Sie tun, wenn sie nicht rechtzeitig heimkämen?
HERR LANSON: Wenn sie zu lange ausgeblieben wären, würden wir ihnen danach den Ausgang versagen, wenn sie nicht angerufen oder irgendeine Erklärung hätten.
INTERVIEWER: Und wenn sie schlechte Noten bekämen?
HERR LANSON: Es könnte sein, daß es nicht Schuld des Kindes ist. Wenn sie ihr möglichstes getan hätten, würde nichts unternommen werden. Wir würden sie auf jede uns mögliche Art ermutigen. Wir würden versuchen zu helfen. Wenn es nur Faulheit wäre, könnte es nötig sein, auf mehr Hausarbeit zu bestehen.
INTERVIEWER: Wenn sie sich schlagen?
HERR LANSON: Sie schlagen sich nicht. Wenn wir Jungen hätten, würde ich ihnen beibringen, für sich selbst einzustehen, aber auch versuchen, ihnen verständlich zu machen, daß man mit Schlagen nicht alles regeln kann.
INTERVIEWER: Wenn sie Widerworte gebrauchten?
HERR LANSON: Darüber errege ich mich sehr. Ich würde es mir nicht gefallen lassen, wenn ein Kind aufsässig ist oder seine Eltern und Ältere nicht respektiert. Ich würde harte und strenge Maßnahmen dagegen ergreifen.
INTERVIEWER: Wenn sie irgend etwas verlieren oder zerbrechen würden?
HERR LANSON: Wenn es nur gelegentlich vorkommt, würde nicht viel gesagt werden. Aber wenn es oft vorkäme, würden wir sie darauf aufmerksam machen und zu größerer Vorsicht ermahnen, und wenn das nicht helfen würde, sie das vielleicht von ihrem Taschengeld bezahlen lassen. Aber nur, wenn es oft vorkäme.

Bei der Behandlung aller Punkte – bis auf einen – dieser Liste von Fehlverhalten der Kinder ist Herr Lanson geduldig, leger, voller Verständnis für Fehltritte der Kinder. In dramatischem Gegensatz dazu ist er aber aufgebracht, wenn er mit der Aussicht auf anmaßende Auflehnung gegen die etablierte Ordnung konfrontiert wird. Rationalität und kooperative Untersuchung der Lage, die ausreichen, um das System im Gleichgewicht zu halten, reichen nicht aus, um ein solch drastisches Ungleichgewicht zu meistern. Die Familienstruktur der Lansons erlaubt keine Statusdiskussion, vor allem nicht, wenn diese über eine direkte Herausforderung versucht wird. Der elterliche Status wird durch Machtentfaltung gesichert.

Obwohl Frau Lanson glaubt, daß sie den Grundstock in der Erziehung ihrer Kinder schon früh erarbeitet hat, kann sie sich nicht ganz unbesorgt darauf verlassen, daß es wirklich so ist.

Es macht mir Freude, mit den Kindern auszugehen, weil ich sicher bin, daß sie sich gut benehmen. Natürlich könnte ich eines Tages einen Rückschlag erleben, aber ich finde, die Kinder sind ziemlich brav. ... Das Problem wird sich stellen, wenn sie älter geworden sind und zu Verabredungen gehen – wie schnell sie losziehen wollen. Ich weiß nicht, was auf mich zukommt, aber wir haben immer versucht, ihnen beizubringen, was Recht und Unrecht ist.

Sie ist besorgt, daß die Zukunft die so sorgfältig erstellte und voller Hingabe erhaltene Struktur zerstören könnte. Nach einem Leben, in dem der Zufall bis zur Bedeutungslosigkeit reduziert worden ist, in dem Alternativen nicht gestattet sind und in dem man Aspirationen abgeschworen hat, ist es für sie die äußerste Ironie, nicht zu wissen, was auf sie zukommt.

Frau Lansons Besorgnis über mögliche Fehltritte ihrer Kinder entspricht ihrer Bestürzung über ihr eigenes Verlieren der Kontrolle. Auf die Frage, ob sie je ihre Beherrschung verliert, antwortet sie: »Sehr selten. Aber ich bin normal.« Nach Anlässen zur Verärgerung gefragt, bekennt sie: »Nun ja, ich werde hin und wieder nervös, und dann schimpfe ich. Wenn sie achtlos werden und ihre Sachen nicht aufheben und das zu schlimm wird, werde ich wütend.« Der Interviewer fragt darauf, wie sie sich verhält, und Frau Lanson gibt zu: »Ich verlor die Beherrschung, als ich versuchte, Angela beizubringen, nicht zu lügen. Ich schlug sie deswegen, und hinterher weinte ich.« Wenn die Aggression nicht völlig gebändigt werden kann, droht totaler Zusammenbruch. Das Bedürfnis nach vollkommenem Gleichgewicht in der Familie einschließlich der Vermeidung von Konflikt, minimaler interpersonaler Differenzierung, Herunterspielen der Autorität und Unterdrückung des Ich ist eine Auslagerung der Bemühung, innere Kontrolle aufrecht zu erhalten. Wenn auch Frau Lanson dieses Bedürfnis am intensivsten empfindet, so schlägt sie doch nur einen Weg ein, auf dem andere ihr bereitwillig folgen.

In diesem Teil haben wir die symbolische Dialektik von Selbstsucht und Kooperation, wie sie im Leben der Familie verwirklicht wird, etwas mehr im Detail beschrieben. Die oppositive Spannung in diesen Symbolen spiegelt die Spannung innerhalb der Familie, die durch die von ihnen entwickelte besondere Struktur interpersonaler Beziehungen zurückgedrängt wird. Die Grundcharakteristika der Struktur sind minimale Differenzierung nach Status und Autorität und Vorrang gemeinsamer Ziele gegenüber jeder privaten oder individuellen Gratifikation. Diese Struktur beschreibt die Bedingungen, unter welchen die Mitglieder einander begegnen. Aber keine Struktur interpersonaler Beziehungen ist ein für alle Mal festgelegt. Sie wird durch Handlungsvorgänge getragen, die sie erneuern und allen Veränderungstendenzen entgegenwirken.

Die hauptsächlichen Vorgänge, die wir untersucht haben, sind individuelle Selbstbeherrschung seitens aller Mitglieder, so daß starke Impulse und starke Gefühle in Schach gehalten werden; Sozialisation feindlicher Gefühle, so daß diese nur im Dienste gemeinsamer Ziele wirksam werden; Einschränkung denkbarer Handlungsalternativen; Verzicht auf Aspirationen; und Anwendung des Gleichgewichtsprinzips in jeder potentiell disjunktiven interpersonalen Begegnung, die immer als beginnendes Ungleichgewicht empfunden wird. Diese Vorgänge, wie wir sie beschrieben haben, sind Ausdruck für einige Begegnungsweisen der Mitglieder untereinander. Aber das System der Beziehungen wird auch affiziert von und verknüpft mit nicht personifizierten Aspekten der Welt. Auch diese werden von der menschlichen Psyche strukturiert und bilden ein verborgenes Handlungsfundament.

Die Zeit ist ein wesentlicher Bestandteil jeden menschlichen Handelns. Die Lansons machen von ihr als hauptsächlichem Stützfaktor des Lebensstils der Familie und zur Konservierung des Erreichten Gebrauch. Sie streben danach, die Gegenwart auf eine Weise zur Vergangenheit und zur Zukunft in Beziehung zu setzen, die für ihr konservatives Ziel von Bedeutung ist. Für sie bedeutet das, daß die Familie Stabilität haben muß, und dies bedeutet wiederum, daß sie über Kontinuität verfügen und in gleichmäßigem Tempo voranschreiten muß. Wenn wir Herrn und Frau Lansons Geschichten zu Karte 1 des TAT betrachten, bekommen wir einen Eindruck davon, welchen Platz sie sich im Strom der Zeit zuweisen:

HERR LANSON: Wir haben hier ein Bild von einem Jungen, der offensichtlich Geigenunterricht nimmt und der Aussicht, üben zu müssen, gegenübersteht. Wenn man seinen Gesichtsausdruck deutet, scheint es so, als ob er lieber draußen mit den Jungen Ball spielen als die Zeit drinnen mit Geigeüben verbringen würde. ...
INTERVIEWER: Nun, was glauben Sie, wird er tun?
HERR LANSON: Er wird wahrscheinlich, puhh, er wird vielleicht entgegen seinen eigenen Wünschen zu dem Entschluß kommen zu üben ..., vielleicht mit dem Gedanken, eines Tages ein großer Geigenspieler zu werden. Ist das genug?

FRAU LANSON: O je. Dieser kleine Junge hat lange geübt. Er ist ein ziemlich guter Musiker, und er ist müde, aber er will immer noch weitermachen. Und er sitzt da und träumt von anderen, die er spielen gesehen hat. Ist das genug oder wollen Sie, daß ich mehr erzähle?
INTERVIEWER: Das ist gut, aber wie, meinen Sie, könnte es mit ihm weitergehen? Ich meine, ein Ende für die Geschichte?
FRAU LANSON: Ja, nun, er strengt sich weiter an und wird schließlich ein recht guter Musiker.

Diese Geschichten werfen auf verschiedenen Gebieten Material ab, aber wir möchten hier unsere Aufmerksamkeit ausschließlich auf die Zeitcharakteristika richten. Beide Ehegatten eröffnen ihre Geschichten, indem sie die abgebildete Szene sofort in eine Ereigniskette ohne feststellbaren Anfang einsetzen. Diese Unterrichtsstunde ist nur eine Einheit in einer Reihe, die sich endlos in die Vergangenheit erstreckt. Wir können also sagen, daß die äußere Welt als kontinuierlich und repetitiv erlebt wird. Jede neu angetroffene Situation wird wahrscheinlich als Version von etwas schon vorher Erlebtem angesehen.

Während die beiden Geschichten ziemlich alltäglich sind und auch voneinander abweichen, ist ihnen die Annahme gemeinsam, daß diese Situation nicht neu ist. Der Junge hat nicht gerade eine Geige bekommen, die er schon immer haben wollte, es geht auch nicht darum, daß der Junge schließlich die Musikstunden, die ihm immer verhaßt waren, aufgibt. Das Bild enthält nichts Ungewöhnliches; man versetzt den Jungen in eine Situation, die ihm seit langem vertraut ist und die in keiner Weise von dem abweicht, was er immer schon gekannt hat. (Wir sollten auch festhalten, daß es sich um eine Situation handelt, der es im wesentlichen an interpersonalem Kontakt fehlt.)

Der Sinn für zeitliche Kontinuität wird durch eine systematische Zensur der Vergangenheit verstärkt, wodurch ihre unangenehmen Seiten modifiziert werden und sie dem Schema akzeptabler repititiver Einheiten angepaßt wird. Zum Beispiel, wenn Herr Lanson über sein Elternhaus spricht, bemerkt er: »In unserer Familie bestand ein enger Zusammenhalt. Es ist schwer zu sagen, ob ich meinem Vater oder meiner Mutter näher stand, möglicherweise meiner Mutter. Für damalige Verhältnisse ging es nicht sehr streng zu.« In dieser Aussage beobachten wir, wie die scharfen schmerzhaften Kanten der Vergangenheit abgestumpft werden, wie sie geglättet werden, damit sie unauffällig in den zeitlichen Fluß integriert werden können. Dieser Vorgang vollzieht sich, indem den erlebten Ereignissen der ihnen anhaftende Affekt entzogen wird, und in der Tat, das ist, was geschehen muß, um das Zeitempfinden homogen zu halten. Die persönliche Färbung, die jemandes besondere Bindung an diesen oder jenen Zeitabschnitt hervorheben und seine Enttäuschung über einen anderen markieren würde, wird mit einer neutralen Schattierung übertüncht, wodurch die Zeit ihren Bezug zur Person einbüßt. Besondere Ansprüche jeglicher Art gegenüber der Zeit werden aufgegeben; »die gute alte Zeit« gibt es nicht, und auch in die Zukunft werden keine phantastischen Hoffnungen gesetzt.

Wir brauchen nur Frau Lansons Bericht über ihr Elternhaus heranzuziehen, um den gleichen Prozeß zu beobachten.

Damals ist mir das nicht zu Bewußtsein gekommen, aber ich habe nie gehört, daß Mutter und Vater eine Meinungsverschiedenheit hatten. Ich hatte ein sehr freundliches Zuhause, allerdings ziemlich streng.

Rollschuhlaufen oder so etwas gab es an Sonntagen nicht, aber wir beklagten uns nicht. Alle Familien waren so. Kein Lärm an Sonntagen. Man hielt das für unangebracht.

Es handelt sich hier um vertraute Erscheinungen, die zweifellos in vielen Familien zu jener Zeit auftraten. Unsere Absicht besteht hier nicht darin, die Auswirkungen von ungewöhnlichen Ereignissen in der Kindheit zu erklären, sondern aufzuzeigen, wie die Vergangenheit in der Gegenwart repräsentiert ist und dazu dient, die derzeitige Lebensart aufrechtzuerhalten. Ungelöste gefühlsmäßige Überbleibsel werden nicht anerkannt, sondern rationalisiert. Es ist so, als sagten sie: »Da alle Elternhäuser streng waren, war auch mein Unbehagen unbedeutend, und es gibt nichts, worüber ich mich beklagen könnte.« Die Abtrennung des Affekts von der schmerzhaften Vergangenheit beobachtet man auch bei Frau Lansons Antwort auf die Frage des Interviewers nach den Veränderungen, die auf den Tod ihres Vaters folgten: »Es war für Mutter ein schwerer Schlag, es dauerte eine Weile, sich daran zu gewöhnen. Wir mußten lernen zu überlegen, bevor wir Geld ausgaben.« Sie gibt hier keinen Hinweis auf ihre eigenen Gefühle, stattdessen betont sie, wie sie sich durch praktizierte Selbstbeschränkung auf einem ihr neuen Gebiet anpaßte.
Die Zensur über die Vergangenheit erstreckt sich ebenso auf die jüngere Vergangenheit. Vergangene Unannehmlichkeiten und Reibungen werden schnell vergessen. Das zeigt sich auch an den Aussagen aller Familienmitglieder, daß sie an den anderen nicht wirklich etwas auszusetzen haben. Wir beschreiben hier nur einen von vielen möglichen Wegen der Vergangenheitsbewältigung, die normalen Menschen zur Verfügung stehen. Er unterscheidet sich zum Beispiel von der Vergangenheitsbewältigung, wie sie für die Clarks notiert wurde oder für sozial mobile Geschäftsleute.[1] Diese Männer mit einer unbefriedigenden Vergangenheit hinter sich behalten diese jedoch deutlich als unbefriedigend in Erinnerung und verlieren sie nicht als einen begrenzten, ihnen jetzt fremd gewordenen Zeitabschnitt aus den Augen.
Die Lansons wollen die Vergangenheit nicht abstreifen; sie wollen sie mit sich in die Gegenwart hineinnehmen, und zwar

[1] W. Lloyd Warner and James Abegglen, *Big Business Leaders in America* (New York: Harper & Bros., 1955).

auf eine Art und Weise, die mit dem Ich im Einklang ist. Dies bedeutet ein Glätten der Vergangenheit und deren Simplifizierung in anderer Beziehung, so daß die Gegenwart sich nahtlos anschließt. Herr Lanson antwortet zum Beispiel auf die Frage, wie die Kinder als Babies waren: »Sie waren anders. Jede hatte ihre eigenen kleinen Eigenheiten.« Der Interviewer fragt als nächstes, ob er sich an irgendwelche erinnert, und die Antwort lautet: »Nein, Sie müßten ihre Mutter fragen.« Wir könnten diese Aussage als Resistenz gegenüber dem Interviewer interpretieren; er wollte einfach nicht versuchen, sich daran zu erinnern, worin die Unterschiede bestanden. Aber es würde auch im Einklang mit der Interpretation stehen, daß die Vergangenheit simplifiziert wird. Herr Lanson war ein kooperativer Informant, so daß, selbst wenn man dies zu den wenigen Resistenzpunkten zählt, diese seine Entscheidung mit dem von uns vorgeschlagenen allgemeinen Bezugsrahmen übereinstimmt. Die Interpretation stimmt auch mit unserer Beobachtung überein, daß Merkmale, die dazu dienen könnten, Unterschiede zwischen Personen und Zeitabschnitten hervorzuheben, minimiert werden.

Die Zeit übt noch eine weitere Funktion aus. Sie wird peinlich genau organisiert und dann mit anderen Organisationsformen verknüpft. Als Beispiel kann die Betrachtung der Art und Weise dienen, in der Herr Lanson der Bitte des Interviewers entsprach, einen typischen Tag im Familienleben zu beschreiben.

Wir beginnen den Tag am Morgen mit dem Wecker. Wir machen uns für die Arbeit oder die Schule fertig und frühstücken. Ich bin gewöhnlich zum Frühstück fertig, bevor sie aufstehen. Meine Frau und ich frühstücken, und ich gehe dann aus dem Haus, bevor die Kinder frühstücken. Der Rest des Tages besteht für mich aus Arbeit. Die Kinder sind bis drei in der Schule. Sie kommen zum Mittagessen nach Hause. Frau Lanson ist mit ihren Pflichten als Ehefrau, Mutter und Hausfrau beschäftigt. Wenn ich von der Arbeit heimkomme, essen wir. Dann machen die Mädchen den Abwasch oder helfen dabei. Nach dem Abendbrot machen wir dann alles mögliche. Die Kinder machen Hausaufgaben. Am Freitag oder Sonnabend gehen wir aus, so daß die Kinder unter der Woche nicht zu lange aufbleiben. Frau Lansons Mutter fungiert als Babysitter für die Kinder. Wir versuchen, sie nicht zu sehr zu beanspruchen.

Zwei miteinander verflochtene Ordnungsprinzipien sind an dieser Beschreibung eines typischen Tagesablaufs auffällig:

Die explizite zeitliche und sequentielle Plazierung der Ereignisse und die explizite Benennung der Aufgaben. Auffällig ist hier die zugrunde liegende Konzeption des Tages als einer engen Verknüpfung von Segmenten, die durch zeitliche Bindeglieder zusammengehalten werden. Das einzige hier erwähnte Gefühl ist die Bekundung von Rücksicht gegenüber Herrn Lansons Schwiegermutter. Kein anderes Gefühl über den Tag oder irgendeinen Teilabschnitt wird angedeutet; man kann nicht sagen, ob es irgendwelche Höhepunkte gibt, die den Tag beleben. Es ist ein nüchterner Tagesablauf, in dem jede Person ihre Pflichten erfüllt. Der Sinn für Geordnetheit ist beachtenswert.

Herr Lanson spricht nicht von Höhen und Tiefen, von mobilisierter und nachlassender Energie, von einer Zeit der Entspannung. Die Hauptkoordinaten seines Tages sind Zeit und Pflicht. Entspannung paßt nicht gut in diesen Bezugsrahmen. Er sagt von seiner Arbeit:

> Mir ist die gesamte Materialbeschaffung für die Produkte und auch für das Büro unterstellt. Darin liegt eine erhebliche Verantwortung. Jedes Jahr werden von der Gesellschaft Millionen dafür ausgegeben. Es ist jedoch eine abwechslungsreiche und angenehme Arbeit, und sie macht mir Freude.

Die Wertschätzung seiner eigenen Person wird durch die bedeutende berufliche Rolle, die er einnimmt, und durch das Bewußtsein, die damit verbundene hohe Verantwortung tragen zu können, gesteigert. Aber die Entspannung, die er bei der Gartenarbeit, beim Tapezieren des Hauses und beim Verwandtenbesuch finden kann, reicht nicht aus, um das Gefühl der Anspannung, unter dem er steht, von ihm zu nehmen. Beim SCT enthüllt er einen tief empfundenen Wunsch: »Es gibt Zeiten, wenn ich / mich gerne vor der Verantwortung des modernen Lebens ›drücken‹ und ein einfacheres Leben führen möchte.« Während seine Kontakte zur Außenwelt an ihm zehren, ist Entspannung eine Bedrohung. Eine unbewußte Sorge, seiner inneren Passivität nachzugeben, ist eine der Quellen für Herrn Lansons Energie, sein Durchhaltevermögen. Es ist zu vermuten, daß für Herrn Lanson ein solch stark schematisierter Tagesablauf unter anderem auch als Bollwerk gegen den Drang seines Wunsches nach Passivität dient. Wenn er den Dingen ihren Lauf lassen und vom

Schema abweichen würde, würde er nicht das Bewährte und Richtige mit Hilfe einer neuen und originellen Organisationsform auf die Probe stellen, sondern der Desorganisation verfallen. Tatsache ist, daß er nicht davon abweicht. Seine Eigenstruktur und das von ihm aufgebaute Lebensschema sind fest umrissen, und sie dienen dazu, ihn beständig aufrecht und verantwortlich zu erhalten.
Die Zeit tritt in Angelas Bericht über einen gewöhnlichen Tag als bedrängendes, aber auch organisierendes Prinzip zutage.

Wir stehen auf und machen unsere Betten, während Mutter und Vater frühstücken. Manchmal üben wir Klavier. Dann frühstücken Alice und ich und üben weiter, falls noch Zeit ist. Mittags essen wir und waschen ab, falls noch Zeit ist, und gehen dann wieder zur Schule.

Die wiederholt auftretende Redewendung »falls noch Zeit ist« sagt etwas aus über Angelas Bemühungen zu lernen, den Anforderungen der Familie in bezug auf Einhaltung der zeitlichen Ordnung zu entsprechen. Sie läßt erkennen, daß sie sich des Ziels bewußt ist und auch weiß, daß sie sich dem Rhythmus noch nicht so angepaßt hat, wie sie sollte.
Frau Lanson füllt unsere Lücke über die Abendstunden: »Gegen zehn liest Papa die Zeitung. Solange ist er im Garten tätig. Ich bügle und nähe und flicke. Wir haben zu tun.« Hier liegt ein befriedigendes Programm vor, und dennoch ist die Sorge da, dem Programm nicht gerecht werden zu können und Zeit unausgefüllt verstreichen zu lassen. Ziellosigkeit und Müßiggang sind unangenehme Zustände. Zeit will ausgefüllt werden.
Unser bester Informant über das Wochenende ist Angela.

Wir schlafen lange, dann stehen wir auf und machen die Betten, üben, wischen Staub, räumen unser Zimmer auf. Ich schneide den Rasen, stutze die Büsche und so. Wir gehen raus und spielen. Sonntags gehen wir zum Kindergottesdienst, und am Sonntagnachmittag lesen wir. Sonntags toben wir eigentlich nicht. Fahren spazieren oder machen einen Besuch; andere Leute besuchen uns.

Alice gibt eine fast identische, jedoch weniger detaillierte Beschreibung und schließt: »Wir toben sonntags nicht sehr.« Wir scheinen hier auf ein weiteres Symbol der Familie zur Bezeichnung des Negativen gestoßen zu sein, in dem »Selbstsucht« und »schubsen und stoßen« eingeschlossen sind. Schicklichkeit und Selbstbeherrschung werden nochmals beteuert. Die Zeit ist gut organisiert.

Von beträchtlichem Interesse für das Verständnis des Lebensstils der Familie Lanson ist die Art und Weise, wie dieser in der Feriengestaltung zum Ausdruck kommt. Donald berichtet:

Wir haben nicht allzu viele gehabt. Bis jetzt haben wir kleine Reisen unternommen – haben verschiedene Gebiete des Landes bereist, zu deren Besuch wir uns entschlossen hatten, historische Stätten für die Erziehung der Kinder. Wir finden, daß Reisen den Horizont erweitert.

Zunächst bereitet es einige Schwierigkeiten zu erklären, warum Herr Lanson diese Art der Feriengestaltung wählt, und nicht ein Häuschen an einem Ferienort, zu dem er Jahr für Jahr zurückkehrt. Die gleiche angenehme, vertraute, ländliche Umgebung, an einem kleinen Binnensee gelegen – sagen wir in Michigan, Wisconsin oder Minnesota –, müßten allem Anschein nach die Erholungsansprüche eines Mannes seiner Persönlichkeitsstruktur erfüllen können.

Hier müssen wir jedoch beachten, daß seine Frau uns eine Information geliefert hat, die er nicht erwähnte. Frau Lanson sagt in ihrem Interview:

Früher fuhren wir immer in unsere Geburtsstadt oder in Herrn Lansons Geburtsstadt. Letztes Jahr fuhren wir durch die Black Hills und Teile der Rockies. Ich glaube, von jetzt an werden wir versuchen, den Mädchen einiges zu zeigen, wenn Donald Urlaub hat.

Es ist also offensichtlich, daß es eine Zeit gab, in der die Ferien nach dem Schema der Rückkehr zu Vertrautem angelegt waren, ja sogar zum äußerst Vertrauten, zum Ursprung der Familie.

Aber jetzt hat sich ein bedeutender Wandel in der Gestaltung der Ferien dieser Familie vollzogen. Um auf die Funktionen hinzuweisen, denen dieses Schema dient, können wir erstens herausstreichen, daß es keine Kontakte zu einer neuen menschlichen Gemeinschaft mit sich bringt. Es ist eine Art der Feriengestaltung, bei der die Lansons im wesentlichen mit einer unpersönlichen Umgebung interagieren. Zweitens, an die Stelle der Rückkehr zu der tatsächlichen Vergangenheit, der früheren Heimatstadt, tritt als Ersatz die Rückkehr zur Vergangenheit in symbolisierter Form – zu historischen Stätten. Drittens ermöglicht diese Art der Feriengestaltung ein Experimentieren mit dem Raum, ein vorsichtiges, doch wichtiges Überschreiten der Grenzen, innerhalb deren sich das tägliche Leben vollzieht und die Herr Lanson so häufig in räumlichen Begriffen symbolisiert. Er sucht nach einer Möglichkeit, den von ihm selbst geschaffenen beschränkten Lebensraum zu überschreiten, einer Möglichkeit, sich nicht als Gefangener der Stabilität zu begreifen. Das Gefühl, beliebig im Lande umherzustreifen auf der Suche nach historischen Stätten, ermöglicht jene Mischung von Strukturiertheit und Spontaneität, die beiden Ansprüchen seiner Persönlichkeit genügt, und es steht auch im Einklang mit den Bedürfnissen der anderen Familienmitglieder. Und als letzten Punkt halten wir fest, daß die Ferien auch im Hinblick auf ihre Nützlichkeit geplant sind: Sie sind eine rationale Maßnahme zugunsten der Kinder und in keiner Weise eine ungezügelte Wunscherfüllung. Sie haben ihren Platz in der psychosozialen Ordnung der Familie. Auf die Frage, was er tun würde, wenn er mehr Zeit und Geld hätte, schlägt Herr Lanson vor: »Ich würde mehr reisen, zuallererst mit diesem Land vertraut werden, bevor ich ins Ausland reise.« Auch in seiner Phantasie trifft er Vorbereitungen nicht für einen plötzlichen Ausbruch, sondern für eine graduelle und geordnete Lösung aus der Beengung.

Bevor wir die Rolle der räumlichen Symbolik detaillierter untersuchen, wollen wir unsere Darstellung der zeitlichen Ordnung vervollständigen. In der folgenden Antwort Frau Lansons auf die Frage, welchen Beruf sie sich für ihre Kinder wünscht, erkennen wir einen wesentlichen Aspekt ihrer Zukunftskonzeption:

> Sie sollten keine Stewardessen werden. Sie sprechen vom Lehrberuf. Ich weiß nicht, wofür sie sich entscheiden werden. Sie wollen beide das College besuchen, und wir möchten, daß sie gehen, wenn sie wollen. Wenn sie direkt heiraten, sähe ich es gerne, wenn sie ein bißchen arbeiteten. Ich würde sie nicht dazu zwingen. Ich würde es nicht gerne sehen, wenn sie Luftstewardessen wären, und zwar wegen des ungeregelten Lebens. Ich möchte, daß sie ein geregeltes Leben führen.

Wir haben an mehreren Stellen auf das Dilemma angespielt, das durch die Schaffung eines stabilen Gleichgewichts hervorgerufen wird. Die Welt scheint angenehmer – leichter zu bewältigen, zum Gleichmut beizutragen. Aber ein Großteil des Innenlebens muß geopfert werden, um solch eine stabile psychosoziale Ordnung zu erhalten, und die Lansons vergessen den Preis nicht. Frau Lanson hat das Gefühl, »zu sanft und fade« zu sein, und kritisiert ihren »Mangel an Mut zu Experimenten«. Ihr Mann hat das Gefühl, daß ihm bei diesem Lebensstil vielleicht etwas entgeht: »Vielleicht bin ich zu pedantisch und ein Kleinigkeitskrämer. Ich bin immer etwas zurückhaltend gewesen, nicht aggressiv. Ich möchte gerne, daß die Mädchen ein klein wenig aggressiver sind, aber nicht übertrieben.«

Dieses Gefühl der Beschränkung und die Möglichkeiten der Lösung von ihr werden oft in räumlichen Begriffen symbolisiert. In Herrn Lansons TAT-Geschichte zu Karte 1 stehen nicht nur sein eigener Wunsch und die Aufgabenstellung in Opposition – was durchaus nicht ungewöhnlich ist –, sondern die Opposition wird explizit in die über ihn hinausreichende Welt projiziert und als Unterschied zwischen »drinnen« und »draußen« ausgedrückt. Die Lösung wird als in der Manipulation physischen Raumes liegend empfunden. Seine bevorzugte Feriengestaltung ist Ausdruck der Lösung des Gefühls, über die Maßen eingeengt zu sein, und die Phantasievorstellungen darüber, was mit mehr Zeit und Geld unternommen würde, sind eine Ausgestaltung dieses Themas. Er schlägt zwei Alternativen vor; eine davon heißt mehr reisen, zunächst in Amerika, dann im Ausland. Darüber hinaus:

Wir würden uns sehr freuen, ein nach unseren Plänen errichtetes Eigenheim zu besitzen, und zwar in einer Gegend, die uns mehr liegt, außerhalb Chicagos. Ich bin zu sehr Kleinstädter, um je wirklich mit dem Großstadtleben zufrieden sein zu können, möglicherweise aber ein Vorort.

Alle Mitglieder der Familie teilen den Wunsch nach einem größeren Haus in einem Vorort; sie sind unzufrieden mit dem jetzigen Haus, weil die Mädchen ihr Zimmer teilen müssen. Dieser Umstand ist wirklich eine reale Einschränkung und bedarf kaum der Interpretation über den Hinweis auf die Mittelklassennorm hinaus, daß idealiter jedes Kind ein eigenes Zimmer haben sollte.

Wenn auch Herr Lanson die Familie bei der Formulierung von Lösungen für die mißliche Lage der räumlichen Beschränkung lenkt, entweder weil er die mißliche Lage besonders stark empfindet oder weil er über das größte Potential konstruktiver Phantasie, mit deren Hilfe die Beschränkungen der Gegenwart überwunden werden, verfügt, so drücken doch auch die Kinder das Wechselspiel von Impuls und Kontrolle in räumlichen Begriffen aus. Angela beschreibt ihre Ferien so:

Wir fahren für etwa eine Woche weg. Wir helfen mehr im Haus und im Garten. Wir putzen und waschen und bügeln. Wir machen Wochenendausflüge, und Mama und Alice und ich gehen ins Museum oder in die Stadt, und manchmal nehmen wir Großmutter mit.

Aufgaben im Haus wechseln mit Fahrten in andere Gebiete, die freie Impulsivität symbolisieren. Wenn man sie bittet, Dinge aufzuzählen, die sie gerne besitzen oder tun würde, ihr aber zur Zeit nicht möglich sind, erwähnt Angela Tennis- und Schwimmunterricht und den Besitz eines Hundes; und sie fügt hinzu: »Ich hätte gerne ein eigenes Zimmer. Und ich hätte gerne einen Zaun um den Hinterhof, damit die Hunde draußen bleiben.«

Alice beschreibt die Sommerferien ähnlich, wenn auch ausführlicher:

Am Morgen machen wir unsere Arbeit, wir gehen raus und spielen. Im großen und ganzen ist es wie sonst auch, nur daß keine Schule ist, und das freut mich. Wir gehen mit unserer Großmutter in die Stadt, und ich mag das. Wenn Papa Urlaub bekommt, machen wir eine Tour. Im letzten und in diesem Jahr waren es zwei. Einmal sind wir zu den Rockies gefahren. Wir machen auch Tagesausflüge und sehen uns an, was wir gerne sehen wollen. Wir sind ganz ungezwungen dabei und tun nur, was uns in den Sinn kommt. Wenn es uns irgendwo gefällt, bleiben wir einen Tag oder zwei, und wenn es uns nicht gefällt, fahren wir weiter.

Auf die Frage, was sie am liebsten tut, antwortet sie:

Es gibt eine Menge Dinge, die ich gerne tue. Nichts Spezielles. Ich gehe gerne ins Kino und spiele gerne Volleyball draußen oder besuche andere Leute. Die Ausflüge mag ich besonders gern, das ist wahrscheinlich das, was ich am liebsten tue.

Gefragt, was sie von ihres Vaters Arbeit hält, drückt sie ihre Zufriedenheit darüber aus, indem sie sie als eine zufriedenstellende räumliche Lösung bezeichnet: »Ich glaube, er hat eine nette Arbeit. Ich glaube, er mag sie. Er hat ein nettes Büro in einem netten Haus.«

Es ist überdeutlich, daß das Experimentieren mit den Begrenzungen des Raumes eine stark befriedigende Tätigkeit ist. Kenner der kindlichen Entwicklung sind sich seit langem der psychologischen Bedeutung der Lokomotion beim Kleinkind bewußt. Die Veränderungen von den Grenzen des Wiegendaseins zum Krabbeln und vom Krabbeln zum Gehen sind begleitet von einer Zunahme an Autonomie und großen Sprüngen explorativer Tätigkeit, was zu einer Ausdehnung der erfahrenen Welt führt. Klettern, zunächst auf Personen und Mobiliar, später über Zäune und auf Bäume, fügt eine weitere Dimension hinzu. In all diesen Bewegungsarten sind Impuls und Kontrolle involviert: Der Wunsch, einen bestimmten Raum zu erproben, wird integriert mit dem Wissen um die Fähigkeit, dies zu tun, und den Gefahren, die in Betracht gezogen werden müssen, sei es daß es sich um solche der Schwerkraft handelt oder solche, die von den Eltern vor Augen gehalten werden, wenn sie erklären, daß bestimmte Gebiete verboten sind.

Aus unserer Analyse der Lansons schiene uns hervorzugehen, daß die Funktionen der Lokomotion in später Kindheit und im Erwachsenendasein jenen der frühen Kindheit ähnlich sein können, mit diesem Unterschied: Mit zunehmender Differenzierung der Persönlichkeit nehmen die möglichen Funktionen des Raumes als eines Objektes an Vielfalt zu. Um das anzudeuten, brauchen wir nur einen anderen Mann aus unserer Untersuchung zu zitieren, dessen Vorstellung von Urlaub darin besteht, sechshundert Meilen am Tag zu fahren; Raum ist für ihn ein einseitig befahrbarer Fluchtweg. Im Gegensatz dazu haben die Lansons den Raum in der Weise strukturiert, daß sie sich in ihm bewegen und dabei ihre Welt erweitert wird, ohne je ihre Lebensweise hinter sich zu lassen, ohne wirklich die Struktur der Selbstbeschränkung in irgendeiner fundamentalen Weise zu ändern. Sie steuern einen mittleren Kurs: Sie brechen nicht in unüberlegter Weise alle Brücken hinter sich ab in einem Versuch, ihre Art zu leben abzulegen; sie verharren aber auch nicht in Immobilität. Ihre Ferien stellen eine komplexe Mischung vieler Komponenten dar. Die Bedeutung, die sie dem Zusammenbleiben zuschreiben, wird in dem jährlichen Ausflug realisiert. Der Ausflug ist nicht ziellos, er hat vielmehr eine intellektuelle Funktion bei der Erweiterung des Informationsstandes und der Bekanntschaft mit Phänomenen, die außerhalb ihres täglichen Bereichs liegen. Obwohl der Genuß um seiner selbst willen nicht geduldet werden kann, ist er dennoch gestattet als Auflockerung des Tagesablaufs. Man könnte sagen, daß die Ferien für die Lansons zwar keine Gelegenheit dazu sind, mit anderen gelöst zu verkehren, aber sich untereinander gelöster zu geben. Ihre Wahl stellt also eine Fortführung ihres täglichen Lebens dar, bietet aber genügend Kontrast, um befriedigend zu sein.

Harmonie, Intimität und Identität

Die Lansons haben sich eine Lebensart geschaffen, die – wie wir gesehen haben – äußerlich ruhig und gut organisiert ist und durch eine Reihe von Prozessen, die das überragende Harmoniegefühl erneuern und bestätigen, erleichtert wird. Wir haben auch gesehen, daß diese äußere Harmonie, obwohl sie definitiv auf freier Entscheidung beruht, von einem Gefühl der Beschränkung und Begrenzung begleitet wird. Die Familienmitglieder sind sich dessen unterschiedlich bewußt; sie erkennen, daß auch Harmonie ihren Preis hat. Harmonische interpersonale Beziehungen erfordern von den Betroffenen einen Verzicht auf einige ihrer persönlichen Ziele und Wünsche. Die Beschaffenheit dieser aufgegebenen Ziele bestimmt teilweise den Charakter des Familienlebens.

Daß die Lansons großen Wert auf äußere Zeichen von Eintracht legen, geht deutlich aus vielen ihrer eigenen Bemerkungen und Beobachtungen hervor. Obgleich die Eltern zögernd zugestehen, daß alle normalen Menschen manchmal ärgerlich werden, können sie doch Ärger nur als Bedrohung ansehen. Darüber hinaus wird jeder Konflikt unter die Rubrik Ärger subsumiert, so daß er immer als gute Beziehungen entzweiend angesehen wird und nie unter dem Blickwinkel der Wachstumsförderung. Es wäre unkorrekt zu sagen, daß die Familie sich mit rein äußerlichen Zeichen zufrieden gibt; sie versuchen in der Tat, sich ein Gefühl für innere Stabilität zu bewahren, und unermüdliche gegenseitige Unterstützung wird als der einzig gangbare Weg dazu angesehen. Durch das Einschlagen dieser Richtung werden jedoch die zwischen den Mitgliedern verhinderten Konflikte in den Individuen gehegt und üben von dort ihre Wirkung auf die Art der Verbundenheit aus, die sie einander bieten können. Im allgemeinen fällt die Hauptlast des inneren Konflikts auf die Kinder, Angela und Alice. Man kann nicht sagen, daß dies eine unvermeidliche Folge dieses Typs familialer Organisation ist; in dieser Familie ist es jedoch der Fall. In dem vorliegenden Abschnitt werden wir diesen Punkt genauer untersuchen und ihn dabei im Kontext der gegebenen verschiedenartigen interpersonalen Beziehungen betrachten.

Die Lansons sind eine kraftvolle Gruppe; jedes Familienmitglied verfügt bei der Lösung emotionaler Probleme über beträchtliche Tatkraft. Sie setzen ihre Energie nicht in spektakulärer Weise ein, aber sie lassen nicht nach in stetiger, ausdauernder Bemühung. Ihr Leben ist nicht durch Zufall und auch nicht durch Müßiggang bestimmt; vielmehr ringt ein jeder mit den Problemen, die das Leben stellt. Häufig fällt ihnen der Erfolg nicht in den Schoß, aber sie gestatten sich kein zielloses Dahintreiben. Obwohl Frau Lanson zweimal, in ihrer Kindheit und Jugend, von emotionalen Konflikten, mit denen sie nicht fertig werden konnte, überwältigt worden ist, hat sie als Erwachsene und durch das Medium der Familie zumindest für geraume Zeit eine gangbare Lösung erarbeitet. Auch ihr Mann hat Mittel und Wege gefunden, mit seinen Konflikten fertig zu werden und seine Lösungen in eine stützende soziale Struktur zu integrieren. Beide Töchter haben sich, obwohl sie unter dem starken Druck der elterlichen Lösungen stehen, nicht der Verzweiflung überlassen oder der Verwirrung und diffuser offener Aggression nachgegeben, sondern sich bemüht, einen Weg zu finden, ihre Erfahrung zu ordnen und zu assimilieren.

In der Beziehung zwischen den Elternteilen gibt es einige hervorstechende Charakteristika. Die zwischen ihnen aufrechterhaltene Harmonie beruht darauf, daß sie eine ausreichende Distanz wahren, um einander nicht mit den anspruchsvolleren und intensiveren Aspekten ihres Innenlebens zu konfrontieren. Donald Lanson ist ein Mann, der sich dadurch schützt, daß er seine Impulse und Gefühle nicht zur Kenntnis nimmt, und der diesen seinen Selbstschutz dadurch ausdehnt, daß er Interaktionen vermeidet, denen keine öffentliche, standardisierte Qualität zukommt. Er neigt dazu, sich abzusondern und unverbindlich zu geben, sich zurückzuhalten und auf Distanz zu bleiben. Er richtet eine Barriere auf dergestalt, daß keine starken Gefühle von ihm ausgehen können oder entscheidende Einflüsse irgendwelcher Art ihn erreichen. Er sagt von sich selbst in einer Satz-Complettierung: »Meine stärkste Seite / ist meine Fähigkeit, nein zu sagen, wenn es nötig ist.«

Tatsächlich ist er jemand, der es vorziehen würde, nicht nein sagen zu müssen; das ist sozusagen eine zweite Verteidigungslinie. Er greift nur dann darauf zurück, wenn seine Reserve in Anspruch genommen wird. Seine Vorliebe für Distanz zeigt sich auch an seiner Interpretation der Karte 9GF, bei der es sich potentiell um einen Stimulus zu Wettbewerbsneigungen handelt:

Offenbar versucht eines der Mädchen zu vermeiden, von dem anderen, das ganz offensichtlich rennt, gesehen zu werden. Das eine Mädchen versucht, sich hinter einem Baum zu verstecken, so daß es vielleicht nicht mit dem anderen Mädchen zusammentreffen und mit ihm reden muß.
INTERVIEWER: Was, meinen Sie, ist der Grund, weshalb sie sich in dieser Situation befinden?
HERR LANSON: Es ist durchaus möglich, daß sie einmal befreundet waren; vielleicht hat die eine etwas Häßliches über die andere gesagt. ... Und das Mädchen hinter dem Baum versucht, das andere nicht zu treffen, um nicht in noch größere Schwierigkeiten zu kommen.

In Übereinstimmung mit dem, was wir als sein Verhältnis zu anderen Leuten kennengelernt haben, ist es plausibel, daß er sich in dieser Geschichte eher mit der Frau hinter dem Baum als mit der, die auf dem Feld läuft, identifizieren würde. (Seine Identifikation mit der Person hinter dem Baum ist durch die Tatsache angezeigt, daß er ihre Motive ausführlich schildert und dadurch erkennen läßt, daß er versteht, warum jemand sich in einer solchen Situation zu sein wünschen könnte. Im Gegensatz dazu erklärt er nicht, warum die andere Frau daherlaufen könnte.) Sich selbst zu dekuvrieren, Gefühle offen zu legen – dies ist eine Gefahr, und seine bevorzugte Lösung besteht darin, sich zurückzuziehen und affektiven Kontakt zu vermeiden. Durch seine Bemerkung über »Häßliches« zwischen ehemaligen Freunden scheint er ein Empfinden darzustellen, früher einmal enttäuscht worden zu sein, so daß emotionale Reserviertheit heute sein Leitsatz ist. Andere in Frieden zu lassen, scheint ihm der weisere Weg zu sein.

Einen weiteren Einblick in seine Reserviertheit gestattet seine Interpretation von Karte 4:

Offensichtlich bittet die Dame auf dem Bild den Mann eindringlich aus dem einen oder anderen nicht bekannten Grund, äh, dem Betrachter nicht bekannt. ... Nach dem abwesenden Ausdruck im Gesicht des Mannes zu urteilen, sieht es so aus, als ob sie Schwierigkeiten hätte, ihn zu überreden, von seiner Absicht abzulassen, wie immer geartet sie auch sei. Sein Wille scheint stark genug, sein Vorhaben – gleich welches – durchzuführen, selbst wenn das bedeutet, daß er mit der Frau, möglicherweise seiner eigenen Frau, in dem Bild da nicht übereinstimmt.

INTERVIEWER: Welcherart Situation könnte sie dazu veranlassen, sich so zu verhalten?

HERR LANSON: Es könnte möglicherweise ... der Wunsch des Mannes nach Alkohol sein. Die Frau bittet ihn, dem Bedürfnis nicht nachzugeben.

INTERVIEWER: Glauben Sie, daß er darauf bestehen und es trotzdem tun könnte?

HERR LANSON: Das ist durchaus möglich.

In dieser Geschichte wird der Mann als jemand dargestellt, der eine Handlung nicht initiiert, nicht im Vollzug einer eigenen aktiven Absicht begriffen ist, der nur auf äußere Stimulation interagiert – die in diesem Fall von der Frau ausgeht. Seltsamerweise und im Unterschied zur Befragung besteht Herr Lanson in der Geschichte darauf, daß der Mann fest zu seiner Absicht steht; er ist jedoch dreimal nacheinander nicht in der Lage zu sagen, worum es sich dabei handelt (»aus dem einen oder anderen, dem Betrachter nicht bekannten Grund«, »wie immer geartet seine Absicht auch sei«, »sein Vorhaben – gleich welches«). Dies deutet wiederum darauf hin, wie sehr er seine Bedürfnisse und Gefühle vor dem Bewußtsein abschirmt. Im Kontext der Geschichte deutet es darauf hin, daß eine freiere und offenere Interaktion mit einer Frau für ihn Unterwerfung impliziert und eine Versuchung, Neigungen zu Passivität nachzugeben, darstellen würde. Dies scheint in der Befragung bestätigt zu sein, die darauf hindeutet, daß für Donald Lanson aktives Geltendmachen seiner Rechte gleichbedeutend wäre mit einem eindringlicheren Griff nach passiver Befriedigung (»Wunsch nach Alkohol«). Aus der entschlossenen Haltung, die er dem Mann zuschreibt, erkennen wir, daß

Herr Lanson schon lange ihn selbst begünstigende Neigungen unterdrückt hat. Die Tatsache, daß diese von Reserve und Zurückhaltung zeugenden Antworten in seinen Geschichten zu Karten, die Interaktionen mit oder zwischen Frauen darstellen, auftreten, legen die Vermutung nahe, daß der emotionale Austausch mit seiner Frau nicht sehr extensiv ist, daß er zufrieden ist, solange die äußeren Ereignisse reibungslos verlaufen. Die Wahrscheinlichkeit, daß emotionale Freiheit und Spontaneität den Zugang zu passiver Gratifikation, die er fürchtet, eröffnen, trägt zu emotionaler Zurückhaltung bei. Die Vermeidung von Intimität im Interesse der Harmonie ist nicht einseitig. Auch Frau Lanson hält eine Barriere zwischen sich und ihrem Mann aufrecht. Ihre Interpretation von Karte 4 deutet an, wie stark ihre Gefühle sind:

Das muß ein Film sein. Es sieht aus wie ein Film. Vielleicht hat er sich gestritten, hat versucht, sie in dem Film zu beschützen, oder vielleicht versucht sie, sich an diesen Mann zu klammern, während er weiß, daß er gehen sollte. Eine Menge Geschichten gehen einem so durch den Kopf, wenn man dieses Bild ansieht. Ich möchte sagen, daß sie sich an ihn klammert in einer Weise, wie sie es nicht tun sollte, und er erkennt, daß er sie verlassen und zu seiner eigenen Familie zurückkehren muß.
INTERVIEWER: Wo, glauben Sie, findet diese Szene statt?
FRAU LANSON: Es muß vielleicht in ihrer Garderobe sein; vielleicht ist sie eine Schauspielerin, wegen der Bilder an der Wand. Möglicherweise ist es in einem der sogenannten Häuser. Es könnte sein. Aber ich glaube, am Ende wird sie verlieren und er gewinnen. Ich hoffe es.

In diese Karte, die einen Mann und eine Frau zeigt, projiziert sie ein Bild, das Intimität als böse und unerlaubt erscheinen läßt. Offensichtlich wünscht sie, daß sie sich selbst das Vergnügen, welches eine enge Beziehung beinhalten könnte (»sie klammert sich an ihn«), gestatten könnte, aber der erwünschte Ausgang ihrer Geschichte ist so, daß der Mann sich fernhalten sollte. Ihre diesbezüglichen Gefühle werden von der Tatsache unterstrichen, daß sie gerade diese Karte als die am wenigsten geschätzte aus der TAT-Serie heraussucht, darüber fast außer sich gerät:

Weil ich nicht viel übrig habe für schwache Leute, besonders wenn es um Moral geht. Gott gab uns Willensstärke, und wir sollten sie nutzen. Er ist schwach gewesen, und die Tatsache, daß er schwach war, führt bereits dazu, daß ich ihn nicht leiden kann. Ich hoffe, daß er sich in zufriedenstellender Weise aus dieser Affäre ziehen kann. Aber die

Tatsache, daß er es leichtgenommen hat und dachte, er könnte tun, was andere tun, kann ich nicht ausstehen.

Das durch diese Karte für sie aufgeworfene Problem erzeugt so heftige Abneigung, daß sie die Distanz zur Karte verliert und die vorgestellten Charaktere so behandelt, als ob sie mit realen Personen zu tun hätte, ein Zeichen dafür, daß die Karte an einen nicht unbedeutenden Konfliktbereich gerührt hat. Aber in Frau Lansons Verurteilung der »Schwäche« des Mannes liegt in gewisser Beziehung zu viel Protest, und ein Blick auf ihre Geschichte läßt den Verdacht aufkommen, daß sie die weibliche Gestalt tatsächlich als die schwächere ansieht und unter der starken Versuchung stehend, wider ihr besseres Wissen Wünschen nachzugeben. Bei der Lösung ihrer Geschichte ist Frau Lanson unfähig, mehr zu tun, als zu hoffen, daß der Mann aus eigenem Antrieb gehen wird; ihr eigener Wunsch, ihn zum Bleiben zu bewegen, ist zu stark, um der Frau eine entschlossenere Haltung zu erlauben. Die Intensität ihrer eigenen Sehnsucht nach Liebe ist eine Schwäche, die Frau Lanson bei sich wahrnimmt und die sie unter Kontrolle halten muß. Tatsächlich hat sie sie fest unter Kontrolle; sogar in geheimeren Wünschen wird den launenhaften Sehnsüchten nicht freier Lauf gelassen. In Antwort auf Karte 19 beschreibt sie ein einfaches Märchenland, die sie fasziniert und zugleich abstößt:

Dies ist ein Märchen. Es ist eines von jenen verwunschenen Dingen, die einem Märchenbuch entstammen. Die Bilder könnten Schlaraffenland oder so etwas sein mit diesen herumhoppelnden Hasen und den Eulen und den Kätzchen, eine erfundene Geschichte. Ein kleiner Junge oder ein kleines Mädchen träumt das im Schlaf, nachdem es vorher eine von den verwunschenen Geschichten gehört hat. Sie können unschwer erraten, daß ich sie nicht mag.

Obwohl Frau Lanson ein Reich etabliert, in dem ungezügelte Impulsgratifikation herrscht, tut sie diesen Bereich kindlicher Kapriolen als »verwunschen« ab. Das Schlaraffenland ist dem gleichen Schicksal unterworfen wie andere Darstellungen von »Selbstsucht«; es wird von der Moral erobert. Von diesem Standpunkt aus können wir vielleicht eine der wichtigen Funktionen, die die Religion für sie hat, verstehen. Gott gegenüber kann eine erwachsene Frau sich als auf akzeptable Weise kindhaft darstellen. Er wird verstehen, wie tief die Sehnsucht eines Menschen sein kann, und indem sie die Gebote der Gottheit als Gegenleistung für sein Verständnis und seine Vergebung anerkennt, ist es ihr gleichzeitig eine Hilfe, der Versuchung zu widerstehen.

Während jedoch Frau Lanson für sich einen provisorischen kindhaften Status in einem Kontext, der nicht von dieser Welt ist, akzeptieren kann, kann sie offensichtlich kindliches Verhalten in der realen Welt weder bei sich noch bei ihren Kindern akzeptieren. Sie ist eine ernste Frau, die von ihrer Familie ebenso großes Zielbewußtsein fordert. In dieser Hinsicht passen sie und ihr Mann wunderbar zusammen, denn beiden ist eine Beziehung angenehmer, die sich auf kompatible Ernsthaftigkeit gründet, als eine, die auf expressiver Intimität beruht. Eine Beziehung, in der Leidenschaft unterdrückt und jedes Gefühl zum Schweigen gebracht wird, macht es möglich, unwillkommene Offenbarungen zu vermeiden, und läßt beiden Eltern die Freiheit, ihren Aufgaben mit Hingabe nachzugehen. Mary Lanson sagt uns in ihrem SCT: »Die meisten Leute wissen nicht, daß ich / leicht verletzt bin. Die meisten Männer / sind rücksichtsvoll.« Wir gehen vielleicht nicht fehl, wenn wir daraus schließen, daß ihr Mann sich ihr in einer befriedigenden Weise darstellt – sorgend, rücksichtsvoll, wenig für sich fordernd.

Donald Lanson ist seinerseits damit zufrieden, Nähe zu seiner Frau durch das Medium seiner Kinder zu realisieren: »Kinder / sorgen für ein glückliches Zuhause und bringen Mann und Frau einander näher.« Partnerschaft als Eltern ist die Form der Beziehung zu seiner Frau, die er am befriedigendsten findet. In diesem Zusammenhang können wir auch seine Interpretation zu Karte 1 (S. 111) ins Gedächtnis zurückrufen, in der er offenbart, daß sein Bedürfnis nach verantwortungsbewußtem Streben mit seinen Wünschen nach Zugehörigkeit zu anderen im Kontext des Spiels kollidiert. Die Geschichte endet mit der Unterdrückung der Wünsche nach Zugehörigkeit, um die gestellte Aufgabe auszuführen. Er ist ein Mann, der seine Verantwortung intensiv empfindet und der viele seiner Lebenslagen nach dem Prinzip der Pflichterfüllung strukturiert.

Die ehelichen Bande basieren auf einer Vermeidung emotionaler Konfrontation und interpersonalen Engagements. An ihrer Stelle steht ein Austausch von Gelassenheit. Diese Version von gutem Leben ist beiden Töchtern vermittelt worden, wie wir in früheren Abschnitten gesehen haben. Wir haben auch gesehen, wie beide Eltern von den Mängeln ihrer Tugenden Kenntnis haben. Sind die Mädchen nur Kopien? Welchen Platz nehmen sie als Individuen in der Familienstruktur ein? Wie erfüllen sie die Bedingungen der von den Eltern angebotenen Definitionen?

Angela hat die Schwelle der Pubertät überschritten und muß sich jetzt mit Impulsen befassen, die in einem kooperativen Schema nicht unmittelbar eingeordnet werden können. Sie müssen auf neue Art und Weise in Bahnen gelenkt werden. Das Ringen ist schwierig, und sie hat leichte Depressionsgefühle: »Es gibt Zeiten, wenn ich / wünschte, ich wäre tot. Ich halte mich oft für / einen Versager.« Der traurige Unterton ist vielleicht nirgends evidenter als in ihrer Geschichte zu Karte 7GF:

Nun, dieses Mädchen sieht so aus, als ob es irgendwie krank und so gewesen sein könnte, und als ob ihre Leute sie irgendwohin geschickt hätten, es könnte ein Bauernhof gewesen sein, wo sie herumrennen und mehr Farbe im Gesicht bekommen und spielen konnte, statt nur drinnen zu sitzen, und eine Menge Sonne abbekommen konnte oder so etwas, statt drinnen zu sitzen und sich in dunklen Zimmern, wo die Jalousien heruntergelassen sind, aufzuhalten. Sie, es sieht so aus, als ob diese andere Frau hier versuchen würde, ihr eine Geschichte vorzulesen, und sie hatte nicht viel Interesse daran, weil sie wieder in der Stadt sein wollte oder zu Hause, wo ihre anderen Freunde waren, weil sie hier draußen keinen der Mädchen oder Jungen kannte. Und ich glaube, sie wird schließlich einige gernhaben, es wird ihr hier draußen gefallen, weil diese Frau sie davon überzeugt haben könnte, daß es zu ihrem eigenen Wohl war und daß sie eine Menge Dinge hatte und sie, die sie hier draußen genießen könnte, und sie würde Kinder treffen und Freunde gewinnen und sie würden genauso nett sein, wie die anderen Jungen und Mädchen dort waren, wo sie hergekommen war.

In ihrer Gegenüberstellung von dunklen Zimmern und Sonnenschein draußen sagt Angela aus, und zwar in charakteristischer räumlicher Bildlichkeit, daß es ihrem Leben an Wärme fehlt, die sie will und braucht. Aber es ist auch eine Geschichte der Vitalität und des Ringens, des Bemühens, aktiv ihr Problem anzugehen und sich nicht der Schwermut zu überlassen. Und die Geschichte hat noch ein weiteres wichtiges strukturelles Merkmal, das in fünf weiteren Geschichten wiederkehrt: Ein Wettstreit zweier konkurrierender Versionen der Realität, einer, die ihren eigenen Wahrnehmungen und Wünschen entspringt, und einer, die von einer erwachsenen Autoritätsperson vorgegeben ist. In dem angeführten Beispiel überzeugt die Frau das Mädchen davon, daß aus der Beherzigung des Rates der Frau Freude resultieren wird und daß »es ihr schließlich hier draußen gefallen wird«. Aber für Angela ist dies noch keine endgültige Lösung, denn sie wirft in weiteren Geschichten das Problem wiederholt auf. Jedoch akzeptiert sie in allen Fällen, was unter dem Hinweis auf ihr eigenes Wohl als Lösung angeboten wird.

Aber die Geschichte deutet auch auf ihre eigenen gegensätzlichen Wünsche, die Bindung an das Zuhause und die Mutter sowohl zu lockern wie daran festzuhalten. Auf der einen Seite wirken das Zuhause und die Mutter hemmend, und sie wird von der Welt abgeschlossen gehalten. Auf der anderen Seite verkörpern sie die Behaglichkeit des Vertrauten. In diesem Punkt ist die neue Umgebung unbefriedigend, wird jedoch nicht vollkommen abgelehnt. Die Geschichte schließt mit der Neigung, die neue Umgebung zu erproben.

Eine ähnlich aktive Bemühung wird in Geschichte 3BM, wo »sie mit sich ins reine kommen könnte«, an den Tag gelegt. In 7BM »könnte« der ältere Mann »ein Richter oder sein Vater sein, der ihn hier zu überzeugen und ihm Klarheit darüber zu verschaffen sucht, was tatsächlich geschehen ist.« Ihre Geschichte zu Karte 19 schließt: »... er wird erkennen, daß er sich mehr oder weniger wie ein Baby oder ein Feigling verhält und sich diese Dinge nur vorstellt und daß es wirklich nichts zu fürchten gibt.« Das mit ihrer Bemühung einhergehende Gefühl, nur schwer zum Ziel zu kommen, wird in ihrer Satz-Ergänzung angezeigt: »Meine schwächste Seite / ist mein Verstand.« Vielleicht legt sie hier Zeugnis ab von der gewaltigen Aufgabe, zu einer Weltvorstellung zu kommen, die angesichts des von ihren Eltern gebotenen, höchst systematischen Rationalisierens innere Validität hat. Die Impulse, die sie in sich aufkommen fühlt – zu Feindschaft, Konkurrenz, Sexualität, Abhängigkeit –, werden von ihren Eltern als nicht existent behandelt, weil die Beziehung zwischen den Eltern keinen Raum läßt für die Erprobung von Impulsen in interpersonalem Verhaltensaustausch und noch nicht einmal offene Verbalisierung vorsieht.

Vielleicht ist es die relative Vertraulichkeit der Satz-Ergänzung, die Angela so viel Offenheit erlaubt, daß sie bemerkt: »Väter / können [manchmal] eine Plage sein. Mütter / machen [manchmal] die Pläne ihrer Kinder zunichte.« Wenn sie einen weiteren Satz zu »Nichts macht mich wütender als / Unwissenheit« vervollständigt, kann sich ihr Gefühl gegen den Mangel an adäquatem Verständnis in ihrer Umgebung – den ihrer Eltern und ihren eigenen – richten. Ihre eigene Unwissenheit ist frustrierend, weil sie das Gefühl hat, alleine verstehen zu müssen; was sie als den Mangel ihrer Eltern an Verständnis empfindet, läßt ihr keine ersichtlichen Alternativen. Sie sollte sich nicht wie ein »Baby oder Feigling« verhalten. Wie weit sie Erfolg gehabt hat, ist in ihrer Projektion »Die meisten Leute wissen nicht, daß ich / erst zwölfeinhalb Jahre alt bin« deutlich zu erkennen. Sie scheint auszusagen, daß ihr Verhalten reifer ist, als man es in ihrem Alter erwarten könnte. Hier scheint auch ein Protest enthalten, so als ob sie sagte, daß sie trotz allem noch sehr jung ist. Es ist schwer, sich so vernünftig, so reif zu verhalten.

Diese Schwierigkeit hat eine weitere, speziellere Bedeutung. Angelas Vorstellung, daß ihr »Verstand« ihre »schwächste Seite ist«, spiegelt nicht nur die elterliche Belohnung von Selbstbeherrschung wider, sondern vor allem die Beobachtung ihres Vaters, daß er anders ist als die anderen Familienmitglieder insofern als »sie den Grund dafür, warum sie etwas tun, nicht zu erfassen versuchen.« Vernünftigkeit und Verstehen sind die Grundlage der Beziehung zu ihrem Vater, aber sie kann dem, was er zu erwarten scheint, nicht ganz entsprechen. Unter diesem Aspekt ist es interessant, ihre Erklärung über die Person, der sie nachgerät, festzuhalten: »Meinem Vater. Wir sind beide gerne draußen. Wir arbeiten beide im Garten und mit Werkzeug. Mutter und Alice sind eher vom ruhigen Typ.«

Dies ist eine der wenigen Gelegenheiten in dieser Familie, bei der paarweise Gruppierungen zwischen Mitgliedern angezeigt werden, und sie gibt einen Hinweis auf Angelas Wünsche. Sie bekundet nicht nur schnell ihr Interesse, ihrem Vater nahe zu sein, sondern sie schlägt eigentlich eine Basis vor, die für sie leichter zu verwirklichen ist. Gemeinsame Interessen dieser Art haben für ihren Vater nicht die entsprechende Bedeutung – wie Angela weiß. In ihrem eigenen Verständnis sieht die Lösung dieser verschiedenen Fakten und Ziele so aus, daß sie ihr Vertrauen in seine Einsicht und sein Verständnis setzt und notgedrungen die Folgerung akzeptiert, daß ihre besonderen Ansprüche keine Gültigkeit haben, obwohl sie als Teil der Gruppe mit einbezogen ist. Und so sagt sie: »Er ist ein guter Vater. Er denkt immer an die Familie.« Wir können hier noch einmal sehen, daß die individuellen und differenzierteren Ziele dem Wohl der Familie weichen.

Nichtsdestotrotz ist Angela diejenige, die die Auflösung des Ich in der Fusion der Gruppe am wenigsten akzeptiert. Von allen Familienmitgliedern ist sie es, die Druck auf die festen Grenzen ausübt, mit denen ein homogener Bereich abgesteckt wird. Wir haben das Mobilisieren innerer Kraft gegen die rationalisierende Argumentation der Erwachsenen in ihrer TAT-Geschichte zu Karte 7GF beobachtet. Und wir stoßen wieder darauf in ihrer Antwort auf die Frage, was für Dinge sie tut, die ihre Eltern mißbilligen:

Vater mag es nicht, wenn ich Alice und andere Kinder hinten auf meinem Fahrrad mitnehme. Sie mögen nicht, wenn ich an heißen Tagen erhitzt und verschwitzt bin. Manchmal will ich nicht gerade dann ins Bett gehen, wenn sie es wollen, und das mißbilligen sie.

In ihrer Antwort auf dieselbe Frage läßt Alice erkennen, daß sich für sie das Ringen in viel stärkerem Maße auf dem Terrain abspielt, das die Eltern bevorzugen:

Ich weiß nicht. Hin und wieder tue ich etwas, was sie nicht mögen. Wie meine Arbeit nicht sofort zu erledigen oder sie nicht rechtzeitig richtig zu haben. Mir fällt wirklich nicht allzuviel ein. Sie werden nicht sehr oft wütend auf uns.

Alice steht mehr unter dem Schutz der Eltern, und es überrascht uns nicht zu erfahren, daß Frau Lanson sie umgänglicher findet als ihre ältere Schwester. »Angela ist launisch gewesen, aber sie ist jetzt gerade in der Pubertät.« Frau Lanson deutet jedoch an, daß der Unterschied in das Säuglingsalter zurückreicht.

Alice war eine Frühgeburt. Ich hatte es viel einfacher mit ihr. Ich war ihretwegen sehr besorgt, bis sie es geschafft hatte. Und als wir sie dann nach Hause brachten, sagte Angela: »Beachte sie gar nicht. Ich bin eure kleine Tochter.« Ich habe Angela zehn Monate lang gestillt, schließlich habe ich sie mit Schokoladenmilch entwöhnt. Sie war sehr schwierig zu entwöhnen. Alice bekam nur sechs Wochen lang

Muttermilch. Sie war zu schwach zum Saugen, und da mußten wir die Milch abpumpen und sie ihr aus der Flasche geben.

Die Adoleszenz scheint einen Unterschied zu vertiefen, der seinen Ursprung im Säuglingsalter hat, und Angela ist die Quelle jeder Impulsivität in dieser Familie, und sie versucht – wenn auch nur zögernd – herauszufinden, wie fest die Grenzen sind, die sich durchgesetzt haben. Bis jetzt ist Alice in ihrem Verhalten konformer. Jedweder innere Druck, den sie empfindet, wird folglich auf eine von der Art ihrer Schwester etwas abweichende Art und Weise gehandhabt werden, obwohl wir schon die bemerkenswerte Ähnlichkeit in ihrer psychologischen Grundhaltung erkannt haben. Wir müssen uns fragen, welche Bedeutung diese Unterschiede haben, denn wir können voraussehen, daß sie in die Struktur interpersonaler Beziehungen eingehen werden.
Ein wichtiger Grundzug dieser Struktur wird in Alices Antwort auf die Frage »Wem, glaubst Du, schlägst Du nach, Deiner Mutter oder Deinem Vater?« offenbar gemacht.

Tja, meine Augen sind wie die meiner Mutter und Angelas sind wie die von Vater, und das übrige an mir ist wie Vater. Und so nehme ich an, ich sehe beiden ähnlich.
INTERVIEWER: Und was sonst noch?
ALICE: Ich glaube, ich komme etwas auf meinen Vater raus. Ich bin nicht allzu sicher. Ich kann Dinge tun, wie er sie tun kann. Ich mag die Spiele, die er gerne spielt, und so etwas. Ich habe auch was von Mutter, aber mehr von Vater.

Wenn man ihre Aussage mit der von Angela vergleicht, erkennt man ihre größere Vorsicht, ihren behutsamen Versuch, keine offene Präferenz für den einen oder anderen Elternteil zu zeigen. Aber sie schließt mit einer ziemlich eindeutigen, wenn auch zögernden Bevorzugung ihres Vaters. (Wenn auch die Art der Fragestellung erkennen läßt, daß es um Identifikation geht, können die Antworten der beiden Mädchen auch als Ausdruck von Objektwahl verstanden werden. Sie entscheiden sich implizit dafür, sich ihrem Vater anzuschließen, aber das in der Fallstudie früher dargebotene Material ermöglicht dem außenstehenden Beobachter eine breite Basis für die Erkenntnis, daß die Töchter sich in vieler Hinsicht mit ihrer Mutter identifiziert haben.)
Beide Mädchen geben eine Präferenz für ihren Vater an, obgleich diese nicht mit einer Ablehnung ihrer Mutter gepaart

ist. Nichtsdestoweniger erfahren sie – wie wir erwarten würden – eine leichte Beklemmung in ihrer Beziehung zu ihrer Mutter. Angela zeigt in ihrer Geschichte zu Karte 7GF – ein Stimulus aus diesem Bereich – zum Teil ihre Ausrichtung. Trotz der Tatsache, daß die Karte eine Frau und ein Mädchen mit einer Puppe im Arm zeigt, richtet sie in dieser Geschichte einen Großteil ihrer Aufmerksamkeit auf das Ausdenken von Bindungen an Gleichaltrige und offenbart dadurch ihren Impetus, erwachsen zu werden und der Bindung an ihre Mutter zu entwachsen, um unabhängige Beziehungen herzustellen. Es ist aufschlußreich, die Geschichte ihrer jüngeren Schwester zu derselben Karte zu untersuchen. Alice sagt:

Das sieht so aus, als ob die Mutter ihrer kleinen Tochter eine Geschichte vorliest, und die Tochter hält eine Puppe im Arm, und es könnte ein interessantes Märchen sein, oder es könnte überhaupt irgendeine Geschichte sein. Oder sie könnte mit ihrer Tochter sprechen. Allerdings sieht es so aus, als ob sie ein Buch in der Hand hat. Sie könnte die Bibel vorlesen oder ein Buch oder, und die Puppe, ich meine das Mädchen, hört aufmerksam zu. Es ist jedoch irgendwie schwierig zu sagen, wie diese Geschichte ausgehen wird.

Alice führt keine außenstehenden Personen ein, stattdessen zeigt sie intensives Interesse an dem, was ihre Mutter sagt oder erzählt oder vorliest. Es ist, als ob sie sich ermahnt, ganz aufmerksam zuzuhören, während sie unbeabsichtigt erkennen läßt, daß sie wünscht, die Puppe könnte an ihrer Stelle das Zuhören übernehmen. Ob Alice später fähig sein wird, sich so weit zu entfernen, wie ihre Schwester das getan hat, können wir nicht sagen, wenn auch das Potential da ist. Zum gegenwärtigen Zeitpunkt ist sie deutlich weniger dazu in der Lage, noch nicht einmal in ihrer Phantasie eine autonomere Richtung anzuvisieren. Ihre psychische Aktivität ist mehr nach innen gerichtet, mehr vom Intellekt bestimmt. Ihre Geschichte befaßt sich mit verschiedenen Arten von Büchern; Angelas Geschichte befaßte sich mit verschiedenen Arten von Jungen und Mädchen.

Es überrascht uns nicht, von Frau Lanson zu hören:

Angela ist aktiver, als Alice es jetzt ist. Alice versucht immer wieder, ein Buch zu schreiben, und schreibt hin und wieder ein oder zwei Kapitel. Angela würde lieber draußen spielen. ... Alice liest lieber als Angela, und Alice ist auch besser in der Schule. Ich glaube,

Angela hat das Gefühl, versuchen zu müssen, ihre Noten gegenüber denen von Alice nicht abfallen zu lassen.

Die Mädchen haben unterschiedliche Stilarten zur Lösung ihrer Probleme gewählt; Angela versucht, eine aktivere und nach außen gerichtete Form zu finden, und Alice findet Beistand in intellektueller Aktivität und in vom Intellekt bestimmter Phantasie.
Hier werden wir bei der Zusammenfassung mehrerer Fakten zu der Betrachtung eines weiteren Problems geführt. Wir erinnern, daß beide Mädchen eine Präferenz für ihren Vater zeigen, daß er ein Mann ist, der eine wohldurchdachte Einstellung zu den Dingen hochschätzt, daß Alice in der Schule erfolgreicher ist als Angela und größeres Interesse an intellektueller Aktivität zeigt, daß Angela sich über die »Schwäche ihres Verstandes« beklagt und daß Angela nach den Aussagen ihrer Mutter das Bedürfnis empfindet, mit den Noten von Alice Schritt zu halten. Dies sind die typischen Elemente einer Konkurrenzsituation, und es existieren in der Tat heftige Gefühle. Hier ist Angelas Geschichte zu Karte 9GF, auf der zwei Frauen abgebildet sind:

Na ja, hier sieht es so aus, als ob diese Frau, irgend etwas hatte sie wütend gemacht und sie rannte hinaus, und diese andere Frau hinter dem Baum, sieht so aus, als ob sie Feinde sein könnten, und sie versucht mehr oder weniger zu, die, die hinausrennt, zu beobachten, um ganz genau zu sehen, was sie vorhat. Ich meine, sie könnten beide diesen einen Mann sehr gern gehabt haben und mehr oder weniger um ihn kämpfen, und irgend etwas, was das Mädchen hinter dem Baum tat, machte dieses eine Mädchen wütend, da rannte sie raus. Und dieses andere Mädchen hinter dem Baum dachte, sie würde schauen und ganz genau sehen, was sie vorhatte. Und ich glaube, irgend etwas wird derjenigen zustoßen, die war, derjenigen hinter dem Baum, die versuchte, na ja, es sieht so aus, als ob sie so etwas wie ein Snob sein könnte und eventuell – dieses andere Mädchen war tatsächlich mit diesem Mann befreundet, und sie hatte versucht, ihn für sich zu gewinnen. Ich glaube, eine von ihnen wird erkennen, daß sie im Unrecht ist, und die anderen beiden werden glücklich sein.

Hier haben wir Angelas Konkurrenzgefühle, denen sie zu Hause nur wenig offen Ausdruck geben darf, die vielmehr – wie wir gesehen haben – auf den Schulhof verlagert werden, wo sie während der Pause als »monitor« tätig ist. Aus dieser Geschichte ersehen wir auch die Hartnäckigkeit ihrer individuellen Ziele und ihre Hoffnung, schließlich den Konkurrenzkampf zu gewinnen. Alices Geschichte zu derselben Karte, die auch von rivalisierendem Interesse an einem geschätzten Besitztum handelt, trägt den Stempel des Bildes der Familie:

Nun ja, dies sieht so aus wie ein Mädchen auf einem Baum, und ein anderes Mädchen rennt vorbei. Ich weiß nicht, ob jenes Mädchen etwas auf den Kopf des Mädchens, das vorbeirennt, fallenlassen will, oder sieht so aus, als ob dieses Mädchen sich irgendwie vor dem anderen Mädchen versteckt. Es könnte ihre Schwester sein, oder jemand, der wütend auf sie war, und sie ging sich verstecken. Sieht allerdings so aus, als ob das Mädchen, das rennt, irgendwie zum Ausgehen angezogen ist. Sieht so aus, als ob sie sich fertig gemacht hatte, um zum Tanzen zu gehen oder so etwas. Vielleicht wollte das Mädchen, das rennt, irgend etwas von diesem Mädchen dazu ausborgen, wie eine Kette oder was, und dieses Mädchen wollte es ihr nicht geben. Es könnte vieles in dieser Richtung sein. Dieses Mädchen, das da rennt, sieht sicherlich wütend aus. Es ist irgendwie schwierig zu sagen. Schließlich, wenn sie Schwestern oder so was wären, würde es ein glückliches Ende nehmen. Oder vielleicht, es sieht so aus, als ob dieses Mädchen etwas in seiner Hand hat. Vielleicht hat es das diesem Mädchen weggenommen. Ich kann nicht erkennen, was es ist. Es sieht irgendwie so aus wie ein Teil von einem Buch oder so etwas. Und vielleicht rennt dieses Mädchen hinter ihm her, weil dieses Mädchen es irgendwie gestohlen hat oder so etwas. Am Ende, wahrscheinlich ist es gar nichts, worüber die Mädchen wütend werden sollten, aber ich kann nicht sagen, was es ist. Wenn es etwas Teures oder so ist, dann sollten die Mädchen deswegen wütend sein.

Wir werden diese Geschichte nicht im Detail analysieren, sondern nur darauf hinweisen, wie Alice hin und her schwankt, wie legitim es ist, sich zu ärgern, dabei zwar erkennt, daß der Streit um etwas Wertvolles heftige Gefühle auslöst, gleichzeitig jedoch den Druck ihrer Überzeugung fühlt, daß Geschwister eigentlich nicht böse aufeinander sein sollten. Sie gestattet keiner der beiden Personen in ihrer Geschichte endgültigen Besitz und tadelt auch niemanden eindeutig.

Beide Mädchen ringen mit dem Problem des Heranwachsens und versuchen, ihre persönliche Emotionalität mit jenen Gefühlen und Standards zu integrieren, die in der Familie obsiegt haben. Alice, ängstlich, und Angela, wagemutiger, versuchen beide, den Boden zu finden, auf dem Selbstbehauptung gedeihen kann, auf dem sie zu sich selbst heranwachsen können und auf dem sie nicht nur äußere Repräsentanten der von ihren Eltern gehegten Bilder sind. Sie sind damit beschäftigt, die Stabilität der Grenzen der Harmonie zu erforschen und fragen sich, ob sie es wagen, sie zu überschreiten. Wie weit sie in der Lage sein werden, mit der Umgestaltung ihrer beider Leben voranzukommen, wird von vielen, jetzt noch nicht feststellbaren Faktoren abhängen.

Kapitel IV

DIE LITTLETONS
UNVERBUNDENHEIT IM SPIEL DER KRÄFTE

Einerseits ist die Familie Littleton zersplittert; die einzelnen Mitglieder gehen getrennte Wege, und es gibt relativ wenig Gemeinsamkeit im emotionalen Bereich oder Überschneidung in der Routine des täglichen Lebens. Andererseits ist die Familie eng verbunden; affektive Bindungen und gegenseitige Abhängigkeit sind so intensiv, daß das Vermeiden von Intimität und Kontakt sich als eine notwendige Schutzmaßnahme herausgestellt hat. Für diese Familie ist das Meiden ein Modus geworden, sich zueinander in Beziehung zu setzen – ein Mittel, Spannungen zu meistern und Frustration zu minimieren. Diese Tatsache und ihre Implikationen sind die hervorstechendsten Merkmale dieser Gruppe. Starke Zentrifugalkräfte sowohl physischer wie emotionaler Art sind mühelos zu erkennen. Diese werden durch weniger offensichtliche, aber ebenso bedeutsame Kohäsionskräfte ausgeglichen. Die beiden Kräftekomplexen zugrunde liegenden Impulse und Motivationen sind stark, aber auch bedrohlich, und das durch die Vermeidung von Intimität erreichte Gleichgewicht ist unstabil.

Die Mitglieder der Familie und ihre getrennten Welten

Die für die Familie Littleton charakteristische Getrenntheit ist in Joe Littletons Tagesablauf am auffälligsten. Gegen Abend geht er zur Arbeit. Die ins Schloß fallende Tür seiner kleinen Wohnung schließt ihn von den Tätigkeiten seiner Frau und seiner drei Kinder ab und entbindet ihn vorübergehend von Familienverpflichtungen. Die Kinder kommen von der Schule, wenn er frühstückt, und eilen hinaus zum Jugendheim, bevor er damit fertig ist. Nach dem Aufwachen ist er teilnahmslos – kaum gewillt, an ihrer Unterhaltung oder den

Hausaufgaben, die sie ihm unterbreiten, Interesse zu zeigen. Die rasche, impulsive Unterhaltung der Gruppe läßt ihn seine Müdigkeit noch stärker empfinden und eine leichte Vorfreude auf den ihm mehr zusagenden und voraussagbaren sozialen Austausch aufkommen, der seine Arbeit als Koch in einem Schnellrestaurant – er hat die Schicht von fünf Uhr abends bis zwei Uhr morgens – charakterisiert.

Vielleicht keine gute Stellung, aber er glaubt, daß ein Mann ohne Bildung nur wenige Fähigkeiten hat, die sich zu Geld machen lassen. Die langen, unbequemen Arbeitszeiten und die wenig aussichtsreiche Zukunft seiner Stellung sind manchmal bedrückend für ihn:

INTERVIEWER: Wie sieht Ihr Tagesablauf an Werktagen aus?
HERR LITTLETON: Arbeit, Arbeit, Arbeit, täglich von fünf bis zwei und samstags bis drei, nach Hause gehen, schlafen gehen, und dann aufstehen und wieder zur Arbeit.
INTERVIEWER: Haben Sie immer die Tätigkeit ausgeübt, die Sie jetzt ausüben?
HERR LITTLETON: Mein ganzes Leben lang, außer von '42 bis '45. Da arbeitete ich in einem Rüstungsbetrieb. Ich fing als Tellerwäscher an, dann Kellnerlehrling, und jetzt arbeite ich seit fünfzehn Jahren als Koch.
INTERVIEWER: Arbeiten Sie für jemanden anderen?
HERR LITTLETON: Ja, ich arbeite für jemanden anderen. Ich bin der Geschäftsführer. Es ist so, als ob der Betrieb mir gehörte, er tut es aber nicht.
INTERVIEWER: Wie finden Sie Ihre Arbeit?
HERR LITTLETON: Nicht besonders. Es ist das einzige, was ich kann – was ich gut kann. Ich würde lieber etwas anderes tun.
INTERVIEWER: Haben Sie mal daran gedacht, etwas anderes zu tun?
HERR LITTLETON: In letzter Zeit nicht.

Das Gefühl, gefangen zu sein, keine Alternativen zu haben, ist in diesen Bemerkungen evident. Trotz seiner Abneigung gegen seine Arbeit und trotz seiner Vermutung, eine andere Beschäftigung könnte ihn mehr befriedigen, meint Herr Littleton, daß es keinen Ausweg, keine realistische Hoffnung auf eine entscheidende Veränderung gibt; es ist müßig, Pläne zu schmieden, da er seine Möglichkeiten bereits ausgeschöpft hat.

Joe Littleton ist ein ziemlich großgewachsener, stämmiger Mann von vierzig Jahren, das dritte von fünf Kindern. Sein Vater arbeitete bis zu seinem Ausscheiden aus dem Beruf als

Bergarbeiter. Seine Mutter zog nicht nur die Kinder auf, sondern beherbergte und versorgte auch Bergarbeiter. Joe wurde in einer kleinen Stadt im Mittleren Westen geboren; mit dem Abschluß der Mittelschule ging er im Alter von fünfzehn Jahren nach Chicago. Obwohl er sich daran erinnert, daß die Disziplinierung in den Händen der Mutter lag, spricht er von ihr mit Zuneigung und Bewunderung:

Sie war eine beliebte Frau. Zur Zeit ist sie sehr krank. Ich habe ihr einen Fernseher gekauft. Sie hat immer viele Freunde. Sie weiß alles. Sie war eine gute Mutter. Die Kinder sind gut geraten. Wir machten ihr keine Sorgen. Sie hat ihre Aufgabe sehr gut gemeistert – die Familie zusammengehalten und großgezogen.

Herrn Littletons Auffassung von Effektivität und Erfolg seiner selbst und der Familie ist im wesentlichen negativ. Zum Teil geben seine Bemerkungen Aufschluß über seinen eigenen Grad an Selbstachtung und die Basis dafür. Das hervorstechendste Kriterium für Erfolg ist ihm die Abwendung von persönlichem und moralischem Unheil, und ein Aspirationsniveau für die Familie wird mit denselben Begriffen geschildert. Es genügt, in der Lage zu sein, Auflösung zu verhindern, »die Familie zusammenzuhalten«. Diese Ansicht läßt darauf schließen, daß Joe Littleton das Leben als ein Ringen um die Erhaltung des Minimums ansieht, es als eine Defensivmaßnahme versteht, um zu verhindern, daß ein bereits trostloses Leben tragisch wird.

Er erwähnt seinen Vater nur kurz und mit mäßigem, vielleicht ambivalentem Gefühlsausdruck:

Im allgemeinen lag in unserer Familie die Disziplinierung in der Hand meiner Mutter, nicht meines Vaters. Von ihm bekamen wir höchstens mal einen Schlag mit der Hand. Wir respektierten ihn, und sie [seine eigenen Kinder] respektieren mich. Er brauchte nur zu pfeifen, und ich kam. Er lebt jetzt im Ruhestand, aber er ist immer noch aktiv.

Seine Satz-Ergänzung lautet: »Mein Vater ist / einer der besten Männer, die ich je gekannt [habe].« Eine Mischung aus Furcht und Bewunderung für die Machtstellung seines Vaters in der Familie klingt in diesen Bemerkungen an, und ein Gefühl des Unbehagens und der Einschüchterung ist hinter seinen Erinnerungen zu erkennen.

Joe Littleton erscheint es heute so, als ob die Beschäftigungen seiner Kindheit hauptsächlich darin bestanden, zu Hause zu bleiben und Hausarbeiten zu verrichten. Er erzählt, daß Spiel und Erholung für ihn darin bestanden, einmal in der Woche zu einer Vorstellung zu gehen. Seiner Ansicht nach haben seine eigenen Kinder mehr Freiheit und mehr Abwechslung, als er hatte. Für ihn liegt hierin der größte Unterschied zwischen den beiden Generationen.

Unzufriedenheit verschiedenen Ursprungs bedrängt Herrn Littleton. Er ist unzufrieden mit seiner Arbeit sowohl wegen der Arbeitszeiten als auch wegen Art und Status der Tätigkeit selbst: »Es gibt Zeiten, wo ich / mir wünsche, ich hätte meine Schulausbildung fortgesetzt und irgendeinen anderen Beruf ergriffen.« Dieses Eingeständnis steht zu anderen Punkten der Unzufriedenheit in Beziehung – sein Mangel an Zeit für seine Kinder, der zu geringe Wohnraum für die Familie und möglicherweise die »Nervosität« und das «Kranksein« seiner Frau. Jedoch sind seine Bemühungen zur Lösung solcher Probleme von begrenztem Umfang gewesen.

Karen Littleton ist Hausfrau. Ihr Reich ist eine möblierte Wohnung mit Wohnzimmer, zwei Schlafzimmern, Küche und Bad. Alle Zimmer sind sehr klein. Die Wohnung liegt zusammen mit sieben anderen in einem Haus im Süden Chicagos; das Haus und die Umgebung werden immer schlechter, obgleich sie in der Nähe eines Wohngebietes der oberen Mittelschicht dieser Stadt liegen. Die Littletons leben seit ihrer Hochzeit vor elf Jahren in dieser Wohnung.

Frau Littleton ist das einzige Kind aus einer ehelichen Verbindung, die bereits vor ihrer Geburt gelöst wurde. Ihr Vater verließ ihr Zuhause in Dänemark vier Monate vor ihrer Geburt; sie hat ihn nie gesehen. Als sie fünf Jahre alt war, ging ihre Mutter in die Vereinigten Staaten und ließ das Kind bei seiner Großmutter. Karen Littleton beschreibt die Situation so:

Meine Mutter heiratete einen Mann ohne die Zustimmung seiner Eltern. Solange ich denken kann, lebte ich bei meiner Oma und Mutter. Ich wurde in der Familie meines Vaters anerkannt. Mutter nicht. Ich war die einzige, die zur Beerdigung meines Opas ging. Es war ein richtiger Streit. Ich weiß nicht, weswegen. Nach ihrer Abreise hat meine Mutter Oma immer Geld geschickt. Sie hatte Geld. Ich habe nie etwas entbehrt. Mehr als meine eigene Mutter sah ich meine Oma als meine Mutter an.

Zehn Jahre später kam Karen zu ihrer Mutter nach Amerika. Sie sträubte sich dagegen, als ihre Mutter schrieb und darauf drängte, sie sollte in den Vereinigten Staaten die Schule besuchen. Die Tochter setzte sich gegen weitere Ausbildung durch und bekam eine Stellung als Hausmädchen kurz nach ihrer Ankunft in den Staaten. Die beiden blieben jedoch nur zwei Jahre zusammen; dann verließ Frau Littleton ihre Mutter und ging nach Chicago. Ihre Energie, Ehrgeiz, Erfassen der sozialen Gegebenheiten und Selbstgenügsamkeit sind offensichtlich:

Ich arbeitete für eine Dame und ihren vierzehnjährigen Sohn. Ich lernte Englisch. Die Arbeit war einfach. Ich sah älter aus. Es gab da einen Treffpunkt für Dänen. Dort ging ich hin und lernte einige patente Leute kennen. Ich beabsichtigte, von meiner Mutter loszukommen, weil sie von mir Dinge verlangte, die ich nicht tun wollte. Schließlich ging ich weg und kam mit einigen Leuten nach Chicago. Ich bekam eine andere Stellung als Hausmädchen. Das ist das einzige, was man tun kann, wenn man zwei Jahre lang in einem Land ist und keine Ausbildung hat. Ich lernte Englisch und blieb zwei Jahre in dieser Stellung. Inzwischen hatte ich nicht mehr das Gefühl, ich müßte Hausarbeit tun. Ich traf Leute bei Tanzveranstaltungen und bekam eine Stellung als Kassiererin.

Eine Atmosphäre interpersonalen Konflikts, Zersplitterung der Familie und Kampf gegen Widrigkeiten charakterisierten Frau Littletons Leben bis zu ihrer Heirat. Sie reagierte mit einem positiven und bewußten Versuch, ihre eigene Lage zu verbessern, und diese Charakteristika sind in ihrem Verhalten und ihrer Einstellung dem Leben gegenüber immer noch auffallend. Sie ist eine Frau von fünfunddreißig Jahren mit attraktivem Äußeren und guter Haltung; sie spricht gerne und ist ganz ungezwungen dabei. Ihre Art, sich zu geben, ist von Sicherheit und einem offensichtlichen Versuch, gewinnend und charmant zu sein, begleitet. Ihre Haltung anderen Familienmitgliedern gegenüber läßt einen entschlossenen Versuch erkennen, ihrer Umgebung Vertrauen und Fähigkeit einzuflößen. Als Beispiel dafür ihre Bemerkungen über Eigenschaften ihres Mannes:

Bobby, mein jüngstes Kind, ist immer viel selbstbewußter. Seinem Vater hat es immer an Selbstvertrauen gefehlt. Ich glaube nicht, daß er es zugeben würde. Er hatte nie irgendeine Verantwortung. Ich habe versucht, darauf zu bestehen, Bobby Verantwortung zu übertragen. Als mein Mann in einem kleinen Laden arbeitete, glaubte ich, daß er die Fähigkeiten zu einer besseren Stellung hätte. Er sagte, er könnte da nicht arbeiten – er würde nicht wissen, wie er sich verhalten müßte. Er fühlt sich Neuem nicht gewachsen. Ich habe ihn jedoch dazu gebracht, die Stellung zu wechseln. Was ihm fehlte, war einfach Selbstsicherheit. Ich bin überall in Chicago gewesen. Mir hat es nie an Selbstvertrauen gefehlt. Wenn ich in ein bestimmtes Restaurant gehen will, würde er sagen: »Ich wüßte nicht, wie ich mich dort verhalten müßte.« Ich traf immer die Entscheidungen über den Abschluß von Versicherungen. Er überließ alles mir. ... Ich beobachtete, daß Bobby langsam war. Ich schickte ihn unter Leute. Ich übertrug ihm Aufgaben. Jetzt ist er sehr selbstsicher.

Karen Littletons Bereitschaft, ihren kleinen Sohn zu sozialer Interaktion zu drängen, ist zum Teil ein Versuch, ihre eigenen Probleme durch ihre Kinder zu lösen. Sie teilte uns mit, daß sie, bevor sie Herrn Littleton traf, beschlossen hatte, nicht zu heiraten. »Ich sagte immer, daß es den Mann, den ich heiraten wollte, nicht geben könnte.« Obwohl sie ihrem Bericht zufolge aktive soziale Beziehungen hatte, schützte sie sich auch noch nach ihrer Heirat vor Freundschaften; sie hegt immer noch Argwohn gegen emotionale Bindung. In ihren Bemerkungen über ihre zweite Tochter bezieht sie sich darauf:

Ich habe mich geändert, seit ich verheiratet bin. Es war schwierig, mit mir bekannt zu werden. Die Leute waren mir gleichgültig. Ich habe mir nicht viel Mühe gegeben, die Leute dazu zu bringen, mich gern zu haben. Das ist ein Grund dafür, warum ich versuche, Sally den Anschluß an Gruppen finden zu lassen. Ich erkenne das, weil ich ihr sehr ähnlich war. In der Schule hat sie wenig Freunde. Man ist besser dran, wenn man alle mag und niemanden zu gern hat.

Dieser Auszug veranschaulicht ein bedeutsames Charakteristikum Karen Littletons – die Tendenz, das Leben ihrer Kinder dazu zu benutzen, ihr eigenes ungünstiges Schicksal zu korrigieren und ihr Leben neu zu gestalten. Für Frau Littleton liegt darin unter anderem ein Gefühl der Unzufriedenheit mit sich selbst und eine Überzeugung, daß die Ereignisse ihres Lebens und die Persönlichkeiten ihrer Kinder durch entschlossenes Vorgehen formbar sind.

Sie versucht, in aktivem Kontakt zu der Gemeinde, in der die Familie lebt, zu bleiben. Ihre außer-häuslichen Tätigkeiten erstrecken sich typischerweise auf Gruppen, deren Anliegen es ist, Kinder zu fördern. Ihre Tochter berichtet, daß Frau Littleton eingewilligt hat, mit den Pfadfinderinnen zu arbeiten, während die meisten anderen Mütter erklärt hatten, zu wenig Zeit zu haben. Karen Littleton sagt: »Ich gehöre gerne Gruppen an, die den Kindern auf die eine oder andere Weise helfen – ihnen tatsächlich helfen, nicht nur Kaffeekränzchen abhalten.« Ihr sozialer Austausch mit anderen Frauen bezieht sich hauptsächlich auf die Zugehörigkeit zu diesen Gruppen.

In vielen und wichtigen Punkten sind Karen Littleton und ihr Mann äußerst gegensätzlich. Er kommt aus einem stabilen, anscheinend kompatiblen Elternhaus und ist seinen Eltern immer noch zugetan; sie ist ihrer Mutter entfremdet und hat ihren Vater nie gesehen. Joe Littleton verspürt wenig Neigung, irgendwelche sich ihm bietenden Gelegenheiten zu nutzen; Karen Littleton hat gekämpft, um ihre eigene Situation zu verbessern. Sie ist höchst empfänglich für Stimuli und reagiert mit großer emotionaler Bandbreite; sein Gefühlsleben ist recht eintönig. Ihre Tagträume befassen sich oft mit Vorstellungen über ihre verlorene Kindheit und dem Mangel an Unterstützung durch andere; die seinigen kreisen oft um seine Zukunft und seine eigene Unfähigkeit, Gelegenheiten zu seinem Vorteil zu nutzen.

In einem Zeitraum von drei Jahren wurden den Littletons drei Kinder geboren. Betty ist neun, Sally acht und Bobby sieben Jahre alt. Betty ist ein dunkelhaariges, graziöses Mädchen mit hellen Augen, das Aufgewecktheit, Vorstellungskraft und Sinn für Humor in reichlichem Maße entfaltet. Sie ist stark erfolgsmotiviert, vor allem in künstlerischer Hinsicht. Betty betrachtete den TAT als eine Gelegenheit, ihre Fähigkeit als Erzählerin zu demonstrieren, und sie vertraute dem Interviewer an, daß sie eines Tages vielleicht Schriftstellerin würde. Ihre Interessen sind mannigfaltig – Ballett, Schwimmen, Zeichnen und Schreiben –, und ihre Eltern glauben, daß sie Fähigkeiten hat, die sich zu einer beruflichen Laufbahn weiterentwickeln könnten.

In ihrer Art zu sprechen liegt eine gewisse spröde Unverbindlichkeit; bei den anderen Kindern war diese Eigenschaft nicht evident. Eine Atmosphäre der Unabhängigkeit charakteresiert ihr Verhalten dem Interviewer und den anderen Familienmitgliedern gegenüber, aber ein sarkastischer und bitterer Unterton läßt darauf schließen, daß ihre Demonstration von Autonomie reaktiver Natur ist.

Bettys geistige Beweglichkeit zeigt sich nicht nur in schulischen Erfolgen, sondern auch im deutlichen Erkennen der Beziehungen innerhalb der Familie und der Motivation der Familienmitglieder. Frau Littleton berichtet, daß sie mit den Kindern, wenn sie ihnen etwas Gutes antun will, nach dem Kindergottesdienst oft zu einer nahegelegenen Imbißstube essen geht. Betty interpretiert diese Gepflogenheit als eine Vernachlässigung des mütterlichen Aufgabenbereichs: »Dann treffen wir Mami, und sie nimmt uns mit zur Imbißstube und kauft uns etwas, damit sie kein Mittagessen vorbereiten muß.« Ihre Selbstbeherrschung wird durch den folgenden Vorfall veranschaulicht:

Ich verprügelte meinen Bruder, weil er zwei kleine Mädchen geschlagen hat. Ich brachte die Angelegenheit ins reine. Wahrscheinlich werde ich es ihr bei Gelegenheit erzählen, wenn sie guter Laune ist. Und wenn mein kleiner Bruder in Schwierigkeiten kommt oder wenn jemand ihn verprügelt, würde er zu mir kommen. Er sagt: »Du, meine Schwester kann dich verprügeln.« Ich kann ihn verprügeln, und da meint er, ich kann jeden verprügeln.

Selbstvertrauen, entschlossene Kontrolle und Offenheit verleihen ihren intuitiven Fähigkeiten und sozialen Praktiken Wirksamkeit. Einige ihrer SCT-Antworten zeigen ihren unverstellten Zugang zu sich selbst und anderen:

Was den Leuten an mir am meisten gefällt, ist / daß ich in fast allem voraus bin.
Unsere Familie / ist eine sehr gewöhnliche Familie.
Wenn man mir sagt, ich soll es nicht tun, / will [ich] immer noch.
Wenn jemand sich über mich lustig macht, / gefällt mir das nicht.
Manchmal habe ich das Gefühl, / ich möchte meine Schwester umbringen.

Betty teilt das Gefühl ihrer Mutter, daß ihre Umgebung empfänglich ist für die beharrliche Anwendung von Begabung. Diese Haltung stellt teilweise ihre Ansicht über eine angemessene Rolle der Frau dar. Ihre Geschichten zu TAT-Karten schreiben Frauen die Fähigkeiten zu, heterosexuelle Situationen zu meistern und dem Mann dabei zu helfen, wichtige Entscheidungen zu treffen. Ein Auszug aus ihrer Antwort auf TAT-Karte 2 zeigt ihr Gefühl, weite Ressourcen zu haben, und ihre Bereitschaft, Entscheidungen zu treffen und durchzusetzen:

... dieses Mädchen liebt diesen Jungen, der auf dem Feld arbeitet ..., und er konnte sie nicht heiraten, weil er kein Geld hatte. ... Sie sagte ihm, er solle mit ihr durchbrennen. ... Sie sagte, er würde eine andere

Stellung bekommen. ... Sie sagte ihm, daß sie viel Geld hätte und sie beide Fahrkarten kaufen könnten. ... Schließlich fand er eine Stellung in einem Büro, und er wußte nichts über diese Arbeit; da sagte sie zu ihm, sie würde ihm einige von ihren Büchern geben, und er lernte für seinen Beruf... und wurde schließlich Bürovorsteher. ... Sie kam von dem Besuch zurück; sie erzählte ihm, daß es in jener Stadt Arbeit gäbe, die er tun könnte..., also gingen sie zurück und lebten dort glücklich.

Betty zeigt Selbstgenügsamkeit und ein gewisses Maß an Abstand bei der Beurteilung ihrer Familie. In dem Interview behauptet sie, daß sie mit ihren persönlichen Problemen nicht zu ihren Eltern geht: »Ich mache mir selbst Gedanken über meine eigenen Schwierigkeiten.« Ihre Tendenz, den jüngeren Geschwistern gegenüber eine Erzieherrolle einzunehmen – sie hat das Gefühl, daß sie der Mutter hierüber am besten nichts erzählt –, ist ein weiteres Indiz für Bettys Hemmungen, sich in gewisse Aspekte der familialen Interaktion miteinzubeziehen. Während sie glaubt, das Richtige getan zu haben, als sie ihren Bruder bestrafte, ist sie gleichzeitig davon überzeugt, daß ihre Mutter das nicht leicht einsehen wird. Die Situation muß manipuliert werden – sie muß abwarten, bis ihre Mutter ansprechbar ist. In diesen Fällen zeigt Betty eine wenig kindliche Eigenschaft. Sie nimmt eine frühreife Art mütterlicher Verantwortung an, die sie vorübergehend auf die Ebene ihrer Mutter stellt.

Während Bettys Ähnlichkeit mit ihrer Mutter weitgehend psychologischer Natur ist, ist Sally ein Abbild der physischen Eigenschaften von Frau Littleton. Sally ist ein gut gewachsenes Mädchen mit einem attraktiven, runden Gesicht und langem, honigfarbenem Haar. Sie ist ein spontanes, liebes Mädchen mit einem Zug von Weiblichkeit, der bei ihrer älteren Schwester weniger in Erscheinung tritt. Sie ist aufgeweckt und rege, doch möglicherweise weniger als Betty.

Starke Pflicht- und Moralgefühle scheinen sie bei der Anwendung ihrer Phantasie und Energie zu behindern. Ihre TAT- und SCT-Antworten sind voll von moralischen Imperativen und interpersonalen Verpflichtungen. Das wiederholt vorkommende Thema dieser ausgedachten Geschichten ist Eigeninitiative, um Anerkennung durch die Familie und die Außenwelt zu verdienen. Als Basis für die Art, wie sie sich zu Autorität in Beziehung setzt, dient ihr irrationale Konformität mit einem Moralkode, den sie nur vage versteht. Auch ist sie nicht davon überzeugt, daß Konformität notwendigerweise Anerkennung zur Folge hat; sie hat jedoch noch keine Alternativ-Techniken in adäquater Weise entwickeln können.

Sally versorgt die Katze, und andere Familienmitglieder sprechen von ihrer Liebe zu und Sorge für ihren Liebling. An einer anderen Stelle sagt sie von diesem Kater, daß er immer Hunger hat. Bei einer anderen Gelegenheit, als der Interviewer fragte: »Wenn Du an jede einzelne Person in Deiner Familie denkst, was gefällt Dir am besten an ihnen?«, antwortete Sally: »Ich habe Tabby gern, weil er morgens in mein Bett kommt und mir die Füße wärmt.«

Mitfühlende Empfänglichkeit für die Gefühle und Reaktionen anderer ist bei Sally evidenter als bei den anderen Mitgliedern der Familie. Sie hat jedoch beträchtliche Konkurrenzgefühle gegenüber ihrer älteren Schwester und ihrem Bruder, und ihre Weiblichkeit hat sie adaptiert, um sich einen Platz in der Familie zu umschreiben, der von dem ihrer Schwester verschieden ist. Sie bemüht sich weniger als Betty, solche Fertigkeiten wie Tanz und Kunst zu entwickeln; ihre beruflichen Zukunftsvisionen gehen mehr auf mütterliche, pflegerische Rollen – Krankenschwester oder Sängerin – anders als bei Betty, die Tänzerin und Designer werden will.

Bobby, der noch nicht einmal ein Jahr jünger ist als Sally, verfügt nicht über die gleiche Gesundheit und physische Stärke. Er ist ein kleiner, schmaler, schwächlich aussehender Junge. Obwohl er in den Gesichtszügen und im Teint seinem Vater stark ähnelt, hat er nicht dessen Körperbau geerbt. Bobbys Gesundheit ist nie durchgängig gut gewesen. Er hatte Schwierigkeiten bei der Nahrungsaufnahme, vermutlich wegen eines Magenleidens oder -verengung, und als Kind bekam er Spezialnahrung. Für eine Reihe von Jahren mußte er orthopädische Schuhe tragen. Im allgemeinen war er anfälliger für Krankheiten und kleinere Infektionen der Atemwege als die anderen Kinder. Auch seiner Arbeit in der Schule fehlt es an dem Glanz von Bettys tüchtiger Leistung oder Sallys solidem, gutem Erfolg. Häufig hat er die Hilfe seiner Eltern in Anspruch nehmen müssen.

In seinem Wesen ist Bobby kooperativer als seine beiden unabhängigeren Schwestern. Er zeigt wenig Interesse, mit ihnen zu wetteifern bei den Aufgaben, die unsere Forschungsgruppe ihnen stellte. Sein Ton ist weniger lebhaft, ist verhaltener als der ihrige, obwohl er sich gelegentlich auf einen impulsiven, spielerischen Wortwechsel mit ihnen einläßt. Er gehört zu den Jungpfadfindern, und nach der Schule und an Samstagen geht er gewöhnlich zum CVJM.

Die Littletons scheinen eine ungleiche Gruppe mit höchst ungleicher Lebensfähigkeit zu sein. Sie lenken ihren Blick in unterschiedliche Richtungen und schreiten mit ungleichmäßigem Tempo voran. Während Herr Littleton immer tiefer in die festgefahrene Spur hineingerät, stemmt sich seine Frau unablässig dagegen, um nicht in ähnlicher Weise stecken zu bleiben. Betty begegnet der in diesem Gegensatz zwischen den Eltern begründeten Herausforderung durch größere Selbstgenügsamkeit, während Bobby und Sally enttäuscht sind, weil ihr Wunsch nach Kontakt nicht erfüllt wird. Es überrascht kaum, daß das Problem von Intimität und Getrenntheit für die Familie Littleton viel zentraler ist als für die meisten Familien dieser Untersuchung. Herr und Frau Littleton bringen stark differierende Erfahrungshintergründe in den interaktionalen Kontext der Familie ein. Sie gehen an die Probleme der Familie mit unterschiedlichen Zielen, inkongruenten persönlichen Bedürfnissen und unvereinbaren Vorstellungen über erstrebenswerte Aspekte elterlicher Rollen heran. Diese Unterschiede zwischen den Eltern schaffen ein ungewöhnlich großes Konfliktpotential in der Familie, sowohl zwischen Mann und Frau als auch zwischen Eltern und Kindern. Für die Kinder ist es schwierig, von der Gruppe sanktionierte Bilder vom Ich und der Familie zu erkennen. In Ermangelung gegenseitiger Verständigung über ein erstrebenswertes Bild haben es die Kinder sehr schwer, ihre Loyalität gegenüber Werten der Familie zu demonstrieren und ihre Rechte auf Billigung und Anerkennung durch die Gruppe geltend zu machen.

Was ist und was sein sollte: Die Ambivalenz der Resignation

Die Littletons offerieren ein fragmentarisches Schema von Zielen und Standards der Familie. Die Familie betreffende Präferenzen und Ambitionen ergeben kein Bild, über das die Gruppe

Consensus erreicht hat. Dem Bild fehlt es an Klarheit; es ist nicht explizit; es wird nicht geteilt. Die Ziele, die irgendein Mitglied für ein anderes hat, sind typischerweise nicht identisch mit den Zielen, die der andere für sich selbst hat. Die Getrenntheit der Familienmitglieder voneinander bietet wenig von dem, was man Verständigung über familiale Ziele nennen könnte; das Datenmaterial läßt darauf schließen, daß die Familie das Gefühl hat, nicht als Einheit gemeinsam auf Ziele der Gruppe hinzuarbeiten.

Ein deutliches Anzeichen für die Umrisse eines Bildes von der Familie ist die Art der tagtäglichen Erwartungen, die die Eltern an ihre Kinder stellen. Durch diesen Sozialisationsprozeß bekommen die Kinder ein Gefühl dafür, was eine Familie ist und was sie in ihr tun sollten und dürfen. Den Littleton-Kindern wird oft das, was sie nicht tun sollten, deutlicher gemacht als das, was sie tun sollten. Sie sind sich auch der Tatsache bewußt, daß ihre Eltern nicht meinen, was sie sagen. Bettys Bemerkungen sind ein Indiz dafür:

Sie verwöhnt uns nicht. Wir sollen nicht lügen oder etwas tun, was sie uns untersagt. ...
INTERVIEWER: Was passiert, wenn du und die anderen Kinder sich streiten?
BETTY: Sie ignoriert es eine Zeitlang, bis sie so wütend wird, daß sie uns trennt und uns anschreit, und dann wissen wir, wann wir aufhören müssen.

In der Familie Littleton erfolgt die Definition von Sanktionen und Tabus oft gemäß der Formel, die in Bettys Bemerkungen zum Ausdruck kommt. Der Inhalt des Tabus – kein Streit – braucht nicht ernstgenommen zu werden; man muß nur die emotionale Reaktion des Elternteils beobachten. Diese Reaktionen weichen oft vom verkündeten Kode ab. Der Kode, so wie er sich Betty darstellt, kann folgendermaßen formuliert werden: »Streiten ist solange in Ordnung, bis es Mutter ärgert.« Stimmungen können weniger leicht vorausgesagt werden als Verhaltensstandards, und so besteht die Aufgabe des Kindes darin, die momentane emotionale Stimmung zu erfassen und sich schwankenden Stimmungen anzupassen. Disziplin wird weitgehend eine Funktion der Frustration und der Toleranzgrenze der Mutter.

Die Littletons haben ein unklares und inkongruentes Bild davon, wie sie sich die Zukunft ihrer Kinder wünschen würden. Frau Littleton sagt, sie will, daß Bobby Arzt wird, aber sie nimmt an, daß ihr Mann andere Vorstellungen hat: »Ich bin sicher, sein Vater möchte, daß er Fußballspieler wird. Welcher Papa will das nicht?« Herr Littleton scheint tatsächlich nichts Bestimmtes im Sinn zu haben:

Es liegt bei ihnen. Ich kann keine Pläne für die Kinder machen. Wenn sie eine Veranlagung dazu haben und das tun wollen, dann muß man es ausnutzen. Was das Planen angeht, so ist es nicht weise. In diesem Alter ändern sie sich noch so sehr. In der einen Woche ist es dies; in der nächsten Woche das. Sie sind noch nicht in dem Alter, in dem sie wissen, was sie tun wollen. Nach dem zu urteilen, was meine Frau mir erzählt, ist Betty eine ziemlich gute Tänzerin. Ich habe sie in Aufführungen gesehen, und soweit ich das beurteilen kann, kann ich nicht sehen, wo sie herausragende Fähigkeiten hat. Wieviel Ausbildung kann man ihnen ermöglichen? Das ist es. Heutzutage kann man, wenn man nicht das College besucht hat, nirgends ankommen. Früher war es die High-School.

In dieser Antwort zeigt Herr Littleton erneut, daß er sich seiner eigenen inadäqaten Ausbildung bewußt ist. Seine Mutlosigkeit wegen der steigenden Ansprüche in der Welt lassen das Niveau seiner eigenen Qualifikationen und Leistung noch niedriger erscheinen. Er erkennt die ökonomische Nützlichkeit der Bildung, aber zeigt wenig Tatkraft und wenig Interesse daran, seinen Kindern diese Vorteile zu sichern, die er sich jetzt für sich wünschte. Er bagatellisiert die Fähigkeit seiner Tochter und hält wenig davon, die Kinder in ihren Ambitionen und Bemühungen zu ermutigen. Hier findet sich kaum etwas von der Haltung der Newbolds (Kapitel V), daß nämlich Kinder ausgebildet und ermutigt werden, daß die Jugend eine Zeit der Einübung von Erwachsenenverhalten ist. Vielmehr ist sie eine Angelegenheit von »Sie tun lassen, was sie wollen – wenn sie dazu in der Lage sind.« Herr Littleton bemüht sich wenig um die Bereitstellung einer expliziten Lenkung oder Führung.

Karen Littleton hat höhere und bestimmtere Aspirationen für ihre Kinder, und ihr Interesse ist aktiver und intensiver.

Betty wollte schon immer, seit sie sprechen konnte, eine Ballerina werden. Ich habe tatsächlich das Gefühl, daß sie eines Tages diesen Beruf ergreifen wird. Sie hat künstlerische Begabung. Sie hat Fähigkeiten im Zeichnen. Ihre Gedichte sind gut, aber sie kann nicht staubwischen. Manche Mädchen spielen Hausmütterchen, sie nie. Bis jetzt kann ich bei Sally noch nichts Bestimmtes entdecken, was ermutigend wäre. Sie nimmt Tanzunterricht, aber sie geht nur, weil sie geschickt wird. Sie spielt gerne. Sie hat mehr Freude draußen im Dreck. Sie ist einfach ein ganz normales Kind, während Betty anders gewesen ist. Sally sagt, sie will Krankenschwester werden. Ich möchte, daß sie alle Bildung bekommen, die wir ihnen ermöglichen können. Sie nicht nur in die Schule schicken. Das ist oft verschwendete Zeit, es sei denn, es handelt sich um einen speziellen Kurs. Ich kann nicht sehen, wie wir sie aufs College schicken sollen. Wir werden unser möglichstes tun. Wir werden tun, was wir können.

Diese Aussage zeigt die Ambivalenz und Unausgeglichenheit, die den Versuch der Littletons charakterisiert, Pläne und Ziele für die Familie und ihre Mitglieder zu formulieren. Ohne ersichtliche realistische Basis in bezug auf finanzielle oder geistige Ressourcen hat Frau Littleton für ihren Sohn ein hohes Berufsziel gewählt, und sie hegt für Betty hochgesteckte Hoffnungen; jedoch wird der von Sally geäußerte Wunsch, Krankenschwester zu werden – ein realistisches Ziel –, abgewertet und ihre Befähigung bagatellisiert. Frau Littleton hat Ambitionen für ihre Kinder, aber sie werden selektiv angewendet und auf einer Basis, die den Kindern bestenfalls als willkürlich und undurchschaubar vorkommen muß.

Herrn und Frau Littleton fehlt es nicht nur an einem gemeinsamen Bild darüber, was die Kinder werden können, sondern sie sind auch beide in ihren eigenen persönlichen Situationen verfangen und können wenig gemeinsamen Boden in ihrer Beziehung zueinander finden. Beide empfinden ein Gefühl der Frustration, ein Gefühl, sich festgefahren zu haben auf dem Weg zu ihren inneren Zielen.

Wir haben bereits Joe Littletons Unzufriedenheit mit seiner Stellung erwähnt. Während er sich beim SCT Vorwürfe macht (»Die Tatsache, daß ich versagt habe / ich kann nur mir selbst Vorwürfe machen. Die Gelegenheit ist immer gegeben«), schreibt er einen Teil der Verantwortung den geringen finanziellen Ressourcen seiner Familie zu. Er hat begrenzte finanzielle Ambitionen, von denen er glaubt, daß er sie nicht erreichen kann: »Ich würde gerne das Restaurant, wo ich jetzt arbeite, kaufen. Es ist unmöglich, was die Finanzen anbetrifft.«

Seine Abneigung dagegen, die Berufsziele seiner Kinder im voraus festzusetzen, könnte in Beziehung zu seinem Bedauern darüber stehen, daß er die Interessen, die er in seiner Jugend hatte, nicht weiter verfolgt hat. Er sagt, daß er im geheimen immer ein Sänger oder ein Musiker werden wollte und daß er selbst heute noch sich als Sänger vorstellt. Es ist unmöglich, die Plausibilität dieser Vorstellungen zu ermitteln, aber der gravierende Unterschied in der Art der Gratifikation, der sich aus seinem erwünschten und seinem tatsächlichen Beruf ergibt, ist offensichtlich.

Herr Littleton ist sich schmerzlich seines Mangels an Autorität in der Familie bewußt. Er möchte gerne das Oberhaupt sein mit einer Statusrolle, die der seines Vaters ähnlich ist – nichtteilhabend, jedoch geachtet, geliebt und respektiert. Er sagt:

Die Kinder haben das Gefühl, ihr Vater ist das Oberhaupt der Familie. Sie sagen zu mir: »Sonntags bist du der Boß.« Sie meinen immer noch, ihr Vater ist das Oberhaupt. Wenn ich nicht da bin, wenden sie sich mehr ihrer Mutter zu. Die Erziehung liegt mehr bei ihr, weil ich wenig von ihnen sehe. Wenn sie mich sehen, dann meist nur, um »guten Tag« und »Aufwiedersehen« zu sagen, und schon sind sie weg zum Jugendheim.

Wenn Herr Littleton von der Autorität seines eigenen Vaters und dem prompten Gehorsam, den die Kinder an den Tag legten, spricht, fügt er hinzu: »Meine Kinder sind auch so.« Und auf die Frage, zu welchem Elternteil die Kinder mit ihren Sorgen kämen, berichtet er wiederum: »Sie gehen zu ihrer Mutter, wenn sie hier ist. Wenn ich zu Hause bin, zu mir.« Er unterstützt seinen Wunsch, Herr in seinem Hause zu sein, dadurch, daß er die Kinder mit mäßiger Strenge diszipliniert, wenn er da ist. Sie halten ihn jedoch für nachsichtiger als Frau Littleton. Betty sagt: »Er ist nicht so schlimm wie Mutter im Bestrafen; wenn wir zum Beispiel vom Kino spät nach Hause kommen, würden wir kein Abendbrot bekommen, nur wenn Papa zu Hause ist, ist es anders.« Und in einer späteren Bemerkung: »Bobby ist weichherzig wie mein Papa. Er gibt in allem, was man will, nach.«

Joe Littletons Versuche, Herr im Hause zu sein, werden durch sein Gefühl, den anerkannten Standards der Vater- und Kameradschaft gegenüber den Kindern nicht zu entsprechen, gemildert. Von Zeit zu Zeit versucht er, wieder eine Dominanzposition in der Gruppe einzunehmen, aber wohl wissend, daß er so wenig andere Vaterpflichten übernimmt, stellt er seinen Anspruch auf Autorität selbst in Frage.

Ich bleibe wie jeder andere hinter den Erwartungen zurück. Ich habe das Gefühl, nicht genügend Kontakt zur Familie zu haben. Ich nehme an ihren Tätigkeiten nicht in dem Maße teil, wie ich es gerne möchte. Ich vernachlässige sie in gewisser Weise. Manche sagen, man kann es, wenn man will. Ich weiß nicht. Bei meinen Arbeitszeiten – ich kann meinen Zeitplan nicht umstellen. Ich meine, ich könnte engeren Kontakt haben.

Gelegentlich erlebt und gestaltet Joe Littleton sein Leben in der Phantasie neu. Er schöpft Trost aus seiner Aufrichtigkeit im Umgang mit seinen Mitmenschen und seinem Wissen, daß sie ihn für einen »ziemlich guten Kerl« halten. Aber der Grundtenor seiner Bewertung der Lage wird durch eine der SCT-Antworten ausgedrückt: »Manchmal habe ich das Gefühl, / ich möchte von allem weg.«

Während Herrn Littletons Selbstvorwürfe ein Bedauern über das, was er nicht für sich getan hat, zeigen, befaßt sich Frau Littletons Vorwurf mit Dingen, die andere Leute nicht für sie getan haben. Sie versucht jedoch, nicht zynisch und bitter zu werden aufgrund der emotionalen und finanziellen Notlagen, die sie mit ihrer Kindheit und Jugend assoziiert. Ihre Verteidigungsmechanismen gegen Niedergeschlagenheit und Verzweiflung sind zäher und hartnäckiger Natur, und ihre aktive, anhaltende Suche nach einem besseren Leben für sich selbst und ihre Familie deutet auf die Spannkraft und die reichen Ressourcen ihrer Persönlichkeit. »Meine stärkste Seite«, sagt sie im SCT, »ist ein starker Wille. Niemand kann mich dazu bringen, mich anders zu besinnen.« Die Diskrepanz zwischen ihrer gegenwärtigen Lage und dem Leben, das ihr zusagen würde, ist enorm. Sie versucht, diese Lücke durch ihre Kinder zu schließen. »Ich möchte, daß Bobby Arzt wird. Das ist meine Idealvorstellung. Ich wollte das immer werden, als ich noch klein war. Ich erzähle ihm das nicht, weil er das werden wird, was er sein möchte und wozu er die Fähigkeit hat.« Wir erfahren jedoch in dem Interview mit Bobby, daß er Arzt werden möchte, weil seine Mutter dieses Ziel für ihn gewählt hat.

In erster Linie entspringen Karen Littletons Gefühle der Entbehrung ihrer Erinnerung, von ihren Eltern im Stich gelassen worden zu sein. In ihrem Interview verweilt sie nicht bei diesem Thema und zeigt auch kein übermäßiges Selbstmitleid bei der Erörterung der Umstände, die zu ihrer emotionalen Verwaisung geführt haben. Sie gesteht, sich Tagträumen über Dänemark hinzugeben, und als sie Karte 2 des TAT zum ersten Mal sah, rief sie aus:

Dänemark! Das ist Dänemark, so wahr mir Gott helfe. Der See, die Berge, die Felder, der Bauernhof. ... Die Dame, die am Rand steht, erwartet ein weiteres Kind, schaut über die Berge hin, träumt, wie alle Mütter das tun würden ..., und der Mann arbeitet natürlich, pflügt die Felder, was ich für die wunderbarste Sache auf der Welt halte. ...

Der SCT ergibt stärker an der Realität orientierte Antworten. Da drückt sie ihr Bedauern darüber aus, daß ihr Vater sie nie gesehen hat und daß sie ihn nie gesehen hat. »Meine Mutter«, sagt sie, »ist weit weg.« Die Realität hat jedoch nicht ihr Bild von den idealen Beziehungen innerhalb einer Familie getrübt – die warme, Zufriedenheit ausstrahlende Liebe der Mutter zum Kind und die sichere Stärke eines verantwortungsbewußten Vaters, der das Feld bestellt. Dieses Bild gibt ihr Kraft und ist zugleich Quelle des Unbehagens beim Umgang mit ihren eigenen Kindern. Sie sagt, daß das, was sie sich am meisten für die Familie wünscht »... nichts Spezielles ist – einfach zusammen sein«. Aber sie hat sich mit der Tatsache abgefunden, daß die Arbeit ihres Mannes auf die Trennung der Familie hinarbeitet. Sie ist sich auch der Tatsache bewußt, daß die Beschäftigungen der Familienmitglieder sie von den Kindern trennen. Sonnabends gehen die Kinder nach dem Frühstück aus dem Haus; sie haben verschiedenes vor; nachmittags gehen sie ins Kino, und sie besorgt ihren wöchentlichen Einkauf. Wenn es keine Vorstellung gibt, die ihre Billigung findet, »spielen die Kinder draußen, besuchen Freunde oder sehen fern«. Sogar sonntags, wenn Herr Littleton zu Hause ist, geht sie manchmal mit den Kindern zu einer Nachmittagsvorstellung, und Herr Littleton bleibt zurück, um das Abendessen vorzubereiten.

Die Schwierigkeit, die Karen Littleton hat, ihrer eigenen Idealvorstellung von einer guten Mutter zu entsprechen, zeigt sich ihrer Meinung nach am deutlichsten in ihrer geringen Geduld mit ihren Kindern:

Ich bin wahrscheinlich zu streng. Ich erwarte mehr von ihnen, als sie sich merken können. Gewiß versuche ich, mich echt für ihre Unternehmungen zu interessieren. Gleich was sie tun, ich finde, das ist sehr wichtig. Nicht so gut ist die Tatsache, daß ich sie anschreie, was, wie ich weiß, das Schlimmste auf der Welt ist, was man im Umgang mit Kindern tun kann. Wenn ich es nicht wüßte, wäre es etwas anderes. So oft nehme ich mir nicht genug Zeit zum Erklären. Einer Mutter geht es wie jedem anderen, man fühlt sich manchmal einfach nicht danach. Es ist schwer, immer bei Laune zu bleiben.

Frau Littleton ist entschlossen, ihre Kinder nicht mit dem Mangel an Selbstvertrauen, den sie an ihrem Mann beobachtet, oder mit der Trägheit, die Herr Littleton zeigt und der sie die Schuld für die meisten Schwierigkeiten der Familie gibt, aufwachsen zu lassen. Wahrscheinlich hat sie ihre Gefühle über Herrn Littletons Mangel an Vertrauen und Initiative vor den Kindern nicht verborgen. Wie extrem die von ihr ergriffenen Maßnahmen sind, um sicher zu stellen, daß ihre Kinder unabhängig werden, kommt in ihren Bemerkungen über ihren Sohn zum Ausdruck:

Was die Probleme mit Bobby angeht, so hatte er kein Selbstvertrauen – wie sein Vater. Das ist jetzt anders. Es hat geholfen, daß ich ihn weggestoßen habe. Im Park, als er klein war, wollte er auf meinem Schoß sitzen. Ich habe ihn zum Spielen weggeschickt. Als er älter war, habe ich ihn Brot kaufen geschickt. Er war verängstigt. Ich habe es ihn trotzdem machen lassen. Jetzt ist er ein Junge, der in der Schule hart arbeitet. Er arbeitet, um auf die Ehrenliste zu kommen. Ich brauche mich nicht mehr um seinen Minderwertigkeitskomplex zu kümmern. Er ist in der Beziehung obenauf. Vielleicht hätten einige Mütter das gern gehabt. Ich wollte keinen Jungen, der mir am Rockzipfel hing.

Frau Littletons starkes Verlangen, ihr Kind zu Unabhängigkeit und Tatkraft zu erziehen, scheint eine Folge von Defensivmaßnahmen gegen ihre eigenen unerfüllten Wünsche nach Abhängigkeit während der Kindheit und ihrer Enttäuschung über Herrn Littletons Leistung als Ehemann und Vater zu sein. Der elf Jahre währende Versuch, den Ehrgeiz ihres Mannes zu wecken und ihn zu einem selbstbewußten und fähigen Mann umzuwandeln, hat bei ihm nur wenig positive Wirkung gezeitigt, und bis zu einem gewissen Grad hat sie ihn aufgegeben und erkannt, daß der Anstoß zur Verbesserung der Situation der Familie von ihr selbst ausgehen muß. Gebeten zu sagen, inwieweit er an ihre Idealvorstellung herankommt, sagt sie: »Sie hätten mich vor elf Jahren danach fragen sollen.«

Trotz der Enttäuschung, die sie über Herrn Littletons Mangel an beruflichem Ehrgeiz empfindet, lobt sie seine Fähigkeit, für die Familie zu sorgen. Es ist bezeichnend, daß sie, während sie ihren Mann wegen seiner finanziellen Versorgung der Familie herausstreicht, ihre eigene Fähigkeit im Umgang mit Geld als einen ihrer schwächsten Punkte betrachtet.

Ich möchte gerne, daß sie [die Kinder] eine viel bessere Wertvorstellung in bezug auf Geld haben. Für mich ist es schwer, mit einem bestimmten Betrag auszukommen. Ich bin sehr, ja sogar äußerst verschwenderisch. Ich kaufe den Kindern unnötige Sachen. Ich mache gerne Geschenke. Meinem Gefühl nach ist das richtig. Vom Standpunkt der Finanzen ist das falsch.

Herr Littleton bestätigt die Unfähigkeit seiner Frau zu wirtschaften und kritisiert sie am heftigsten von allen Mitgliedern der Familie außer sich selbst. So wird also eine der relativen Stärken Herrn Littletons – seine stetige finanzielle Fürsorge – von seiner Frau bewußt vergeudet.

Frau Littletons Erinnerung an ihre vaterlose Kindheit, ihre eigenen Abhängigkeitsbedürfnisse und ihr Ressentiment gegenüber der emotionalen Lethargie ihres Mannes verbinden sich zu einer weiteren, größeren Unzufriedenheit: Herr Littleton vernachlässigt Frau und Familie. Ihrer Meinung nach ist er ihr gegenüber reserviert und an den Aktivitäten der Kinder nicht interessiert.

Bobby ist immer zärtlich und hat immer nach Zärtlichkeit verlangt. Sein Vater zeigt nicht viel Gefühl. Für ihn ist ein Kuß an der Tür nur eine Formalität. Er hält das nicht für nötig. Für Bobby ist es eine wichtige und sehr ernste Angelegenheit.

Erwachsene Männer sind für Karen Littleton immer eine Enttäuschung gewesen. Sie betrachtet ihren achtjährigen Sohn als eine befriedigendere Quelle von Zuneigung als ihren Mann. Sie hat sich gewissermaßen ihren Kindern, vor allem Bobby, zugewendet, um die Gratifikation zu bekommen, die ihr die Erwachsenen versagt haben. Ihre Bemühungen, die Persönlichkeiten und das Leben ihrer Kinder neu zu gestalten, sind zum Teil Ausdruck ihres Wunsches, Menschen zu schaffen, die einige ihrer eigenen Bedürfnisse befriedigen.

Joe Littletons Mangel an Interesse an den Kindern und dem Zuhause ist das emotionale Vakuum, für welches Karen Littletons Meinung nach keine Abwechslung oder mütterliche Kompensierung Ersatz schaffen oder es verringern kann. Sie erwähnt diese Situation nachdrücklich:

Er hat insofern versagt, als er an dem, was die Kinder tun, nicht eigentlich Anteil nimmt. Die Kinder bringen Sachen mit nach Hause. Ich frage sie: »Hast du Papa davon erzählt?« Ich habe Betty das neulich gefragt. Sie sagte: »Ach, Papa ist das gleichgültig.« Er ist nicht wirklich gleichgültig. Er ist unaufmerksam. Es kann sein, daß ich zu viel Veranwortung übernommen habe und es immer selbst getan habe.

Herrn Littleton fehlt es nicht nur an Interesse, sondern er ist nach den Aussagen seiner Frau unempfänglich für Angelegenheiten, die die Kinder betreffen, und hat kein Gespür für ihre psychologischen Bedürfnisse.

Er vergaß, daß er außer Sally noch zwei Kinder hatte. Er hat sich geändert, seit ich ihm erklärt habe, was Betty damit angetan wird. Sie war ein unglückliches kleines Mädchen. Sie verlor ihren Papa. Betty muß sieben Jahre alt gewesen sein, als ich aus der Haut gefahren bin, und zwar tüchtig. Ich konnte sehen, daß Betty Sally haßte. Ihre Schwester war ihr einfach verhaßt. Das hat ihr Vater bewerkstelligt, dadurch daß er Betty immer in den Hintergrund drängte. Als sie klein waren, bat Betty gewöhnlich ihren Vater, sie in die Luft zu werfen, nachdem er das mit Sally gemacht hatte. Und er sagte: »Du bist zu groß.« Es hat sich schließlich gezeigt. Betty hat viele kleine Mädchen in der Schule herumgestoßen. Ich habe mich daran gemacht, einen Grund dafür zu suchen. Ich beschloß, daß es einen Grund geben müsse und das war's. Er gab zu, sie beiseite gestoßen zu haben. Jetzt nimmt er Betty auf seinen Schoß und hält sie fest und liebkost sie. Ungefähr vor einem Jahr war dann Betty wieder so, wie sie früher war. Sie hat jeden gern. Vor drei Jahren hatte sie angefangen, an ihren Fingernägeln zu kauen.

Die Erfolge und Leistungen, die Frau Littleton für sich und ihre Familie anstrebt, werden bestenfalls teilweise erreicht. Die adaptiven Bemühungen um Loslösung und Unabhängigkeit, die sie als Mädchen unternahm, um sich gegen den Schmerz unerfüllter Bedürfnisse zu schützen, sind ungeeignet für ein Familienleben, in dem Gratifikation eine wechselseitige Funktion ist. Sie ist sich in etwa der Tatsache bewußt, daß ihre Tendenz, die Unzulänglichkeiten der anderen Familienmitglieder dadurch zu kompensieren, daß sie deren Verantwortung mit übernimmt, nicht nur wenig zufriedenstellend gewesen ist, sondern sogar die Abhängigkeit der Familie von ihr verstärkt hat. Ihr Wissen um diese Wirkung hat ihre Frustration und ihr Ressentiment verstärkt. Während sie sich teilweise mit ihrer

Situation abgefunden hat, macht sie Herrn Littleton immer noch bittere Vorwürfe wegen seiner Arbeit und ihrer Lebensumstände.

Die Ratlosigkeit, die Herr und Frau Littleton bei ihrer Bemühung, Ziele für sich selbst und für die Familie zu entdecken, zu definieren und aufrecht zu erhalten, ist noch größer geworden durch die Anstrengungen ihrer Kinder, ihr eigenes Verhalten mittels eines rationalen und steten Kodes von Erwartungen zu regulieren. Die Kinder haben ein intensives Gespür dafür, daß elterliche Liebe und Aufmerksamkeit von Konformität abhängig sind, aber die Erwartungen, mit denen sie konform gehen sollten, sind nur vage definiert.

Der von diesen Kindern empfundene Drang nach Konformität mit einem akzeptablen Verhaltensstandard kann durch Auszüge aus den SCT-Antworten der einzelnen Kinder verdeutlicht werden.

BETTY: Es tut mir leid, wenn ich / etwas Unrechtes tue.
Was mich in Schwierigkeiten bringt, ist, / wenn ich etwas tue, von dem ich weiß, daß ich es nicht tun sollte.
Kinder / sind oft schlecht.
Ich mag Kinder nicht, die / nicht das Rechte tun.
SALLY: Es tut mir leid, wenn ich / etwas Unrechtes tue.
Was mich in Schwierigkeiten bringt, ist / das, was ich nicht tun sollte.
Kinder / sollten nett sein.
Ich mag Kinder nicht, die / gemein zu mir sind.
Was mich wirklich wütend macht, ist, / wenn jemand etwas Unrechtes tut.
Was den Leuten an mir am meisten gefällt, ist, / daß ich nett bin.
Damit die Leute mich gern haben, / werde ich nett sein.
BOBBY: Die Leute meinen, ich bin / schlecht.
Es tut mir leid, wenn ich / anderen weh tue.
Ich hasse / schwindeln.
Ich mag Kinder nicht, die / anderen weh tun.
Was mich wirklich wütend macht, ist / Leute, die nicht helfen.
Niemand kann mich dazu bringen, / nicht zu helfen.

Diese Antworten zeigen die Intensität der Schuldgefühle der Kinder und veranschaulichen die diffuse Art des Verhaltenskodes, auf Grund dessen die Kinder ihre Handlungen evaluieren und sich selbst bestrafen. Es ist ein negativ definierter Kode, der weitgehend aus Tabus besteht. Positive Sanktionen sind sogar noch diffuser konzipiert. Man muß zum Beispiel »anderen helfen«, »das Rechte tun« und sich sonst moralisch verhalten.

Die Konturlosigkeit des Kodes ist teilweise eine Funktion der Tatsache, daß die Eltern ihn nicht konsequent anwenden. Wir haben bereits erwähnt, daß Betty sich der Tatsache bewußt ist, daß der Streit zwischen den Kindern solange weitergehen kann, bis Frau Littleton genügend verärgert ist, um ihn abrupt zu beenden. Sally gibt noch mehr Beispiele für die Inkonsequenz, mit der Verhaltensnormen angewendet werden:

Selbst wenn wir streiten und sie dahinter kommt, tut sie nichts. Sie schreit uns an, sie sagt uns, wir sollen aufhören. Sie tut nichts, aber wenn wir es wieder tun, schickt sie uns raus. Wenn wir etwas verlieren, sagt sie, wir sollen es suchen. Wenn wir es nicht finden, okay.

Es gibt jedoch wenigstens zwei Verhaltensbereiche, in denen die Toleranzgrenzen sehr eng sind: Widerrede und Lügen. Frau Littletons Bemerkungen über Sally zeigen die Intensität ihrer Gefühle in diesen beiden Punkten:

In einer Beziehung bin ich anders [als andere Familien]. Ich glaube, daß Kinder auf Ältere ohne Widerrede hören müssen. Sie können denken, was sie wollen. Sie können denken, ich bin verrückt, aber sie müssen es für sich behalten.

Und später:

Nehmen wir Sally. Man sagt, es dauert lange, bis man gelernt hat, nicht zu sagen, daß ein anderer Schuld hat. Ich sage ihr, wenn sie groß genug und mutig genug ist, etwas Unrechtes zu tun, daß sie dann auch groß genug sein sollte, es zuzugeben. Was es so schlimm macht, ist die Tatsache, daß sie es abstreitet.

In diesem Kontext ist es interessant, Frau Littletons Erinnerung an ihre Kindheit festzuhalten: »[Meine Großmutter] war sehr alt und klein. Ich pflegte mich mit ihr anzulegen. Ich mußte das letzte Wort haben. Ich muß immer Unfug im Kopf gehabt haben.«

Die für die Littletons charakteristische, von Zufälligkeiten abhängige, emotionale Organisation spiegelt sich in der Nichtübereinstimmung von disziplinarischer Setzung und tatsächlichem Verhalten. In ähnlicher Weise haben Wörter ihre Bedeutung verloren, wenn es um Zielsetzungen und Leistungen der Familie geht. Aspirationen als organisierendes Prinzip des Geschehens und des Verhaltens in der Familie haben nur einen geringen Wirkungsgrad, weil sie nicht realisiert werden können, aber auf die Benennung idealen Verhaltens und unerreichbarer

Ziele kann nicht verzichtet werden. Durch die Benennung kultureller Werte und persönlicher Wünsche wird ein Gefühl der Zugehörigkeit zu der größeren Gemeinschaft erreicht; sie schützt die Familienmitglieder vor der Verzweiflung, die dann eintreten würde, wenn man der Realität vollständig und bewußt nachgäbe. Die bestehende Diskrepanz kann jedoch nicht vollständig verdrängt werden, und der Groll und die hervorgerufene Frustration werden auf andere Familienmitglieder abgelenkt oder zur Selbstanklage transformiert. Die Ideale müssen dann bestätigt und Abweichungen in einem Ritual von Sühne und Erneuerung bestraft werden. Aber diese Rituale werden in erster Linie von Frau Littleton durchgeführt und angeregt und tragen so nicht substantiell zu einem Gefühl von Gruppenbewußtsein bei und auch nicht zu einer gemeinsamen Anstrengung bei der Lösung gemeinsamer Probleme und der Verwirklichung gruppenbezogener Ziele.

Der Kampf gegen Zeit und Raum

Die Familie Littleton ist kaum in der Lage, die Zeit zu organisieren, um damit den Bedürfnissen der Gruppe zu dienen oder der Familie bei der Verfolgung von offenen individuellen oder Gruppenzielen zu helfen. Die emotionale Getrenntheit der Familienmitglieder wird durch die tägliche Routine vergrößert, die sie sich gegeben haben. Eine Zusammenfassung dieser routinemäßigen Handlungen entsteht aufgrund der Beschreibung der Tätigkeiten eines normalen Tages durch jedes Mitglied:

HERR LITTLETON: Arbeit, Arbeit, Arbeit, täglich von fünf bis zwei, und samstags bis drei, nach Hause, ins Bett und aufstehen.
INTERVIEWER: Können Sie mir ungefähr sagen, was die Familie gewöhnlich an anderen Tagen tut?
HERR LITTLETON: Wüßte ich nicht. Ich weiß, was sie tun und wo sie hingehen, aber ich weiß nicht, zu welcher Zeit sie was tun. Bobby fängt gerade bei den Jungpfadfindern an.

Der emotionsgeladene Ton, in dem Herr Littleton über seinen Arbeitstag berichtet und aus dem Müdigkeit und Verzweiflung sprechen, zeigt seine Abneigung gegen seine eigene Routine und sein Desinteresse am Tagesablauf der Familie. Seine Beschreibung zeugt von seiner diffusen Sicht des Tagesablaufs, die am

Anfang und Ende des Arbeitsgeschehens festgemacht ist. Er hat nur wenig Gefühl für die Möglichkeit, seinen Tagesablauf zu ordnen, und er fühlt sich an eine Routine gebunden, aus der es für ihn kein Entkommen gibt. Karen Littletons Bericht kontrastiert mit dem ihres Mannes in mehreren Beziehungen:

Ich stehe um halb acht auf. Eins der Kinder hat gewöhnlich meinen Kaffee gemacht. Ich lege die Anziehsachen für die Kinder zurecht, weil es bei uns so üblich ist. Eigentlich sind sie alt genug, um das selbst zu tun. Ich kämme den Mädchen die Haare, und sie gehen zur Schule. Das dauert bis halb neun. Dann räume ich im Haus auf und erledige meine Telefonate. Das geht so bis zwölf, wenn sie nach Hause kommen. Ich mache ihnen Mittagessen. In dieser Zeit habe ich gebadet, so daß ich fertig bin, um auszugehen. Entweder treffe ich mich mit jemand, oder ich gehe einkaufen oder mache Besuche. Ich will immer raus. Am Nachmittag komme ich zurück. Das heißt für mich Abendbrot machen und abwaschen. Am Abend gehen die Kinder ins Bett. Allerspätestens um acht sind sie alle im Bett. Gewöhnlich flicke ich oder ich bekomme Besuch oder ich gehe aus.
INTERVIEWER: Wie paßt Ihr Mann hierein? Er arbeitet doch nachts.
FRAU LITTLETON: Nicht sehr gut. Er kommt morgens um fünf nach Hause. Er legt sich schlafen und steht um eins auf. Er sieht die Kinder nachmittags um drei, bevor er geht. Sie sind jetzt natürlich schon größer und gehen gleich zum Jugendheim. Er sieht das nicht gerne, aber er sieht sie am Sonntag.

Im Gegensatz zu den Impressionen ihres Mannes erfaßt Frau Littleton die Ereignisse des Tages genau und im Detail. Sie hat ein Gefühl von Verfügungsgewalt über die Tätigkeiten aller Familienmitglieder mit Ausnahme der ihres Mannes. Seine Neigungen bezüglich der Tätigkeiten der Kinder werden ignoriert, eine Tatsache, die zu seinem Gefühl von Hilflosigkeit gegenüber dem Tagesablauf beiträgt. Frau Littleton betont das Obligatorische dessen, was der Tag verlangt; die Gelegenheiten, zu denen die Mitglieder der Familie miteinander interagieren, sind dem Zufall unterworfen. Die Kinder geben lebhafte Berichte von einem typischen Tag. Betty sagt:

Muß ich die Wahrheit sagen? Wir wachen auf und brüllen und schreien uns an. Die anderen Kinder sind schon auf, und ich schlafe noch immer. Wenn ich aufstehe, sitzen sie beim Frühstück. Ich frühstücke, dann ziehen wir uns an und gehen zur Schule, und wenn die Schule um drei aus ist, nehme ich mein Köfferchen und gehe zum Schwimmen ins Jugendheim. Nach dem Schwimmen warte ich eine Weile, und dann gehe ich wieder schwimmen. Dann komme ich nach Hause, esse Abendbrot und sehe fern, und danach putze ich mir die Zähne, ziehe mir den Schlafanzug an und lege mich um acht schlafen.

Bettys Bemerkungen zeigen ihr Gefühl des Unbehagens über die Beschaffenheit der interpersonalen Beziehungen innerhalb der Familie. Der Tag ist hektisch; das Gefühlsleben ist ungeordnet und bis zu einem gewissen Grad unkontrolliert. Betty bezieht ihre Eltern in ihr Bild vom Tagesablauf nicht mit ein; sie befaßt sich in erster Linie mit ihren eigenen Aktivitäten und nicht so sehr mit der Familie als Gruppe oder sich selbst als Teil dieser Gruppe. Ihre Darstellung zeigt Abstand und Selbständigkeit. Ihre persönlichen Ziele sind nicht stark mit denen anderer Familienmitglieder verquickt. Sallys Bild von einem typischen Tag zeigt einen stärkeren Sinn für Verknüpfung mit der Gruppe:

Meine Mutter schreit uns gewöhnlich an, und Tabby [die Katze] hat immer Hunger, und der Fernseher wird abgedreht. Wir stellen gewöhnlich etwas an, und wir geben immer Geld aus, und wir bekommen unseren Vater nicht zu sehen, weil wir zum Jugendheim gehen. Wenn wir nach Hause kommen, essen wir Abendbrot, und wenn wir brav sind, dürfen wir fernsehen, und wenn wir bös sind, dreht meine Mutter den Fernseher ab. Dann ziehen wir unsere Schlafanzüge an und gehen ins Bett.

Verzweiflung schwingt in Sallys Bericht über einen typischen Tagesablauf mit. Die Ereignisse werden in Begriffen von Frustration oder moralischer Wertung beschrieben. Die Kinder laufen Gefahr, unzufrieden zu sein oder bestraft zu werden, und ein Gefühl drohender Deprivation wird mit den tagtäglichen Geschehnissen in der Familie assoziiert. Mehr als die beiden anderen Kinder sieht Sally die Aktivitäten der Familie als Darstellungen von Gegensätzen zwischen Erwachsenen und Kindern. Ein Mitglied dieser Familie zu sein, ist für sie eine Last. Bobby ist Sally ähnlicher als Betty. Er skizziert den Tag:

Wir ziehen uns an. Manchmal macht Betty Mama ärgerlich – sie zieht sich nicht an. Ich gehe zuerst runter, und ich ziehe mich zuerst an, und meine Mutter will, daß ich Brot und Milch kaufen gehe. Jeden Abend sagt sie, ich soll den Müll auskippen. Wir gehen um acht Uhr dreißig zur Schule, und die Schule fängt um neun an, und wir kommen um zwölf nach Hause, und wir sehen fern. Um zwölf Uhr dreißig gehen wir wieder in die Schule. Um drei kommen wir nach Hause. Gewöhnlich gehe ich zum Jugendheim oder zu den Jungpfadfindern oder montags zum Tanzunterricht. Sally geht mit mir dahin. Das ist alles, was mir einfällt.

Auch Bobby sieht die Beziehung zwischen Erwachsenen und Kindern als einen wesentlichen Zug der Familie an. Erwachsene stellen Forderungen – man kann sie durch Widerstand verärgern und vermutlich durch Folgsamkeit freundlich stimmen.

Der offensichtlichste Aspekt dieser Berichte ist der, daß Joe Littleton tatsächlich von anderen Familienmitgliedern getrennt ist. Diese Tatsache wird jedoch nur von Sally erwähnt. Sogar Frau Littleton sagte nichts über den Tagesablauf ihres Mannes aus, bis sie vom Interviewer dazu veranlaßt wurde. Ihre Gewohnheiten halten Frau Littleton und die Kinder während der kurzen Zeit, die er für sie am Nachmittag verfügbar ist, fern. Für Frau Littleton ist der nachmittägliche Ausgang eine wichtige Angelegenheit, und die Kinder gehen direkt nach der Schule zum Jugendheim. Alle Mitglieder dieser Familie tragen zu dieser Trennung bei.

Die Ichbezogenheit der Berichte über die täglichen Aktivitäten läßt vermuten, daß der Vater nicht als einziger zum Ziel der Isolation durch die übrige Gruppe ausgewählt wird. Die einzelnen Mitglieder der Familie gehen ihre eigenen Wege und denken wenig daran, die Zeit so einzuteilen, daß Gelegenheit zu familialer Interaktion geschaffen wird. Aktivitäten der Familie als Gruppe werden kaum erwähnt. Herr Littleton spricht nur von seinem eigenen Tagesablauf, bis er direkt nach den Aktivitäten anderer Familienmitglieder gefragt wird. Selbst dann zeigt er nur geringe Kenntnis von dem Geschehen in der Familie während seiner Abwesenheit. Frau Littleton gibt eine detaillierte Darstellung ihres eigenen Tagesablaufs und bezieht sich nur dann auf andere Familienmitglieder, wenn deren Aktivitäten einen bestimmten Anspruch an sie stellen. Sie bezieht sich nicht auf Ereignisse, bei welchen vermutlich sie und ihre Kinder sich gemeinsam in einer Interaktionssituation befinden. Abendbrot ist für sie zum Beispiel eine Angelegenheit von »Abendessen kochen und abwaschen«. Der Höhepunkt des Tages ist der Nachmittag, wenn sie sich frei von Pflichten fühlt und ausgehen kann, und sie spricht von diesem Ausgehen als einer emotionalen Notwendigkeit. In ähnlicher Weise lassen auch die Berichte der Kinder Beschreibungen von Gruppenaktivitäten aus; außer daß sie von sich selbst als »wir« sprechen, wenn sie über Aktivitäten reden, denen alle drei gleichzeitig nachgehen. Sally ist die einzige Ausnahme in dieser Gruppe; für sie sind alle drei Kinder in den Tagesablauf einbezogen. Jedoch fehlt auch bei ihr jeder Hinweis auf Gruppeninteraktion.

Die Gestaltung des Wochenendes bietet Gelegenheit zur Partizipation der Familie, die unter der Woche unmöglich ist, aber es scheint wenig Neigung vorhanden zu sein, die auf diese Weise zur Verfügung stehende Zeit zu nutzen. Herr Littleton beschreibt sein Wochenende:

INTERVIEWER: Welchen Beschäftigungen gehen Sie und Ihre Familie an Sonntagen gemeinsam nach?
HERR LITTLETON: Keinen. Ich stehe mittags auf. Wir sehen fast den ganzen Nachmittag fern. Ich bin Koch. Es ist Mamas freier Tag. Manchmal gehen wir mit den Kinder aus. Wir essen Abendbrot. Wenn das Wetter schön ist, gehen wir in den Park. Wenn wir einen Sitter bekommen, gehen meine Frau und ich am Sonntagabend ins Kino. In letzter Zeit haben wir nicht viel Glück gehabt. Dann bleibt sie zu Hause und ich gehe ins Kino. Sonnabends sehe ich sie nicht. Sie sind in einer Vorstellung.

Frau Littleton befindet sich im großen und ganzen in Übereinstimmung mit dem von ihrem Mann beschriebenen Schema:

Sonnabends schlafen wir bis acht. Dann Frühstück. Ich sehe zu, daß die Mädchen zur Tanzschule kommen. Bobby geht etwa neun Uhr dreißig zum CVJM. Sie kommen alle mittags zurück. Ich mache am Sonnabend den Großeinkauf für das Wochenende. Die Kinder gehen in eine Vorstellung, wenn es etwas gibt, was ich billige. Wenn nicht, spielen sie draußen, besuchen Freunde, sehen fern. Wir essen Abendbrot, und dann sind am Sonnabendabend drei Köpfe zu waschen. Das ist so etwa alles. Wir gehen am Sonnabendabend nicht aus. Natürlich, mein Mann arbeitet ja. Sonntags stehen wir um acht auf. Sie beeilen sich wie verrückt, um um neun Uhr fünfundvierzig in der Sonntagsschule zu sein. Weil wir direkt um die Ecke wohnen, müssen wir uns beeilen, um rechtzeitig dort zu sein. Ich bin Schriftführerin in der Anfängerklasse, und ich gehe nach der Sonntagsschule um elf zum Gottesdienst, und die Kinder gehen zum Chorsingen. Dann gehen wir gewöhnlich in eine Imbißstube und trinken Sprudel oder essen eine Kleinigkeit. Es liegt bei ihnen. Dann gehen wir nach Hause und kochen. Sonntags essen wir etwa um vier. Er steht auf. Wenn es Vorstellungen und Spiele gibt, die ich mit den Kindern sehen möchte, gehen wir dahin, und Papa bleibt zu Hause und kocht. Nach dem Essen lege ich mich gewöhnlich hin und ruhe mich aus, damit wir Sonntagabend ausgehen können. Wir gehen in eine Vorstellung oder wir machen zu Hause Essen für die Kinder, und dann gehen wir auswärts essen und dann ins Kino. Manchmal gehen wir sonntags alle zusammen aus.

Die Littletons sehen den Tag als eine Folge nicht-zusammenhängender Ereignisse. Wenige Familienrituale tragen dazu bei, diese Ereignisse zu organisieren oder in ein Schema, das für die Gruppe Bedeutung hat, zu integrieren. Sich wiederholende Aktivitäten werden nicht von Freude oder Gruppengeist begleitet und werden nicht ritenhaft dazu verwendet, ein Gefühl des Zusammenhalts und der Intimität unter den Familienmitgliedern zu fördern. Man begegnet dem Leben Stück für Stück, und der einzelne hat nur wenig Sinn für eine Zielsetzung und Integrierung in ein Lebensschema.
Die Getrenntheit der Individuen in dieser Familie und ihr Mangel an Zeiten gemeinsamer Partizipation und gegenseitigen Austausches resultieren offensichtlich zum Teil aus Herrn Littletons ungewöhnlichen Arbeitszeiten. Jedoch deutet die Unlust der Familie, Gelegenheiten zu gemeinsamer Partizipation zu suchen, darauf hin, daß das Schema dieser Familie nicht nur eine Anpassung an eine durch den Beruf bedingte Schwierigkeit ist. Es gibt zwei wiederkehrende Situationen, in denen die Familie sich, wenn sie wollte, mit Interessen der Gruppe und Austausch befassen könnte. Die am häufigsten wiederkehrende ist der Sonntagnachmittag, Herrn Littletons arbeitsfreier Tag; die zweite ist Herrn Littletons jährlicher Urlaub. Die Aktivitäten eines typischen Sonntagnachmittags reichen, wie wir gesehen haben, nicht aus, um die Familie zusammenzubringen. Die drei Kinder berichten vom Fernsehen als ihrer einzigen Beschäftigung am Sonntagnachmittag, und Herrn Littletons Bemerkungen bestätigen ihre Erinnerungen. Dies läßt darauf schließen, daß die anderen, von den Eltern erwähnten Formen der Freizeitgestaltung entweder selten vorkommen oder für die Kinder von geringer Bedeutung sind.
Es ist bedeutsam, daß jeder Elternteil sich an den Nachmittag und Abend als eine Zeit, in der sie getrennt in Vorstellungen gehen, erinnert. Jedoch spricht Frau Littleton nur davon, daß ihr Mann zu Hause bleibt, während sie in eine Vorstellung geht; Herr Littleton spricht nur davon, daß er allein in eine Vorstellung geht, wenn kein Babysitter verfügbar ist. Kein Elternteil deutet an, daß diese getrennt unternommenen Ausflüge nicht wünschenswert sind, und keiner macht dem Partner Vorwürfe, weil er die Familie im Stich läßt oder die unter der Woche aufgrund von Herrn Littletons Arbeitszeiten auf-

gezwungene Getrenntheit noch weiter ausdehnt. Minimale Gruppeninteraktion wird offensichtlich ohne ernsthafte Klagen von der Familie akzeptiert. Von den drei Kindern erwähnt nur Sally Herrn Littleton als an den Sonntagnachmittag-Unternehmungen beteiligt. In ähnlicher Weise macht auch Sally als einzige von den Kindern Bemerkungen über die Abwesenheit ihres Vaters bei den Aktivitäten an Wochentagen. Mit dieser Ausnahme zeigt die Familie wenig offene Unzufriedenheit mit ihren Werktags- und Wochenendgewohnheiten.

Die Tatsache, daß die Trennung auch in den Ferien fortgesetzt wird, bestätigt die Ansicht, daß diese Familie Gelegenheiten zu gemeinsamer Betätigung und engem Austausch meidet. Die Littletons machen nicht zusammen Ferien. Die Beiläufigkeit, mit der diese Situation akzeptiert wird, zeigt sich in Frau Littletons Bemerkungen:

INTERVIEWER: Was macht die Familie während der Ferien?
FRAU LITTLETON: Mein Mann kommt aus Süd-Illinois. Natürlich verbringt er seinen Urlaub da. Er bekommt zwei Wochen.
INTERVIEWER: Begleitet ihn jemand?
FRAU LITTLETON: Ich habe das einige Male gemacht, und er ist mit den Kindern allein gegangen. Gelegentlich nimmt er nur ein Kind mit.

Diese Bemerkungen ergänzen andere Hinweise über die Getrenntheit dieser Familie. Sie lassen auch zum Teil die Beschaffenheit der Grenzen der Familie erkennen. Es wird angenommen, daß Ferien dazu da sind, Verwandte zu besuchen; weite Erfahrungsbereiche, die zugänglich sein könnten, werden bei der Planung der Ferien offensichtlich nicht in Betracht gezogen. Auch die Kinder sprechen von Ferien als Änderung der Häufigkeit von Freizeitaktivitäten – mehr Schwimmen, mehr Vorstellungen, mehr Spiel – und nicht so sehr als Zeit für neue und ungewöhnliche Erfahrungen.

Die Littletons ziehen einen gewissen Grad an Gleichheit und Wiederholung in ihren Aktivitäten vor; möglicherweise finden sie in der Voraussagbarkeit Trost und Sicherheit. Sie sind auf negative Weise mit der Vergangenheit verbunden, und zwar durch Frau Littletons Versuche, ihre Kindheitserfahrungen in dem Leben ihrer Kinder neu zu gestalten. Es besteht keine zufriedenstellende Kontinuität mit der Vergangenheit, kein Gefühl der Übernahme einer zufriedenstellenden und traditionellen Weise des Verhaltens oder der Einstellung zu und Interaktion mit der Außenwelt. Gegenwärtige Handlungen werden gewissermaßen von der Vergangenheit gelenkt, da sie dazu bestimmt sind, diese abzulehnen und zu ändern. Frau Littleton behauptet, für die Gegenwart zu leben: »Ich habe gesehen, daß das Morgen sich von alleine regelt.« Die Ressourcen von heute werden zum größten Teil darauf verwendet, unmittelbare Ziele zu erreichen.

Herrn Littletons Kindheit bietet wenig außer gesicherten, aber spärlichen finanziellen Ressourcen. Seine eigene berufliche Laufbahn ist stetig gewesen, aber nicht merklich besser als die seines Vaters, wenn man einen allgemeinen Anstieg der Einkommen und des Lebensstandards berücksichtigt. Es gibt einige Hinweise darauf, daß er sich selbst für weniger erfolgreich hält als seinen Vater, vor allem in seinen persönlichen und die Familie betreffenden Leistungen. Selbst zum gegenwärtigen Zeitpunkt schlägt er Frau Littleton gelegentlich vor, sie sollten nach Süd-Illinois ziehen, obwohl dieser Vorschlag gewöhnlich einen erbitterten Streit hervorruft. Folglich bringt er in die Gruppe kein Gefühl der Kontinuität mit dem Leben seiner eigenen Eltern ein; seine Frau interpretiert seine Versuche, eine engere Verbindung zu seiner Vergangenheit herzustellen, als ein Zeichen von Schwäche und eine Abneigung, ihr bei ihrer Lebensaufgabe, ihrer Familie ein besseres Leben zu sichern, beizustehen.

Karen Littleton bewahrt ein tiefes, intensives Bedauern über den Verlust ihrer Familie als Kind. Sie ist sich der Tatsache bewußt, allein in der Welt zu sein, und hätte gerne starke Bindungen an eine akzeptable Vergangenheit. Sie kann jedoch solchen Bindungen an die Tradition der Familie ihres Mannes nicht zustimmen, und ihre eigene Vergangenheit ist so schmerzlich enttäuschend, daß es ihr unmöglich ist, sich auf sie zu beziehen außer als Umstände, die sie entschlossen ist zu überwinden und vor denen sie ihre Kinder bewahren muß. Sie erinnert sich an einige Aspekte ihrer Vergangenheit mit Liebe und Sehnsucht:

Ich habe immer gerne gelesen, weil ich allein war mit Erwachsenen. Ich war gut in Geschichte und Geographie, und ich glaubte ernsthaft an Gott. Es war ein naives Gefühl, an ihn zu glauben, wie ich es damals tat. Das kam durch meine Oma. Sie war sehr religiös. Ich wurde nie verhauen. Ich wollte tanzen lernen, was ihrer Ansicht nach eine Sünde war. Ich war gut in Ski- und Schnellauf. Ich ging gerne hinaus auf die Felder. Ich glaubte tatsächlich an Feen. Kinder, die viel allein sind, halten an ihnen fest.

Aber die Feen waren nicht real, und der kindliche Glaube an eine wohlwollende Gottheit wurde durch die wachsende Erkenntnis der bitteren Realität ihrer eigenen Lage zerstört. Karen Littleton versucht, mit der Vergangenheit dadurch fertig zu werden, daß sie enge Bindungen meidet, die zu einer Wiederholung ihrer frühen Enttäuschungen führen könnten, und die Vergangenheit durch ihre Kinder noch einmal erlebt. Ihr intensiver Wunsch, ihre frühen Entbehrungen zu überwinden, ist eine der Hauptquellen für ihr starkes Bemühen, für ihre Familie eine bessere soziale und ökonomische Position zu erreichen.

Impuls, Tabu und Anklage

Verhaltenskontrolle innerhalb der Familie wird manchmal als ein Vorgang gesehen, der entweder eine oder beide der folgenden Aktivitäten einer Familie umfaßt: Das Schema der Disziplinierung durch die Eltern und die Sozialisation des Kindes. Diese Begriffe sind wichtig, aber sie differenzieren nicht ausreichend zwischen den relativ homogenen Familien unserer Untersuchungsgruppe, noch beschreiben sie die Vorgänge gegenseitiger Regulierung, die die Kernfamilie charakteristischerweise entwickelt. Diese Vorgänge können nicht verstanden werden, ohne auch die Art der Disziplinierung, die psychologischen Motivationen, welche die Energie zu ihrer Durchsetzung hervorbringen, die psychologische Funktion für das Individuum, zu kontrollieren oder kontrolliert zu werden, und schließlich die emotionalen Folgen des Affekts oder Gegenaffekts, der durch die Ausübung von Disziplinierung und Zwang geweckt wird, mit ins Auge zu fassen.
In der Familie Littleton haben Mann und Frau unterschiedlichen Anteil an der Kontrolle. Sie hat häufiger mit der Disziplinierung der Kinder zu tun, und ihre disziplinarischen Maßnahmen sind strenger. Ihre relativ umfangreichere Rolle ist als solche nicht ungewöhnlich; die meisten Familien sehen

die Mutter als häufiger mit der Disziplinierung der Kinder befaßt an, und zwar wegen des größeren Zeitanteils, den sie mit der Familie verbringt. Jedoch halten viele Familien unserer Gruppe den Vater für die letzte und potentiell bedrohlichere der elterlichen Autoritäten, während die Mutter eine untergeordnete, jedoch häufiger ausgeübte Machtstellung innehat. Frau Littleton hat die Kontrolle über das tägliche Geschehen in der Familie und über die meisten wichtigen Elemente des Familienlebens übernommen. Das einzig wichtige Gebiet, auf dem sie nicht obsiegt hat, ist ihr Versuch, Herrn Littleton dazu zu überreden, seine berufliche Stellung zu verbessern. Sie ist jedoch auch hier nicht untätig, und es bleibt eine Quelle ständiger Verärgerung zwischen ihnen.

Herrn Littletons Konzeption seiner Rolle in der Familie gleicht auffallend derjenigen, die er seinem eigenen Vater zuschreibt. Seine Bemerkungen über seine Eltern zeigen seine Mutter als mit der Disziplinierung der häuslichen Geschehnisse befaßt und seinen Vater als abseits stehend und unbeteiligt. Herrn Littletons Disziplinierung der Kinder an Sonntagen – dem Tag, an dem er »Boß« ist – hilft ihm, den Eindruck aufrechtzuerhalten, daß auch er abseits steht, daß man ihn aber achtet und ihm gehorcht. Offensichtlich ist er nicht eifersüchtig auf die dominierende Stellung seiner Frau im Haus.

Ich arbeite immer nachts, und so sehe ich nicht viel von ihnen. Ich nehme nicht teil. Wenn sie nach Hause kommen, gehe ich zur Arbeit. Es fehlt ihnen eine ganze Menge Führung, was mich anbetrifft. Ihre Mutter tut mehr, als sie sollte, nicht daß sie meine Versäumnisse ausgleicht. Sie lehnen sich an ihre Mutter an. Die Führung der Kinder liegt hauptsächlich bei ihr. Ich stimme im allgemeinen mit ihr überein. Ich pflichte dem, was sie sagt, bei.

Frau Littleton hat den Wunsch, die Initiative und die Fähigkeit, in der Familie Autorität auszuüben. Sie zeigt jedoch eine gewisse Verstimmung über die mangelnde Beteiligung ihres Mannes, und sie ärgert sich über seine Milde und Nachsicht den Kindern gegenüber. Beim SCT sagt sie: »Die Kinder wären besser dran, wenn ihre Eltern / kooperieren würden« und »Wenn Vater nach Hause kommt, / werden alle Vorschriften vergessen.« Sie spricht von ihm als nachsichtiger als sie selbst, aber behauptet, daß auch er strenger sein würde, wenn er mehr mit den Kindern zusammen wäre.

Frau Littleton ist fest davon überzeugt, daß die allgemeinen Verhaltensstandards, die sie für die Kinder gesetzt hat, angemessen und richtig sind, aber sie wünscht sich mehr Selbstbeherrschung bei der Durchsetzung von Tabus. Sie berichtet beim SCT: »Ich kann nicht verstehen, was mich veranlaßt, meine Kinder anzuschreien.« Erinnern wir uns auch an ihre Aussage, daß sie ihre Kinder anschreit, obgleich »ich weiß, daß [es] das Schlimmste auf der Welt ist, was man im Umgang mit Kindern tun kann«.

Von den von Frau Littleton angewendeten, äußeren Verfahrensweisen wird in vielen Familien Gebrauch gemacht. Sie beschreibt die Methoden folgendermaßen:

Ich streiche ihnen ihr Taschengeld, wenn sie Einträge [über schlechtes Benehmen] in ihrem Zeugnis haben. Mir wäre es lieber, sie hätten Sechsen und keine Einträge. Bevor wir Fernsehen hatten, durften sie eine Zeitlang nicht ins Kino gehen. Seit wir Fernsehen haben, bleibt es aus. Es wird in unserem Hause sowieso kontrolliert. Sie werden ins Bett gesteckt. Immer noch. Es tut jetzt mehr weh als früher, als sie klein waren. Ich habe ihnen eingeschärft, daß ich mir Sorgen mache, wenn sie nicht rechtzeitig nach Hause kommen. Wenn sie irgendwohin gehen, lassen sie einen Zettel auf dem Tisch. Und wenn sie zum Mittagessen fünfundzwanzig Minuten zu spät kommen, gibt es kein Mittagessen. Das hat geholfen, weil meine Kinder gerne essen.

INTERVIEWER: Was machen Sie, wenn sie miteinander streiten?

FRAU LITTLETON: Versuche, es nicht zu beachten, solange ich kann, dann schreie ich sie an. Ich höre mir das so lange an und dann platze ich. Es macht ihnen Spaß zu wissen, daß sie mich auf die Palme gebracht haben. Wenn ich Platz hätte, würde ich sie rausschmeißen, die eine in das eine Zimmer und die andere in das andere.

INTERVIEWER: Verlieren Sie je die Beherrschung?

FRAU LITTLETON: Nicht zu oft. Sie sind schon geschlagen worden. Es kommt nicht täglich vor. Wenn ich ärgerlich werde, erkläre ich, wenn mir nicht so viel an ihnen läge, würde ich auch nicht verärgert sein.

Dieser Auszug zeigt die Ungleichmäßigkeit, mit der Bestrafung angewendet wird. Es besteht eine starre Zeitgrenze, was das Zum-Mittagessen-Erscheinen anbetrifft, aber Streiten wird so lange wie möglich ignoriert. (Man könnte natürlich annehmen, daß Frau Littletons eigene Bequemlichkeit hier die Überlegung leitet; das Zuspätkommen der Kinder zum Mittagessen bringt mehr Umstände mit sich als ihr Streiten.) Die Bestrafung wird oft von einem lebhaften Wortschwall und Erklärungen, die Verärgerung der Mutter sei ein Zeichen von Liebe, begleitet. Die Durchsetzung von Verhaltensstandards wird typischerweise verzögert, so daß Fehlverhalten, das zwar verbal mißbilligt wird, de facto akzeptiert wird. Diese verschleierte Billigung von Verhalten, welches nicht mit den erklärten Standards kongruent ist, gestattet die Integrierung von Aggression und Insubordination in das Schema familialen Austauschs. Wie wir gesehen haben, bemerken die Kinder diese Diskrepanz zwischen propagiertem Kode und den tatsächlichen Grenzen. Frau Littletons Aussage läßt darauf schließen, daß die Kinder sich der provokatorischen Wirkung ihres Verhaltens bewußt sind und daß ihre eigenen Handlungen die Kinder zu Fehlverhalten ermutigen. Es könnte ihr auch als eine Entschuldigung dafür dienen, daß sie ihre Aggression auf die Kinder richtet, und für die Strenge der von ihr angewendeten disziplinarischen Maßnahmen.

Die von ihr benutzte Art der Bestrafung ist in erster Linie Verhinderung von Gratifikationen – Entzug von Essen, Geld und Unterhaltung –, obgleich sie auch solche direkten Strafmaßnahmen wie Schlagen anwendet. Liebesentzug ist nicht nur implizit im Entzug von Essen und Vergnügen enthalten, sondern wird auch als spezifische Strafmaßnahme eingesetzt:

Bobby ist wie ich; auch er liebt Zärtlichkeiten. Für ihn ist es die schlimmste Strafe, wenn er keinen Gutenachtkuß bekommt. Dann liegt er bis zwölf Uhr da, bis ich ihm doch einen Kuß gebe.

Den drei Littleton-Kindern ist ein starkes Schuldgefühl bezüglich ihrer Impulse gemeinsam, obgleich dieses bei Betty weniger prononciert ist als bei den jüngeren Kindern. Das Gefühl, etwas »Böses« getan zu haben oder zu tun, ist ein wichtiger Grundtenor ihrer Beziehung zu ihrer Mutter und zueinander. Bobbys aufgestaute Feindseligkeit ist groß, und ihre Unterdrückung verbraucht viel psychische Ressourcen. Ein Großteil seiner Feindseligkeit richtet sich gegen seine Mutter, aber diese Feindseligkeit ist so intensiv, daß seine Hauptbeschäftigung dem Problem des Kontrollierens und Abreagierens von Aggression gilt. Es ist ein nie endender Kampf. Obwohl er seine Gefühle ahnt, sind sie für ihn völlig unakzeptabel. Verärgert zu sein und den Wunsch zu haben, andere zu verletzen, ist immer schlecht und muß verleugnet und um jeden Preis bekämpft werden. Er empfindet Schuldgefühle wegen seiner Feindseligkeit und versucht hartnäckig, Front da-

gegen zu machen, wie die früher zitierten SCT-Antworten zeigen.
Zwölf von Bobbys SCT-Antworten befassen sich mit Versuchen oder Wünschen, anderen zu helfen. Diese Bemühungen sind jedoch nicht tatsächlich von Erfolg gekrönt, denn er bezeichnet sich als böse. Er fühlt, daß er Unrechtes tut und schlechte Wünsche hat, und er macht sich rasch Vorwürfe wegen der Strafen, die er bekommt. Wenn er bestraft wird, muß es seine Schuld sein. Aber seine Furcht vor Strafe trägt zu einem hohen Grad von Verängstigung bei, und er ist so erpicht darauf, Schuld abzubüßen, daß seine emotionelle Freiheit beschränkt wird. Er opfert ein Großteil seiner Energie dafür, seine Mutter zu beschwichtigen, und beschränkt dadurch die Verfügbarkeit dieser Energie für die Stärkung seiner Autonomie. Ein Beispiel dafür, auf welche Weise diese Gefühle in Verhalten umgesetzt werden, liefert ein Ereignis, von dem Frau Littleton mit offensichtlichem Stolz berichtet. Es bezieht sich auf eine Schulveranstaltung, bei der Bobby den Direktor sah, den er nicht persönlich kannte. »Er ging direkt zu ihm hin und umarmte ihn. Er hat Leute gerne und will es zeigen. Es ist ein nettes Gefühl, wenn man sich ungezwungen unter Menschen bewegen kann.« Es ist beinahe überflüssig, die Relevanz Bobbys innerer Probleme für sein Bedürfnis nach Liebe von seiner Mutter zu erwähnen; die Wirkung der Weigerung seiner Mutter, ihm einen Gutenachtkuß zu geben, hat Folgen, die ihr nicht bewußt sind. Frau Littletons Bemerkungen über Bobbys Kooperation und Konformität bekommen größere Bedeutung:

Im Umgang mit Bobby habe ich überhaupt keine Schwierigkeiten. Wenn andere ihn um irgend etwas bitten, ist er bockig. Wenn man sich die Zeit nimmt, ihm zu erklären, warum es falsch ist, hört er auf die Begründung. Er hilft mir, gleich was ich ihm auftrage. Bobby ist immer zärtlich und hat immer Zärtlichkeit verlangt. Er ist vielleicht verwöhnt. ... Er hat jeden so lieb. Seine Lehrerin sagt, sie schickt ihn in die Ecke, und hinterher kommt er zu ihr und sagt: »Ich habe Sie gern, Fräulein T.«

Bobbys Ansicht über die Kontrollvorgänge in der Familie und seinen Platz in dem System wird weiter verdeutlicht durch seine Bemerkungen über elterliche Strafe:

Interviewer: Was tun deine Mutter und dein Vater, damit die Kinder hören?

BOBBY: Meine Mutter sorgt dafür. Manchmal muß sie es wütend sagen. Manchmal muß sie den Gürtel oder den Schuh meines Vaters benutzen.
INTERVIEWER: Wann wird sie wütend?
BOBBY: Wenn Betty an einem einzigen Tag fünf Kinder mit ins Haus bringt, oder sonst, wenn wir etwas Unrechtes tun.
INTERVIEWER: Was zum Beispiel?
BOBBY: Kindern weh tun, die kleiner sind als wir. Manchmal bringe ich Spielsachen mit raus, wenn ich es nicht soll. Sie hebt eins auf und wirft es nach mir, und sie sagt mir, ich soll sie wegräumen; da tue ich, was sie sagt.
INTERVIEWER: Was macht sie, wenn die Kinder sich streiten?
BOBBY: Sie schickt sie beide ins Bett.
INTERVIEWER: Was macht sie, wenn ihr Widerworte gebt?
BOBBY: Sie schlägt uns ins Gesicht.
INTERVIEWER: Verliert dein Vater jemals die Beherrschung?
BOBBY: Wenn Mama sagt, wir sollen das Fernsehen ausmachen, tun wir's nicht; und da bringt er uns dazu.
INTERVIEWER: Verlierst du jemals die Beherrschung?
BOBBY: Nein.

Bobbys TAT-Antworten ergänzen auf noch dramatischere Weise seine Ansicht über sich selbst und die Strafmaßnahmen in der Familie, die für ihn zu einer psychologischen Notwendigkeit geworden sind:

KARTE 3BM: Der kleine Junge hier weint. Ich weiß nicht, warum er weint. Vielleicht ist was nicht in Ordnung mit ihm, oder er hat etwas Unrechtes getan und seine Mutter mußte ihn bestrafen, und er muß vielleicht ins Bett gehen. Vielleicht hat er eine Fensterscheibe zerbrochen.

Sallys innerer Aufruhr ist nicht so stark oder so schwächend wie Bobbys, aber sie zeigt eine ähnliche Neigung zur Selbstbestrafung. Auch sie hegt einen tiefen Groll, der sich besonders gegen ihre Eltern richtet, aber auch jeden zum Ziel hat, der als Mitbewerber für begehrte Objekte ihrer Liebe angesehen wird. Sie akzeptiert teilweise ihre mehr oberflächliche Verärgerung, aber sie versucht, die tiefergehende Feindseligkeit von sich zu trennen. Offener Ausdruck von Verärgerung ist gewöhnlich auf Gelegenheiten, bei denen sie provoziert wird, beschränkt; der größte Teil ihrer Aggression kommt äußerlich nicht zum Ausdruck. Sie ist im Grunde ein intrapunitiver, strafbedürftiger Mensch. Schuldgefühl und Angst sind mäßig stark, aber durch ihre intrapunitiven Tendenzen gemildert. Ihre Ich-Integration bleibt bei aggressiver Erregung ziemlich gut erhalten, aber sie erfährt manchmal eine leichte Beeinträchtigung von Ich-Effektivität. Doch hat sie das Gefühl, ein »böses Mädchen« zu sein, und sie versucht oft, von dieser Last freizukommen entweder durch Anerkennung ihrer Schuld oder durch den Versuch, sich zu rechtfertigen und den ständigen, selbst-aufgebürdeten Vorwurf abzuwenden.

In den sich direkt aus der Mutterrolle ableitenden Aspekten ihrer Beziehung sieht auch Sally ihre Mutter als eine Quelle der Deprivation. Sie ist ein strenger Erzieher (»Und manchmal, wenn wir uns schlecht benehmen, gibt sie uns kein Abendbrot«) und ein lautstarker Kritiker (»Gewöhnlich schreit uns unsere Mutter an, und Tabby ist immer hungrig, und das Fernsehen wird ausgemacht«). Das manifeste Rollenbild schließt andere Aspekte ein: Sie ist sehr tüchtig im Organisieren des Haushaltsgeschehens, ein allwissender Spürhund für Missetaten und hilfreich, wenn etwas schiefgeht. Im Vergleich mit der Mutter ist der Vater als Disziplinierender und Autoritätsperson deutlich untergeordnet und wird bestenfalls als Stütze für die von seiner Frau aufgestellten Standards empfunden. Er selbst scheint nur wenig Durchsetzungsvermögen zu haben.

Sallys Bemerkung in ihrer Schilderung des Tagesablaufs (»Gewöhnlich stellen wir etwas an.«) wird in den folgenden Bemerkungen über ihre Eltern und deren disziplinarisches Verhalten weiter ausgeführt:

Wenn wir etwas Unrechtes tun, sagen wir es immer der Mama, weil sie es sowieso herauskriegt. Wenn sie richtig wütend ist – wenn wir etwas Unrechtes tun und es nicht erzählen –, dann ist sie auch richtig wütend, und sie schreit uns an.

INTERVIEWER: Sie schreit euch an. Tut sie sonst noch was?

SALLY: Verhauen, aber sie verhaut uns nicht mehr so viel. Und manchmal, wenn wir bös sind, gibt sie uns kein Abendbrot. Wenn wir spät aus dem Kino nach Hause kommen – sagt sie uns, daß wir das nicht sollten, aber dann ist es schon passiert –, manchmal kriegen wir kein Abendessen.

INTERVIEWER: Was passiert, wenn ihr schlechte Noten nach Hause bringt?

SALLY: Der Fernseher bleibt einen Monat lang aus, sogar sonnabends und sonntags. Und Sonntag ist Papas freier Tag. Wir können nicht fernsehen. Wir kriegen es zu sehen, weil er es gerne sieht.

INTERVIEWER: Was passiert, wenn ihr euch streitet?

SALLY: Wir werden verhauen. Selbst wenn wir uns streiten und sie das rauskriegt, unternimmt sie nichts. Sie schreit uns an und sagt uns,

wir sollen aufhören. Sie unternimmt nichts, aber wenn wir es noch einmal tun, schickt sie uns raus.
INTERVIEWER: Was passiert, wenn ihr Widerworte gebt?
SALLY: Sie verhaut uns oder verlangt eine Entschuldigung. Mein Bruder mußte »Es tut mir leid« zur Lehrerin sagen.
INTERVIEWER: Wird euer Papa jemals richtig wütend und verliert die Beherrschung?
SALLY: Nein.
INTERVIEWER: Tut er jemals irgend etwas, damit ihr hört?
SALLY: Er sagt es uns immer und immer wieder, und er wird richtig wütend, und er schreit uns an. Dann schlägt er uns entweder oder er dreht den Fernseher ab, und wir gehen ins Bett.

Für Sally wie auch für die beiden anderen Kinder ist die Autoritätsausübung in der Familie häufig von strafender und entziehender Art. Die Belohnungen für gutes Benehmen liegen vermutlich in der temporären Entlastung von korrektiven Maßnahmen, von Schuldgefühl und Angst. Eine SCT-Antwort zeigt, daß Sally sich des negativen Aspekts der Kontrolle und Bestrafung bewußt ist, und auch ihren Wunsch, die Umstände möchten anders sein: »Die Kinder wären besser dran, wenn ihre Eltern / nett zu ihnen wären.«

Auch Betty hat das immer vorhandene Gefühl, Unrecht zu tun und böse zu sein, das auch bei ihrem Bruder und ihrer Schwester evident ist. Die auf ihr lastende Bürde der Schuld zeigt sich in ihren Satz-Ergänzungen (»Kinder / sind oft böse«) und in ihren TAT-Antworten. Als Beispiel dafür ein Auszug aus ihrer Geschichte zu Karte 3BM:

Der kleine Junge, er war morgens aufgewacht, und er war griesgrämig und fühlte sich nicht so gut an jenem Abend, nein jenem Morgen, er wurde in der Schule in die Ecke geschickt. Er war ein böser Junge. ... Er ging wirklich spät nach Hause, und seine Mutter schimpfte ihn aus, und er bekam kein Abendbrot, weil er ein böser Junge war, da tat er sich selbst leid und fing an zu weinen und ging in sein Zimmer. Und als er an jenem Abend ins Bett ging, betete er, Gott möge ihm helfen, ein lieber Junge zu sein. Am nächsten Tag war er lieb und beschloß, immer lieb zu sein.

Obwohl Bettys Schuldgefühl einen starken inneren Druck in Richtung auf Konformität ausübt, hat ihre Wahrnehmung der Art der Bestrafung in der Familie ihr bewußt gemacht, daß Konformität und »lieb sein« nicht notwendigerweise die von ihr gewünschten Belohnungen nach sich ziehen oder Vorwürfe und Strafen von seiten ihrer Mutter verhindern. Sie

versteht die den Belohnungen zugrunde liegende Motivation – oder glaubt es wenigstens – und ist geneigt, diese kleinen Vergünstigungen als Annehmlichkeit und Gratifikation für Frau Littleton und nicht so sehr als Gefallen für die Kinder anzusehen. Mit Angst – wie die anderen Kinder – reagiert sie auf Frau Littletons ungewöhnliche Forderung nach verbaler Aufrichtigkeit, aber sie wirft ihrer Mutter vor, daß sie ihr nicht einmal dann glaubt, wenn sie tatsächlich die Wahrheit sagt.
Betty hegt einen tiefsitzenden Groll gegen beide Eltern. Sie ist sich dieses Gefühls zum großen Teil bewußt, jedoch nicht dazu fähig, seine Intensität zuzugestehen. Ihr Ressentiment erstreckt sich verallgemeinernd auf andere Erwachsene und auf die Welt im allgemeinen. Sie beschreibt die Nachbarschaft als gemein und sagt, die Kinder hacken auf ihr herum, aber sie ist dieser Art von Austausch gewachsen: »Ich kann mit ihnen fertig werden, wenn sie auf mir oder meinem Bruder herumhacken.« Bettys Ressentiment gegenüber ihren Eltern, welches sich aus einem grundlegenden Gefühl emotionaler Deprivation ableitet, ist durch die Tatsache entstanden, daß ihr Verantwortung und Perspektiven der Erwachsenen aufgezwungen wurden. Sie ärgert sich darüber, daß sie am Sonnabendmorgen ihr Frühstück selbst machen muß, und sie ärgert sich über die willkürliche Art der Bestrafung von seiten ihrer Mutter. Ihr obliegt es, ihren Bruder nicht nur zu beschützen, sondern ihn auch zu bestrafen, und ihr wohlbedachtes Hinauszögern der Mitteilung an ihre Mutter verweist auf eine Tendenz, für ein neunjähriges Kind ungewöhnlich reife Entscheidungen zu treffen.

Betty ist ein Mädchen, das auf Hilfe von außen hofft (»...Gott möge ihm helfen«), aber erwartet, auf sich selbst gestellt zu sein (»...Am nächsten Tag war er lieb und beschloß, immer lieb zu sein«). Auf eine vage und ängstliche Weise übernimmt sie Verantwortung – oder fühlt das Bedürfnis, sie zu übernehmen – für das Wohlergehen anderer einschließlich ihres Vaters. Als Beispiel dafür ihre Antwort auf Karte 8BM:

Der Vater dieses Jungen wurde krank und schwach, und der Junge bat den Arzt zu kommen, und der Arzt sagte, eine sehr teure Operation sei erforderlich, und da sagte der Junge, er würde seinem Vater helfen, das Geld zu verdienen, und er bekam einen Job, bei dem er fünfundzwanzig Dollar pro Woche verdiente, und er sagte, er würde den Arzt bezahlen, sobald er das könnte; da führte der Arzt die Operation aus, und nach einer Weile wurde er wieder gesund, aber er wurde durch einen Gewehrschuß verletzt wegen einiger Banditen, da mußte der Junge wieder arbeiten gehen. Diesmal hatte er nicht genug Geld, um die Operation zu bezahlen, da nahm er einen anderen Job an, bei dem er fünfzig Dollar pro Woche verdiente, aber er mußte immer schwerer arbeiten. Schließlich wurde auch er krank, aber er wurde wieder gesund, und sein Vater war gerettet.

Die Geschichte bringt natürlich etwas von der Ambivalenz der Gefühle Bettys ihrem Vater gegenüber zutage, aber die Relevanz liegt hier in ihrer Konzeption des Platzes und der Verantwortung, die ein Kind in der Familie innehat. Sie möchte sehr gerne umsorgt werden, aber die Erwachsenen sind schwach und krank, und es erfordert eine Anstrengung ihrerseits, sie zu versorgen. Der Status eines Kindes ist nicht klar definiert: Sie ist gezwungen, zuviel über Schwächen der Erwachsenen zu wissen und das Leben von ihrem Standpunkt aus zu betrachten. Jedoch setzt man kein Vertrauen in sie, ihr werden zu Unrecht Vorwürfe gemacht, und häufig werden ihr Belohnungen vorenthalten, die vermutlich als Gewohnheiten etabliert waren: »Meistens sperrt sie uns das Taschengeld.«
Betty erkennt auch die übergeordnete Stellung der Mutter in der Familie: »Meine Mutter sprach über den Kauf von Jalousien. Er wollte nicht. Wir haben sie bekommen. Sie erreicht es immer.« Diese Beobachtung koinzidiert mit ihrem Bild vom Mann, das in ihrer Antwort auf Karte 2 (vgl. S. 145 f.) dargestellt wird. Ihm fehlt es an Initiative und Entschlußkraft, und er braucht Beistand und Führung durch die Frau. Die Tatsache, daß sie ihren eigenen Vater in diese Konzeption einbezieht, bringt sie in einen Rollenkonflikt. Als weibliches Wesen sieht sie sich potentiell fähiger und selbstsicherer; als Kind kann sie von den Vorrechten ihres Geschlechts nicht leicht Gebrauch machen.
In den Interviews und Satz-Ergänzungen gibt es immer wieder Hinweise auf zwei Verhaltensweisen, die für Frau Littleton von großer Wichtigkeit sind: Vorsätzliche verbale Falschdarstellungen und direkte Herausforderung ihrer Autorität. Sie besteht auf Respekt (»... Kinder müssen allen Älteren widerspruchslos gehorchen«) und duldet keine Widerworte. Ihre Weigerung, die Versuche der Kinder, sie zu belügen, zu dulden, wird von starker Emotion begleitet, wie zum Beispiel in einem

Austausch mit Sally, von dem sie erzählt: »Sie steht da rum. Ich habe gesehen, wie sie es getan hat. Sie weint und sagt, daß es nicht ihre Schuld ist ... Was es so schrecklich macht ist, daß sie es abstreitet.«
Die Ereignisse, die die Eltern zum Ausdruck von Ärger gegenüber ihren Kindern veranlassen, sind von offensichtlicher Bedeutung für das Verstehen sowohl der Eltern als auch der inneren Dynamik der Familie. Wir nehmen an, daß diese Bereiche unverhohlener Verärgerung nicht bloß zufällig und wahllos verteilt sind, sondern daß sie Punkte der Empfindlichkeit und Belastung in der emotionalen Interaktion der Familie darstellen. Die Bedeutung dieser Streßsituationen mag in dem durch sie verursachten äußeren Verhalten nicht immer offensichtlich sein. Das aggressive Moment der Bestrafung in der Familie kann durch eine Vielzahl von Rationalisierungen getarnt sein, die die grundlegende Bedeutung des disziplinarischen Austauschs vor den Eltern und den Kindern verbergen. Frau Littletons Besorgnis in bezug auf die Aufrichtigkeit ihrer Kinder und auf deren Neigung zu Widerspruch erinnert an eine andere Aussage von ihr über Kinder: »Ich habe immer gesagt, daß ich Kinder gern habe, bis sie einen eigenen Willen haben. Dann könnte sie jemand anders aufziehen.« Frau Littleton gibt ihre eigene Verbohrtheit offen zu: »Mir ist fast jedes Mittel recht, um zu beweisen, daß ich recht habe.« Aber sie entmutigt diese Eigenschaft bei ihren Kindern: »Ich möchte gerne, daß sie nicht ganz so dickköpfig sind wie ich.« Sie erwähnt jedoch ohne offensichtliches Bedauern ihre eigene Dickköpfigkeit als Kind.
Sowohl die Interview-Antworten wie die TAT-Geschichten zeigen Karen Littletons grundlegendes Mißtrauen gegenüber engen, interpersonalen Beziehungen: »Man ist besser dran, wenn man alle mag und niemanden zu gern hat.« Diese Gefühle leiten sich aus ihrer Erinnerung ab, als Kind sowohl vom Vater als auch von der Mutter im Stich gelassen worden zu sein. Sie wünscht sich verzweifelt, die Liebe ihrer Eltern zu erfahren oder zurückzugewinnen: »Ich fürchte, Sie werden am Ende sagen, mein Herz ist in Dänemark geblieben, und, ich schätze, das ist es auch.« Aber sie zwang sich dazu, unabhängig, selbständig und selbstgenügsam zu werden; und auf eine Weise, die sich bei Betty wiederholt, wurde das ihr Stolz,

ihr Schmerz und ihre Pein. Sie kann ihrem Ärger über ihre Kinder nicht entfliehen, denn diese haben Eltern, was sie nicht hatte; sie werden einen eigenen Willen entwickeln und werden sie zweifelsohne verlassen und abweisen. Sie hat Babys gern – diese können die Beziehung nicht in Frage stellen oder sich weigern, sie zu lieben. So bekommt das gesprochene, in unabhängigem Geist konzipierte Wort symbolische Bedeutung: Lügen heißt die Gegenseitigkeit der Mutter-Kind-Beziehung zurückzuweisen und Treulosigkeit an den Tag zu legen, die sie bei engen Beziehungen für unvermeidbar hält. Sie ist aufs stärkste getäuscht worden und kann nie wieder auf Liebe bauen, die nicht durch irgendeine Notwendigkeit gebunden ist – Heirat, Abhängigkeit oder erzwungenen Respekt eines Kindes für seine Eltern. Sie weigert sich, ihre TAT-Geschichten glücklich ausgehen zu lassen, mit einer Ausnahme – der Mann, der an Gott glaubt: »Ich weiß, es wird ihm gut gehen.«

Frau Littleton ärgert sich über ihre Kinder, bevor sie sich schlecht benehmen, weil sie eifersüchtig auf diese ist und weil auch diese sich von ihr zurückziehen werden. Sie macht ihnen auf viele irrelevante Arten Vorwürfe, wobei sie kindliche Verstöße als Medium und Rationalisierung für ihre Vorwürfe nimmt. Ihre Disziplinierung bekommt notwendigerweise einen unberechenbaren, impulsiven und willkürlichen Zug und erzeugt in den Kindern ein drückendes Schuldgefühl, das nur vage zu den Ereignissen in Beziehung steht, die die anklagende, nörgelnde Stimme auslösen. Die Angst der Kinder wird nur teilweise sozialisiert, weil es der elterlichen Disziplinierung an sozialer Bedeutung fehlt. Sie rächen sich, indem sie sie provozieren und indem sie für sich selbst Strafe heraufbeschwören, um ihre Kontrolle über ihren eigenen unbewußten Groll ihr gegenüber zu fördern und sich temporäre Entlastung von dem ständigen Schuldgefühl zu schaffen, was durch direkte Bestrafung erreicht wird. Der von uns beobachtete Unterschied zwischen dem propagierten Verhaltenskode und dem Strafvollzug dient so psychologischen Bedürfnissen der Eltern und der Kinder: Das Kind »genießt es«, den Elternteil herauszufordern und Strafe heraufzubeschwören; der Ärger der Mutter findet Rechtfertigung und Ausdruck, und der Vorfall im ganzen bestätigt wiederum ihre Überzeugung, daß die Kinder sie nicht wirklich lieben. Sich selbst und ihrer Mutter gegenüber

suchen die Kinder individuelle Adaptionen. Sie sind sich vage der starken Verärgerung der Mutter bewußt, und gelegentlich erkennen sie deren Motivationen, obgleich sie sie nicht verstehen. Betty entwickelt die Selbständigkeit und Selbstgenügsamkeit ihrer Mutter; Sally versucht, ihre Schuld zu leugnen und sie auf ihre Geschwister abzuschieben; Bobby versucht, seinen Ärger und seine Furcht in Liebe, physische Zärtlichkeit und Konformität umzumünzen.
Wie seine Kinder ist auch Herr Littleton empfänglich für Kontrolle durch Anklage. Sein Gefühl persönlichen Versagens wird durch die Vorwürfe seiner Frau intensiviert, er habe sie durch seine Weigerung, in seinem Beruf mobil zu werden, und die Familie durch seine Weigerung, ihr mehr Zeit zu widmen, im Stich gelassen. Als Reaktion darauf hat er sich auf seine Arbeit, das Fernsehen und auf den Urlaub fern von der Familie zurückgezogen. Wenn er sich nicht zurückziehen kann, gibt er nach, indem er seine Vorliebe für Sally um der anderen Kinder willen unterdrückt und indem er an seinem freien Tag den Haushalt besorgt (zugunsten seiner Frau). Herrn Littletons Kontrolle über die Kinder ist minimal, obgleich er sie aufgrund seines Status und seiner Stärke disziplinieren kann. Seine Disziplinierung besteht jedoch in erster Linie in der Unterstützung seiner Frau.

Liebe und Rivalität: das Drama der Gruppierung innerhalb der Familie

Die für die Littletons charakteristische Vermeidung von Intimität entspringt einem grundsätzlichen Mißtrauen gegenüber der Reziprozität und Stabilität von intimem Gefühlsaustausch. Sie steht unserer Meinung nach auch in Beziehung zu einer inadäquat entwickelten Fähigkeit, Gefühle positiver Art mitzuteilen. Der Versuch, die Technik für den Ausdruck von Liebesbezeugungen zu meistern, wird lebhaft veranschaulicht durch Bobbys verbale und physische »Liebes«-bezeugung seiner Lehrerin, dem Direktor seiner Schule und seiner Mutter gegenüber. Physischer Kontakt ist für ihn und bis zu einem gewissen Grade auch für die anderen Familienmitglieder gleichbedeutend mit Liebe. Bobby erkennt schemenhaft das kindhafte seines Wunsches, bemuttert und umarmt zu werden, und er weiß, daß physischer Kontakt für seinen Vater weniger akzeptabel ist als für seine Mutter. Im Gespräch über »das, was man am liebsten mit der Familie tut«, sagt Bobby über seinen Vater: »Papa läßt uns gewöhnlich auf seinem Schoß sitzen und fernsehen.« Später fügt er hinzu:

Ich glaube, er hat mich am liebsten. Ich störe ihn nie. Deswegen.
INTERVIEWER: Was stört ihn denn?
BOBBY: Sie sitzen immer auf seinem Schoß, wenn er sie nicht haben will.

Folglich glaubt Bobby, in der Gunst zu steigen, wenn er auf die von ihm bevorzugte Art, Liebe auszudrücken, verzichtet. Er glaubt, durch Anerkennung der Getrenntheit Intimität zu gewinnen. Die Wichtigkeit physischer Zärtlichkeit zeigt sich auch in Frau Littletons Beschreibung ihres Wortwechsels mit Herrn Littleton über seine Vernachlässigung Bettys: »Jetzt nimmt er Betty auf den Schoß und hält sie fest und liebkost sie.« Zu einem späteren Zeitpunkt kritisiert sie seinen generellen Mangel an Zärtlichkeit: »Sein [Bobbys] Vater zeigt Zuneigung nicht leicht.«

Die offensichtlichsten Gesten der Zuneigung geschehen im Kontext zweier paarweiser Gruppierungen: Frau Littleton und Bobby, Herr Littleton und Sally. Herrn Littletons Vorliebe für seine zweite Tochter ist aus den Bemerkungen seiner Frau über ihr Mitleid mit Betty, die »ihren Papa« an ihre Schwester »verlor«, evident. Herrn Littletons Bemerkungen über Sally bestätigen diese Schlußfolgerungen:

Sally ist ihrer Mutter ähnlicher als die anderen. Sie ist blond. In ihrem Äußeren ist sie ihrer Mutter ähnlicher. Sie ist ihrer Mutter ähnlicher als die anderen. Ich würde sagen, sie ist ein liebenswertes Kind. Am Valentinstag bekam sie mehr Karten als die anderen. Das könnte ein Beweis sein. Sie hat Freundinnen und sogar Freunde, die an ihr interessiert sind und hierher kommen. Ihre Mutter ist geschickt im Nähen. Sally interessiert sich dafür. Sie wird wahrscheinlich eine gute Hausfrau werden, vielleicht sogar eine bessere als ihre Mutter. Sie hat Kinder, Babies gern. Sie will sechzehn haben, wenn sie erwachsen wird. Sie ist ein sehr feminines Mädchen. Sie hat Puppen gern. Natürlich spielt sie mit Murmeln. Sie ist jedoch, genaugenommen, ganz Mädchen. Sie ist beinahe eine Kopie meiner Frau. Ich komme mit Sally besser aus als mit Betty oder Bobby. Ich würde nicht sagen, daß ich sie bevorzuge. Wahrscheinlich sagt meine Frau, daß ich das tue.

Vielleicht tue ich es auch, unbewußt. Sie ist diejenige, die auf meinen Schoß klettert, wenn ich mich hinsetze.

Hier ist es angebracht, eine Betrachtung über Herrn Littletons Frauenbild und seine psychologische Einstellung zu ihnen einzuführen. Aus dem Interview mit ihm erfuhren wir, daß er glaubt, die Beziehungen zu Frauen seien für ihn von Kindheit an ein Problem gewesen. Bei der Beschreibung seines Sohnes sagt Herr Littleton: »Wir haben beide Schwierigkeiten mit Mädchen, unseren Schwestern. Ich hatte sie; jetzt nicht mehr. Meine Mutter mochte es nicht, wenn die Kinder Streit hatten . . .« Beim SCT gibt er folgende Antworten:

Die meisten Frauen / habe ich gern und bewundere ich.
Die meisten Männer / sind Angeber.
Im Vergleich mit Männern sind Frauen / überlegter.
Im Vergleich mit Frauen sind Männer / ganz genauso gut, obwohl sie es oft nicht zeigen.

In seinen TAT-Antworten ist die Frau stärker, fähiger und selbstsicherer als der Mann. Im Kontakt mit Mutterfiguren werden andere furchtsam und beschämt. Die Mutterfiguren versuchen, hilfreich oder lehrreich zu sein, aber geben keine emotionale Unterstützung. Als Beispiel dafür seine Antworten auf die folgenden TAT-Karten.

Karte 6BM: Hier gibt es mehrere Möglichkeiten. Vielleicht bringt dieser Mann hier seiner Frau traurige Nachrichten. Vielleicht ein tragischer Unglücksfall, der Sohn oder Vater ist getötet worden. Er ist gerade dabei oder hat ihr schon die schlechten Nachrichten mitgeteilt, und sie hat sich im Kummer abgewendet. Es könnte sein, daß er der Sohn dieser Frau ist und er etwas Unrechtes getan hat und etwas, was seine Mutter nicht billigt. Sie ist gramerfüllt und wendet sich von ihm ab. Er ist voller Reue. Er läßt den Kopf hängen. Es könnte alles mögliche sein. Er könnte seine Stellung verloren haben. Sie hält das für sehr schlimm. Er könnte etwas Unehrenhaftes getan haben. Ich meine, das trifft es ziemlich gut.

Karte 7GF: Das sieht so aus, als ob eine Mutter versucht, ihrer Tochter etwas zu erklären. Sie hat ein Buch in der Hand. Es sieht so aus, als ob es das sein könnte. Die Tochter ist etwa in einem Alter, in dem sie etwas über Sex wissen sollte. Wahrscheinlich versucht die Mutter, ihr das zu vermitteln, einige Fakten über das Geschlechtsleben. Die Tochter hofft voller Scham und halb furchtsam, daß sie nichts Falsches tun wird. Sie hat den Kopf abgewendet. Die Mutter versucht, ihr zu erklären, daß das nichts Unrechtes ist, daß es davon abhängt, wie man die Sache angeht. Die Tochter spielt immer noch mit Puppen, aber sie ist alt genug, sich über gewisse Dinge Gedanken zu machen.

Das Kind ist alt genug, selbst zu lesen, also wird die Mutter einem Kind in seinem Alter keine Geschichte aus einem Buch vorlesen. Sie könnte selber lesen, wenn sie es will.

Herr Littleton sieht seine Frau als mit der Disziplinierung der Kinder befaßt an, ungeduldig und geplagt mit den Kindern:

Sie schreit die Kinder an. Ich weiß nicht, ob sie Ihnen etwas anderes erzählt hat. Es ist nicht ihre Schuld. Sie ist mit ihnen eingepfercht und muß für sie sorgen. Als sie krank war, war es zu schwer zu ertragen. Es erbittert sie nur, wenn die Kinder zu lebhaft sind, wenn zuviel Radau ist.

Später vergleicht er Frau Littleton mit seiner Mutter:

Meine Mutter war mehr vom alten Schlag, vom häuslichen Typ. Sie war häuslicher in bezug auf Essen kochen und dergleichen. Meine Frau tut das auch. Sie vernachlässigt die Kinder nicht, was Essen anbetrifft.

In seinem Interview deutet Herr Littleton an, daß seine Frau die Situation in ihren Interview-Bemerkungen falsch dargestellt haben könnte. Er gehört zu den wenigen Ehemännern unserer Untersuchungsgruppe, die ihre Frauen offen vor den Mitgliedern des Forschungsteams kritisieren oder anzweifeln. Dies und auch Frau Littletons unverhohlene Kritik an ihm und ihre Berichte von erbittertem Streit zwischen ihnen beiden weisen auf den ständigen Konflikt hin, der ihre Beziehung charakterisiert. Seine stärkste Kritik an ihr bezieht sich auf ihre Sorglosigkeit mit dem Haushaltsgeld. Sein wichtigster positiver Beitrag zum Wohl der Familie und die deutlichste Stütze seiner Selbstachtung ist seine Fähigkeit, genügend Geld für die Bedürfnisse der Familie zu verdienen. Ihre Unfähigkeit, dessen Wert zu erkennen, ist eine starke Beleidigung. Er versucht, seine Kritik mit Entschuldigungen zu mäßigen, aber diese verdecken nur schwach sein ambivalentes Gefühl.

Herr Littleton sieht in Sally ein Duplikat seiner Frau, jedoch ohne die Bedrohung, die erwachsene Frauen für ihn beinhalten. Er hat einen Teil der Liebe und des physischen Kontakts, die er Frau Littleton gegenüber nicht mehr zeigt, auf seine Tochter verlagert. Seiner Frau an der Tür einen Kuß zu geben, ist eine überflüssige Formalität; jedoch war seine Zuneigung zu Sally so offensichtlich, daß Frau Littleton sich gezwungen sah, eine gleichmäßigere Verteilung seiner Aufmerksamkeit zu erreichen. Herrn Littletons Vorliebe für Sally verstärkt die Wettbewerbssituation und komplizierte die Beziehung zwischen den beiden Mädchen. Die Eifersucht zwischen den beiden ist stark. Betty ist besonders laut in ihren Einwendungen gegen Sallys Versuche hinterherzulaufen, wenn einer von Bettys Freunden sie zur Schule begleitet.

Herrn Littletons Hinwendung zu Sally gibt dieser beträchtlichen Rückhalt auf Bettys Kosten, die in ständiger Furcht vor Vereinsamung lebt. Ihre Geschichten zu der TAT-Karte 4 veranschaulichen Bettys Furcht und Sallys Optimismus über den Ausgang interpersonaler Beziehungen:

BETTY: Diese Dame und dieser Mann waren in Mexiko. Sie glauben an alle möglichen Sachen, und eines Abends mußte er eine wichtige Aufgabe erledigen, und sie wollte nicht, daß er ging, weil sie glaubte, er würde getötet werden, und sie sagte: »Was meinst du, wer du bist?« Und er sagte: »Ich meine, ich bin wie ein kleiner Krug. Er enthält Wasser, und dafür ist er geschaffen worden, und ich bin für diese Aufgabe geschaffen. Ich bin ein kleiner Krug.« Er sagte zu ihr: »Ich gehe, ob es dir gefällt oder nicht.« Sie klammerte sich an ihn, und er riß sich von ihr los, und als er sich losriß, fiel der kleine Krug zu Boden und zerbrach, und sie weinte und hob die Scherben auf, und als er zur Tür hinausging, schrie sie, weil sie meinte, er würde getötet werden, so wie der kleine Krug zerbrochen war.

SALLY: Ich meine, sie hat ihm etwas angetan, und er ist immer noch wütend, und nach ein paar Tagen wird sie versuchen, ihm zu sagen, daß es ihr leid tut, und er macht sich immer noch nichts daraus. Er ist immer noch wütend auf sie. Er meint, daß er ihr nicht vergeben wird, aber er wird doch, und sie liebt ihn sehr, und sie ist eine hübsche Frau, und ich glaube, sie hat vielleicht ein kleines Mädchen. Ich glaube, sie sind auch schon verheiratet, und ich glaube, daß sie glücklich leben, und ich glaube nicht, daß sie schon vorher einmal wütend aufeinander waren, und ich glaube nicht, daß sie sehr arm sind oder sehr reich.

Herr Littleton wählte zwischen seinen beiden Mädchen, indem er eins seiner Kinder als Objekt besonderer Zuneigung ausersah, und es ist bezeichnend, daß er dasjenige herausgriff, welches seiner Frau am meisten glich. Es ist auch bezeichnend, daß Frau Littleton auf Bobby als Objekt ihrer besonderen Zuneigung setzte. Bobby ist in seinem Aussehen ein Duplikat seines Vaters, aber in den entscheidenden Eigenschaften – Gefühlsausdruck und Selbstvertrauen – sind sie nach Meinung seiner Mutter gegensätzlich. Betty sollte ein Junge werden, und Frau Littleton ist stolz darauf, daß sie Betty trotz ihres Geschlechts akzeptiert. »Ich wollte einen schwarzhaarigen Jungen, aber ich habe Betty nicht verstoßen.« Frau Littleton zieht ganz offen Kinder männlichen Geschlechts vor:

Er [Bobby] arbeitet mit mir zusammen. Das liegt zum Teil an mir. Ich ziehe Jungen vor, sogar bei der Arbeit. Für einen Jungen kann ich immer eine Entschuldigung finden. Mädchen, meine ich, sollten sich einfach benehmen.

Frau Littleton ist entschlossen, Bobby nicht zu einem Ebenbild seines Vaters heranwachsen zu lassen. Wenn Bobby Anzeichen von Schüchternheit zeigte, entwarf sie ein Programm, das dazu bestimmt war, ihn zu unabhängigem und selbstbewußtem Handeln zu zwingen. Sie hat auf einer offenen physischen Demonstration seiner Zuneigung bestanden, und zwar so stark, daß Bobby diese Verhaltensweise als Technik zur Besänftigung von Erwachsenen aufgegriffen hat. Sie meint, daß Bobbys Bedürfnis nach Zärtlichkeit eine Leistung ist, auf die sie stolz sein kann. Wenn sie seine Weigerung oder Unfähigkeit einzuschlafen, bis er einen Gutenachtkuß von ihr bekommen hat, beschreibt, läßt sie die Bobbys Bedürfnis nach symbolischem, physischem Kontakt zugrunde liegende, schreckliche Angst außer acht.

Bobby bietet Frau Littleton Gelegenheit, Verhalten, welches sie bei ihrem Mann verwirft, aber nicht ändern konnte, zu bestrafen und zu versuchen, es zu ändern. Ihr Ressentiment gegenüber Herrn Littleton wird auf seinen Sohn verlagert, und eine der psychologischen Funktionen, denen der Junge dient, ist es, ein männliches Objekt für die Äußerung ihres Ressentiments abzugeben. Bobbys Versuch, sie durch mehr Zärtlichkeit zu besänftigen, liefert ihr eine weitere Ersatzbefriedigung. Bobby hängt an seiner Mutter und geht in seinem Versuch, ihr zu gefallen, bis zum äußersten, aber er wetteifert auch mit ihr und mit seinen Schwestern um die Zuneigung Herrn Littletons. Jedoch hat Frau Littletons Besitzanspruch gegenüber Bobby in Verbindung mit Herrn Littletons Zuwendung zu Sally effektiv Vorrang vor Bobbys Bemühung um eine befriedigende Beziehung zu seinem Vater. Frau Littleton sieht die Vorliebe ihres Mannes für Sally als eine Bedrohung für Betty, aber sie glaubt, Bobby berührte das nicht:

Es hatte keine Wirkung auf Bobby. Ob ihm meine Liebe genügte, weiß ich nicht. Er brauchte seinen Vater nicht. Das ist bei kleinen Jungen oft der Fall. Es hat ihm nicht geschadet. Er nahm Bobby nie irgendwohin mit. Wenn er in den Park ging, nahm er Sally mit zum

Park; er nimmt ihn [Bobby] jetzt mit. Für Bobby ist es das größte Vergnügen, seinen Vater zu begleiten.

Bobbys Geschichte zu TAT-Karte 4 zeigt jedoch Gefühle, von denen seine Mutter überhaupt nichts zu wissen scheint. Bobbys Sehnsucht nach seinem Vater und sein Wunsch, dieser möge ihn den ganzen Tag beschützen, werden durch den Ausgang dieser Geschichte betont:

Ich glaube, die Dame hat den Mann gern, und der Mann will sie nicht heiraten, nur sie will ihn heiraten. Sie will sich mit ihm verloben. Sie findet, er sieht nett aus. Er mag sie überhaupt nicht. Ich glaube, der Mann wird aus der Stadt weggehen. Dann wird sie ihn nicht sehen können. Sie findet, er sieht nett aus. Der Mann arbeitet wahrscheinlich, und deshalb will er nicht heiraten. Er muß hart arbeiten. Ich glaube, er unterrichtet Kinder. Vielleicht hat er eigene Kinder. Deshalb will er nicht heiraten. Er muß sich um seine Kinder kümmern.

Bobbys Antwort auf Karte 7GF wiederholt seine Sorge um seinen Vater. In seiner Geschichte macht sich das Mädchen Sorgen, »weil der Vater ein paar Tage lang nicht nach Hause gekommen ist«. Und seine Assoziation zu 7BM zeigt seinen Wunsch nach engerem Kontakt zu Vaterfiguren:

Der alte Mann und sein Sohn, ich glaube, sie fahren in einem Zug. Der alte Mann redet mit seinem Sohn, und der Sohn, er macht sich Sorgen, und der Vater hat einen blauen Schlips und ein weißes Hemd, und er scheint stolz auf sich und seinen Sohn zu sein. Der Sohn ist stolz darauf zu verreisen, und dieser alte Mann, er reist gerne, und er versucht, genügend Geld zu verdienen, um überall hinzureisen, wo er hin möchte. Beide sitzen zusammen. Sie scheinen sich gernzuhaben. Ich glaube, der Vater sieht den Sohn ganz genau an.

Ganz gelegentlich darf Bobby das Restaurant besuchen, während sein Vater arbeitet. Bobby beschreibt diese Besuche als zu »den Dingen, die ich am liebsten tue«, gehörig und fügt aus freien Stücken hinzu, daß er gerne in einem Restaurant arbeiten würde wie sein Vater. Alles in allem hat Bobby für sich ein positiveres Bild von seinem Vater entworfen als irgendein anderes Mitglied der Familie.

Herrn Littletons erste Bemerkung über Bobby ist die, daß er öfter Widerworte gebraucht als die anderen Kinder. Er sieht ihn als einen Jungen mit vielen persönlichen Problemen und glaubt, daß Bobbys Mangel an gleichaltrigen Jungen für seine Schwierigkeiten verantwortlich ist:

Er hat von unseren Kindern die meisten Probleme. Er ist langsam in der Schule. Er ist nicht so aufgeweckt wie die anderen beiden. Er gibt sich viel Mühe. Er versucht, in die obere Hälfte der Klasse zu kommen. Ich glaube, er wird es schaffen. Er ist langsam im Lesen. In Rechtschreibung und Rechnen ist er gut. Es sind nicht seine Augen. Wir haben sie überprüfen lassen. Er ist ein Junge, der zu ständigem Kontakt zu zwei Mädchen gezwungen ist. Es gibt nicht viele Jungen in dem Haus. Er ist schwer zu handhaben. Das kommt von zuviel Kontakt zu den Mädchen. Ich hatte zum Teil ähnliche Schwierigkeiten. Wir waren gleichmäßig verteilt, drei Jungen und drei Mädchen. Ich hatte Schwierigkeiten mit den Mädchen. Er hat ein ziemlich heftiges Temperament. Er ist leicht aufgebracht. Gelegentlich gebraucht er Widerworte.
INTERVIEWER: Wie kommt er mit seiner Mutter zurecht?
HERR LITTLETON: Genauso wie mit mir. Er hat mehr Einträge gehabt als die anderen beiden. Manche Lehrer kommen nur schwer mit ihm zurecht. Er ist etwas schwierig. Wenn er etwas nicht sofort begreift und die Lehrerin streng ist, weiß ich nicht, ob er trotzig oder mit Weinen reagiert. Ich glaube, er gibt sich Mühe. Die Lehrerin merkt das nicht. Er glaubt, sie hackt auf ihm herum. ... In letzter Zeit kommt er mit der Lehrerin gut aus. Er hat sich sehr gebessert. Ich glaube, seine Mutter hilft ihm wesentlich dabei.
INTERVIEWER: In welcher Weise, glauben Sie, gleicht Bobby Ihnen?
HERR LITTLETON: Er sieht mir ziemlich ähnlich. Seine Mutter sagte, er sieht genauso aus wie ich.
INTERVIEWER: In welcher Beziehung möchten Sie, daß Bobby Ihnen gleicht?
HERR LITTLETON: Ich habe keine hervorstechenden, charakterlichen Eigenschaften, die ich gerne auf ihn übertragen würde. Solange er er selbst ist und was Rechtes wird – ich sehe keine hervorstechenden Eigenschaften. Ich möchte, daß er ein braver, aufrichtiger Junge ist.

Zu einem späteren Zeitpunkt des Interviews vergleicht er Bobby mit Sally:

Bobby ist kleiner als Sally. Er ist linkshändig. Sie ist rechtshändig. Sie ist mehr begünstigt worden, sowohl von uns wie in der Schule. Er hat das wahrscheinlich übelgenommen. Er ist dabei, es zu überwinden. Er mußte orthopädische Schuhe tragen, weil er X-Beine hatte. Er hat vor kurzem damit aufgehört. Sally ist gesünder und robuster. Er hat leicht einen empfindlichen Magen. Gewisse Sachen verträgt er nicht. Ich würde nicht sagen, daß er schwächlich ist. Nichts ist grundsätzlich nicht in Ordnung mit ihm.

Herr Littleton erkennt, daß sein Sohn für die Familie und auch für ihn selbst in gewisser Weise ein Problem ist, aber er fühlt sich nicht dazu in der Lage, Bobby bei einer Lösung behilflich zu sein. Das Gefühl seiner eigenen Unzulänglichkeit wird durch

die ihm von Bobby auferlegten Forderungen nach einem Identifikationsmodell intensiviert. Im Gegensatz zu seiner Frau ist es ihm unmöglich, eine ersatzweise Neugestaltung seines eigenen Lebens durch Bobby zu versuchen. Vermutlich erkennt er Frau Littletons Versuche, Bobby zu einem Nicht-Joe Littleton zu formen, und merkt, daß sie größere Fähigkeiten besitzt als er, den Jungen zum Mann zu erziehen.
Die emotionalen Bindungen unter den Littleton-Kindern werden von Betty verallgemeinernd zusammengefaßt:

Vielleicht möchten Sie wissen, wie wir drei auskommen. Unser Verhältnis ist o. k. Wenn ein anderer in Schwierigkeiten ist, stehen wir sie zusammen durch. Wir streiten uns vielleicht, aber das ist alles.

Bei der Erörterung des Tagesablaufs zum Beispiel sprechen die Kinder häufig von »wir« und »sie«, wenn sie sich auf die Interaktion mit Frau Littleton beziehen. Wir haben schon Bettys Tendenz erwähnt, Bobby sowohl zu beschützen als auch zu bestrafen. Sie scheint ihn gern zu haben und dankbar zu sein für die Tatsache, daß er sie nicht stört.

Was mir an meinem Bruder gefällt, ist die Tatsache, daß er gewöhnlich für sich alleine spielt und mich nicht belästigt. Was mir an meiner Schwester gefällt, ist, daß sie, wenn sie gut gelaunt ist, mit einem spielt und wie eine Freundin ist. ... Bobby ist weichherzig wie mein Papa. Er gibt in allem, was man will, nach. Sally ist eigensinnig ... wie meine Mutter. Ich bin nicht so eigensinnig wie sie, und ich möchte nicht mit jedermanns Freundin gehen, wie sie das tut.
INTERVIEWER: Mit wem kommt deiner Meinung nach deine Mutter am besten aus?
BETTY: Bobby. Er springt als erster auf und tut alles für sie.

Frau Littletons Bemerkungen zufolge hat Betty erbitterte Kämpfe mit Sally. Anderes Datenmaterial bestätigt, daß die Rivalitäten unter den Geschwistern sich zwischen Sally und den anderen beiden abspielen. Auch Frau Littleton befindet sich in deutlichem Konflikt zu ihrer zweiten Tochter. Sie lobt Betty und Bobby, aber hat keine Komplimente für Sally, die über eine Bemerkung über ihre »angenehme Stimme« hinausgingen. Frau Littleton macht an verschiedenen Stellen des Interviews die folgenden Bemerkungen über Sally:

Sie ist einfach ein ganz normales Kind, während Betty anders gewesen ist. ... Bis jetzt kann ich nichts Bestimmtes entdecken, was ermutigend wäre. ... Ich bin mit ihr beim Arzt gewesen. Ich hatte das Gefühl, sie redete zuviel.

Im Umgang mit Bobby habe ich überhaupt keine Schwierigkeiten. Gerade jetzt ist Betty in einem Alter, wo sie mehr weiß als ich. Wenn ich ihr sage »Jetzt ist es aber genug«, hört sie auf. Sally hat ein übles Temperament. Sie weint, wenn sie die Beherrschung verliert, wie ich. Ich kann nicht kämpfen. Ich weine. In der Beziehung ist sie wie ich. Sie ist schnell aufgebracht.

Betty verschenkt fast lieber etwas, als daß sie etwas annimmt, und ich verschenke gerne Sachen. Sally ist wie ich mit ihrem Weinen und ihrem Temperament. Ich habe es jetzt beherrschen gelernt, aber ich war wie sie, als ich klein war. Im Aussehen ist sie mir nicht sehr ähnlich.

INTERVIEWER: In welcher Beziehung ist sie anders als Sie?

FRAU LITTLETON: Sie ist sehr, sehr egoistisch. Sie vergeht vor Kummer, wenn sie ein Geschenk machen mußte. Ich habe so oft mit ihr darüber gesprochen und versucht, sie zu der Einsicht zu bringen, daß sie nicht alles für sich behalten kann. Ich habe einige Hefte von ihr weggeworfen. Es war einfach kein Platz. Sie weinte. Bobby gibt ihr nach. Er ging rein und fragte sie, ob sie Nachtisch wollte. Sie ist bei den Lehrern gut angeschrieben, aber sie kommt mit Kindern nicht so gut aus. Alles für Sally. Es muß immer zu ihren Gunsten sein.

Die Kinder zanken und streiten und hacken aufeinander herum, aber es soll nur ein anderer versuchen, da stehen sie zueinander. Ich machte mir Sorgen wegen Betty. Ich fragte mich, ob sie Sally tatsächlich weh tun würde, wenn sie Gelegenheit dazu hätte.

INTERVIEWER: Sie haben mir noch nicht gesagt, in welcher Beziehung Ihrer Meinung nach Sally Ihrem Mann gleicht.

FRAU LITTLETON: Sie ist nicht sehr zärtlich. Man bekommt einen Kuß von ihr, und es ist tatsächlich ein Kompliment. Und sie hat eine hübsche Stimme und ihr Vater hat eine sehr angenehme Stimme. Mir fallen andere Leute in seiner Familie ein, denen sie ähnlich ist, aber nicht ihm. Er hat eine Schwester. »Ich kümmere mich um mich, und alle anderen können ins Wasser springen.« Eben diese Schwester war immer stolz darauf, nie irgend etwas von anderen zu brauchen. Zur Zeit arbeitet ihr Mann unter meinem Mann. Das ist ein verdammt gutes Gefühl.

Die von Frau Littleton an ihrer jüngeren Tochter am heftigsten kritisierten Eigenschaften sind solche, die zugegebenermaßen auch für sie Probleme waren. Sallys größte Sünde ist jedoch, daß sie in Herrn Littletons Gunst steht. Es ist diese Verbindung, die sie zum Angriffsziel ihrer Mutter und ihrer Geschwister macht. Folglich bringt ihr die Beziehung zu ihrem Vater, den sie nur sonntags sieht, täglichen Konflikt mit den anderen Familienmitgliedern ein.

Die affektiven Beziehungen innerhalb der Familie Littleton zeigen die für den Lebensstil der Familie charakteristische Zersplitterung. Paarweise Beziehungen gehen auf Kosten anderer

Familienmitglieder und tragen zur Zerstörung des Zusammenhalts und der Harmonie der Familie bei. Liebe ist nicht generell verfügbar; man muß um sie feilschen, und sie muß mit großem psychologischem Aufwand erkauft werden. Das Bedürfnis eines jeden Familienmitglieds nach Liebe ist so groß, daß gewissermaßen jedes Mitglied auf sich selbst gestellt ist und keines von ihnen in ausreichendem Maße gefestigt ist, um den an es gestellten emotionalen Anforderungen Genüge leisten zu können.

Kapitel V

DIE NEWBOLDS ZURSCHAUSTELLUNG KONSTRUKTIVER UNABHÄNGIGKEIT

Das Leben der Newbolds vollzieht sich im Geschwindschritt, voller Energie, die nach Aktivität zu verlangen scheint. Die Mitglieder dieser Familie haben eine hohe Meinung von sich selbst als Einzel-Individuen und Zielbewußtsein, über welches sie sich bereitwillig auslassen. Entschlossen, ihr Leben selbst zu gestalten, übernehmen sie Verpflichtungen und verwirklichen sie auf ihre eigene Weise. Mit unzweifelhafter Selbstbeherrschung gehen sie an die Sache heran, voller Gewißheit, daß sie ihre Lebensumstände gestalten können. Sie vermitteln den Eindruck, Schwierigkeiten unvermittelt anzugehen, gleichsam um Kraft und Unabhängigkeit zu vervielfachen. Sogar zu Hause scheinen sie erpicht auf Betätigung und konstruktive Gestaltung, und ihr Zusammenleben hat etwas von der Art eines bewußt geschaffenen Produkts. Nichts von Bedeutung wird dem Zufall überlassen – weder die tagtäglichen Geschehnisse, noch die langfristigen Berufspläne der jüngeren Mitglieder der Familie.

Diese Menschen führen kein Leben, in dem bedeutsame Gefühle und Bindungen auf ihren eigenen Familienkreis beschränkt sind. Die Newbolds sind daran gewöhnt, von anderen gebraucht zu werden, und es ist für sie selbstverständlich, daß sie die an sie herangetragene Führungsrolle übernehmen können. Obwohl sie nicht immer Lust haben, diese Gelegenheiten zu ergreifen, fällt es keinem leicht, sie auszuschlagen. Im großen und ganzen finden sie es natürlich, Positionen innezuhaben, in denen sie die Aktivitäten anderer lenken, und sie fügen sich nicht bereitwillig Zwängen, die von anderen Leuten ausgeübt werden. Sie stellen hohe Ansprüche an sich selbst; damit gepaart ist eine Empfindlichkeit bei jeder Andeutung einer Beeinträchtigung ihrer Entscheidungsfreiheit.

Die Standards, an denen sie festhalten, betonen Entschlossenheit und Ausdauer und eine Verachtung für »Modern-Sein« um seiner selbst willen. Der Reiz in ihrem Leben liegt nicht in glänzenden neuen Besitztümern. Sie nehmen den modernen Annehmlichkeiten gegenüber eine »vernünftige« Haltung ein; sie halten es für vernünftig, physische Plackerei zu reduzieren, aber leiten aus den Geräten, die das möglich machen, keine weitere Befriedigung ab. Mit ihrer Bereitschaft, sich neuer Erfahrung zu stellen, ist die Ansicht verbunden, daß die Vergangenheit in ihrem unpersönlichen Aspekt einen gewissen Grad an Solidität liefert. Das Heim der Newbolds, in dem die Familie seit zwanzig Jahren lebt, liegt in einem alten Vorort Chicagos, in dem die obere Mittelschicht lebt. Als ihr Mann während des Krieges nicht da war, bestand Margaret Newbold darauf, in diesem Haus zu bleiben, weil sie das Gefühl hatte, die Kontinuität des Wohnsitzes könnte ihren Söhnen während jener Zeit, die sie ohne den Vater auskommen mußten, helfen.

Obgleich das Heim in fast jeder Beziehung bescheiden ist, zeugt es von dem Bemühen, sichtbare Tradition anzusammeln. Obgleich es eine heterogene Ansammlung von Nippes und die ganze zeitgemäße Küchenausstattung – Geschirrspüler, Gefrierschrank usw. – enthält, werden diese in den Hintergrund gedrängt von den schönen Antiquitäten und Familienerbstücken, die unübersehbar zur Schau gestellt und von Frau Newbold mit Eifer beschrieben werden. Außer den antiken Möbeln fallen an Kunstgegenständen eine Reihe von Ölporträts, die die Familienmitglieder darstellen, und einige Gemälde von zeitgenössischen naturalistischen Künstlern auf.

Sowohl Herrn wie Frau Newbolds Elternhäuser tragen zu dem sich hier zeigenden Familienerbe bei. Frank Newbolds Vater war ein erfolgreicher Akademiker; Margaret Newbolds Vater war ein Unternehmer. Beide Elternteile haben finanziell unabhängige, weitgereiste und gebildete Vorfahren mit – den Berichten der Newbolds zufolge – einer selbstbewußten, hartnäckigen Dickköpfigkeit in Geschäfts- und persönlichen Angelegenheiten.

Die Betonung der Familientradition weist auf ihr starkes Gefühl von Familienstolz, ja sogar Selbstzufriedenheit hin. Jedes Mitglied der Familie – ohne Ausnahme – erwähnt gewisse Charakteristika der Gruppe oder anderer Familienmitglieder,

die seiner Meinung nach im Vergleich mit jenen anderer Mittelschichtfamilien überlegen oder wünschenswerter sind. Die Newbolds sind einverstanden mit sich selbst und ihrer Art zu leben. Kritik von Bedeutung kommt aus der Familie selbst, nicht aus einer generalisierten und unpersönlichen Öffentlichkeit.
Nirgends ist der Stolz der Familie evidenter als in der Bewunderung der drei Männer für Frau Newbold. Sie ist eine redegewandte, intelligente, kraftvolle, energische Wortführerin unter den öffentlich engagierten Frauen der oberen Mittelschicht in ihrer Gemeinde. In verschiedenen bürgerlichen und kulturellen Organisationen steigt sie mühelos und schnell in Spitzenpositionen auf und hat mindestens in einem Dutzend bedeutender bürgerlicher Gruppen Ämter inne. In der Tat hält sie anscheinend engen Kontakt zu einer Gruppe nur solange aufrecht, wie ihre Energie und ihre Begabung in einer leitenden Position von Nutzen sind. In nicht nur einem Fall hat sie eine neue Gruppe gebildet, sie während der Anfangsstadien geführt und ist dann gegangen, wenn sie das Gefühl hatte, daß die Gruppe autonom genug war, um ohne ihre Unterstützung weiterzumachen. Frau Newbold vergleicht sich folgendermaßen mit ihrem Mann:

> Wir haben beide die gleiche Art, mit Menschen umzugehen; wir erwarten von Untergebenen Spitzenleistung. Wir stellen ziemlich hohe Anforderungen, aber wir sind fair. Es wird alles klar gesagt, kaum ein Blatt vor den Mund genommen, und so wird's gemacht, und wir bleiben dabei.

Ihre Jungen haben mit ihr Vergnügen an ihrer Fähigkeit, Rivalen und Cliquen innerhalb der Organisationen, denen sie angehört, auszumanövrieren.
Frau Newbolds Erscheinung und Auftreten sind attraktiv, unprätentiös, im allgemeinen freundlich, ungezwungen und angenehm. Bezeichnenderweise beherrschte sie die Situation beim ersten Interview, fragte nach dem Forschungsprojekt, bis sie sich vergewissert hatte, daß das Projekt legitim und nicht unbedeutend war; dann gestattete sie das Interview. Sie sprach mit Eifer über ihre Familie und über ihre eigene Kindheit, und sie überschritt die vom Mitglied des Forschungsteams erbetene Interviewzeit wesentlich.
Ihr Ausdruck von Familienstolz stand unmißverständlich im Gegensatz zu ihren Erinnerungen an ihre eigene Kindheit. Frau Newbold sagt von ihrer Mutter:

Sie verstand es nie so ganz, eine Mutter zu sein. Zu angespannt, zu reserviert, zu verschlossen. Wir Kinder schafften es ohne sie. Ihre Beziehung zu uns Kindern war gänzlich anders als die meinige. Wir sind hier sehr frei. Die ihrige war nie so und ist es immer noch nicht. ... Es gab einfach nicht genug Entscheidungsfreiheit und frei verfügbare Zeit, und sie versuchte, uns das Denken abzunehmen. Aber ich glaube nicht, daß sie allzuviel Erfolg hatte, in fast jeder Hinsicht.

Während sie ihre Mutter zum Teil entschuldigt wegen mangelnder Bildungschancen, kritisiert sie unnachsichtig die Beschränkung und den Mangel an Rücksichtnahme, die sie in ihrer Erinnerung mit der Kindheit verbindet. Frau Newbold hat das Gefühl, daß ihre eigenen Kinder stolz auf sie sind und frei von der unvernünftigen Beschränkung, die sie mit ihrer Mutter assoziiert. Jedoch ist sie trotz ihrer Kritik deutlich stolz auf den sozialen Status ihrer Eltern, ihren guten Geschmack, ihre hohen Anforderungen, Fähigkeiten und ihren Nachdruck auf Kontrolle und Gestaltung ihrer Umgebung. Sie meint, unter diesen Eigenschaften die besten ausgewählt und sie durch Rationalität und Wärme ergänzt zu haben.

Frank Newbold ist ein großer, kräftig gebauter Mann von herzlichem Wesen. Obwohl er sich selbst als nüchternen Realisten sieht, bekennt er sich gelegentlich zu verborgenen sentimentalen und romantischen Gefühlen. Während er bestreitet, daß in der Familie Liebe irgendwie offen gezeigt wird (»Turteln und Schnäbeln würde nicht gut zu mir passen – wir sind Isolationisten«), ist er zugegebenermaßen empfänglich für Schönheiten der Natur. »Ich stehe manchmal in aller Frühe auf, um einen Sonnenaufgang zu sehen.«

Herr Newbold ist das zweite Kind einer Akademikerfamilie. Seine ältere Schwester ist mit einem Rechtsanwalt aus Philadelphia verheiratet. Herr Newbold ist Architekt von Beruf und hat andere Architekten zu einer Organisation unter seiner Führung zusammengeschlossen. Er hat sich entschlossen, sein Betätigungsfeld mehr auf die Verwaltung zu verlagern, und er beabsichtigt, einen Kompagnon zur Betreuung der einzelnen Klienten mit hereinzunehmen, um dadurch mehr Zeit für Verwaltungsarbeit und Förderung der Organisation zur Verfügung zu haben.

Herr Newbold nimmt nur minimal an den Aufgaben und Aktivitäten seiner Frau teil. Er unterstützt ihre Teilnahme und fungiert gelegentlich als ihr Berater, aber sein beruflicher Tagesablauf läßt ihm wenig Zeit für ihre öffentlichen Interessen. Er arbeitet sechs Tage in der Woche und verbringt unter der Woche gewöhnlich einen Teil der Abende in seinem Büro, entweder mit einem Klienten oder mit Projekten seiner Organisation beschäftigt.

Die heranwachsenden Söhne sind sich unähnlich, was ihre Persönlichkeiten und auch ihre Beziehungen zu Herrn und Frau Newbold anbetrifft. Ted ist mit seinen fünfzehn Jahren ein Duplikat der äußeren Eigenschaften seines Vaters – stark, freimütig, selbstsicher und unter seinen Altersgenossen tonangebend. Er teilt die Verachtung seiner Eltern für Schwäche, sowohl bei sich selbst wie bei anderen, und auch ihre bereitwillige Annahme eines offenen Wettstreits. Dies wird durch seine Bemerkung veranschaulicht, daß er kein Interesse mehr am Schwimmen hat, weil »ich schneller schwimmen kann als alle anderen«. Ted äußert offen seine Verachtung für Kleinstädte, wo »niemand etwas tut – man kann noch nicht einmal in Schwierigkeiten kommen«. Er prahlt mit seinen Plänen, Architekt zu werden, nicht nur weil das die Familientradition in einer weiteren Generation fortsetzt, sondern auch weil »es etwas ist, was nicht jeder tun kann«. Eine Führungsrolle fällt ihm wegen seiner überlegenen Organisationsfähigkeit von Natur aus und zu Recht zu, sagt er. Er ist stolz auf seine Familie und identifiziert sich offen mit beiden Eltern.

Der Stolz der Familie gilt Ted, ihre besondere Zuneigung gilt Curt. Er ist drei Jahre jünger als Ted, groß, blond und etwas linkisch. Er geht weniger aus sich heraus als die übrige Familie, aber scheint ungezwungen, wenn auch reserviert, im Umgang mit Fremden. Er ist ein ausgezeichneter Schüler und kritischer Leser. Frau Newbold beschreibt ihn als bescheiden, beliebt und großzügig – ein Junge, der Menschen gern hat, aber sie nicht braucht. Curt hat mit seinem Wunsch, Farmer zu werden, seine Eltern verwirrt und möglicherweise enttäuscht. Die offenbare Reaktion der Eltern auf diese so wenig Newboldsche Wahl ist die einer reservierten Unterstützung gewesen, obgleich es Hinweise darauf gibt, daß die Familie vermutet, Curt werde seine Meinung ändern, bevor er zwanzig wird und gezwungen ist, sich verbindlich festzulegen. Gelegentlich scheint Curt diese Vermutung zu teilen. Er beschreibt seine Idealvorstellung für die Zukunft folgendermaßen:

Wenn ich erwachsen bin, möchte ich gerne ein Farmer im nördlichen Teil von Wisconsin sein. Mit achtundzwanzig Jahren eine eigene Farm besitzen. Viel Sport treiben, im Winter skilaufen, radfahren. Glücklich. Es ist nur eine Wunschvorstellung.

Curts Gefühl, daß solch ein Individuum nur in der Vorstellung existiert, ist vermutlich ganz richtig. Herr Newbold erkennt, daß Curt zur Zeit nicht das College besuchen will. Er kommentiert die Ambitionen seines Sohnes so:

Mir ist es gleich, was er letztlich wird. Das muß jeder selbst entscheiden. Der kleine Curt spricht von seinem Wunsch, Farmer zu werden. Das ist sehr zu empfehlen – er wird ein unabhängiger Mensch sein. Sein Erfolg wird von seinen Fähigkeiten abhängen. Er meint, ein Farmer braucht nicht zur Schule zu gehen. Er muß jedoch ganz fest entschlossen sein, nicht zur Schule gehen zu wollen, bevor wir das akzeptieren.

Herr und Frau Newbold waren erfreut, daß er gebeten wurde, den Schülerlotsendienst an einer gefährlichen Straßenecke zu übernehmen, aber leicht enttäuscht, daß er wartete, bis er gefragt wurde. In einer Familie, in der die anderen alle mit Eifer freiwillig Posten übernehmen, trifft Curts Zurückhaltung nicht leicht auf Verständnis. Frau Newbold beschreibt die beiden Jungen so:

Ted ist wesentlich extrovertierter. Überhaupt keine Hemmungen, irgend etwas zu sagen oder zu tun. Ist gerne, muß eigentlich der Anführer sein. Curt ist ganz anders. Er kooperiert gerne in Gruppen. Curt ist ein guter Schüler, ja sogar ein hervorragender. Ted ist, nun ja, er denkt nicht gerne über Dinge nach, die ihn nicht interessieren. Rechtschreibung zum Beispiel – das ist das schlechteste. Sie haben eine Menge Eigenschaften, die sich sehr ähnlich sind. Ted braucht jedoch Leute um sich. Er muß im Mittelpunkt stehen – macht die Leute um ihn herum auf sich aufmerksam. Aber gewisse soziale Aufgaben langweilen sie beide. Wenn diese wirklich nicht interessant sind, kommen sie nach Hause. Sie haben die gleichen Reinlichkeitsmaßstäbe. Guten Geschmack, schätzen schöne Dinge und das Zuhause. Curt ist wesentlich großzügiger als Ted. Curt macht immer irgend etwas für irgend jemanden und schenkt es her. Ted ist mit diesen Dingen gerne etwas spät dran. Ich glaube gewiß, daß zu beiden Jungen das gleiche enge Verhältnis besteht. Ich glaube nicht, daß wir einen lieber haben als den anderen. Nein, ich bin sicher.

Curt ist sich der Vorbehalte seines Vaters bezüglich seiner Berufswahl bewußt:

Ich habe meinen Vater nicht gefragt – ich vermute, es würde ihm gefallen. Mama ebenfalls. Mein Vater denkt, wenn ich aufs College ginge, würde er ganz gerne sein Geld in eine Sache stecken, die ganz bewußt getan wird.

Obwohl die Eltern versuchen, ihm einen sicheren Platz in der Familie zuzusichern, hat doch der Erfolg seines Bruders hinsichtlich der Erfüllung der von der Familie aufgestellten Standards einiges Ressentiment in Curt hervorgerufen. Er findet es nicht leicht, mit seinem älteren Bruder zu konkurrieren, aber er hat den Versuch trotz einiger nicht-kompetitiver Lösungen, die er in seiner Phantasie erwägt, nicht aufgegeben. Curt hat sich die gefühlsbetonteren und in mancher Beziehung unabhängigen Eigenschaften seines Vaters zu eigen gemacht. Dadurch hat er eine äußere Plattform für einen von Herrn Newbolds inneren Konflikten geschaffen: Das Ringen zwischen seinem Wunsch nach Form und Ordnung und seinem Widerstand gegen Konformität und Wiederholung.

Selbstgenügsamkeit und die Beherrschung der Erfahrung

Die Anschauung der Newbolds ist in erster Linie durch ihre Meinung gekennzeichnet, daß jeder Herr über sein eigenes Schicksal ist. Diese Ansicht führt zu einigen Schwierigkeiten im Familienleben, besonders da auch Familienzugehörigkeit hoch eingeschätzt wird. Aber ein stärkerer Akzent liegt auf der Forderung, ein Individuum zu sein mit all dem, was es impliziert. Die Newbolds äußern sich extensiv über die unterschiedlichen Bedeutungen, die mit dieser Konzeption verknüpft sind.

Sehr hoch geschätzt wird die Entschlossenheit jedes einzelnen, seine eigene Kontrollinstanz zu bleiben. Dies bedeutet nicht nur hohe Wertung von Selbstbeherrschung und persönlicher Verantwortung, sondern auch, was noch wichtiger ist, die Weigerung, die Kontrolle über eine Situation an einen anderen abzutreten. Die Newbolds legen Wert darauf, einen Standpunkt zu beziehen, sich für eine Richtung zu entscheiden und den eigenen Standpunkt gegen alle äußeren Ablenkungen aufrechtzuerhalten. Sie alle haben das Gefühl, man sollte seinen Kurs nur aufgrund persönlicher und wohlüberlegter Entscheidung ändern. Dies sind die Begriffe, in denen sie sich selbst und einander bewerten. Frank Newbold sagt von sich selbst als Vater: »Ich bin zufrieden. Wenn ich das Gefühl hätte, es gäbe etwas, was ich ändern sollte, würde ich es tun. Wenn es wirklich der Mühe wert wäre.« Und seine Frau sagt über ihn in derselben Hinsicht aus: »Er stellt hohe Anforderungen an die Jungen. ... Er redet nie drum herum. Er ist einfach entschlossen und weiß, was er will.« Sie beobachtet, daß »er manchmal barsch und unverblümt ist, aber es ist immer richtig«.

Seine Wertsetzungen sind auch in dem kurzen Abschnitt evident, den er darüber schrieb, wie er sich seine Kinder wünscht:

> Ein gesundes, bis zu einem gewissen Grade gut aussehendes, intelligentes Wesen mit genügend Skrupeln, um seine Mitmenschen nicht zu schädigen, und nicht soviel Skrupeln, daß es unfähig ist, an sich selbst oder seiner Arbeit Freude zu haben. Es scheint so, als ob, falls das obige zutrifft, das Leben angenehm und erfüllt sein müßte.

Seine Aussage zeigt, daß er ein gutes Leben als weitgehend selbst-zentriert ansieht. Sie legt Zeugnis ab von der Notwendigkeit innerer Kontrollen, aber läßt auch die Sorge erkennen, daß solche Kontrolle möglicherweise hinderlich ist. Es zählen nur die eigenen Kräfte – Gesundheit, angemessenes Aussehen, Intelligenz und die richtige Ausgewogenheit der Kontrolle, um die eigenen Befriedigungen zu realisieren.

Wir haben bereits festgehalten, daß Frau Newbold ähnlich gesinnt ist. Auch sie schätzt persönliche Kraft, das Entwickeln von Fähigkeiten, um auf alles vorbereitet zu sein, und das Steuern eines Kurses, der frei ist von jeder äußeren Einmischung. In ihrem Aufsatz äußert sie sich klar und entschlossen:

> Als Mutter wünsche ich mir für meine Kinder ein Leben mit Ziel und Richtung – einen echten Sinn für Werte und die umfassende Erfahrung eines gebildeten, weitgereisten und fähigen Mannes. Ich möchte, daß sie allem, was ihnen begegnet, mit gutem Urteilsvermögen entgegentreten können und daß ihr Leben nicht ein Leben versäumter Gelegenheiten sein wird. Gewiß möchte ich, daß sie genug Geld haben, so daß das Leben für sie nicht nur ein Existenzkampf ist; nicht, daß Geld ihr Abgott ist.
>
> Auch hoffe ich, daß sie immer gute Freunde sein werden und daß ihr eigenes Leben und ihre eigenen Familien ihnen das geben werden, von dem sie sogar heute schon wissen, daß sie es wollen.

Während ihr Mann den Schwerpunkt darauf legt, genügend Abstand von den anderen zu halten, um ein eigenes Leben führen zu können, fügt Frau Newbold eine positivere Vorstellung von dem, was in jenes Leben eingehen sollte, hinzu. Sie beginnt und endet mit dem Gedanken des Ziels, während sie auch die

Notwendigkeit zum Ausdruck bringt, allen widrigen Ereignissen, die eintreten könnten, gewachsen zu sein. Ihre Konzeption interpersonaler Beziehungen ist weicher als die ihres Mannes, doch immer noch kühl. Zweifellos gehen für beide die wesentlichen Befriedigungen des Lebens nicht von Bindungen zu anderen aus. Die Verpflichtung eines Individuums gilt in erster Linie sich selbst, besteht darin, die eigenen Fähigkeiten zu entwickeln und zu wissen, was man will. Wenn man Glück hat, tragen die Menschen, die einem am nächsten stehen, zu diesen Zielen bei.
Die Bedeutung persönlicher Stärke für Margaret Newbold fällt in den folgenden Satz-Complettierungen sofort auf:

Ich verachte / neurotische Menschen.
Ich mag Menschen nicht, die / frustriert und unsicher sind.
Eine gute Mutter / erzieht ihre Kinder [immer] zu Unabhängigkeit und Verantwortungsbewußtsein.
Ich mag Kinder nicht, die / verwöhnt und verhätschelt sind und sich wie Schreihälse benehmen.

Materialistischer Genuß hat wenig Raum in dieser Einstellung zur Welt, obgleich die wichtigsten Gratifikationen eher beim Individuum selbst liegen als bei anderen. Wenn auch ich-bezogen, so wird das erwünschte Leben doch in erster Linie eher durch Handlung in und Kontakt mit einer äußeren Realität erlebt als durch innere Erfahrung wie zum Beispiel Kontemplation, Glaube oder das Gefühl, geliebt zu werden. Als der Interviewer Frau Newbold fragte: »Wie würden Sie Ihr Leben ändern, wenn Sie es könnten?«, antwortete sie:

Ich würde sehr wenig ändern. Ich mag kein Leben versäumter Gelegenheiten. Wir versuchen, den Dingen, so wie sie sind, ins Auge zu sehen. Was das anbetrifft, was ich erreichen wollte, so könnte es besser gewesen sein, aber mein Ehrgeiz liegt zweifellos nicht darin, mehr zu erreichen, als ich habe. Wir messen Erfolg nicht in Mark und Pfennig. Unsere Werte sind höhere Werte, und ich glaube, auch die Kinder haben höhere Werte – Reisen, mehr Bildung, ein gutes, interessantes Leben.

Lebendigkeit und das Gefühl, mit seiner eigenen Tatkraft etwas anzufangen – dies sind die bevorzugten Erfahrungsmomente. Intelligenz, Urteilsvermögen, gute Allgemeinbildung, die Fähigkeit, Ziele zu setzen und Entscheidungen zu treffen, die Fähigkeit, Niederlagen zu überwinden – das sind im Bereich des Handelns die Eigenschaften, die solch ein Leben möglich machen.

Der Wert der Rationalität im Leben wird von Herrn Newbold in Beantwortung der Frage, wie sich seine Familie von anderen unterscheidet, folgendermaßen beschrieben:

Es gibt Familien, die sind kompatibel, und einige, die sind es nicht. Die unsrige ist kompatibel. Kompatibilität bedeutet das Fehlen von Streit. Anstelle von Streit gibt es Diskussion. Meine Frau ist so beweglich und so gebildet und so intelligent, daß sie ihnen immer voraus ist. Sie stellt hohe Anforderungen, was nicht zum Nachteil der Kinder ist, weil es Beteiligung auf ihrer Seite verlangt. Ich freue mich, sagen zu können, daß die Kinder sie achten. Kinder neigen dazu, einen Streit einfach als eine Sache von meine Mama gegen ihre Mama zu interpretieren. Meine Mama wird's ihnen zeigen.

Beweglichkeit und Intelligenz sind wertvoll, weil sie dabei helfen, Streitlust zu kontrollieren und auch anderen voraus zu sein. Frank Newbold schätzt die diesbezügliche Fähigkeit seiner Frau und auch ihre Fähigkeit, hart zu sein und viel von den Kindern zu fordern.

Eine weitere Ressource, die in ihr Leben aufzunehmen sie sich bemühen, ist verwandt mit Beweglichkeit – Offenheit. Die Newbolds sind stolz darauf, die ungeschminkte Wahrheit zu sehen, und sie glauben, daß eine klare und deutliche Sprache, so unangenehm sie im Augenblick sein mag, auf die Dauer gesehen die Schwierigkeiten minimiert. Auf diese Weise versuchen sie, sich selbst und anderen gegenüber aufrichtig zu sein. Ted sagt über diese charakteristische Eigenschaft: »Mama und Papa sind wirklich ganz offen. Sie reden nicht um die Sache herum. Mir gefällt das.« Alles, was wir bisher beobachtet haben, zeugt von der Ansicht der Familie, daß es konstruktiver ist, realistisch zu sein, als freundlich zu sein.

Kein Elternteil hält etwas davon, Kindern oder anderen gegenüber weich zu sein. Was zählt, ist gute Leistung. In dieser Ansicht ist der Gesichtspunkt impliziert, daß die Kindheit nicht für sich allein zählt; ihre primäre Bedeutung liegt in der Vorbereitung auf das Erwachsenendasein. Zum Teil kommt das daher, daß Rationalität bei Kindern nicht für tatsächlich möglich gehalten wird. Es kommt auch daher, daß Kinder noch auf viele Arten anfällig sind; das Erwachsensein macht vollständige Selbstkontrolle möglich. Mit Herrn Newbolds eigenen Worten:

In diesen Jahren, ihre Werdejahren, ist ihr primäres Ziel die Vorbereitung auf ihre reiferen Jahre – sei es nun Formalbildung oder ihr sozialer Hintergrund, Ethik, Messer und Gabel . . ., das ist die Hauptaufgabe des Kindes. Weil es zur Erlernung der Ethik zu Hause und in der Kirche unterwiesen wird, lernt es die Feinheiten, die es angenehm machen, es um sich zu haben, und wenn sie zur Schule gehen, lernen sie, sich im Leben durchzusetzen, und sie lernen gute Umgangsformen, damit sie keine ungehobelten Flegel sind, wenn sie mit ihren Mitmenschen in Berührung kommen.

Mit diesen Bemerkungen kommt ein weiteres Moment ins Spiel: Die Bedeutung guter Umgangsformen, um ein erträglicher Mensch zu sein. Dies stimmt mit dem überein, was wir früher gesehen haben: Das Problem im Leben besteht darin, sich durchzusetzen, ohne andere zu sehr mit Füßen zu treten. Es gibt keine generalisierte Ermahnung, hilfreich oder beliebt zu sein. Auch erwartet Herr Newbold nicht, daß Freude aus dem Erleben anderer Menschen abzuleiten ist. Er sagt, daß es wichtig ist, in seinen sozialen Beziehungen kompetent zu sein, die Fähigkeit zu besitzen, sich in der Hand zu haben. Es ist wichtig, tüchtig zu sein. Nur Erwachsene sind wirklich tüchtig; Kinder müssen noch zu vieles lernen.

Die Idealvorstellung, stark und tüchtig zu sein und sich ganz in der Hand zu haben, beherrscht Teds schriftliche Äußerungen über den Menschen, der er gerne sein möchte. Obgleich jugendliche Übertreibung mitschwingt, weicht er wenig von dem ab, was seine Eltern meinen:

Der Mensch wäre der beste als Vorbild für das Leben, der alles täte und in allem gut wäre. Er würde jemand sein, der arbeitete und es wie Vergnügen aussehen lassen würde. Ich glaube, er müßte fähig sein zu führen und fähig sein, Befehle zu befolgen. Er sollte Pflicht- und Verantwortungsgefühl besitzen.

Als ich sagte, er müßte alles tun können, meinte ich, er müßte Interessen haben, die außerhalb seines gewählten Berufs liegen; das könnte die Schule sein oder das Verdienen des Lebensunterhalts.

Für mich wäre der ideale Mensch physisch und geistig stark. Ich glaube, er müßte dazu fähig sein, so gut wie alles Gute und Schlechte, das ihm begegnet, zu meistern.

Der Nachdruck liegt in seiner Aussage durchgängig auf individueller Lebensfähigkeit und darauf, sich den Umständen nicht unterzuordnen. Laß' Deine Arbeit wie Vergnügen aussehen; laß' Dich nicht von ihr unterkriegen. Laß' auch nichts anderes Dich unterkriegen. Sogar in seinem Hinweis auf das Befolgen von Befehlen deutet Ted nicht an, daß er gehorsam sein will oder daß Gehorsam eine Tugend sei. Er sagt ganz einfach, daß er fähig sein will, Befehle zu befolgen, weil er weiß, daß Gehorsam manchmal eine Notwendigkeit ist. Er bezieht sich hier wiederum auf die innere Fähigkeit.

Sich selbst und sein eigenes Leben zu beherrschen, heißt, sein Leben tatkräftig zu gestalten und individuelle Interessen zu bilden. Auf die Frage, wie sich seine Familie von anderen unterscheidet, antwortet Ted:

Wir tun wahrscheinlich mehr als andere Familien. Wir haben alle unsere besonderen Interessen. Curt angelt gerne, Papa spielt gerne Golf, Mama liest gerne. Ich glaube nicht, daß es allzu viele Familien gibt, in denen die Kinder so viel im Haushalt helfen. Wir haben mehr Pflichten als die meisten anderen Kinder. Jeder in unserer Familie könnte in jeder Art von Gruppe zu Hause sein. Gescheit genug sind wir dazu. Würde uns nicht als eine in sich geschlossene Gruppe klassifizieren.

Die Familie als Interaktionseinheit wird heruntergespielt; Ted schätzt Verantwortung um ihrer selbst willen und erst in zweiter Linie als Evidenz für einen Beitrag zum Zusammenleben der Familie. Er erzählt uns:

Verantwortung ist gut. Gibt einem ein Gefühl des Selbstvertrauens. Wie dieser Mann in der Kirche versucht, mich dazu zu bringen, daß ich mich verpflichte, über etwas zu sprechen, was ich diesen Sommer tat. Ich habe eines gelernt, mich nämlich nie zu verpflichten, es sei denn, ich kann es ordentlich machen. Noch etwas – sie vermittelt ein Gefühl für Besitz. Unsere Fahrräder sind alt, aber in wirklich gutem Zustand. Andere Kinder bekommen Sachen geschenkt. Keine Verantwortung. Sie bekommen ein neues Fahrrad, und in sechs Wochen ist es nur noch Schrott.

Verantwortung ist also viel eher eine Verpflichtung sich selbst und den eigenen Standards gegenüber als ein innerer Drang zu helfen, seinen Teil dazu beizutragen oder nett zu sein.

Dies soll nicht heißen, daß gemeinsame Aktivität keinen Raum hat, sondern bedeutet einfach, daß Identifikation mit einer Gruppe – der Familie oder irgendeiner anderen Einheit – für Ted und die anderen in seiner Familie ein sekundäres Motiv ist. Ted sagt über seine Familie:

Sie ist eine ziemlich eng zusammengehörige Gruppe. Wir machen ziemlich viel zusammen, wenn wir es können. Mutter muß weggehen. Papa muß weggehen. Aber zum Beispiel am Sonntag- und Sonnabendabend unternehmen wir gemeinsam etwas. Wenn wir einen Ausflug machen, machen wir ihn als Gruppe. Fast alles, was wir tun, tun wir als Gruppe. Gehen in eine Vorstellung als Gruppe. Das ist eine tolle Sache; wir sind soviel wie möglich zusammen. Papa versucht, seine Zeit zu Hause möglichst lange auszudehnen. Alles ist Teamarbeit. Wie diesen Sommer das Streichen des Kellergeschosses. Einer steht dann auf der Leiter, einer reicht den Pinsel an.

In dieser Antwort auf die vom Interviewer zu Beginn gestellte Frage, die sich mit dem, was an seiner Familie wichtig ist, befaßte, beschreibt Ted die Gelegenheiten zu gemeinsamer Aktivität und besonders die Bemühungen, solche Aktivität auf der Basis der für selbstverständlich gehaltenen Individualität durchzuführen.

Der im einführenden Teil wiedergegebene Aufsatz Curts läßt auf den im Vergleich mit seinem Bruder und seinen Eltern weniger direkten Selbstbehauptungswillen schließen. Jedoch findet das Ideal der Unabhängigkeit und persönlicher Leistung nicht nur in seiner Wunschvorstellung, eine Farm zu besitzen, sondern auch in der Wahl der Sportarten (Skilaufen und Radfahren), die ja von persönlicher Geschicklichkeit und nicht von der eines Teams abhängen, Ausdruck. Während sein Aufsatz den Wunsch nach einem idyllischen, nicht-kompetitiven, produktiven und autoritätsfreien Leben kundtun mag, deutet er auch auf das gleiche Bedürfnis, Herr über sein eigenes Schicksal zu sein, das auch die anderen Familienmitglieder haben. Daß auch er nach beachtenswertem Erfolg strebt und ihn genießt, zeigt sich an seiner Darstellung der Tätigkeiten.

Wir beide, Ted und ich, schwimmen gern. Wir sind Gruppenleiter. Wir unterrichten Kinder im Gemeindezentrum des Ortes. Wir haben Rettungsmedaillen. ... Wir sind im Leader Club. Der Leader Club ist etwas Besonderes. Man muß dafür arbeiten. Man wird in ihn gewählt. Ein Jahr lang muß man verschiedene Prüfungen bestehen und dann ist man drin. Wenn man sich nicht um die Kinder kümmert – einfach nicht hingeht oder sagt, man hat etwas anderes vor –, kann man die Mitgliedschaft verlieren, wenn man eine bestimmte Anzahl von Stunden versäumt hat. Die jüngeren Kinder beim Schwimmen sind zwischen acht und dreizehn. Und ich bin im Club mit meinen fast dreizehn Jahren, und der älteste ist fünfzehn oder sechzehn.

Auch er ist stolz auf seine Fähigkeit, schwierigen Prüfungen gewachsen zu sein, und darauf, sich durch Verantwortung zu stärken. Sein Leistungsbedürfnis drückt auch den Wunsch aus, konstruktiv zu sein. Bei der Beschreibung eines normalen Arbeitstages erzählt er uns, was er nach der Schule tut:

Manchmal im Haus arbeiten oder vielleicht mit einem Freund spazieren fahren. Manchmal im Keller arbeiten. Es gibt eine ganze Menge Werkzeug und so. Man macht Tische und Bänke. ...

Die Tatsache, daß er das Pronomen »man« anstelle von »ich« gebraucht, deutet auf ein Unsicherheitsgefühl, was die Beherrschung dieser Tätigkeit anbetrifft, aber sein Wunsch nach konstruktiver Betätigung ist deutlich. Sein Vater beschreibt ihn als von »etwas träumerischer Natur. Hat handwerkliches Geschick«.

Dasselbe Interesse, etwas Nützliches aufzubauen, ist auch offensichtlich, wenn Frank Newbold über sein gutgehendes Büro spricht: »Immer wenn etwas wächst und gedeiht, ist ein Mann glücklich, und es geschieht etwas. Ich bin glücklich. So glücklich, wie man erwarten kann.« Wie wir auch schon an Frau Newbolds Art und Weise, mit einer Organisation zu arbeiten, gesehen haben, möchten die Mitglieder dieser Familie Rohmaterial bearbeiten und in ein nachweislich nützliches Produkt umformen. Ideen, Dinge und Vereinigungen von Menschen werden alle mit diesem Ziel angegangen.

Die Ideologie der Newbolds leitet sich im Grunde von kulturellen Werten der oberen Mittelschicht ab. Jedoch hat sie gewisse Aspekte der kulturellen Ideologie zur besonderen Betonung ausgewählt und hat andere Elemente praktisch ignoriert oder als selbstverständlich angenommen. Moral findet zum Beispiel keine Erwähnung. Dies geschieht nicht aufgrund mangelnden moralischen Verhaltens auf Seiten der Newbolds, sondern weil Moral als solche in dieser Gruppe nicht problematisch ist. Ihr Nachdruck auf Selbstbeherrschung und von der Vernunft bestimmtem Verhalten beugt der Notwendigkeit vor, Moral als eine persönliche Tugend herauszustreichen. Die Newbolds beurteilen ihr eigenes Verhalten nach verinnerlichten Standards und nicht nach Konformität mit einem externen Kode von Handlungen, die in sich selbst richtig oder falsch sind.

Beherrschung, Rationalität, persönliche Verantwortung, Selbstdisziplin und produktive nützliche Betätigung sind die kulturellen Werte, die die Newbolds höchst tatkräftig unterschreiben. Über diese Elemente hat die Gruppe stillschweigenden Consensus erreicht. Die Familie erweitert diese um eine noch charakteristischere Komponente: den für kompetitive Situationen unerläßlichen Spaß und Enthusiasmus. Es genügt nicht, daß das

Individuum darauf vorbereitet ist, der Vielfalt der sich ihm stellenden sozialen, berufsbedingten und intellektuellen Schwierigkeiten zu begegnen und sie zu meistern; es sollte sie mit Eifer und Selbstvertrauen aufspüren. Reizvolle Beschäftigungen, vor allem wenn ein kompetitives Element enthalten ist, werden zum Mittelpunkt der Kommunikation zwischen den Familienmitgliedern. Der Handlungsort liegt, wenn Wettstreit mit anderen enthalten ist, in der außer-familialen Welt. Als Beispiele für das Festhalten am Bild der Familie stellen sie eine soziale Verbindung zwischen den Werten der Familie und denen der Kultur her. Familienideologie wird als realistisch und effektiv erkannt in Kontakten zu Mitgliedern und Institutionen der Gesellschaft. Aus den Interviews geht klar hervor, daß sich die Unterhaltung der Familie häufig mit den Eroberungen einzelner Familienmitglieder in ihren verschiedenen Tätigkeitsbereichen befaßt. Auf diese und andere Arten untermauert die Familie die wichtige Bedeutung von Eroberung und Beherrschung seiner selbst, seiner Mitmenschen und der Umgebung.

Das Verhaltensmuster eines aktiven Lebens

Die Newbolds sind Leute mit beträchtlicher Energie. Gerade in ihrer Art zu erzählen, wie ihr tägliches Leben aussieht, vermitteln sie ein Gefühl kraftvoller Intensität und eindrucksvoller Vitalität. Der Tag beginnt für die verschiedenen Familienmitglieder zu verschiedenen Zeiten; ihre Interessen trennen sie vor dem Frühstück. Frank Newbold spielt oft vor der morgendlichen Mahlzeit ein bißchen Golf in einem nahegelegenen Club. Frühstück ist keine Familienangelegenheit; jeder frühstückt dann, wann es der eigene Tagesablauf vorschreibt. Es ist Zufall, wenn zwei oder mehr Familienmitglieder gemeinsam am Frühstückstisch sitzen.
Das Tempo und der Druck des Tagesablaufs der Familie werden in der Beschreibung eines »typischen Tages« von den Eltern dargestellt. Herr Newbold sagt:

An Wochentagen stehe ich um sechs Uhr fünfzehn auf, spiele Golf bis sieben Uhr dreißig, frühstücke. Duschen und anziehen und los geht's etwa um neun. Ich besichtige verschiedene Projekte und schaue im Büro vorbei. Mittagessen, dann zurück ins Büro. Komme um sechs kurz zum Abendessen. Kommt sehr selten vor, daß ich zum Abendessen nicht nach Hause komme. Um sieben gehe ich wieder weg und arbeite im Büro bis neun Uhr dreißig oder so. Gehe nach Hause, trinke einen Whisky mit Soda, gehe zu Bett. Sonnabends arbeite ich ungefähr bis sechs.

Diese Art Tagesablauf zeugt von einem Mann, der hohe Anforderungen an sich selbst stellt. Golf vor dem Frühstück deutet etwas von seiner Absicht an, ein stark selbstdiszipliniertes Leben zu führen. Sein Bericht läßt darauf schließen, daß sein Tagesablauf keine überflüssige Bewegung kennt; jede Minute zählt. Selbstsichere Tatkraft zeigt sich nicht nur an dieser frühmorgendlichen sportlichen Betätigung, sondern ist Teil seines allgemeinen Lebensstils; das zeigt sich, wenn man die Verben, die er gebraucht, mit denen von Herrn Lanson vergleicht. Donald Lansons stille Stetigkeit wird deutlich: »Wir beginnen ... wir machen uns fertig ... ich bin soweit ... ich gehe ... der Rest des Tages besteht für mich aus Arbeit.« Frank Newbold ist ein Akteur: »Stehe auf ... spiele Golf ... frühstücke ... duschen, anziehen, los geht's ... besichtigen ... vorbeischauen ... kurz kommen ...«

Einige dieser Charakteristika sind auch bei seiner Frau zu erkennen. Ihre beträchtlichen Energieressourcen werden geschickt in eine Vielfalt von Aktionsmodalitäten kanalisiert – die Jungen beaufsichtigen, das Haus aufräumen, auf telefonisch vorgetragene Forderungen, etwas zu tun, reagieren, am Spätnachmittag Gäste bewirten, aktive Teilhabe an sozialen Veranstaltungen außerhalb des Hauses und am späten Abend Schreibtischarbeit. Die hohen Anforderungen, die täglich an sie gestellt werden, verlangen sowohl Selbstdisziplin wie auch Energie. Ihre Fähigkeit, vieles zur gleichen Zeit zu tun, kommt in ihrem Bericht klar zum Ausdruck:

Wir stehen auf. Die Stunde, bevor der ältere zur Schule geht, ist eine einzige Hetze. Alles herrichten, Frühstück machen, Bücher überprüfen, sicherstellen, daß sie warm genug angezogen sind, darauf achten, daß sie ihre Hemden wechseln. Dann die Küche in Ordnung bringen und um zehn aus dem Haus zur Wahrnehmung eines öffentlichen Amtes. Ich gehe niemals weg, ohne das Haus aufgeräumt zu haben – die Betten sind gemacht. Während dieser Stunde hat außerdem das Telefon mindestens fünfmal geklingelt. In einigen Fällen muß man sich unmittelbar darum kümmern.

Ich bemühe mich, zum Mittagessen mit Curt zu Hause zu sein. Nachmittags gibt es entweder Verpflichtungen in der Gemeinde oder hier

im Haus: normale Hausarbeit, Essen auf den Tisch bringen, einkaufen oder kochen. Dauernd schaut jemand auf eine Tasse Kaffee herein. Dann ist es drei, und die Kinder kommen nach Haus. Sie sprechen die ganze Zeit über ihre Erlebnisse. Dann gehen die Jungen in den Club oder so. Sie haben alle ihre Verpflichtungen im Club. Dann ist es Zeit zum Abendessen. Um sechs kommen wir alle zusammen. Das Abendessen zu Hause ist sehr angenehm; jeder hat etwas zu berichten. Immer etwas Interessantes. Manchmal wünsche ich mir, es wäre nicht so viel los. Vater geht wieder ins Büro. Die Jungen räumen die Küche auf, dann machen sie ihre Hausaufgaben und dann gehen sie ins Bett.
Wenn es ruhig geworden ist im Haus und alle im Bett sind, erledige ich Schreibarbeiten und warte darauf, daß Herr Newbold nach Hause kommt. Ich gehe nie zu Bett, bevor er kommt. An manchen Abenden muß ich auswärts essen – meistens Arbeitsessen. An solchen Tagen richte ich es so ein, daß alles im Ofen steht und die Jungen sich alleine weiterhelfen können.

Während Frau Newbold den frühen Vormittag im Hinblick auf ihre Verpflichtungen und wie sie nach dem Rechten sieht beschreibt, sprechen die Jungen über den Tagesanfang im Hinblick auf ihre Getrenntheit. Ted bemerkt: »Ich stehe gewöhnlich ziemlich früh auf. Sehe niemanden. Etwa um acht Uhr sind Curt und Mama auf und Curts Frühstück ist fertig.« Und Curt sagt: »Man steht etwa sechs Uhr dreißig auf, man richtet sein Frühstück selbst, und dann kommt Mutter runter.« So scheinen alle Mitglieder auszusagen, daß vom Beginn des Tages an jeder seinen eigenen Tagesablauf selbst in der Hand hat.
Das Wochenende bietet wenig Zeit für ein Zusammensein der ganzen Familie. Sonnabends arbeitet Herr Newbold gewöhnlich bis zum späten Nachmittag, beschäftigt sich dann in Hof und Haus, Wagenwaschen, Instandhaltungsarbeiten am Haus usw. Für die Jungen ist der Sonnabend eher ein Tag für individuelle Beschäftigungen als für Familienunternehmungen. Morgens arbeiten sie im Haus, nachmittags gehen sie in ihren Club und gehen gelegentlich mit der Familie nach dem Abendessen aus. Ihre Arbeit im Haus umfaßt Tätigkeiten wie Anstreichen, Wischen der Fußböden, Säubern der Teppiche und andere Hausarbeiten. Die Wochenendroutine wird von Frau Newbold am besten beschrieben:

Das Wochenende fängt Sonnabendabend an. Der Sonnabend ist kein Familientag wegen Herrn Newbolds dienstlicher Verpflichtungen. Manchmal haben wir Erwachsenen Verpflichtungen – gehen dann entweder aus oder haben Freunde hier. Wenn wir ins Kino gehen, kommen die Jungen mit. Sie gehen sehr gerne, wollen gehen, und natürlich nehmen wir sie auch gerne mit. Sonntags gehen dann Curt und Herr Newbold angeln. Ted und ich schlafen. Dann kommen sie gegen neun zurück. Curt zieht sich für die Sonntagsschule um und geht schnell zur Sonntagsschule. Ted und ich haben das Frühstück gerichtet und gefrühstückt. Wenn das Wetter so ist wie letztes Jahr, gehen Herr Newbold und Curt im Winter skilaufen statt angeln. Meistens gehe ich in die Kirche. Der Nachmittag gehört der Familie. Wenn wir zu Hause bleiben, bleiben wir alle zu Hause. Vielleicht fahren wir ein Stück. Manchmal gehen wir in die Stadt und besuchen andere Orte in der nächsten Umgebung. Die Jungen kennen die Stadt so gut wie jedes Kind in ihrem Alter. Wir gehen oft in Museen, aber nicht in die gewöhnlichen. Wir fahren oft aus der Stadt hinaus. Es ist eine lange Fahrt nach Michigan, aber es lohnt sich. Am Sonntagabend gehen wir oft zum Essen aus.

Obwohl Frau Newbold mit ihren verschiedenen Aktivitäten in der Gemeinde viel außer Haus ist, hält sie engen Kontakt zu den anderen Familienmitgliedern und richtet ihren Tagesablauf nach ihnen. Sie kommt zum Mittagessen mit Curt nach Hause, obwohl sie oft nur fünfzehn Minuten mit ihm zusammen ist; sie steht den Jungen, wenn diese von der Schule heimgekommen sind, eine Stunde lang zur Verfügung; sie hat das Abendessen gerichtet, wenn die Familie um sechs zusammenkommt; und sie wartet am Abend auf die Rückkehr ihres Mannes vom Büro. Ihr Tagesplan wird oft durch Anforderungen von außen unterbrochen, aber selbst dann läuft das häusliche Geschehen ab wie vorausgeplant.

Es gibt bestimmte Zeiten und Gelegenheiten am Tag, zu denen die Familienmitglieder einander auf eine Weise verpflichtet sind, die nicht durch die Anforderungen irgendeines einzelnen bestimmt ist. Das heißt, die Familie kommt um sechs Uhr zusammen, weil die Zeit des Abendessens eine wichtige Familienangelegenheit ist. Trotz der Beanspruchung durch den arbeitsreichen Tagesablauf der einzelnen Mitglieder gibt es Zeiten, zu denen die Familienmitglieder aufeinander zählen und Gruppeninteraktion erwarten können. Zusammensein wird als lohnend empfunden und geplant. Während es als selbstverständlich angesehen wird, daß die Familienmitglieder die meiste Zeit mit ihren persönlichen Dingen befaßt sind, in Übereinstimmung mit ihren eigenen Interessen und mit den Anforderungen von außen, zu denen sie sich verpflichtet haben, werden Zeiten reserviert und für Interaktion bestimmt.

Zeiteinteilung wird von den Eltern als Mittel eingesetzt, um Verantwortung einzuüben. Anstatt den Jungen zu sagen, daß sie zu bestimmten Zeiten zu Hause sein müssen, erwarten sie von ihren Söhnen, daß diese eine Verpflichtung eingehen, die sie einhalten sollten. Frau Newbold sagt über ihre Jungen:

Ich habe ein sehr offenes Einvernehmen mit ihnen gehabt. Sogar heute noch sagen wir: »Wann können wir euch aus dem Kino zurückerwarten?« Und sie nennen eine Zeit und halten sich daran.

Die Jungen bestätigen das Insistieren ihrer Mutter auf Verabredungsverpflichtungen. Sie haben das Gefühl, nie auch nur ein paar Minuten zu spät kommen zu können, ohne den Fragen Frau Newbolds ausgesetzt zu sein. Für Frau Newbold ist es nicht ungewöhnlich, als Strafe für das Versäumnis, zur abgemachten Zeit zu Hause einzutreffen, die Ausgangsfreiheit der Jungen zu beschränken.

Gegenüber dem größeren zeitlichen Bereich, der zurück auf die Vergangenheit und voraus auf die Zukunft verweist, gibt es gewisse Einstellungen, die in dem bereits Gesagten impliziert sind. Die Vergangenheit ist in zwei Teile gespalten. Der eine besteht aus all dem, was unangenehm war, über das man keine Kontrolle hatte. Die diesem Teil gegenüber eingenommene Haltung ist die, daß man ihm ins Auge sehen und ihn als das erkennen sollte, was er war, aber nicht gestatten sollte, sein späteres Leben darunter leiden zu lassen. Diese Haltung zeigt sich in Frau Newbolds Bemühung, sachlich zu sein in bezug auf die Unzulänglichkeiten ihrer Mutter, ihrem Gefühl, daß sie in ihrer Entwicklung den Punkt überschritten hat, bis zu dem diese irgendeine Relevanz für das Heute haben, und ihrer Versicherung, daß sie kein Leben versäumter Gelegenheiten lebt. Frank Newbold, der im Militärdienst stand, als seine Kinder noch klein waren, hat das Gefühl, daß aus der heutigen Perspektive seine Abwesenheit kein Grund zur Sorge war:

Es ist sehr gut, daß meine Frau mein Bild vor ihnen aufrechterhalten hat. Ich habe auch das Gefühl, die ersten vier oder fünf Jahre waren nicht die Jahre – alle Jahre sind Entwicklungsjahre, aber meine Person war nicht unbedingt wesentlich. Diese Fürsorge ist von meiner Frau sehr gut bewältigt worden, und mein Zutun war nicht allzu wichtig. Und sie erkannte das alles.

Gepaart mit dieser Bewältigung der unerfreulichen Vergangenheit – sie ablegen und losgelöst betrachten – ist ein weniger deutlich umrissenes, aber evidentes Interesse an zeitlicher Kontinuität. Trotz all ihrer Beschäftigung mit Individualität zeigen die Newbolds ein positives Interesse an der Vergangenheit oder einem Teil dieser Vergangenheit, der für wert gehalten wird, bewahrt zu werden. Wir haben bereits erwähnt, daß die Eltern – hauptsächlich Frau Newbold – Antiquitäten sammeln. Frank Newbold hat den Beruf seines Vaters ergriffen und möchte, daß sein älterer Sohn dasselbe tut; Ted nimmt an, daß er das tun wird.

In ihrem eigenen Verständnis beschäftigen sich die Newbolds mit dem, was ihnen am meisten am Herzen liegt, nicht deshalb, weil es durch die Vergangenheit sanktioniert ist. Dennoch scheinen sie einige Energie darauf zu verwenden, nach Werten zu suchen, die aus der Vergangenheit abgeleitet werden können. Ihren wesentlichen Vorstellungen von sich selbst liegt der Vorstoß zu neuer Erfahrung, das Vorwagen in neue Gebiete und die Betonung der Fähigkeit, sich in jeder Umgebung zu Hause zu fühlen, näher. Frau Newbold drückt es aus:

Die Ferien müssen immer einen Kontrast bilden. Wir nehmen uns nie ein Ferienhäuschen und sitzen den ganzen Sommer über an einem See. Herr Newbold und Ted würden vor Langeweile sterben. Curt und ich lieben das Land. Wir sehen bei unseren Reisen das Land und die großen Städte. Wir sind mit dem Auto überall in den Vereinigten Staaten gewesen. Wir kennen den Bürgerkrieg aus eigener gründlicher Anschauung des Südens und des Nordens. Wir machten eine Reise in den Westen und sahen all die alten Stätten – Leadville, Central City und viele andere. Und wir blieben eine Weile auf einer Ranch. Wir gehen immer in Ferien, wenn die Jungen aus dem Ferienlager zurückkommen. Herr Newbold ist ein wunderbarer Vater. Er hat den Jungen auf diesen Reisen eine ganze Menge beigebracht. Wir schliefen zum Beispiel auf unserer Reise in den Westen hoch in den Bergen im Freien und all das.

Die Reisen der Newbolds scheinen mehrere Funktionen zu erfüllen: Abenteuer, Bildung, familiale Interaktion und Erschließen neuer Erfahrung. In diesem Bereich des Familienlebens stellt Curt seinen Bruder Ted in den Schatten. Ted ist auf einen urbaneren Lebensstil festgelegt und allem Anschein nach nicht besonders eifersüchtig auf den Ruf seines Bruders in der Familie als Naturliebhaber. Frau Newbold spricht von dem Unterschied zwischen ihnen:

Der ältere ist seinem Vater sehr ähnlich. Er hat dieselbe Gesinnung. Hat dieselben Dinge gern. Er mag die Großstadt. Der jüngere mag

Farmen und haßt die Großstadt. Er hat die Hetze, den Verkehr und den Lärm nicht gerne. Curt möchte am liebsten die Schule abschließen und dann hinaus aufs Land ziehen und auf einer Farm leben. Er liebt alles Natürliche und Tiere und so weiter. Darin besteht der eigentliche Gegensatz zwischen den beiden. Ted liebt die Stadt und alles in der Stadt, und Curt liebt die freie Natur. Sie sind beide gute Camper, aber Ted ist nicht mit dem gleichen Eifer dabei wie Curt.

Wir können annehmen, daß Frau Newbold hier ein selektives Bild der Familienstruktur und -gruppierung zeichnet. Beachtenswerterweise läßt es die Tatsache außer acht, daß Curt und sein Vater zusammen angeln und skilaufen gehen – Aktivitäten, an denen Ted nicht partizipiert. Trotz dieser Tatsache besteht sie auf der Ähnlichkeit zwischen Ted und seinem Vater und interpretiert Curts individuelle Verhaltensweisen als eine idiosynkratische, doch akzeptable Version von Männlichkeit. Ihr maßgebendes Merkmal ist, daß er gerne auf dem Land mit Tieren zusammen ist; er braucht Menschen nicht so sehr wie sein Bruder. Aber Frank Newbold ist ein Mann, der eine Woche Urlaub alleine fern von der Familie verbringt. Außerdem ist das von ihm ausgewählte, bevorzugte TAT-Bild Karte 19, ein Bild ohne Menschen, zu welchem er eine Geschichte über entlegene Bergwerkssiedlungen erzählt. Hier haben wir also ein Indiz dafür – und wir werden noch einige weitere anführen –, daß Curt in seiner Familie für keinem anderen Mitglied ähnlich gehalten wird. Ihm wird eine besondere Rolle zugeschrieben – er trägt sein Scherflein dazu bei –, und ihm gilt die spezielle Sorge; dadurch werden die drei anderen Mitglieder der Sorge über ihre gegenseitigen Absichten enthoben.

In der Familie gibt es Unterschiede in der Haltung dem Reisen gegenüber, die Frau Newbold nur beiläufig erwähnt. Herr Newbold bringt sie offen zum Ausdruck:

Wir haben gemeinsam Reisen und Ausflüge unternommen, aber die Interessen sind nicht ganz kompatibel. Den Jungen gefiel es sehr gut im Yellowstone-Park, aber ich frage mich, ob Frau Newbold gerne herumsitzt, während wir Touren machen. Und es ist fraglich, ob Curt an unserer Reise zur Ostküste Freude hatte. Ich nehme im Winter zwei Wochen Urlaub, eine Woche verbringe ich mit der Familie. Wir fahren vielleicht hinauf, um angeheiratete Verwandte zu besuchen. Eine sehr vornehme Angelegenheit. Eine Woche alleine, vielleicht nach New York zum Skilaufen. Ich nehme zwei Wochen Urlaub im Sommer. Manchmal nehmen wir die Kinder mit, manchmal nicht. Vor zwei Jahren machten wir eine Tour nach Vancouver. Diesen Sommer fuhren wir nach Philadelphia.

Es gibt Hinweise darauf, daß Urlaub und Reisen für Herrn Newbold eine wichtige psychologische Funktion erfüllen, die von der Familie nicht ganz geteilt wird. In den Satz-Ergänzungen erwähnt er den Urlaub zweimal: »Es macht Spaß, sich Tagträumen hinzugeben über / Urlaub. Wenn es nach mir ginge, / würde ich längeren Urlaub nehmen.« Er antwortet beim TAT auf Karte 19 wie folgt:

Das erinnert mich an die Gebilde und den Schnee in den Rocky Mountains mitten im Winter. Es gibt viele kleine Bergwerkssiedlungen. Die Häuser haben wenig Fenster.

Er schwelgt in der Erinnerung an angenehme Stunden, die er in Gegenden verbracht hat, die ihm durch dieses Bild in Erinnerung gerufen werden.

Folglich scheint der Urlaub einem Bedürfnis nach Entlastung von Routine und Belastung durch Beruf und Familie in einem Ausmaß entgegenzukommen, das für seine Frau nicht zutrifft. Angesichts all dessen, was wir über ihn erfahren haben, überrascht es nicht, daß er diese Karte, auf der keine Menschen abgebildet sind, als seine Lieblingskarte auswählt. Interpersonale Beziehungen sind für ihn von geringerer Bedeutung als sein Standfestigkeitsempfinden, eine Erfahrung, die man leichter macht, wenn man auf sich allein gestellt ist. Es ist wahrscheinlich kein Zufall, daß er und nicht seine Frau uns von seinem einwöchigen, allein verbrachten Urlaub berichtete. Es scheint auch richtig anzunehmen, daß sie sich eher damit abfindet als viele Frauen. Das Bild der Familie hat nicht nur Raum für, sondern besteht auf Individualität und getrennter Aktivität, so daß die Familienmitglieder, während sie ihre eigenen Ziele verfolgen, die Einheit der Gruppe durch ihre Zurschaustellung des Festhaltens an gemeinsamen Werten der Familie fördern.

Eine weitere Perspektive ist hier auch relevant: die intellektuelle Organisation des Raumes. Für die Newbolds gibt es auf der ganzen Welt keinen Platz, wo sie ihrer Meinung nach nicht hingehen könnten. Die Anzahl der Orte, die sie sinnvollerweise aufsuchen können, ist nicht begrenzt. Ist es irgendwo interessant, dann lohnt es sich auch, dorthin zu gehen. Beide Elternteile sind in Übersee gewesen. Ihre Reisen in Amerika haben sie von Küste zu Küste und von Kanada bis

in den tiefen Süden geführt. Und von Frau Newbold stammt der Ausspruch: »Wir sind so schrecklich reiselustig. Wir können es kaum erwarten, in den Orient zu kommen . . ., und daß die Kinder alleine nach Europa fahren.«
Nicht nur haben sie gegenüber den anderen Familien, die in diesem Buch dargestellt werden, einen erweiterten Horizont, sie verfügen auch über die Fähigkeit, große Räume sinnvoll zu organisieren. Bei ihren Reisen in Amerika haben sie sich den Bürgerkrieg erschlossen. Nord und Süd sind für sie deutlich getrennte Realitäten, die sie in einer Konzeption organisiert haben, die mit ihrem eigenen Leben in Beziehung gebracht worden ist. In ähnlicher Weise war auch ihre Reise an die Westküste nicht ziellos, sondern in der Absicht geplant, ein Großteil der Geschichte dieses Landes und seiner Geographie zu verstehen. Ihr weitausschweifender Blick erfaßt eine komplexe soziale Wirklichkeit, die sich weit über die Grenzen der näheren Umgebung und die Wohnorte der erweiterten Familie erstreckt. Zu ihrem Lebensstil gehört ganz selbstverständlich eine weltgewandte Orientierung; ein bedeutsamer Teil der Selbstdefinition in dieser Familie ist das Nicht-Provinzielle.

Die Regulierung interpersonalen Austausches

Eine offensichtliche Tatsache des Familienlebens ist der zwischen den Generationen bestehende Unterschied an Macht und Autorität. Physisch, psychologisch und sozial haben die Erwachsenen einen unzweifelhaften Vorteil gegenüber ihren Kindern. Wie die Erwachsenen diese Tatsache ausgestalten, ist von großer Bedeutung für die Interaktion in der Familie, da die charakteristische Art und Weise, in der der Generationsunterschied bewältigt wird, zunächst von den erwachsenen Mitgliedern der Familie bestimmt wird. Die Newbolds haben dieses Problem ohne Umschweife angegangen: Die Unterschiede sind zu offensichtlich, um geleugnet werden zu können, sie stellen einen wünschenswerten Aspekt des Familienlebens dar und sollten auch genutzt werden zum Wohle des Kindes und für einen reibungslosen Ablauf innerhalb der Familie.
Frank Newbold ist ein selbstbewußter Vater. Er ist der Mei-

nung, daß die Eltern in ihren Forderungen klar und unnachgiebig sein sollten. Respekt gegenüber den Eltern ist ein wesentliches Prinzip des Familienlebens. Er sagt:

Ich hoffe, daß ich immer noch als ein Vater angesehen werde, wie ihn vielleicht die Deutschen verstehen. Was der Vater sagt, ist Gesetz. Ich hoffe fest, daß sie Respekt und Kameradschaft für mich empfinden. Habe ich meine Kinder jemals geschlagen? Ja. Das ist zehn Jahre her. Schließlich sind wir wie die Tiere, bloß intelligenter. Die Kinder merken, womit sie durchkommen können. Wenn man einfache und strenge Forderungen stellt, gibt es keine Debatten. Man kann nicht immer nur fordern. Dann kommt man zu nichts. Sie kennen meinen Standpunkt und ich den ihrigen. Das ist gut so.

Herrn Newbolds Position als Autorität wird von seinen heranwachsenden Jungen nur selten in Frage gestellt, so daß nur sehr wenig äußere Disziplinierung erforderlich ist. Die Disziplinierung geschieht auf ruhige Art und Weise – die Durchschlagskraft seiner Sanktionsmaßnahmen ist so ausreichend, daß er nur selten zu zusätzlichen Mitteln greifen muß. Körperliche Züchtigung war früher an der Tagesordnung; aber selbst damals geschah es nicht aus Mangel an Selbstbeherrschung, sondern aufgrund eines überlegten Vorgehens zur Herstellung von akzeptablen Beziehungen innerhalb der Familie.
In bezug auf die Effektivität der Disziplinierungsmaßnahmen des Vaters sind sich die Jungen einig. Ted sagt:

Wenn Papa verärgert ist – halte dich zurück. Er schreit einen nicht an oder wird grob. Halt dich zurück und laß ihn allein. Letzte Woche hatte ich was ausgefressen. Es war ihm gar nicht recht, und er sagte das auch, und ich sagte ihm, warum ich es getan hatte. Damit hatte es sich. Ein paar Tage lang hat keiner mit dem anderen gesprochen. Es ist eine Art eisigen Schweigens – kalte Schulter –, so was Ähnliches. Ich kann es an seinen Bewegungen erkennen. Er ist sehr ruhig, und seine Stimme ist monoton, ruhig, keine Schwankung.

Curts Bemerkungen ergänzen die seines Bruders:

Er wird nicht allzu schnell ärgerlich, aber irgendwie erreicht er, daß man tut, was er will. Diskussionen gibt es nicht. Das geht nicht. Er hat so was in den Augen. Man kann nichts machen. Er starrt einen an. Wenn er einem sagt, daß man etwas tun soll, dann sofort. Wenn Ted und ich uns streiten und Papa kommt nach Hause, hört der Streit sofort auf.

Bei den seltenen Gelegenheiten, wenn Herr Newbold es für nötig hält, seinen Statusvorteil im Interesse der Sozialisation zu betonen, verwendet er keine ungebührlich starken Techniken.

Wenn sie sich nicht verhalten, wie ich es erwarte, werden sie daran erinnert, daß die Anweisung noch nicht ausgeführt worden ist. Bis es erledigt ist, ist nichts anderes gestattet. Wenn das nicht reicht, entziehe oder beschneide ich ihnen eine Vergünstigung. Sie sind zu alt, um übers Knie gelegt zu werden. In ihrem Alter ist ein vernünftiges Wort von größerem Wert.

Herr Newbold weiß, daß er, wenn er die Geduld verliert, »eklig, autoritär, repressiv« ist; und er ist stolz darauf, daß er nur selten die Beherrschung verliert. Er achtet sorgsam darauf, daß er nur diejenigen Verhaltensweisen diszipliniert, durch welche einige wenige, eng umrissene Regeln verletzt werden – Regeln, die seiner Meinung nach die Ideologie der Familie stützen.

Die gesetzähnliche Gültigkeit, die Frank Newbold für seine Anweisungen beansprucht, ist in den Augen der Kinder manchmal stärker als sein Wunsch nach Verhältnismäßigkeit der Mittel. Sie bewundern sein Durchstehvermögen, finden aber, daß es manchmal in Unbeugsamkeit ausartet. Ted sagt von seinem Vater: »Wenn er sich etwas in den Kopf gesetzt hat, wird es gemacht.« In einem späteren Interview führt er weiter aus:

Ich wäre froh, wenn Papa sich nicht von diesen Blitzideen hinreißen lassen würde. Er setzt sich etwas in den Kopf und will es durchführen, ohne es durchdacht zu haben, manchmal ein wenig unvernünftig. Wir sitzen zum Beispiel rum und tun nichts, wollen auch nichts tun. Er beschließt, daß wir in eine Vorstellung gehen. Oder er kommt eines Nachmittags nach Hause und sagt: »Ich glaube, ich mache den Wagen ein bißchen sauber«, und dann geht er ran und poliert ihn von oben bis unten.

Und Curt sagt von seinem Vater: »Manchmal macht er was, von dem man ganz genau weiß, daß es falsch ist. Sagt man's ihm, macht er trotzdem weiter. Er sagt: ›Na und?‹«

Obwohl er darauf besteht, daß sein Wort Gesetz ist, ist kein Mitglied der Familie, Frank Newbold eingeschlossen, bereit zu sagen, daß das väterliche Gesetz der Hauptanlaß zur Regulierung im Haushalt ist. Nur wenn nötig, wird es in Anspruch genommen, und bereitwillige Kooperation hält man für das wünschenswertere Motiv.

Dennoch gilt das Privileg der Teilhabe nur mit Einschränkungen. Es will verdient sein und wird nicht einfach durch Familienmitgliedschaft erworben, sondern dadurch, daß man den Verhaltensstandards und Leistungsnormen der Familie entspricht. Herr Newbold ist der Meinung, daß kleine Kinder in ihren eigenen oder in Familienangelegenheiten nicht entscheidend mitreden sollten. Kooperation vollzieht sich vorzüglich einseitig – das heißt, die Kinder kooperieren mit den Erwachsenen –, bis die Kinder die Werte der Familie in ausreichendem Maße verinnerlicht haben, so daß Reziprozität möglich wird. Herr Newbold sagt: »Diese Idealvorstellung von Kooperation ändert sich mit ihrem Alter. In dieser formativen Phase heißt das erste Ziel Vorbereitung auf die reiferen Jahre.«

Das kooperative Ideal wird im Hause Newbold hauptsächlich angewendet in Hinsicht auf die Verantwortlichkeit der Jungen für Erledigungen im Haushalt. Es geht dabei nicht einfach darum, daß Arbeit erledigt wird. Die damit verbundene Absicht lautet, ihre Teilhabe an Tätigkeiten in und am Haus zu verstärken, um ihnen die Tugenden der Verantwortung und Leistung mittels überwachter Indoktrination zu vermitteln. Beide Jungen beschreiben ihren Verantwortungsbereich mit Stolz und sehen darin Gelegenheit zu familialer Interaktion und Einheit.

Wie auch die Disziplinierung verfolgt die Delegierung von Verantwortung in einem relativ frühen Alter zwei Ziele: Frühzeitige Verinnerlichung von Normen der Familie und die Herausbildung der Fähigkeit, außerhalb des Rahmens der Familie unabhängig zu handeln. Die beiden Jungen haben das Gefühl, daß sie durch den Ausweis ihrer Fähigkeiten unter elterlicher Aufsicht sich Handlungsfreiheit und Privileg bei Tätigkeiten außer Hause verdient haben. Selbstbeherrschung und Verantwortungsbewußtsein bei den grundlegenden sozialen Verhaltensweisen müssen zuerst zu Hause unter Beweis gestellt werden. In der Familie Newbold trägt die fähige Ausübung der Verantwortung wie auch die Regelkonformität der Kinder dazu bei, den Autoritätsunterschied zwischen Eltern und Kindern dadurch abzubauen, daß sie dem Kind größeren Einfluß und eine stärkere Verhandlungsposition innerhalb der Familie sichert. Es ist folglich ein Grundsatz der Newboldschen Ideologie, die Status-

unterschiede innerhalb der Familie dazu zu gebrauchen, Statusgleichheit zu erreichen.
Frau Newbolds Beziehung zu ihrem Mann basiert teilweise auf dem kooperativen Ideal, von dem er spricht. Ihre Bewunderung für ihn ist nicht zu verkennen, und sie widerspricht ihrer Beschreibung seiner Person als fair, loyal, gescheit, unabhängig und ehrenhaft nicht wesentlich in auch nur einer ihrer Antworten. Sie sieht sich selbst als ihm in einer Reihe von Beziehungen sehr ähnlich, und sie unterstützt ungezwungen und selbstverständlich seine Autorität bei den Jungen – sie hielt den Jungen sein Bild vor, als er während des Krieges nicht da war. Es werden weder von einem der Eltern noch von den Kindern irgendwelche wichtigen Unterschiede in den disziplinarischen Erwartungen oder Methoden berichtet.

Als die Kinder klein waren, machte ich mir nie große Sorgen wegen des Essens. Entweder wollten sie es oder nicht. Was das Schlafen anbetraf, so wußten sie von Anfang an, daß sie ins Bett gingen und dort blieben, und damit hatte es sich. Sie liefen nie weg – sie waren die ganze Zeit draußen. Ein Großteil der Zeit war ich mit ihnen draußen. Wenn ich arbeitete, nahm ich sie mit mir in die Küche. Curt spielte in der Küche. Ich hatte ein ganz offenes Einvernehmen mit ihnen. Ich schreie sie nie groß an. Sie wissen, was man von ihnen erwartet, und handeln danach. Wenn sie ihr Wort nicht halten, bringen sie sich um eine Vergünstigung, aber sie brauchen selten überhaupt irgendeine Disziplinierung.

Es ist hier wichtig festzuhalten, daß die Eltern von den Jungen nicht nur Gehorsam erwarten, sondern ihnen nachdrücklich nahelegen, die Anweisung zu verinnerlichen und sich zu eigen zu machen. Im Gegensatz zu Frau Littleton gibt sich Frau Newbold nicht mit äußerer Konformität in ihrer Gegenwart zufrieden; ihr Anliegen ist es, in ihren Söhnen die Fähigkeit, Verpflichtungen einzugehen und einzulösen, zu entwickeln.
Frau Newbolds disziplinarische Maßnahmen haben Respekt und Gehorsam auf seiten der Jungen zur Folge. Ted beschreibt das so:

Wenn wir zu einer Vorstellung gehen und fünfzehn Minuten zu spät nach Hause kommen, dann heißt es: »Wo warst du?« Wenn wir ein paar Minuten länger als verabredet Fahrrad fahren, dürfen wir ein oder zwei Monate lang nicht radfahren. Dann komme ich eben eine Zeitlang ohne aus, das ist alles. Man stellt das nie in Frage. Wenn ich wüßte, daß ich immer zu spät käme, wäre ich nicht so verärgert, aber wenn ich mich im Recht fühle, werde ich äußerst wütend. Aber wenn

Mama die Geduld verliert, ist man am besten still, läßt ihren Zorn verrauchen und sagt nichts. Sie schreit, aber nicht schrill. Sie hat nicht oft die Beherrschung verloren. Wir haben herausgefunden, daß sie nur dann wirklich wütend wird, wenn Ted und ich anfangen, miteinander zu raufen. Sie und Papa werden nie böse aufeinander, soweit wir wissen.

Curt pflichtet dem bei:

Wenn etwas getan werden muß, kommandiert sie uns in einer Weise herum, die wir nicht mögen, und das ist etwas, was ich nicht leiden kann. Mir gefällt es, daß sie nicht gleich eingreift. Wenn Ted und ich etwas tun wollen oder nicht tun wollen, mischt sie sich nicht gleich ein.

Frau Newbolds Status und Prestige im Hause sind von ihrer Stellung in der Gemeinde nicht zu trennen, und beide leiten sich zum Teil aus ihrer ungewöhnlichen Fähigkeit ab, Gruppen zu leiten und zu organisieren. Die Kongruenz zwischen ihren Rollen zu Hause und in der Gemeinde, die Kompatibilität zwischen diesen Rollen und Herrn Newbolds Tätigkeiten im Beruf und zu Hause werden in seinen Bemerkungen über sie dargestellt.

Die Eltern Newbold scheinen sich keine Sorgen zu machen wegen der Rivalität zwischen ihren Jungen. Sie sehen wohl die offen zutage tretenden Wortwechsel und Kämpfe, die gelegentlich unter den Jungen ausbrechen, aber beschreiben diese als normal. Ted wird jedoch offensichtlich bevorzugt. Er scheint sich dessen bewußt zu sein, obgleich seine Keckheit es etwas schwierig macht, seine diesbezüglichen Gefühle zu bestimmen. Er sagt:

Mama und Papa und ich gleichen uns insofern, als wir alle Führernaturen sind; Curt ist das nicht in dem Ausmaß. Das ist der große Unterschied. Er steht ganz alleine da.

Die Kämpfe, in die sich die beiden einlassen, werden, sofern es möglich ist, vor den Eltern geheimgehalten. Teds eigenen Darstellungen zufolge haben die Jungen anscheinend eine Technik des lautlosen Kampfes entwickelt. Ted zumindest meint, daß diese Methode wirksam ist.

Curt stellt eine typische Episode so dar:

So sieht es aus, wenn Ted und ich in Streit geraten. Sagen wir, ich sitze auf einem Stuhl und bin Ted im Weg; er kann vorbeikommen, rückt aber doch meinen Stuhl weg. Ich werde wütend, und dann geht's los. Manchmal ziehen wir uns gegenseitig auf, und manchmal gehen wir dabei bis zum äußersten. Früher haben wir uns gerauft. Wir waren ungefähr gleich groß, aber dann wurde er größer, und es ist bei meiner Größe jetzt nicht gerade das Fairste. Er nützt seine Größe aus – er ist gemein –, und ich werde ziemlich sauer. Ich liege zum Beispiel unten und zerre an seinen Zehen, und wenn ich dann wirklich sauer werde, zerre ich an seinen Fingern, und dann wird er wirklich wütend, und dann ist Schluß.

Obgleich die Eltern sich keine großen Sorgen wegen der Rivalität zwischen den Jungen machen und tatsächlich der Meinung sind, daß sie einander nicht wirklich ausstechen wollen, weil ja ihre Interessen so unterschiedlich sind, gibt es Grund zu der Annahme, daß Rivalität nicht nur tatsächlich besteht, sondern sogar bedeutsame Folgen hat. Obwohl Curt uns erzählt hat, daß Ted gewöhnlich den Streit anfängt, sagen sein Bruder und sein Vater, daß es sich umgekehrt verhält. Jedoch ist die richtige Zuweisung des »Tadels« hier nicht das wichtigste. Sondern vielmehr der Hinweis darauf, daß Curt in seinen Kämpfen mit seinem Bruder unbewußt eine Niederlage provoziert. Ihr Vater beschreibt die Situation folgendermaßen:

Gelegentlich raufen sie miteinander. Curt nörgelt gern herum. Probiert aus, wieweit er damit kommt. Reizt seinen Bruder. Er weiß, daß er seinen großen Bruder nicht verhauen kann, und versucht es trotzdem, und dann bekommt er, was er in gewisser Weise herausgefordert hat.

Als Ted gefragt wurde, in welcher Beziehung er anders sein möchte, als er ist, gingen seine Bemerkungen dahin, das von seinem Vater gezeichnete Bild zu bestätigen:

Ich würde wahrscheinlich nicht ganz so heftig sein. Ich werde ziemlich oft wütend. Es ist so, daß ich gewöhnlich zu einem anderen sage, daß ich gleich wütend werde. Sie glauben mir nicht. Ich bin nicht leicht eingeschnappt. Das ist ihr verdammtes Glück. Vor allem bei meinem Bruder. ... Er sollte nicht so verrückt sein. Er sitzt da und zieht einen auf. Sogar Mama wird ärgerlich. Es ist, wie wenn er sagte: »Ich fordere euch heraus, mich zu verhauen.« ... Ich glaube nicht, daß man ihn ändern kann. Ich habe ihn schon so oft verhauen; er hat sich nicht geändert.

Curt scheint geradezu zu versuchen, seinen untergeordneten Status immer wieder zu erfahren.

Die Ansicht des Vaters über Curt ist auch auf explizitere Weise evident. Herr Newbold sagt von seiner Familie: »Meine Frau ist sehr weit über Pari. Mein älterer Sohn ist über Pari. Mein jüngerer Sohn ist – so etwas – mehr künstlerisch veranlagt.« An anderer Stelle vergleicht er die Jungen miteinander:

Ted hat es immer gut gemacht. Curt hat es immer gut genug gemacht. Ich weiß nicht warum, ich schätze, ich lobe ihn nicht genug. Ich meine manchmal, er ärgert sich über Ted.

Curt kann nicht erfolgreich mithalten in den Punkten, die die Eltern so stolz auf Ted machen – Führung, Selbstbewußtsein, Extraversion, Wagemut und als männlich geltende Fertigkeiten. Curt hat andere Tugenden und Talente entwickelt. Die Eigenschaften, die er der Familie gegenüber zeigt – Verantwortungsbewußtsein, Empfindsamkeit, Zurückhaltung, Bescheidenheit, gute schulische Leistungen, Gründlichkeit –, werden als der kulturellen Ethik der Mittelschicht entsprechend geschätzt. Sie nehmen jedoch in der Newboldschen Ideologie keine so hohe Rangstufe ein. Die Newbold-Jungen sollten mannhafte, realistisch eingestellte, nüchterne Akademiker werden, vorzugsweise Männer, die entwerfen, planen und herrschen; Curt möchte gerne Farmer werden.

Sein Wunsch, Farmer zu werden, während die Familie erwartet, daß er einen akademischen Beruf einschlägt, kann vielleicht als ein Verlangen interpretiert werden, aus der kompetitiven Welt auszuscheren, während es gleichzeitig eine unverwirklichte, passive Aggression gegen seine Eltern ist. Jedoch ist sein Wunsch zu gehen für ihn keineswegs endgültig verbindlich. Seine gemeinsamen Ausflüge mit seinem Vater am Sonntagmorgen stellen sicherlich den Wunsch dar, seinem Vater nahe zu sein, sich mit ihm zu identifizieren, sich die Fähigkeiten und die Ansicht zu eigen zu machen, die sein Vater schätzt. Vom Standpunkt des Vaters aus gesehen könnten diese Tätigkeiten seinen Wunsch ausdrücken, an seinem jüngeren Sohn wiedergutzumachen, was er ihm an Wertschätzung vorenthalten hat. Daß Curt trotz seiner Zweifel an sich selbst hofft, erfolgreich zu sein, kommt in dem folgenden Gespräch mit dem Interviewer zutage:

INTERVIEWER: Inwiefern gleichst du deinem Papa?
CURT: Ich habe ihn gern,* weil wir viel Spaß haben.
INTERVIEWER: Inwiefern gleichst du ihm?

* Es besteht die Möglichkeit, daß Curt die erste Frage mißverstanden hat. To be like = gleichen; to like = gern haben [Anmerkung der Übers.].

CURT: Wir haben dieselbe Farbe der Augen und alles andere in der Richtung. Wir betreiben gerne die gleichen Sportarten.
INTERVIEWER: Hast du irgendwelche Charaktereigenschaften, die er auch hat?
CRET: Ich weiß nicht – fragen Sie jemanden anderen.
INTERVIEWER: Bist du ihm irgendwie ähnlich?
CURT: Ich weiß nicht. Sie müssen jemanden anderen fragen. Darüber habe ich mir nie Gedanken gemacht.
INTERVIEWER: Wem, meinst du, schlägst du nach?
CURT: Ich hoffe, ich schlage meinem Vater nach.
INTERVIEWER: Warum?
CURT: Nun ja, er ist sehr amüsant... Ich weiß nicht.
INTERVIEWER: Bist du irgendwie wie deine Mama?
CURT: Herrjeh, ich weiß nicht.
INTERVIEWER: Schlägst du ihr nach?
CURT: Wahrscheinlich.

Eine weitere Gegenüberstellung von zwei Bemerkungen ist in diesem Kontext aufschlußreich. Ted bezeichnet seine beiden Eltern und sich selbst als »Führernaturen«. Über Curt sagt er: »Hin und wieder kommt er plötzlich mit einer guten Idee, aber gewöhnlich ist er mehr oder weniger passiv.« Aber Curt sagt von seinem Bruder:

Ted ist mit zu vielen Leuten einer Meinung. Er ist mit vielen Leuten befreundet, die sehr verschieden voneinander sind. Er tut zu viele Dinge, die andere Kinder tun wollen. Wenn zum Beispiel einer hier lang gehen will – dann folgt er ihnen.
INTERVIEWER: Warum?
CURT: Vielleicht will er mit ihnen zusammenbleiben. ... Ich schließe wohl eine Freundschaft auf der Basis der Gleichheit. Ich würde nicht all das tun, was ein Freund von mir tun will.

In Curts Bemerkung ist impliziert, daß er sich die Erwartung der Familie, man sollte ein Anführer und nicht ein Gefolgsmann sein, zu eigen gemacht hat. Er sagt auch, daß man seinen eigenen Weg gehen sollte ohne Rücksicht darauf, ob die Bindung an andere davon beeinträchtigt wird. Folglich behauptet er, daß er den Erwartungen der Familie entspricht und nicht Ted. Wir könnten dies als Indiz dafür nehmen, daß er weit davon entfernt ist, den Konkurrenzkampf um die Erlangung einer geachteten Stellung völlig aufzugeben, wie sehr er auch mit dem Gedanken der Resignation spielen mag. Und wie wir gesehen haben, wird ein Teil der Familienenergie weiterhin auf das Problem des relativen Status der Kinder verwendet werden. Sie werden versuchen, Curts idiosynkratische Richtung abzubiegen, während sie ihn weiterhin als leicht aus der Art geschlagen ansehen. Aber da sie sich bemühen, ihn unmerklich aufs richtige Geleis zurückzuführen, werden sie auch versuchen, die Fähigkeiten in ihm zu stärken – zum Beispiel Selbstbewußtsein –, die es ihm ermöglichen könnten, entschlossener seinen eigenen Weg zu gehen. Das Ergebnis dieses komplexen Kräftespiels kann zu diesem Zeitpunkt noch nicht vorausgesagt werden.

Die in einer Familie auftretenden Spannungen und die von der Familie entwickelten Methoden, damit fertig zu werden, können am besten mit anderen Aspekten der Interaktion zusammen, besonders dem Gefühlsaustausch innerhalb der Gruppe, evaluiert werden. Generell wird Zuneigung der Familienmitglieder zueinander als ein Privileg und eine dem Wesen des Familienlebens inhärente Pflicht angesehen. Als eine der charakteristischen Kommunikationsarten der Familie können Liebesbezeugungen in erster Linie symbolisch sein – wie obligatorisches Küssen unter Verwandten – oder so eng vertraut ausgetauscht werden, daß feine physische und verbale Gesten der Liebe zum Teil offeneren physischen Kontakt ersetzen. Die Art und Weise, in der Liebe gezeigt wird, ist natürlich unterschiedlich je nach Geschlecht; außerdem treten große Unterschiede zwischen den von den Individuen angenommenen Variationen auf. Dies gilt besonders für die Väter, da die von der Kultur bestimmte Definition der angemessenen Vaterliebe in ihrer schlechtesten Ausprägung ambivalent und in ihrer besten Ausprägung unklar ist.

Wie viele amerikanische Väter gibt Herr Newbold sich beträchtliche Mühe, seine Männlichkeit zu verteidigen und immer wieder zu bestätigen. Sanftheit und physische Liebe sind Eigenschaften, die er in seinen Lebensstil nicht integrieren konnte, obwohl er starke romantische und gefühlsbetonte Züge in seiner Persönlichkeit hat. Die unterdrückte Zärtlichkeit ist Ursache für seine verborgene Anhänglichkeit an seinen künstlerisch veranlagten und empfindsamen jüngeren Sohn, und er ist leicht zu überreden, wenn Curt einen Partner zum Angeln haben möchte, und steht manchmal um fünf Uhr morgens auf, um diese Erfahrung mit seinem zweiten Kind zu teilen. Auch Curt erkennt dieses zwischen ihnen bestehende Band und erwähnt es als die einzig bedeutsame Ähnlichkeit mit seinem Vater. Es ist diese subtile, affektive Bindung zwischen den beiden, die Curts Selbstachtung unterstützt und die Schmerzlichkeit seines untergeordneten Status in der Familie teilweise mildert. Die Bindung zwischen ihnen wirkt auch auf den Jungen als Mittel zur Sozialisation, indem sie wiederholt den Druck und den Wunsch nach Konformität mit den Normen der Familie erneuert.

Herrn Newbolds Liebe zu seinem älteren Sohn wird in Begriffen von Männlichkeit, die ihnen gemeinsam sind und mit denen kein Unbehagen verbunden ist, ausgedrückt. Er bewundert Ted als sein Produkt und als sein eigenes im Entstehen begriffenes Bild. Sie verstehen einander, und Herr Newbold ist sicher genug, um sich nicht durch die steigende, selbstsichere Virilität seines heranwachsenden Sohnes bedroht zu fühlen. Ted hält seinen Vater für »großartig« und fügt hinzu, daß »wir gut miteinander auskommen und gute Freunde sind«. Es ist die Freundschaft zwischen zwei Kollegen; und sie deutet auf Teds Zukunft als Juniorpartner im Büro seines Vaters. Ted identifiziert sich vollständig mit seinem Vater. Er sagt, er möchte, daß seine Kinder so wie seine Eltern sein werden. Während ihn dies nicht daran hindert, an dem, was er für die Schwächen seines Vaters hält, Kritik zu üben, liegt kein substantieller Konflikt in seinem Wunsch, seinem Vater in Beruf, Persönlichkeit und Lebensstil nachzueifern. Teds Beziehungen zu seiner Mutter und zu seinen Altersgenossen sind von derselben unkomplizierten Selbstverständlichkeit und Freundlichkeit geprägt wie die Interaktion mit seinem Vater.

Frau Newbold spricht von allen Mitgliedern der Familie mit Stolz und Zuneigung und ist der Ansicht, daß sie ihre Rollen als Mutter und Ehefrau über das hinaus, was angemessen ist, erfüllt. Sie sagt, daß sie nie zu Bett geht, bevor Herr Newbold nach Hause gekommen ist. Vor dem Schlafengehen nehmen sie einen Schlummertrunk; diese kurze Zeit der Kommunikation ist anscheinend für beide von größter Bedeutung. Sie bekennt sich als einziges Familienmitglied zu einer nicht unbedeutenden Ähnlichkeit mit ihrem jüngeren Sohn. »Ted gleicht seinem Vater und Curt mir. Curt und ich haben in vieler Hinsicht Freude an denselben Dingen. Ich vermute, wir haben das gleiche Temperament. Und Curt betätigt sich auch sehr häufig kreativ.«

Teds emotionale Beziehung zu seiner Mutter ist derjenigen, die er seinem Vater gegenüber zeigt, sehr ähnlich. Physische Liebe stellt er in Abrede und nennt seine Mutter »einen guten Freund in allen Dingen«. Obgleich er von ihrer Liebe zu seinem Vater spricht, beschreibt er sie im übrigen in nicht-femininen Begriffen. »Sie ist die patenteste Frau, die ich kenne«, sagt er und fügt hinzu, sie ist »freimütig, forsch, spricht gut, kommt den Dingen schnell auf den Grund, denkt immer unkompliziert und leistet etwas.« Der männliche Interaktionsstil zwischen Ted und seiner Mutter wird durch Frau Newbolds leichte Ungeschicklichkeit und Schwierigkeit, Zärtlichkeit und Liebe gegenüber ihren Jungen zu zeigen, unterstützt. Zum Teil resultiert ihr größerer Erfolg, Curt gegenüber Zuneigung zum Ausdruck zu bringen, aus seiner Zugänglichkeit und aus der Tatsache, daß er einige Züge des Nesthäkchens der Familie behalten hat. Frau Newbolds unbewußter Wunsch, ihre Söhne in Abhängigkeit zu halten, kompliziert ihre emotionale Ausdrucksfähigkeit. Sie weigert sich jedoch, diese Neigung anzuerkennen, und wandelt sie teilweise in mütterliche Fürsorge um, besonders was Verpflichtungen in bezug auf Zeit und Tagesablauf anbetrifft. Die geringe Flexibilität, was die Verpflichtung der Jungen, zu einer bestimmten Zeit zu Hause zu sein, anbetrifft, wurde schon früher erwähnt. Nicht zur verabredeten Zeit in den Kreis der Familie zurückzukehren, Unabhängigkeit vom Zeitplan der Mutter zu demonstrieren, bedarf strenger Bestrafung. Es ist vielleicht relevant, daß Frau Newbold sich an ihre eigene Kindheit als eine Zeit erinnert, in der die Kinder ohne die Mutter zurecht kamen und in der wenig Zuneigung gezeigt und wenig Wärme empfunden wurde. Sicherlich sehen ihre eigenen Kinder sie nicht in diesem Licht. Obgleich sie vielleicht spüren, daß ihre Mutter sie manchmal zu sehr beschränkt, sind ihre Liebe zu ihr und ihre Anhänglichkeit an sie ganz aufrichtig.

Ursachen, Handhabung und Lösung der Spannung

Eine Familie erzeugt Spannung. Die hierarchische Natur des Familiensystems trägt die Möglichkeit in sich, Aggression zu erzeugen; in die Bemühung, eine zufriedenstellende Kongruenz der Bilder zu erreichen, ist die Tendenz eingeschlossen, Manipulation zu versuchen und solchen Versuchen zu widerstehen. Diese und viele andere innere und äußere Umstände erzeugen Konflikt oder Spannung unter den Familienmitgliedern. Es ist jedoch nicht so sehr das Vorhandensein oder gar die Intensität der Spannung, die die Familien unseres Forschungsprojekts differenziert, sondern das Ausmaß und die Beschaffenheit des offenen und verborgenen Konflikts und die Art und die Wirksamkeit der von der Familie zur Bewältigung sowohl verdeckter wie offener Spannung entwickelten Techniken.

Unsere Betrachtung der in der Familie Newbold auftretenden Spannungen läßt weitgehend die Wirkungen äußerer Situationen außer acht; sie konzentriert sich auf Spannungen, die innerhalb der Familie auftreten und die potentiell das reibungslose Funktionieren der Familie als Einheit bedrohen. In der Familie Newbold ist die Art und die Stärke der elterlichen Autorität eine Quelle der Spannung und zugleich der Stärke für die Gruppe. Spannung entsteht außerdem aus der Disparität zwischen Curts Verhalten und den Kriterien, die durch das von der Familie erwünschte Bild gesetzt sind; ein Problem, das mit dem Konflikt verwandt ist, der zwischen den Idealen der Familie über Gruppeneinheit und Consensus und dem Drang nach aktiver Beherrschung und Teilnahme an der Außenwelt auftritt.

Die Annahme, daß die Persönlichkeiten der einzelnen Mitglieder Streß für die Gesamtfamilie erzeugen, impliziert nicht notwendigerweise bösartige Charakterzüge. Hier geht es um Bemühungen, innerhalb einer Gruppe individuierter und unterschiedlicher Persönlichkeiten Kompatibilität der Selbstbilder und der der Familie zu erreichen. Die Persönlichkeitsaspekte, die in familialer Interaktion potentiell Spannung erzeugen, sind von Mensch zu Mensch verschieden und sorgen für eine fast unbegrenzte Vielfalt der emotionalen Organisationsformen, die sich entwickeln, wenn mehrere Individuen in den komplexen und intimen Beziehungen des Familienlebens miteinander verbunden werden.

Herr Newbold zeigte eine seiner Schwächen und eine seiner Stärken, als er sich der Interviewerin bei der Datenaufnahme unauffällig versperrte. Er bat sie in einem Falle, ihn in seinem Büro aufzusuchen – mehrere Väter gingen so vor. Er eröffnete die Sitzung mit der Bemerkung: »Hier habe ich das Gefühl,

im Vorteil zu sein. Was ich anderen Leuten nicht erzählen möchte, möchte ich nicht erzählen. Eine Satz-Ergänzung lautete: »Ich kann nicht verstehen, was mich veranlaßt, / alle diese Formulare auszufüllen.«
Diese Abneigung, sich zu offenbaren, ist keineswegs ungewöhnlich, aber sie ist nicht für alle Befragten typisch und bietet einen nützlichen Hinweis auf Herrn Newbolds Einstellung zu sich selbst und seinen Zugang zu anderen. Wie diese und andere Hinweise ergeben, sieht Herr Newbold interpersonale Situationen leicht als Konkurrenzkampf an und fühlt sich nur sicher, wenn er sich loslösen oder eine Herrscherrolle einnehmen kann. Sein Konkurrenzdenken sowie sein Selbstvertrauen zeigen sich ein weiteres Mal in seiner Antwort: »Wenn andere es besser machen, / mache ich es noch besser.« Es ist eine beinahe notwendige Folgerung, daß er sich um den Verlust oder die Zerstörung seiner Kraft sorgt: »Meine größte Befürchtung ist, / invalide zu werden.« Herrn Newbolds erfolgreiche Sicherstellung und Aufrechterhaltung der Kontrolle und Macht in Situationen des Lebens spiegelt sich in seiner bereitwilligen Annahme der Aufsichtsrolle: »Untergebene / bekommen ihre Aufgaben zugeteilt.« Herr Newbold hat das Gefühl, daß Beständigkeit seine stärkste Eigenschaft ist, aber gibt zu, daß »Väter manchmal / ihre Beherrschung verlieren«. Obwohl er sich einen gelegentlichen Lapsus gestattet, duldet er jedoch im allgemeinen keine Schwäche oder Inkompetenz und könnte von solchen Eigenschaften, wenn sie bei anderen auftreten, Gebrauch machen bei seinen Versuchen, diese zu manipulieren.
Obwohl – oder vielleicht weil – er wünscht, andere zu beherrschen, reagiert er ungewöhnlich empfindlich auf den Versuch eines anderen, ihm Anweisungen zu geben. »Wenn ich aufgefordert werde, mich so zu verhalten, wie es mir zukommt, / fühle [ich] mich in die Militärzeit zurückversetzt.«
Frank Newbold protestiert gegen Einmischung und Behinderung. Er zeigt Hartnäckigkeit, Konkurrenzdenken und den dringenden Wunsch, andere, die für Reibungspunkte in der Interaktion der Familie sorgen, zu beherrschen. Wie wir gesehen haben, werden diese Charaktereigenschaften gewöhnlich unter Kontrolle gehalten und die sich aus ihnen ableitende Energie auf produktive und geordnete Tätigkeiten abgelenkt. Sie sind teilweise für das strikte Festhalten an der Ideologie der Familie,

die den Jungen der Newbolds abverlangt wird, und für die Regelmäßigkeit, die dazu beiträgt, ein wirksames Funktionieren der Familie zu gewährleisten, verantwortlich.

Frau Newbold teilt die Neigung ihres Mannes, Situationen beherrschen zu wollen. Wie auch ihr Mann tut sie dies im Interesse und zum Besten – in ihrem Verständnis – der Gruppe. Ihr Konkurrenzdenken zeigt sich in ihrer Antwort auf Karte 2, auf der sie eine Familie mit zwei Schwestern und einem Bruder zu erkennen glaubt: » . . . eine der Schwestern ist dem Boden verhaftet; eine wird etwas lernen. Das Mädchen, welches dem Boden verhaftet bleiben wird, fühlt sich sicher überlegen.« Auf Karte 9GF läuft die junge Frau weg, weil » . . . .ihre Schwester den Mann heiratete, den sie heiraten wollte«.

In anderen TAT-Antworten läßt Frau Newbold beträchtliche Spannungen in bezug auf familiale und andere enge Beziehungen erkennen. Auf Karte 7BM trösten die beiden Männer einander über den Tod der Frau und Mutter. Sie erzählt diese Geschichte in nonchalanter Weise und frivol: ». . . Witze aus dem *New Yorker*.« Auf 8BM sieht sie den Jungen so:

. . . haßt seinen Vater. Er hat ein Gewehr und will seinen Vater loswerden. . . . Der Vater ist dominant gewesen, und das Kind ihm gegenüber unterwürfig. Er kann der Mittelpunkt des Interesses sein, sobald sein Vater aus dem Weg ist.

Trotz ihrer Vorstellung, daß eine ideale Mutter ihre Kinder zu Verantwortung und Unabhängigkeit führt, könnte Frau Newbold Schwierigkeiten haben, ihre Jungen aus ihrer Obhut zu entlassen. Ihr Zwiespalt zwischen ihrer Verachtung für abhängige Männer und ihrer Neigung, bei ihren eigenen Kindern Abhängigkeit zu bewirken, wird in ihrer Antwort auf Karte 6BM deutlich:

Du liebe Zeit! Hier ist ein Sohn, der am Schürzenzipfel seiner Mama hängt. Er sagt ihr, daß er heiraten will. Sie sagt ihm, daß das nicht das Richtige ist. Er ist nicht Manns genug, sein eigenes Leben zu führen. Sie weiß, daß sie gewinnen wird, und er wird zu Hause bleiben und sich um sie kümmern.

Hier ist ein Ausschnitt aus ihrem Interview relevant:

Unsere beiden Söhne entwickeln sich ganz bestimmt nach den Grundsätzen, die wir gerne sehen . . . Es ist interessant festzuhalten, daß sie Freude an der Gesellschaft ihrer Eltern haben und sich oft für ein Zusammensein mit uns statt mit ihren eigenen Freunden entscheiden.

Wir haben schon früher von der offenen Kritik Frau Newbolds an der Leistung ihrer Eltern gesprochen. Ihre Antworten auf den TAT deuten auf starke verborgene Ressentiments. Ihre Selbstbeherrschung und ihre bewußte Übernahme eines Schemas des Familienlebens und der Mutterrolle minimieren die Wirkung dieser Gefühle auf die Beziehungen und Interaktion der Familie; es bleibt jedoch ein Rest, der zu Spannungen in der emotionalen Organisation der Familie führt.

Die potentiellen Quellen für Spannung in der Familie, die sich aus den Charaktereigenschaften der Eltern ableiten, werden durch die Status- und Machtstruktur der Familie Newbold exemplifiziert und teilweise vermittelt. Die strenge Durchsetzung der von den Eltern aufgestellten Regeln, das Bestehen auf der Beteiligung der Jungen an der Hausarbeit, das Erwarten von Konformität mit der Ideologie der Familie und die überwältigende Macht der Eltern erzeugen bewußtes Ressentiment und unbewußte Feindseligkeit in den beiden Jungen. Herrn Newbolds patriarchalische Einstellung zu seiner Rolle ruft jedoch bei seiner Frau relativ wenig Ressentiment hervor. Frau Newbolds Bemerkungen in dem Interview geben keinen substantiellen Hinweis auf Ressentiment, und ihre TAT-Antworten, in denen Feindseligkeit gegenüber Vaterfiguren involviert ist, können sinnvollerweise als gegen ihren eigenen Vater gerichtet interpretiert werden.

Curts Unfähigkeit, den Idealen der Familie zu entsprechen, entfacht einen ideologischen Konflikt in den Eltern und einen emotionalen Konflikt in ihm selbst. Dieser Umstand stellt einen Defekt im System der Familie dar, der nicht nur Enttäuschung und Kummer in Herrn und Frau Newbold hervorruft, sondern auch das Hauptinteraktionssystem der Familie erschüttert. Curts Unreife und sein Mangel an hochgeschätztem Newboldschem Selbstbewußtsein führen zwangsläufig zu einem engeren Zusammenschluß der drei übrigen Familienmitglieder, den keiner von ihnen wünscht mit der möglichen Ausnahme von Ted. Diese Drei-zu-eins-Gruppierung macht es notwendig, daß sich jedes Familienmitglied auf individuelle Weise und bis zu einem gewissen Grade zu Curts Bedingungen zu diesem in Beziehung setzt. Die Eltern reagieren auf seine Empfindsamkeit, indem sie in ihrem Verhalten liebevoller und zärtlicher sind als Ted gegenüber; Ted liegt Curts Unreife am Herzen und gelegentlich bietet er seine Unterstützung an, aber seine Gefühle ihm gegenüber sind zu zwiespältig, als daß er von großer Hilfe sein könnte. Curt ist für Ted noch rätselhafter als für seine Eltern, und Ted gibt zu, daß er ihn nicht verstehen kann.

Die Gruppierung in der Familie, die Curt isoliert oder durch die er sich selbst isoliert hat, ändert die Autoritäts- und Machtstruktur, die durchzusetzen Herr Newbold als seine Aufgabe ansieht. Herrn Newbolds Ansicht geht davon aus, daß seine beiden Söhne allmählich an Männlichkeit gewinnen, und seine strenge Disziplinierung und seine unbeugsamen Erfolgsmaßstäbe zielen darauf ab, den Charakter zu stärken und Durchstehvermögen und Selbstbewußtsein zu entwickeln. Das patriarchalische System war nicht für empfindsame Söhne bestimmt. Herrn und Frau Newbolds Beziehungen zu Curt tragen Curts Empfindsamkeit Rechnung und werden oft in Form von Zärtlichkeit ausgedrückt und nicht so sehr durch den zwanglosen Austausch, der für die Interaktion zwischen Ted und seinen Eltern charakteristisch ist.

Das bewußte Festhalten der Newbolds an der Ideologie der Familie bringt Curt in eine schwierige Lage. Wie wir gesehen haben, haben Herr und Frau Newbold ein starkes, persönliches Engagement für einen enthusiastischen, aktiven Zugriff im Umgang mit der Außenwelt. Sie demonstrieren diese Meinung in ihren eigenen Handlungen und belohnen solches Verhalten bei Ted. Sie unterstützen auch bewußt Autonomie und Selbstbestimmung. Wenn diese Werte gemeinsam vorkommen wie bei Ted, ist die aus ihnen ableitbare, persönliche Befriedigung maximal. Dadurch daß Curt dem Bild enthusiastischen Durchsetzungswillens nicht entspricht, erzeugt er in seinen Eltern einen starken Konflikt zwischen den Werten selbstbewußter Überlegenheit und dem Recht auf Autonomie. Sie können die positiven Seiten der Autonomie nicht leugnen, aber sie können auch ihr Bild vom männlichen Newbold als dominant, hart, selbstbewußt und leistungsstark nicht aufgeben. Sie versuchen, den Konflikt und die Intensität ihrer Gefühle über Curts Aspirationen als Farmer und sein wenig selbstbewußtes soziales Verhalten zu leugnen. Da sie sich zwei Wertvorstellungen verpflichtet sehen, die, falls sie nicht gemeinsam auftreten, notwendigerweise kollidieren, versuchen sie, das Beste aus der Situation zu machen, indem sie Autonomie bei Curt unterstüt-

zen und ihm gleichzeitig den Standard strebsamer, aktiver Tüchtigkeit weiterhin zum Vorbild geben.
Curt will nicht die Notwendigkeit anerkennen, daß die Werte der Familie Newbold einem sozialen Test unterzogen werden müßten. Er zieht die Familie als Validierungsbereich vor, und er merkt, daß er die Liebe der Familie und in begrenztem Umfang ihre Unterstützung hat. Diese sind wichtige und hilfreiche Stützen für einen Jungen in der frühen Adoleszenz, und ohne sie könnte Curts schwierige Lage verzweifelt werden. Sie bringen jedoch Einschränkungen mit sich, die Curts Freiheit, Alternativlösungen zu entwickeln, einengen. Unfähig, den Anforderungen zu entsprechen, was ihn zu einem vollwertigen Mitglied der Gruppe machen würde, kann er auch weiterhin nur partielle Gratifikation suchen und von der Flucht in die mutmaßlich glückliche Entlastung, die die Freiheit auf dem Lande gewährt, träumen.
Die vierte wichtige Quelle für Spannungen bringt Schwierigkeiten, die in erster Linie die Jungen erfahren. Wie wir gesehen haben, sind Partizipation an Familienangelegenheiten, Nähe und Einheit von der Gruppe hochgeschätzte Erfahrungen. Die Art und das Ausmaß physischer Betätigungen und Verpflichtungen der Familienmitglieder konfrontieren die Familie jedoch mit einem Problem. Die begeisterte aktive Teilnahme an außerfamilialen Erfahrungen beeinträchtigt die Gelegenheit zu wechselseitiger Interaktion und Zusammenhalt der Familie. Curts Bemerkungen über seinen Vater zeigen, daß Ressentiment und ein Gefühl, vernachlässigt zu werden, in den Jungen aufkommen. Teds Bemerkungen sind noch direkter:

Im Vergleich mit anderen Kindern sehen wir ihn [Herrn Newbold] nicht oft. Am Sonnabend, dem sogenannten freien Tag, hat er frühmorgens eine Konferenz, nach dem Mittagessen besucht er die Baustellen, dann spielt er Golf oder geht in den Club. Es kann sein, daß er abends hier ißt oder mit Mama zum Essen ausgeht. Mama hat auch nicht wenig außer Haus zu tun. Ich schätze, wir sehen wenig von ihr im Vergleich mit anderen Kindern, obwohl wir eine ganze Menge von ihr haben. Als Gruppe zusammenzukommen – so daß wir vier mehr voneinander haben –, ist ein Problem in unserer Familie.

In seinen Bemerkungen über die Familie hatte Ted anfänglich betont, daß sie eine eng zusammengeschlossene Gruppe sei; die Inkonsequenz seiner Bemerkungen war ihm klar, und er erklärte dem Interviewer, daß seine Familie sehr geschäftig und im Grunde genommen glücklich sei.

Frau Newbold ist ebenfalls nicht glücklich über die Beanspruchung durch Tätigkeiten außer Hause. Obwohl sie als einziges Mitglied der Familie am ehesten in der Lage ist, Verpflichtungen außer Hause abzubauen, fühlt sie sich dazu nicht imstande. Die Konfliktsituation, in der sie sich befindet, wird an den folgenden Satz-Ergänzungen deutlich:

Es macht Spaß, sich Tagträumen hinzugeben über / viel Zeit und Energie, um all das tun zu können, was man tun möchte.
Meine größte Befürchtung ist, / daß ich nicht all das schaffen kann, was ich für mich und meine Familie erreichen will.
Ich halte mich oft für / jemanden, der im Kreise herumläuft.
Manchmal habe ich das Gefühl, / mich wie auf einem Karussell im Kreise zu drehen.
Was mich in Schwierigkeiten bringt, ist / eine Maßnahme in Vorschlag zu bringen, die jedesmal akzeptiert wird und mir dann neue Arbeit bringt.

Während diese Antworten innere Spannungen in Frau Newbolds Persönlichkeit wiedergeben, treten sie auch in dem Konflikt zwischen Verpflichtungen innerhalb und solchen außerhalb der Familie zutage. Frau Newbold glaubt mit ihren Söhnen, daß Herr Newbold einen zu geringen Teil seiner Zeit zu Hause verbringt. Sie scheint jedoch davon überzeugt zu sein, daß auch er sich gerne häufiger an den Unternehmungen der Familie beteiligen würde. Herr Newbold ist das Mitglied der Familie, welches durch die starke Beanspruchung durch häusliche und außer-häusliche Tätigkeiten nicht in Konflikt gerät. Zu keinem Zeitpunkt deutet er an, daß er das Gefühl hat, er sollte mehr Zeit mit seiner Familie verbringen. Er hat Freude an der Familie – wahrscheinlich größere, als er im Interview zugibt. Die Tatsache, daß er die Wörter »angenehm«, »kompatibel« und »kooperativ« in bezug auf die Gruppe gebraucht, und die Beständigkeit seiner Teilnahme und die Bereitschaft, sich zum Nutzen anderer Familienmitglieder bis zum äußersten anzustrengen, deuten darauf hin, daß er persönliche Befriedigung aus der Familie ableitet. Er ist sich der Tatsache bewußt, daß sein Tagesablauf die Zeit für familiale Interaktion begrenzt, aber er ist der Meinung, daß die von ihm dafür aufgebrachte Zeit angemessen ist.

Die Fähigkeit einer Familie, Spannungen zu ertragen, ist sowohl abhängig von dem Frustrationsniveau oder der Belastbarkeitsgrenze der einzelnen Mitglieder und von den in die soziale Struktur der Familie aufgenommenen Schutz- und Kontrollmaßnahmen zur Bewältigung äußerer und innerer Belastung. Die Familie Newbold ist in beider Hinsicht gut gewappnet. Alle Familienmitglieder zeichnen sich durch ein hohes Niveau bewußter Impulsbeherrschung aus. Die relevante Auswirkung dieser Beherrschung ist die Minimierung des Ausdrucks von Spannung und Ressentiment gegenüber anderen Mitgliedern der Gruppe. Die Selbstbeherrschung der einzelnen trägt dazu bei, Spannung und Belastung nicht zu zeigen und einen offenen Bruch im reibungslosen Ablauf des Familiengeschehens zu verhindern.

Diese Familie verfügt über mehrere Möglichkeiten, Spannungen zu minimieren und, wenn sie auftreten, zu bewältigen: Herrn Newbolds unangefochtene Kontrolle des Verhaltens der Familienmitglieder, die emotionale Verpflichtung der Gruppen gegenüber der Ideologie und Tradition der Familie, das Bestehen auf der Verantwortung des einzelnen gegenüber gemeinsamen Interessen und Gewohnheiten der Familie und schließlich die Aus- und Verlagerung individueller Konkurrenz- und Aggressionsgefühle in Bereiche außerhalb der Familie.

Die Beschaffenheit der von Herrn Newbold angewendeten Kontrollmaßnahmen und ihre Wirksamkeit hinsichtlich der Unterdrückung offener Konfliktdarstellung können an seiner eigenen Aussage über sein Verhalten in Situationen, in denen die Jungen Anweisungen nicht gleich ausführen, abgelesen werden: »Sie werden daran erinnert, daß die Anweisung noch nicht ausgeführt worden ist, und bis es erledigt ist, ist nichts anderes gestattet.« Seine Disziplinierungsmaßnahmen gestatten keine Nachlässigkeit; er intensiviert den Zwang zu Konformität und erzwingt auf dramatische Weise das Tabu in bezug auf Störung der Ordnung und Routine der Familie. Gewöhnlich reicht seine Gegenwart als solche aus, um die kleineren Konflikte zwischen den Jungen im Keim zu ersticken. Wir erinnern an eine bereits zitierte Bemerkung Curts: »Wenn Ted und ich in Streit geraten ... und dann kommt Papa rein und der Streit hört sofort auf.«

Ein Aspekt von Herrn Newbolds wirkungsvoller Aufsicht über den emotionalen Ausdruck in der Familie ist seine Neigung, Streit sofort zu unterdrücken – bevor der Austausch von Feindseligkeit zu einem erkannten und anerkannten Teil der Interaktion in der Familie werden kann. Hier besteht ein scharfer Gegensatz zu einigen Familien, in denen offener Konflikt verbal verboten wird, aber in Grenzen, die nicht gerade eng sind, weiter gehen darf. In solchen Familien wird der offene Austausch von Aggression ein Teil der Kommunikation und des Selbstbildes der Familie. So zwingt die Unmittelbarkeit wie auch die Intensität der Disziplinierung in der Familie Newbold zu Selbstbeherrschung und sorgt für Beständigkeit des Austausches in der Familie. Frau Newbolds disziplinarische Maßnahmen sind fast ebenso wirksam wie die ihres Mannes, so daß eine gleichmäßige Kontrolle gewährleistet ist. Frau Newbold hat keine Veranlassung, die Jungen durch Androhungen von Strafen, die Herr Newbold bei seiner Rückkehr ausführen würde, zu disziplinieren; sie übt selbst Autorität in wirkungsvoller Weise aus.

Die Kontinuität der Ideologie der Familie Newbold wird durch explizite verbale Anweisungen und konkrete Verhaltenssituationen gewahrt. Es gibt in der Familie genügend Traditionsbewußtsein und Übereinstimmung über Wesentliches, um in den Jungen ein Gefühl für Newbold-gehöriges Verhalten aufkommen zu lassen. Sie sehen deutlich, daß ihre Familie zumindest seit zwei oder drei Generationen Wert gelegt hat auf hohe Leistungsstandards, Eigenständigkeit und Selbstbeherrschung, Beherrschung der Umgebung und Verachtung für Schwäche, Sichgehenlassen und Untätigkeit. Die Elemente dieser Ideologie dienen den Jungen sowohl als Ego-Ideale wie als Kriterien, mit deren Hilfe sie den Grad ihrer Akzeptabilität in den Augen ihrer Eltern messen. Das Bild der Familie ist explizit; Herr und Frau Newbold richten ihr Verhalten nach Grundsätzen, die offen zu legen sie bereit sind. Die Ideologie und die Strenge der Disziplinierung in der Familie tragen gemeinsam dazu bei, in den Jungen die positiven und negativen Sanktionen zu verinnerlichen, die abzielen auf Diskussion und nicht so sehr Streit, Zurückhaltung und nicht so sehr impulsiven Ausdruck, Kompatibilität und nicht so sehr Konkurrenz und schließlich Verantwortung gegenüber der Familie als Einheit.

Ted und Curt betrachten die entschlossene Art der Disziplinierung von seiten ihres Vaters als natürlich, richtig und weitgehend zu ihrem eigenen Wohl. Sie akzeptieren die ihnen auferlegten häuslichen Pflichten und halten sie für charakterbildend; sie sehen ihre eigene Konformität mit den Normen der Familie als Zeichen für innere Stärke und Überlegenheit der Familie. Die außer-häuslichen Verpflichtungen der Eltern werden als Erfüllung des Ideals der aktiven Beherrschung und nicht so sehr als Vernachlässigung der elterlichen Pflichten angesehen. Die Familienrituale wie zum Beispiel die Abendessenszeit werden mit Bedeutung versehen und von allen Mitgliedern dazu benutzt, die positiven Aspekte des Bildes der Familie zu bestätigen und zu stärken. Die Verantwortung des Individuums gegenüber diesen Familienzusammenkünften ist mehr als ein Indiz für sozialisierte Konformität – es ist eine aktive und notwendige Bestätigung des Ideals der Kompatibilität und des Zusammenhalts der Familie, und es ist eine Absage an die Bedrohung der Einheit der Familie, die sich durch die Beschäftigung der einzelnen mit Angelegenheiten außerhalb der Familie ergeben könnte. Der Konflikt zwischen Verantwortung gegenüber der Familie und Unabhängigkeit der einzelnen wird durch die Integrierung in ein kohärentes Selbstbild der Familie entschärft.

Während die Ideologie der Familie Curt in Konflikt bringt, gibt sie auch emotionalen Rückhalt und Trost in diesem so geschaffenen Konflikt. Seine Unfähigkeit, dem selbstbewußten, harten, dominanten Ideal zu entsprechen, ist in der Tat für ihn eine Quelle schmerzlicher Belastung und für die anderen Familienmitglieder eine Enttäuschung. Jedoch kommen Elemente von sekundärer Wichtigkeit in dieser Ideologie ihm zu Hilfe. Der Sinn für Kompatibilität und enge Zusammengehörigkeit der Familie gibt ihm das Gefühl, als ein Mitglied der Gruppe akzeptiert zu sein, und läßt ihm genügend Freiheit, sich in Entscheidungen der Familie zu behaupten und Tätigkeiten der Familie zu initiieren. Dieses Privileg wird zum Teil von anderen Familienmitgliedern auf ihn delegiert. Herrn und Frau Newbolds aktive Bemühungen, Curts Selbstsicherheit und Partizipation zu ermutigen, werden im Gruppen-TAT deutlich. Während dieser Sitzung wendeten sich die Eltern mit fünfundzwanzig Bemerkungen, die Partizipation erforderten oder ermutigten,

an die Jungen. Von diesen wiederum waren sechzehn an Curt gerichtet. Ein weiterer Hinweis auf die Empfindsamkeit und Rücksichtnahme der Eltern liegt darin, daß, obwohl sie im Gruppen-TAT zusammen elf Bemerkungen gemacht haben, die als herabsetzend oder leicht aggressiv angesehen werden könnten, keine von diesen an den jüngeren Sohn gerichtet war. Rücksichtsvolles Verhalten dieser Art und andere Versuche, Curt zu einem gleichgestellten Mitglied der Gruppe zu machen, sind bei ihm nicht vergeudete Mühe. Während sie seine Vorstellung von sich selbst nicht spürbar verbessern, machen sie doch eine offene Äußerung seines Ressentiments schwierig.
Curts Dilemma zeigt die Verwundbarkeit und den logischen Fehler eines solchen Systems, wie die Newbolds es entwickelt haben. Sie verfügen im Grunde nicht über angemessene Möglichkeiten, um mit einem Außenseiter, der ihrer Ideologie nicht voll entspricht, fertig zu werden; Homogenität ist eine Grundvoraussetzung für wirksames Funktionieren und optimale Persönlichkeitsentwicklung des Individuums. Auf diese Weise sind die Stärken einer Familie zugleich ihre Schwächen.

Kapitel VI

DIE STEELES
WOHL UND WEHE DES MITEINANDER

Die Erlangung eines wünschenswerten Grades von Nähe und Getrenntheit ist ein der Struktur der amerikanischen Kernfamilie inhärentes Problem; es muß von jeder Familie in irgendeiner Weise angegangen werden. Die Steeles haben dieses Problem so gehandhabt, daß sie den Zusammenhalt in der Familie und das Miteinander zum Mittelpunkt der gemeinsamen Bemühungen als Quelle der eigenen Wertschätzung der Gruppe gemacht haben. Es ist eine Familie, die in bester amerikanischer Tradition »Dinge gemeinsam tut«. Es ist auch eine Familie, die viel von Handlung hält – offener, offenkundiger Handlung. Das Miteinander ist als gemeinsam geteilte Aktivität definiert. Kooperative Bemühungen dieser Art sind zielgerichtet – ein Ergebnis konsistenter Disziplin und anhaltender Konformität mit dem Steeleschen Bild der Familie. Diese Interaktionsart wurde als Reaktion auf innere Bedürfnisse von Herrn und Frau Steele, die sich auf leicht unterschiedliche Art und Weise zu ihr in Beziehung setzen, entwickelt.

John Steele ist ein Mann mit großer physischer Kraft. Er wurde schon früh geprüft; sein Vater starb, als John sich noch an das fremde neue Gefühl der Adoleszenz gewöhnen mußte. John übernahm notgedrungen, aber offenbar ohne Groll, die finanzielle Verantwortung für die Familie. Standhaft und unbeugsam bestand er die Feuerprobe erzwungener Reife und physischen Durchhaltevermögens. Er würde es seinem eigenen Sohn nicht wünschen, aber zurückblickend meint er, daß harte Erfahrung ihn zum Mann gemacht hat. Vor diesem Hintergrund kam John Steele zu dem Entschluß, in die Familie das Thema der Kraft und Freiheit durch Disziplin einzuführen.

Herr Steele lebt von der Geschicklichkeit und Kraft seiner schwieligen Hände. Für seinen Sohn ist er ein »Ingenieur«, ein Mann, der nachgeahmt und respektiert werden sollte. Seine praktischen Fertigkeiten bei der Reparatur und Erhaltung des Hauses haben die Bewunderung der ganzen Familie. John Steele kennt kein Wochenende. Er ist Zimmermann von Beruf, und diese Tätigkeit wird zu Hause weiter ausgeübt und nur wenig Zeit für persönliche Entspannung und Abwechslung abgezweigt. Zwischen selbstgestellten Arbeiten am Haus kann er jedoch Ausflüge mit seiner Familie genießen und stellt sich mit aufrichtiger Begeisterung auf Park und Picknick ein. Herr Steele hat Freude an physischer Betätigung; zur physischen Welt setzt er sich durch den Umgang mit Werkzeugen und Materialien in Beziehung, und die Beziehung zu seiner Familie besteht für ihn weitgehend aus physischem Kontakt und Nähe. All diesen Betätigungen liegt eine Hochschätzung der Fähigkeit, »mit Dingen zu hantieren« und fachkundige Leistungen zu erbringen, zugrunde. Beim SCT sagt er: »Was den Leuten an mir am meisten gefällt, ist / ich bin geschickt.« Für diesen Mann ist physische Betätigung eine bevorzugte Art und Weise, innere Spannungen zu bewältigen.

Mit seinen zweiundfünfzig Jahren ist John Steele ein großer, stämmiger Mann; seine Stimme und sein Verhalten vermitteln den Eindruck von Kraft, Sicherheit und Beherrschung. Diese werden durch seine Bereitschaft zu lächeln und seinen ungezwungenen Sinn für Humor gemildert. Nützlichkeit und Berechtigung von Autorität und Gehorsam schätzt er hoch ein, und er meint, daß es »gewisse Regeln [gibt], die nicht straflos gebrochen werden können«. Er erinnert sich an seine eigene Familie als eine eng zusammengehörige Gruppe und an ein Zuhause, das »nur aus Pflichten bestand«. Sie waren eine große Familie, und sie waren arm. John erinnert sich, daß die Kinder die finanziellen Schwierigkeiten und die strenge Disziplin seines Vaters ohne Ressentiment hinnahmen. »Wir lebten glücklich«, sagt er, »ohne wirkliche Konflikte«. Seine Abneigung, sich über seine Lage zu beklagen, ist beispielhaft für seine Weigerung, Gefühlen von Selbstmitleid oder Selbstbedauern nachzugeben. Gemäß seiner Lebensauffassung sind Schwäche, Versagen und Abhängigkeit Gemütszustände, die durch unmittelbare Inangriffnahme des vorliegenden Problems vermieden werden sollten. Folgende Antworten beim SCT veranschaulichen seine Entschlossenheit, Selbstzweifel und Inkompetenz zu vermeiden:

Die Tatsache, daß ich versagt habe, / ich glaube nicht, daß ich versagt habe.
Meine größte Befürchtung ist / ich habe keine große Befürchtung.
Was mich in Schwierigkeiten bringt, ist / ich komme nicht in Schwierigkeiten.
Ich bin ganz niedergeschlagen, wenn / das passiert mir nicht.

John Steele definiert Mut und Stärke als die Fähigkeit, sich den Problemen zu stellen und sie zu bewältigen. Während in seinen Geschichten zu den TAT-Karten Verzweiflung und Hoffnungslosigkeit durchschimmern, lassen seine Antworten im Interview und beim SCT starke Bemühungen erkennen zu verhindern, daß solche Gefühle Teil seines bewußten Denkens werden.

Phyllis Steele ist eine intelligente, wortreiche Frau mit beträchtlicher Spontaneität und Natürlichkeit in ihrem Verhalten. Sie ist stolz auf ihren Mann und auf ihre Familie und erweckt den Anschein, im großen und ganzen mit dem Leben und mit sich selbst zufrieden zu sein. Ihr Eigenbild ist das eines glücklichen, sachlichen, nüchternen Menschen und einer vorurteilsfreien Mutter. Obgleich sie sich für streng hält, meint sie auch, einsichtig und im Grunde verständnisvoll zu sein.

Frau Steele kommt aus einer kleinen Familie, die in ihrer Erinnerung viel weniger an Familienleben interessiert war als an religiöser Betätigung. Phyllis selbst besuchte eine Zeitlang ein konfessionell gebundenes College und war vor ihrer Heirat mit John als Mitglied einer religiösen Gruppe in der Sozialfürsorge tätig. Ihre Eltern waren beide hier in Amerika geboren, im Mittleren Westen, aber verbrachten einige Zeit in Mexiko, wo sie im Dienste der Kirche tätig waren. Die Familie nahm das Leben nicht von der leichten Seite, und Phyllis erinnert sich etwas wehmütig daran, daß ihre Eltern nie mit ihr spielten. »Die Menschen waren ernst und alterten schneller in jener Generation«, sagt sie. »Meine Eltern waren alt, bevor ich sie kannte.« Ihr Eindruck von ihrer Familie als ernst und ohne Schwung und Spritzigkeit steht möglicherweise in Beziehung zu der Tatsache, daß ihr Vater Pfarrer war. Jedoch ist die Frömmigkeit ihres Vaters nur ein Teilaspekt ihrer allgemeinen Einschätzung der Gruppe als losgelöst von den unmittelbaren, realistischen und menschlichen Belangen des Lebens. »Alles wurde vom akademischen Standpunkt aus betrachtet.«

Phyllis Steeles Eltern hatten persönliche Wert- und Zielvorstellungen, die sie nicht anerkennt. Ihre Bereitschaft, sich offen gegen ihre Eltern zu stellen, und zwar mit Erfolg, gibt ihr ein Gefühl der Emanzipation, aber ihre Bemühung um Erlangung der Unabhängigkeit war nicht frei von Konflikten. Es scheint wahrscheinlich, daß Phyllis Steele die Unterschiede zwischen der emotionalen Atmosphäre ihres Elternhauses und derjenigen ihrer eigenen Familie betont, um sich auf diese Weise zu bestätigen, daß sie den besten Weg gewählt hat und daß ihre Kinder es daher besser haben werden.

Ich glaube, es gibt eine Menge falsche Vorstellungen über Erziehung. In Sachen Erziehung war mein Vater großartig. Als John und ich heirateten, widersprach meine Mutter heftig. Mein Vater sagte, daß man aufs College gehen und einen akademischen Grad erwerben könne, daß man aber auch dem College fernbleiben und lernwillig sein und dennoch ein gebildeter Mensch sein könne. Aber meine Mutter störte es, daß ich keinen akademischen Titel besaß. Aber ich bin nicht traurig deshalb. Ich glaube, daß die richtige Einstellung zum Leben wichtig ist.

Der Bruch zwischen Phyllis und ihrer Mutter war offensichtlich grundsätzlicher Art; er hinterließ tiefere Spuren als eine vorübergehende Loslösung, wie sie adoleszente Desillusionierung und Individualität bewirken. Sie nahm allmählich Abstand von Bemühungen, ihrer Mutter nachzueifern und sich mit ihr zu identifizieren, und wählte einen anderen, wenn auch verwandten Beruf.

Ich arbeitete als Schwester in einem Pittsburgher Krankenhaus in der Nähe eines Slum-Viertels. Es hat mir Spaß gemacht, aber ich glaube nicht, daß ich besonders gut war. Ich war jung. Ich hatte Sozialarbeiterin werden wollen, weil meine Mutter eine war, und ich hielt meine Mutter für bewundernswert. Allerdings wurde ich desillusioniert, oder sie hat sich geändert. Sie lebte durch andere Leute. Sie tat immer alles für sie. Sie war beinahe besessen davon. Wenn meine Mutter nicht jemanden führen konnte, war sie nicht glücklich.

Einer der Anlässe für Frau Steeles Unzufriedenheit mit ihren Eltern ergab sich, als diese ihr eigenes Zuhause aufgaben und zu Verwandten zogen. Sie empfand zwar, daß dies eine günstige Lösung für ihre Eltern war, besonders für ihren Vater, aber sie konnte das Gefühl nicht leugnen, verlassen worden zu sein. »Die Tatsache, daß ich allein zurechtkommen mußte, nahm ich übel. Kein Zuhause zu haben, wo man sich hin-

wenden kann, und den Eltern helfen zu müssen, von denen ich erwartet hatte, daß sie alleine zurechtkommen würden.« Für Phyllis Steele ist all dies jedoch Vergangenheit, und obwohl in ihren Erinnerungen Enttäuschung mitschwingt, wird sie gestärkt durch das Gefühl, als Mutter etwas zu leisten.
Wie ihr Mann kämpft auch Frau Steele gegen ihre Neigungen zu emotionaler Inaktivität und Abhängigkeit, und gleich ihm reichen ihre Methoden, mit solchen Empfindungen fertig zu werden, aus, um sich selbst und fast alle Situationen ihres Lebens zu beherrschen. Diese und ein gewisses bleibendes Ressentiment gegenüber ihren eigenen Eltern schaffen Konflikte, die einen Teil ihrer emotionalen Spontaneität verbrauchen. Häufig ist sie nicht in der Lage, ihren Gefühlen folgend zu handeln – in der Tat versucht sie häufig, in genau entgegengesetzter Weise zu handeln aufgrund ihrer Vorstellung davon, was ein anständiger Mensch, eine Frau und Mutter tun sollte. Sie macht sich viele Gedanken über ihr Verhalten als Mutter von drei Kindern, und gelegentlich verwickelt sie ihren Mann in Erörterungen über disziplinarische Maßnahmen und andere Haltungen und Verhaltensweisen gegenüber den Kindern.
Die jüngere Generation im Haushalt der Steeles ist durch drei Kinder vertreten. Susan ist zwölf, Bill zehn und Nancy sieben. Susan ist ein aufgewecktes Mädchen, flink und gescheit, mit einem feinen und ausgeprägten Sinn für Humor. Groß und gerade gewachsen ist sie der Meinung, in physischer Hinsicht etwas von ihrem Vater zu haben. Susans engster Freund ist ihr Bruder, und ihr gefallen die burschikosen Spiele und sportlichen Betätigungen, die er bevorzugt. Sie liest jedoch gerne, und als sie uns von ihrem Tageslauf erzählt, berichtet sie, daß »wir« nach dem Abendbrot »manchmal lesen oder in den Keller gehen und Ball spielen oder dem Vater zuschauen.« Später sagt sie: »Wir balgen uns. Wir bauen gerne Dinge und Zeugs.« Das Interesse an Büchern taucht beim SCT wieder auf, wenn sie bemerkt: »Wenn es nach mir ginge, / hätte ich alle Bücher, die ich wollte.« Außerhalb der Familie konzentrieren sich Susans Interessen auf die Schule. Chorsingen und Konfirmandenunterricht erwähnt sie nur im Kontext von Schule und Beschäftigungen nach der Schule. Es gibt Hinweise auf ein wachsendes Interesse an Jungen, aber diese ersten Versuche zu sozialen Kontakten finden auch in der Schule statt.

Susan hat eine freie, ungekünstelte Art, die sich zum Teil aus der Tatsache herleitet, daß sie in der Vorpubertät ist, und zum Teil in unmittelbar persönlichen Charakteristika begründet ist. Sie erzählt von sich aus, daß sie mit Nancy »nicht so gut auskommt«, und fügt hinzu, daß ihr eigenes Temperament teilweise für diese Situation verantwortlich ist. Susan äußert sich ganz offen über den Platz, der ihr in der Liebe ihres Vaters eingeräumt wird: »Ich bin nicht gerade das Lieblingskind meines Vaters, aber lange bevor ich geboren wurde, hatte er sich bereits in den Kopf gesetzt, daß ich ein Mädchen werden sollte. Nancy ist meines Vaters Liebling; ich bin meines Vaters Tochter.« Susan schätzt ihre Lage rational ein und versucht, dem Bild, das ihr Vater von ihr hat, zu entsprechen.

Bill ist ein stämmiger, gutaussehender Junge, der, wenn er lacht oder lächelt, eine bemerkenswerte Ähnlichkeit mit dem Nikolaus hat. Er hat eine Ausstrahlung, die die Spontaneität seiner Mutter und Susans aufgeweckte Art widerspiegelt. Bill fühlte sich in der Interview-Situation weniger behaglich als seine Schwestern und schien in seiner Einstellung zu den Aufgaben eine deutliche Besorgnis hinsichtlich der Akzeptabilität seiner Leistung zu zeigen. Er hat einen Freund, der um die Ecke wohnt, aber den größten Teil seiner Freizeit verbringt er zuhause, schaut seinem Vater bei der Arbeit am Haus zu, spielt Ball mit Susan, »treibt sich« im Keller oder seinem Zimmer »herum«. Er identifiziert sich deutlich mit seinem Vater und dessen manuellen Fertigkeiten: »Ich mache gerne etwas aus Ton, und ich bastele gerne im Keller herum.« Bill spielt mit anderen Kindern aus der Nachbarschaft, aber gewöhnlich nur dann, wenn diese zu ihm und Susan in den Hof hinter dem Haus seiner Familie kommen.

Obgleich Bill versucht, sich ein Beispiel an der Kraft und Fähigkeit seines Vaters zu nehmen, meint seine Mutter, daß er eine starke Ähnlichkeit mit ihr hat. »Vom Physischen her gesehen neigt er zu einer Ähnlichkeit mit mir. Er ist klein – hat kleine Hände und Füße.« Sie ist stolz auf seine Fähigkeit, ihr bei kleinen Arbeiten im Hause behilflich zu sein: »Er ist sehr geschickt. In der Küche, wo Susan meistens im Weg steht, ist er eine richtige Hilfe.«

Bill ist Anlaß für leichte Besorgnis in der Familie. In den Bemerkungen beim Gruppen-TAT war jede Andeutung, eines der Kinder auf den Bildern könnte in Schwierigkeiten gekommen sein, an Bill gerichtet, obgleich dies anscheinend im Sinne einer gutmütigen Neckerei geschah. Was auch immer die Absicht gewesen sein mag, Bill war sich bewußt, daß er als ein Kind mit Problemen identifiziert wurde, und er reagierte darauf verlegen und betroffen.

Nancy ist klein und hübsch. Sie ist hell und gesprächig und hat das Temperament und die Spontaneität ihrer Mutter. Sie ging an die vom Mitglied unseres Forschungsteams gestellten Aufgaben mit Eifer und so, als ob sie eine Gelegenheit zur Entfaltung ihrer Phantasie darstellten, heran. Sie schien das Gefühl zu haben, sie müßte es besser machen und länger daran arbeiten als die anderen. Wir hörten von Susan, daß Nancy der Liebling ihres Vaters ist. Obgleich Nancy glücklich ist, das Objekt besonderer Zuneigung ihres Vaters zu sein, ist ihr wesentlicheres Anliegen jedoch die Tatsache, daß die enge Freundschaft zwischen Susan und Bill sie ausschließt und sie sich in der Gruppe einsam fühlen läßt. Nancy reagiert auf dieses Gefühl, indem sie sich mit eifriger Begeisterung in den Aktivitäten der Familie behauptet, keine Scheu zeigt, in der Sitzung des Gruppen-TAT Meinungen und Ideen vorzutragen, und sich bemüht, in den Sportarten, an denen Bill und Susan soviel Freude zu haben scheinen, Fähigkeiten zu entwickeln.

Frau Steele zeichnet deutliche Unterschiede zwischen dem frühkindlichen Verhalten der drei Kinder und deren Reaktion auf sie. Sie erinnert sich an Susan als ernstes, wenig kindliches Baby, das für niemanden außer John Steele ein Lächeln hatte. »Bis sie zwei Jahre alt war, schenkte sie mir gar keine Beachtung.« Bill war ein Baby von heiterem, liebevollem Wesen: »Bill war eines dieser anschmiegsamen Babys. Er konnte einem gar nicht nahe genug kommen.« Nancy war mehr sich selbst überlassen. Wie Bill hatte sie ein »sonniges« Gemüt und machte ihrer Mutter keine Schwierigkeiten. »Ich mußte ihr nie sagen, daß sie etwas nicht tun sollte. Sie war einfach ein zufriedenes Kind.« Herr Steele sieht die Kinder in einem anderen Licht. Für ihn ist Susan ein fähiges Mädchen, das sich amüsiert und dem man leicht eine Freude machen kann. Er erinnert sich an sie als ein »mürrisch-dreinschauendes« Baby, das nur auf ihn zu reagieren pflegte. Er war viel mit ihr zusammen, als sie noch ein kleines Kind war, und er glaubt, daß er ihr dabei half, sich zu einem warmherzigen, freundlichen Menschen zu entwickeln. Sein Bild von Bill befaßt sich mit dessen steigendem Interesse an handwerklicher Betätigung und seinem Mangel an psychologischer Stärke und Widerstandskraft. Herr Steele erkennt Nancys Schwierigkeiten, einen Platz in der Familie zu finden. Sein Bild von ihr ist jedoch weniger deutlich als sein Bild von den beiden älteren Kindern. »Ich glaube, sie wird gut zurechtkommen. Sie scheint bis jetzt noch keine hervorstechenden Eigenschaften entwickelt zu haben.«

Wie eine Familie sein sollte

Herr und Frau Steele streben für sich und für ihre Kinder ein Niveau des persönlichen Lebens und des Lebens in der Familie an, das sie nie ganz erreicht haben. Sie sehen sich selbst als auf dem Wege dorthin, damit beschäftigt, gewisse Dimensionen der Welt der Familie umzugestalten. Herr Steele hat den dringenden Wunsch, die Lebensumstände der Familie ständig zu verbessern, und sträubt sich gegen den Gedanken, es könnte sein, daß er nicht so viel für die Familie tut, wie er sollte. Die Schwerpunkte des Interesses sind der Zusammenhalt der Familie als Gruppe und die Persönlichkeitsentwicklung der Kinder. Beide, John und Phyllis, haben viel Kraft in diese Ziele investiert, obgleich sie unterschiedliche Gründe dafür haben. Die Vorgänge in der Familie und die Beziehung einzelner Mitglieder zur Familie werden ständig reflektierend wahrgenommen. Hier handelt es sich um eine in sich gekehrte Familie.

John und Phyllis Steele haben eine klare Vorstellung von der Familienatmosphäre, die sie für ihre Kinder schaffen wollen. Viele ihrer Standards von Verhalten in der Familie werden explizit geäußert und offen diskutiert. Bewußte Kenntnis von den Werten der Familie ist in sich selbst ein Ziel der Familie.

Das zentrale Thema der Steeleschen Familienideologie ist die Wichtigkeit des Miteinander und des Teilens. Frau Steele drückt das so aus:

Unsere Grundhaltung ist die, daß wir eine Familie sind, und wir alle teilen gleichmäßig. [Es kommt darauf an,] wer gerade etwas braucht.

John und ich sind der Mittelpunkt der Familie, und gemeinsam haben wir Kinder. Es sind nicht meine Kinder oder die Kinder meines Mannes. Dies ist in anderen Familien nicht oft der Fall.

Susan beurteilt beide Eltern im Hinblick auf die mit der Familie verbrachte Zeit. Herr Steele, sagt sie, macht Picknicks mit ihnen, während andere Väter, die sie kennt, das nicht tun. Frau Steele macht, wie Susan sagt, der Familie zuliebe bei diesen Ausflügen mit, auch wenn sie lieber etwas anderes tun würde. Bill und Nancy erwähnen auch die Tätigkeiten der Familie als Gruppe als das, was ihnen an der Familie am besten gefällt. Der Nachdruck der Steeles auf Kooperation wird durch die folgenden Antworten Susans beim SCT veranschaulicht: »Um mit den Leuten auszukommen, / versuche [ich] rücksichtsvoll und behilflich zu sein. Eine gute Mutter / versucht [immer], behilflich zu sein.«

Dieser Wunsch zu teilen scheint mit einer Empfindsamkeit für und einem Wissen um die Tätigkeiten und Gefühle anderer Familienmitglieder verknüpft zu sein. Herr Steele ist zum Beispiel mit dem Tagesablauf aller Familienmitglieder wesentlich vertrauter, als es die meisten Väter unserer Untersuchungsgruppe sind. Er weiß nicht nur, was sie tun, während er zur Arbeit außer Haus ist, sondern hat auch eine Vorstellung von der emotionalen Atmosphäre des Hauses während seiner Abwesenheit. »Bill und Susan kommen glücklich und hungrig von der Schule nach Hause.« Die Gefühle und Erfahrungen eines jeden Familienmitgliedes liegen in einem ihnen allen gemeinsamen Bereich.

Diese emotionale Demokratie, die Herr und Frau Steele für die Gruppe zu verwirklichen suchen, hat klare Grenzen. Das Teilen und das Miteinander vollzieht sich in einem System strikter Durchsetzung von Statusunterschieden. »Ein Mann und eine Frau sind sich in erster Linie gegenseitig verpflichtet. Die Kinder kommen an zweiter Stelle«, sagt Frau Steele.

In dieser Familie wird der Generationsunterschied betont, der Unterschied zwischen Erwartungen, die an Erwachsene, und solchen, die an Kinder gestellt werden, deutlich gewahrt.

Interviewer: In welcher Beziehung unterscheidet sich Ihrer Meinung nach Ihre Familie von anderen Familien, die Sie kennen?

Herr Steele: Unsere Kinder haben etwas mehr Achtung vor anderen Leuten als viele andere. Bei unserem Umgang mit anderen Erwachsenen

verhalten sie sich als Personen und nicht so sehr als Kinder – ohne frech zu sein.
INTERVIEWER: Haben Sie irgendwelche Vorstellungen davon, warum das so ist?
HERR STEELE: Als sie klein waren, machten wir uns viele Gedanken und nahmen uns Zeit für sie. Vielleicht war es für sie gelegentlich hart. Sie scheinen es nicht übel zu nehmen.
INTERVIEWER: Was meinen Sie damit, wenn Sie sagen, Sie nahmen sich Zeit?
HERR STEELE: Sie waren definitiv ein Teil der Familie. Wenn Leute zu uns kamen, durften sie immer aufbleiben und guten Tag sagen und gingen dann ins Bett. Das gab ihnen das Gefühl, dazuzugehören. Vielleicht ist es teilweise darauf zurückzuführen, daß wir auf fast allen Dingen bestanden.
INTERVIEWER: Welcher Art Dinge?
HERR STEELE: Gewisse Regeln, die nicht straflos gebrochen werden können, ein deutlicher Verstoß gegen eine wohlbekannte Regel, wie zum Beispiel, uns nicht wissen lassen, daß sie etwas getan haben, wenn sie es uns hätten erzählen müssen. Am Anfang haben wir nie etwas versprochen, was wir nicht auch ausführten – sowohl angenehme Sachen wie auch Strafe.

Freiheit innerhalb fest umrissener Grenzen ist die Philosophie der Kindererziehung, die Herr und Frau Steele sich zu eigen zu machen versuchten. Ihre Beschreibung des Austausches zwischen Kindern und Eltern ist durch emphatische Ausdrücke gekennzeichnet. Diese Einstellung zeigt sich in den folgenden Bemerkungen Herrn Steeles:

INTERVIEWER: Welche Tätigkeit wünschen Sie sich für sie, wenn sie erwachsen sind?
HERR STEELE: Ich beabsichtige nicht, sie zu beeinflussen. Ich will sie beraten, wenn ich kann. Ich würde gerne sicher sein, daß sie das tun, was sie tun wollen und worin sie gut sind, um ihre besonderen Fähigkeiten herauszustreichen. Ich würde ein Machtwort sprechen, wenn sie etwas täten, von dem ich meine, daß sie es nicht tun sollten, wie zum Beispiel gewisse Arten der Unterhaltung anderer Leute zur Bestreitung des Lebensunterhalts. Vor einem Jahr zeigte Susan Interesse am Ballettanzen. Ich habe es vielleicht offen mißbilligt.

Im Verständnis der Steeles bringt der Status sowohl der Eltern wie auch der Kinder reziproke Verpflichtungen mit sich. Die Eltern stehen unter der Verpflichtung, Respekt zu fordern und auf Erfüllung ihrer Standards durch das Kind zu drängen. Obgleich dies als eine Frage des Gehorsams auf seiten des Kindes formuliert ist, wird es zur elterlichen Pflicht, dem Kind vorgeschriebenes Verhalten beizubringen. Erfüllung dieser Verpflichtungen ist eine Grundvoraussetzung für das Recht auf Interaktion und Intimität in der Familie. In einer Bemerkung über Bills Temperament sagt Frau Steele: »Er muß allein dahinterkommen und es bewältigen – er wird in sein Zimmer geschickt, bis er bereit ist, sich wie ein anständiges menschliches Wesen zu benehmen.« Bill sagt über die ideale Mutter: »Wenn man in Schwierigkeiten ist, sollte eine gute Mutter einem aus großen Schwierigkeiten, aus denen man nicht alleine herauskommt, heraushelfen.« In einem anderen Kontext rechtfertigt Frau Steele die Strenge der Disziplinierungsmaßnahmen mit der folgenden Bemerkung:

Wir meinen, daß Kinder, die sich benehmen, mehr Spaß haben als Kinder, die sich nicht benehmen. Wenn wir mit ihnen ausgehen, gibt es keinen Radau und auch keine Herumschnüffelei, folglich dürfen sie mitkommen.

So ist das Bild, das sich die Steeles von einer idealen Familie machen, eines, in dem gegenseitige, auf angemessene Weise erfüllte Verpflichtungen Voraussetzungen für zufriedenstellende Interaktion in der Familie und für Anerkennung in der Außenwelt sind. Ihre Formel zur Bewältigung des Problems der individuellen Autonomie ist diese: Man muß sie sich durch Beachtung der festgesetzten Grenzen verdienen.

Die Kinder sind auch der Meinung, daß die Regeln der Familie streng durchgesetzt werden, aber sie erkennen die von ihren Eltern dafür gegebene Begründung nur teilweise an. Während Frau Steele erklärt, zuversichtlich zu sein, daß die Kinder schließlich auch zu der Überzeugung kommen, daß strenge Disziplin zu ihrem Besten sei (»Wenn sie erwachsen sind, werden sie mich lieber haben«), halten die Kinder zum heutigen Zeitpunkt Disziplin für ein- und beschränkend. Als Beispiel dafür Susans Antwort im SCT: »Die Kinder wären besser dran, wenn ihre Eltern / sie ab und zu das tun lassen würden, was sie wollten.« Trotz dieser Gefühle scheinen die Kinder die geordneten Verhältnisse ihrer Familie als eine Quelle des Familienstolzes zu betrachten. Bill spricht von dem »Neid«, den die Nachbarn den Steeles gegenüber empfinden, und führt die Strenge seiner Eltern als einen der Gründe dafür an, warum seine Familie besser ist als andere in der Nachbarschaft.

Der hohe Wert, den die Steeles dem Miteinander zuschreiben, kommt auf dem Gebiet der Arbeit als Betonung von Kooperation und individueller Verantwortung zum Ausdruck. Der Wert, der darauf gelegt wird, daß die Kinder etwas selbständig tun, steht in enger Beziehung zum Thema der Kooperation. Es werden ihnen Aufgaben im Hause übertragen, und man erwartet von ihnen, daß sie sie als Teil ihrer täglichen oder wöchentlichen Routine ausführen. Sogar das jüngste Kind erhält, wie Frau Steele sagt, eine Aufgabe beim Putzen des Hauses: »Nancy sollte nach dem Abendessen die Toilette sauber machen.« Von Bill und Susan wird erwartet, daß sie am Sonnabendvormittag ihre Zimmer sauber machen. Die von Herrn Steele verrichtete Arbeit im Haus wird als Teil des Versuchs, eine kooperative Atmosphäre zu bewahren, angesehen. Wenn er unter ungewöhnlichem Zeitdruck steht oder an einem größeren Projekt arbeitet, wird von den anderen Familienmitgliedern erwartet, daß sie seinen Teil an der routinemäßigen Hausarbeit mit übernehmen. Für Bill ist es ein Privileg und ein Auftrieb für seine Selbstachtung, seinem Vater bei seinen kleineren Reparaturen etc. zu helfen. Bill hinwiederum erwartet von einem idealen Vater, daß er »den Kindern hilft, etwas zu machen ... den Kindern hilft, verschiedenes zu lernen«. In dieser Familie wird der Prozeß elementarer Sozialisation im Kontext kooperativer Bemühung gesehen.

Nach Ansicht der Steeles enfalten männliche und weibliche Personen Fähigkeiten, die die Einheit der Gruppe auf unterschiedliche Art und Weise fördern. Männer sind stärker und bestimmter in alltäglichen Angelegenheiten, aber Frauen haben das Recht, ihre Meinung zu äußern und einen Einfluß auf die Tätigkeit der Gruppe zu nehmen. Von Männern erwartet man, daß sie besonders kompetent sind, Anleitungen zu geben und Dinge zu machen und zu tun; Frauen sind hilfreicher und aufopfernder. Phyllis Steele hält die Männer für praktischer veranlagt, aber für weniger in sich gekehrt und weniger verständnisvoll als Frauen. Männer neigen jedoch ihrer Meinung nach dazu, hartnäckig und unvernünftig zu sein und den Wünschen der Frauen zu wenig Beachtung zu schenken. Auf der anderen Seite findet sie, daß Frauen Schwierigkeiten haben, mütterliche Aufsicht und Fürsorge auszuüben, ohne allzu mütterlich oder herrisch zu sein. John Steele hält Frauen für von den Männern sehr verschieden, aber schwer zu verstehen – er ist sich nicht ganz im klaren darüber, in welcher Beziehung, außer der physischen, sich die Geschlechter unterscheiden. Männer neigen dazu, ihren Impulsen nachzugeben, und Frauen sind oft zu schwach, um wirksam die Probleme zu bewältigen, die die Männer ihnen aufgeben. Aber seiner Meinung nach würden die Frauen gerne die Männer beherrschen und die Befehlsgewalt übernehmen, wenn die Männer nicht vorsichtig genug wären, sich zu behaupten. Beide Eltern stimmen jedoch überein, daß es richtig ist, daß der Mann in Familienangelegenheiten Autorität ausübt und daß die Frau teilhat an dieser Autorität, aber sie so ausübt, daß sie dem Mann mit Rat und den Kindern hilfreich zur Seite steht.

Der Nachdruck, den die Steeles auf Kooperation legen, wird auch als eine Sanktion gegen nicht-kooperative Aktivitäten ausgedrückt. Einen Teilaspekt dieser Ansicht bringt Susan im SCT zum Ausdruck: »Ich mag Menschen nicht, die / sich nicht an Spielen beteiligen, die sie nicht kennen, und sich zurücklehnen und grinsen.« Frau Steele rügt sich selbst, sie sei nicht rücksichtsvoll genug, wenn die Kinder bei kleineren Verstößen ertappt werden. Beherrschung der Launen ist eine notwendige Begleiterscheinung der Steeleschen Ideologie, eine Haltung, die durch die Tatsache veranschaulicht wird, daß Bills heftiges Temperament und Reizbarkeit ein Grund zu allgemeiner Besorgnis der Familie sind. Nach dem Interview mit Bill fragte Frau Steele das Mitglied unseres Forschungsteams, ob Bill »kooperiert« habe.

Der Nachdruck dieser Familie auf individueller Verantwortung ist ein Teilaspekt eines sekundären Themas der Familie, das man als den Wunsch, durch Entwicklung persönlicher Adäquatheit Abhängigkeit und Unfähigkeit zu vermeiden, bezeichnen kann. Dieses Problem leitet sich aus einem beiden Eltern gemeinsamen Anliegen ab. Sie haben die Vermeidung von Schwäche und Selbstmitleid als ein Ziel an sich betont. Obwohl dies in Form von Leistungsanspruch in Verhalten umgesetzt wird, steht es einem Wunsch nach Selbstgenügsamkeit näher als Erfüllung oder Leistung im kompetitiven Sinne.

Die Steeles haben ein Bild vom Familienleben, und die Rolle des einzelnen Mitglieds bei der Erhaltung dieses Bildes verlangt ernsthafte Bemühung und Interesse. Sie verwenden viel Energie auf den Versuch, diesem Bild zu entsprechen; darüber hinaus verwenden sie es als Standard, an dem sie ihr eigenes Verhalten messen und dasjenige anderer Familien evaluieren. Ihr Nachdruck auf Kooperation, Miteinander und Verantwortung wirkt sich sowohl auf explizite wie auf implizite emotionale Interaktion innerhalb der Gruppe aus. Von dieser Ideologie muß jedes einzelne Familienmitglied Zeugnis ablegen.

Der Validierungsbereich

Eine Dimension des Familienlebens ist die Darlegung und Bestätigung der Ideologie der Familie und der kulturellen Werte, die die Familie betont. Dem einzelnen Familienmitglied gilt diese erneute Bestätigung sich selbst und der Gruppe gegenüber als Zeugnis seines Festhaltens an den Werten, über die Consensus besteht, und bestätigt sein Recht auf Respekt und Zuneigung in der Interaktion der Gruppe. Der Familie dient die erneute Bestätigung als Unterstreichung der Ideologie der Familie und im Vergleich dazu zur Hervorhebung von Verhaltensweisen, die nicht im Einklang mit den gemeinsamen Werten stehen. Auch wenn die Erwartung dahingeht, daß sich Zeugnisse dieser Art nur auf einen Teil des Verhaltens der Familie oder des einzelnen anwenden lassen, sind sie besonders wichtig wegen ihrer Relevanz für den Fortbestand spezifischer Elemente des Bildes der Familie. Jede Familie entwickelt ihre eigenen Methoden zur Darlegung des Festhaltens am Kode der Familie und definiert das geeignete Publikum, an welches sich die Zeugnisse richten sollten.

Im Gegensatz zu der größeren Gemeinschaft, auf die die Newbolds ausgerichtet sind, ist das Publikum der Familie Steele enger begrenzt. Für sie richten sich die Zeugnisse in erster Linie an den Kreis der Familie. Diese Neigung zeigt sich in ihrer Art und Weise des Aufbaus und der Organisation eines »typischen Tages«.

Die Steeles zeigen relativ hohe Übereinstimmung in ihren Beschreibungen der täglichen Verrichtungen und in der Hervorhebung von Gruppen- oder gemeinsamer Aktivität als bedeutsame Höhepunkte des Tagesablaufs. Auf die Frage: »Erzählen Sie mir etwas über einen normalen Arbeitstag?« lauteten die jeweils ersten Antwortsätze der Steeles:

HERR STEELE: Phyllis und ich stehen auf und frühstücken zusammen. ...
FRAU STEELE: John und ich stehen zuerst auf und fangen mit dem Frühstück an. ...
SUSAN: Wir stehen morgens früh auf und frühstücken mit meinem Vater. ...
BILL: Die Kinder gehen in die Schule. ...
NANCY: Mein Vater steht wirklich früh auf. Meine Mutter geht das Frühstück richten. Er hilft ihr dabei, und sie frühstücken zusammen. ...

Folglich fängt für alle Familienmitglieder mit Ausnahme von Bill der Tag in ihrem Verständnis mit einer Interaktion an – sehr häufig mit einer kooperativen Tätigkeit. Sogar Bill spricht von einer gemeinsamen Tätigkeit, auch wenn er Interaktion nicht betont. Diese Betonung des Aspekts des »Zusammenseins« beim Frühstück ist im Vergleich mit den meisten Familien unserer Untersuchungsgruppe ungewöhnlich. Ein Großteil der Familien sieht das Frühstück als ein serielles Ereignis nach dem Motto »jeder für sich« in der Hetze der Vorbereitung auf Schule und Arbeit. Diejenigen, die zur selben Zeit frühstücken, sehen es nur selten als eine Gelegenheit zu wechselseitigem Austausch an.

Der Rest des Steeleschen Tagesablaufs ist sicherlich statistisch nicht ungewöhnlich. Die beiden älteren Kinder kommen zum Mittagessen nach Hause; Nancy spielt bis ungefähr elf Uhr, dann geht sie zur Schule; die Kinder kommen von der Schule nach Hause und spielen im Haus oder im Hof. Um acht Uhr dreißig gehen sie zu Bett. Frau Steele besorgt das Haus, geht zwei- oder dreimal in der Woche einkaufen, und gelegentlich verbringt sie ein paar Stunden mit Freunden beim Essen.

Herr Steele kommt nach Hause, liest die Zeitung bis zum Abendessen, arbeitet »ein paar Stunden« im Haus. Frau Steeles Beschreibung gibt eine Zusammenfassung der Chronologie und der Atmosphäre des Tagesablaufs:

John und ich stehen zuerst auf und fangen mit dem Frühstück an. Ein paar Minuten später ziehe ich mich an. Gewöhnlich richte ich dann sein Mittagessen. Dann ist es zehn nach sieben, und er geht zur Arbeit. Die Kinder stehen um sieben Uhr dreißig auf. Manchmal frühstücken sie erst, manchmal ziehen sie sich erst an. Es kommt nicht selten vor, daß ich etwas für sie zum Anziehen wasche und bügle. Sie gehen um acht Uhr dreißig. Dann kommt es darauf an, was ich an dem Tag zu tun habe, waschen, nähen oder die Unordnung vom Vortag beseitigen. Bis um elf habe ich dafür Zeit. Ich wasche zweimal in der Woche. Es gibt immer Telefonanrufe usw. Ich kümmere mich gewöhnlich nicht um die Küche, bis Nancy zum Mittagessen kommt. Ich bin keine pingelige Hausfrau. Nach dem Mittagessen gehen die Kinder um zwölf Uhr dreißig zur Schule. Gewöhnlich unterhalten wir uns beim Mittagessen darüber, was in der Schule passiert ist. Nach dem Mittagessen bin ich schrecklich müde. Häufig mache ich ein kurzes Nickerchen. Gewöhnlich nähe oder bügle ich danach. Die Kinder kommen um drei Uhr dreißig nach Hause. Sie sind überall. Es gibt viel Unruhe. Wenn sie rausgehen, beginne ich, mir Gedanken über das Abendessen zu machen. Wenn John bis abends arbeitet, erwarten wir ihn nicht vor sechs Uhr dreißig. Susan und Bill machen den Abwasch. Sie tun das getrennt, weil sie zuviel Zeit mit Spielen vertan hatten, als sie es zusammen machten. Von Nancy erwarten wir, daß sie nach dem Abendbrot die Toilette sauber macht. Dann machen sie ihre Hausaufgaben, oder Bill denkt sich was aus. Nancy liest uns manchmal was vor. John liest die Zeitung oder arbeitet im Haus. Wenn er an den Decken arbeitet, kann ich flicken, weil ich mich setzen und ihm bei der Arbeit zuschauen kann. Schließlich werde ich müde. Ungefähr um zehn Uhr dreißig gehe ich zu Bett. John ißt einen Teil seines Frühstücks, bevor er zu Bett geht.

Andere Familienmitglieder legen größeres Gewicht auf die Bedeutung des Abendessens der Familie, als Frau Steele das tut. Herr Steele sagt aus, daß »die ganze Familie jeden Abend gemeinsam zu Abend ißt«. Es ist jedoch nur ein Teil des gesamten Schemas der um das Zuhause gruppierten Aktivitäten. An den Nachmittagen spielen die Kinder gewöhnlich im Hof hinter dem Haus. Hier besteht ein deutlicher Gegensatz zu den Familien Clark und Newbold, in denen die Gruppe nach der Schule auseinandergeht und sich zum Abendessen wieder zusammenfindet. Bill und Susan sind enge Freunde, und obgleich sie andere Kinder erwähnen, mit denen sie spielen oder zur Schule gehen, haben sie keine engen Freundschaften außerhalb der Familie. Die beiden mögen gelegentlich in der Nachbarschaft umherstreifen und in den Park gehen; Frau Steele nimmt an, daß sie gewöhnlich zusammen sind. Das Haus und der Hof sind in einem größeren Ausmaß für ihre Welt bestimmend, als das bei den meisten Familien der Untersuchungsgruppe der Fall ist. Das Miteinander kann ein wesentliches Merkmal der Aktivität der Gesamtfamilie sein, oder es kann sich auf Paare beziehen, wie es zum Beispiel beim

Frühstück für Herrn und Frau Steele oder am Nachmittag für die außer-schulischen Aktivitäten der Kinder gilt.
Herr und Frau Steele haben selten Gäste bei sich zu Hause und gehen nur gelegentlich am Abend zusammen aus. Herr Steele gab uns die Information, daß am Sonnabendabend »ziemlich viel Zeit mit Baden und Sich-für's-Bett-fertig-machen vergeht. Wir gehen sehr wenig aus.« Ein Abend außer Haus ist »irgendeine Party oder ein Abendessen, das von dem Club der Ehepaare, der mit unserer Kirche liiert ist, veranstaltet wird, gelegentlich ins Konzert oder ins Kino«. Auch verbringt die Familie die Ferien nicht oft weg von Zuhause. Herr Steele sagt: »Wir sind schon mehrere Jahre nicht mehr in Ferien gefahren. Früher verbrachten wir sie in einem Ferienhaus, wo es Wasser gab und ein Boot und die übrige Zeit faulenzten wir und amüsierten uns.« Frau Steele bestätigt den Bericht ihres Mannes:

John und ich gehen zusammen ins Kino. Wenn wir gehen, wählen wir sorgfältig aus, weil wir nicht oft gehen. Unser gesellschaftliches Leben hält sich in Grenzen, aber es ist zufriedenstellend, weil wir Freude am Zusammensein haben. Wir haben keine Ferien. Wenn John nicht arbeitet, bekommt er kein Geld. ... Im letzten Sommer hat meine Schwester die Kinder für eine Woche genommen, und da haben John und ich uns ein Wochenende genommen. Wir haben die Ferien hier verbracht. Es war herrlich. Vor Jahren fuhren wir, wenn wir Ferien hatten, an einen See.

Wenn die Familie Steele ihre kleine, durch die Eigentumsgrenzen ihres Grundstücks begrenzte Welt verläßt, gehen sie zu einem Familienpicknick in einen Park oder ein Waldgehege. Während sie keinen Einspruch gegen diese Familienausflüge erhebt, sind es Herr Steele und die Kinder, die viel Freude an diesen Ausflügen ins Freie haben. Herr Steele beschreibt sie:

INTERVIEWER: Was machen Sie am liebsten mit Ihrer Familie?
HERR STEELE: Spielen. Wenn wir ein Picknick machen, spiele ich gerne Ball und mache gerne lange Wanderungen – je tiefer wir in den Wald kommen, desto besser. Sie empfinden es als Abenteuer. Sie klettern gerne auf Bäume, und nichts gefällt ihnen besser, als wenn ich mit ihnen hochklettere. Wir machen oft ein Picknick.

Seine Frau betont seine Begeisterung durch ihre Aussage: »›Höher hinauf‹, ruft er ihnen zu.« Auf die Frage, was ihm an seinem Vater am besten gefällt, erwähnt Bill nur, daß ihr Vater mit ihnen Picknicks macht.

Da die Beanspruchung durch Arbeit und Schule am Wochenende nachläßt, geben die Sonnabende und Sonntage ein nützliches Bild von den bevorzugten Beschäftigungen der Familie und ihren Einstellungen zu gemeinsamem Zeitvertreib. Frau Steele gibt den detailliertesten Bericht über die Wochenenden der Familie:

Da passiert etwas. Wir stehen nicht so früh auf. Es ist einfach ein Durcheinander den ganzen Vormittag lang. Wenn John etwas Besonderes tun muß, gehe ich alleine zur Bank und kaufe ein. Irgendein Projekt hat er immer. Hin und wieder geht er hinüber zur Kirche, um einige Reparaturen auszuführen. Wir haben unser Abendessen am Sonnabend erst um sieben. Es gibt Schinken und Waffeln. John und ich gehen hin und wieder aus.

Sonntags geht John ganz gelegentlich in die Kirche. Die Kinder gehen in die Sonntagsschule. Wenn John an dem Tag etwas arbeiten will, wobei ich ihm helfen kann, tue ich das. Wir legen immer Wert darauf, in die Kirche zu gehen, wenn es gute Musik gibt. Wir hören alle gerne Musik. Mittags haben wir unsere Hauptmahlzeit. Am Nachmittag ist immer etwas los. Bevor wir damit anfingen, soviel am Haus zu arbeiten, haben wir mehr miteinander unternommen. Wir vermissen einiges davon. Etwas machen wir immer noch. Wir sind Picknickfans. Der Sonntag gehört mehr oder weniger der Familie. Wir ermutigen die Kinder nicht, woanders hinzugehen.

Die Steeles sind sich ihrer selbst als eng verbundene, interagierende Gruppe in starkem Maße bewußt. Sie organisieren ihre täglichen und Wochenendbeschäftigungen so, daß ihr Wunsch nach Intimität und Austausch in der Familie betont und erfüllt wird. In ihren Interviews kommen sie wiederholt auf Aussagen über gemeinsame Partizipation und die Freude, die sie aus dem Beisammensein und gemeinsamer Tätigkeit ableiten, zurück. Die Interaktion erstreckt sich sowohl auf Arbeit wie auf Spiel; in der Tat ist der Unterschied zwischen diesen beiden Formen der Aktivität für die Steeles nicht so bedeutsam wie der Unterschied zwischen Beisammensein und Getrenntsein. Mit Ausnahme der Schule, wo keine Alternative verfügbar ist, werden die Aktivitäten, die sie für bedeutsam halten, als Familie oder als aus Familienmitgliedern bestehende Zweiergruppen ausgeführt. Sie sind eine zentripetale Familie, aufeinander bezogen und dauernd empfänglich für die erneute Bestätigung, die von gemeinsamer Tätigkeit ausgeht. Der Bereich, in dem sie von der Familie und vom größeren kulturellen Umfeld geschätztes Verhalten zeigen, ist sowohl emotional wie geographisch relativ eng. Sie machen zusammen Picknicks, aber wandern nicht weit auf der Suche nach Erholung. Das Zuhause ist nie weit weg; immer umgibt sie die Familienatmosphäre.

Wie das Heim, der Hof und der Park die physischen Grenzen des Universums der Familie sind, so ist auch das Publikum, für welches sie agieren, auf die Familie beschränkt. In den meisten Familien ist der Kreis der Familie das wichtigste und bedeutsamste Publikum; für die Steeles ist er praktisch die einzige Gruppe, von der eine bedeutsame Evaluierung individueller Leistung erwartet wird. Der charakteristischste Zug dieser Familie ist jedoch der, daß das Verhalten, mittels dessen die Familienmitglieder bestätigen, daß sie sich geschätzte Eigenschaften zu eigen gemacht haben, erwartungsgemäß in familialer Interaktion und im Kontext der Familie stattfinden sollte. Hier besteht ein scharfer Kontrast zu den Newbolds, bei denen das Abendessen der Familie eine Gelegenheit bietet, Erfahrungen zu berichten, die jedes Familienmitglied während des Tages für sich allein gemacht hat, und bei denen individuelle Leistungen in der außer-familialen Welt ein Großteil der Validierungsevidenz für die Übereinstimmung mit der Ideologie der Familie erbringen.

Die offene Förderung einer engen Freundschaft zwischen Bill und Susan und der Mangel an Unterstützung für Bindungen außerhalb des Familienkreises sind weitere Aspekte dieses Themas der Familie. Frau Steele sagt:

Ich glaube nicht, daß Susan oder Bill enge Freunde haben. Bei Susan liegt die Schwierigkeit darin, ein Mädchen zu finden, daß so aktiv ist wie sie. Die meisten Mädchen sind für sie zu weichlich. Sie hat nie eine Busenfreundin gehabt, und sie ist nie mit jemandem ausgekommen. Vielleicht finden sie genügend Befriedigung im Umgang miteinander. Ich weiß nicht, ob das gut ist oder schlecht. Ich habe schon Fälle gesehen, in denen Busenfreunde für die Kinder so schrecklich wichtig waren. Wir sind ziemlich kritisch, was ihre Freunde anbetrifft.
INTERVIEWER: Wie meinen Sie das?
FRAU STEELE: Wie sie sich benehmen. Wir diskutieren die Leute ganz offen. Wir diskutieren über die Art und Weise, in der wir etwas tun und wie wir darüber denken. Eine Familie, die einen Block weiter wohnt, hat eine völlig andere Einstellung.

Die Steeles sind keine Familie, der die Beliebtheit ihrer Kinder bei ihren Altersgenossen am Herzen liegt. Sie nehmen an, daß ihre eigenen Verhaltensstandards so gut sind wie die ihrer Nachbarn, und vielleicht sogar besser. Von Zeit zu Zeit klingt in ihren Bemerkungen über sich selbst in ihrer Beziehung zu Außenstehenden etwas von Exklusivität an. Susan hat Schwierigkeiten, eine Freundin zu finden, die ihrem Niveau hinsichtlich Aktivität und Selbstvertrauen entspricht; andere Familien sind mit ihren Kindern weniger streng (und folglich auch weniger verantwortungsbewußt); andere Familien sind weniger vernünftig als die Steeles bei der Regulierung von Familienangelegenheiten. Die Familie neigt dazu, eher die Eigenschaften zu betonen, die sie von anderen Familien unterscheidet, als die Eigenschaften, die Ähnlichkeit und Gemeinsamkeit mit anderen bestätigen. Vater ist strenger; er geht öfter mit den Kindern in den Park; er unterweist die Kinder in Spiel und Sport im Freien; die Familie macht öfter ein Picknick als andere Familien. Für diese Familie liegt in der Tatsache der Differenzierung selbst Bedeutsamkeit.

In Übereinstimmung mit einem der Themen der Familie Steele wird von den einzelnen Mitgliedern erwartet, daß sie Selbstgenügsamkeit und die Fähigkeit, in verschiedenen Verhaltensbereichen angemessene Leistungen zu erbringen, zeigen. In diesem Punkt gilt das Anliegen mehr der Fähigkeit, angemessene Leistungen zu erbringen, als Leistung in speziellen Aufgaben. Nancy beklagt sich darüber, daß ihre Mutter von ihr erwartet, daß sie mehr tut, als sie kann. »Manchmal stecken sie uns ins Bett oder verhauen uns. Das hat meine Mutter gestern getan, weil ich die Tür nicht aufmachen konnte und weil es doch leicht ist. Alle sagten, ich könnte das, aber ich konnte es nicht, da hat sie mich verhauen.« Dasselbe Ereignis bringt sie später im Interview noch einmal zur Sprache: »Sie sagte, ich sei ein Baby, weil meine Geschwister die Tür für mich aufmachen mußten.« Bill sagt über eine gute Mutter, sie sollte nur dann helfen, wenn die Kinder nicht in der Lage sind, ihre eigenen Schwierigkeiten selbst zu bewältigen. Auch John Steele betont die Notwendigkeit, Schwäche zu überwinden, und nimmt an, daß dies durch Entfaltung von Willensstärke erreicht werden kann.

So wie ausbleibende Kompetenz bestraft wird, wird die Demonstration angemessenen Könnens gelobt. Die Eltern sprechen von Susans Fähigkeit – als Helferin der Lehrerin in der

Sonntagsschule –, Vertrauen bei Erwachsenen zu erwecken. John Steele ist stolz auf die Veranlagung seines Sohnes, »sich handwerklich zu betätigen« und sich für Mechanisches zu interessieren. Das sichere Auftreten der Kinder in Gegenwart von Erwachsenen und ihre Fähigkeit, sich mit ihnen zu unterhalten, ist für Herrn und Frau Steele ebenfalls etwas, worauf sie stolz sind.

Ein akzeptabler Tüchtigkeitsausweis erscheint so als Demonstration von Selbstgenügsamkeit und Überwindung von Schwäche. Evidenz für Befähigung ist auf jedem Verhaltensgebiet willkommen, aber sie wird auf den Gebieten, in denen sich die Eltern selbst schwach fühlen, besonders hoch bewertet. Bills Probleme erinnern Herrn Steele sehr stark an seine eigenen Unzulänglichkeiten während seiner Kindheit. Er möchte diese bei seinem Sohn korrigiert – er gebraucht das Wort »ausgerottet« – sehen. Das Verhalten des Kindes muß nicht nur seine eigene Befähigung demonstrieren, sondern auch den Erfolg der Eltern bei der Bewältigung ihrer eigenen Probleme. Diese Bürde des zweifachen Beweises lastet besonders stark auf Bill. Die Sorgen beider Eltern sind auf ihn verlagert, und er hat in seinem Alter nicht die Widerstandskraft, damit wirksam fertig zu werden.

Es ist nicht unwichtig, in diesem Zusammenhang von den hauptsächlichen und wirkungsvollsten Methoden zur Disziplinierung zu sprechen, die die Eltern anwenden. Generell ist man in dieser Familie der Meinung, daß die wirkungsvollste Strafe die ist, die Kinder ins Bett zu stecken. Dies kann zu jeder Tageszeit geschehen. Vom psychologischen Standpunkt aus betrachtet ist dies das Gegenteil des Nachdrucks der Familie auf angemessener Leistung. Es stellt erzwungene Immobilität und Abhängigkeit dar; das Kind wird der Kleider, des Symbols der Sicherheit und des Schutzes, entblößt und in einen Zustand relativer Verwundbarkeit und Regression versetzt. Der Kampf gegen Minderwertigkeitsgefühle wird gesteigert und der Wert der Kompetenz als einer Bedingung des Erwachsenwerdens verstärkt.

Der Adäquatheitsnachweis erfolgt in der Familie Steele vorwiegend über eine beobachtbare physische Tätigkeit. Das heißt, der Nachdruck liegt mehr auf dem, was die Kinder tun oder nicht tun, als auf dem, was sie empfinden. Wichtig sind Handlungen und nicht so sehr Gefühle. Urteile werden mit dem Intellekt gefällt und basieren mehr auf dem, was man tun sollte, als darauf, wie man empfindet oder innerlich reagieren mag. John Steele hat sich dazu gezwungen zu lernen, sich trotz seiner Schüchternheit mit Fremden zu unterhalten, und er ist der Meinung, daß man den Kindern beibringen kann, das zu tun, was sie tun sollten, gleich auf welche Kosten für das Innenleben. Er ist nicht in Unkenntnis über einige der Gefühle seiner Kinder; jedoch ist er davon überzeugt, daß es heißt, der Verzweiflung die Tür zu öffnen, wenn man diesen Inadäquatheits- und Schwächegefühlen nachgibt. Seine TAT-Antworten befassen sich mit drohender innerer Katastrophe und erdrückender Abhängigkeit. In seinem eigenen Leben hat er die ihn bedrohenden Zweifel zurückgedrängt, und durch hartnäckige, manchmal starrköpfige Entschlossenheit ringt er dem Leben die Dinge ab, von denen er das Gefühl hat, daß er sie am meisten haben möchte. Aber gerade dieser Angriff auf seine inneren Konflikte erfordert eine Unterdrückung der Gefühle und eine gesteigerte Wertschätzung der Leistung, die für John Steele eine greifbare und permanente Versicherung dafür ist, daß persönlicher Wert bestätigt worden ist.

»Sie akzeptieren ja und nein als Antworten«: Die Art der Regulierung des Verhaltens in der Familie

John Steele führt ein strenges Regiment. Die emotionalen Kontroll- und äußeren Strafmaßnahmen sind unnachgiebig und unbeugsam. Sein bevorzugtes Bild vom Wesen einer Familie – das Miteinandersein und Kooperation – fängt mit der Prämisse an, daß die Familie durch die äußere Anwendung von Disziplinierungsmaßnahmen nach dem erwünschten Bild geformt wird. Was die Konformität auf seiten der Kinder hinsichtlich der für positive und negative Erwartungen festgesetzten Regeln anbetrifft, ist Herr Steele stark engagiert.
John Steele beherrscht das Heim und die Kinder. Seine Frau ist abhängig von ihm in vielen wichtigen Entscheidungen, die den Haushalt betreffen. Er trifft offensichtlich für die Familie solch langfristige Entscheidungen wie den Erwerb eines Eigenheims. Die äußerliche Harmonie zwischen den beiden Eltern,

von der Frau Steele spricht, wird zu einem Großteil durch ihre Flexibilität und Anpassungsfähigkeit und ihre Bereitschaft, ihre eigenen Präferenzen zugunsten derjenigen ihres Mannes und ihrer Kinder zu unterdrücken, gewahrt. Die Kinder glauben, daß sie eine gute Leistung vollbracht hat – sie sind alle der Meinung, daß es zwischen den Eltern keine Auseinandersetzungen gibt. Bill verneint die Frage nach irgendwelchen Unstimmigkeiten zwischen ihnen: »Nein, sie sind ganz glücklich.« Susan pflichtet dem bei: »Sie sind immer einer Meinung. Sie haben nie Auseinandersetzungen. Manchmal sind sie unterschiedlicher Meinung, aber sie werden nicht wütend aufeinander. Meine Mutter sagt, es ist eine gute Ehe.« Die Frage des Interviewers veranlaßt Nancy zu einer übereinstimmenden, jedoch dramatischeren Antwort:

INTERVIEWER: Gibt es jemals Wortwechsel zwischen deiner Mutter und deinem Vater?
NANCY: Nein. Meine Mutter sagt: »Ich glaube nicht, daß es so gehen könnte.« Er sagt: »Doch.« Dann sind sie ruhig. Ab und zu sagt mein Vater: »Es liegt bei dir.«

Im Umgang mit seinen Kindern stützt sich Herr Steele auf das Prinzip der Unvermeidbarkeit von Konsequenzen und der Einlösung verbaler Verpflichtungen. Er bringt ein leises Bedauern darüber zum Ausdruck, daß sein arbeitsreicher Tagesablauf in letzter Zeit zu leichter Vernachlässigung seiner disziplinarischen Aufgaben geführt hat: »Ich schätze, wir sind nachlässiger geworden als am Anfang, weil wir zu viel Arbeit haben und wir das Gefühl hatten, daß der Anfang wichtiger war.« Generell hat jedoch seine Beständigkeit in der Disziplinierung eine nicht an die Person gebundene Eigenschaft gefördert – die Kinder haben das Gefühl, daß sie sich an ein System von Regeln halten müssen und daß Bestrafung eine gerechte Konsequenz und nicht Herrn Steeles persönliche Rachsucht ist.

Folglich ist es die Unvermeidbarkeit und nicht so sehr die physische Härte der Disziplinierung, die sie so wirksam macht. Herr Steele ist der Meinung, daß die Disziplinierung, wenn sie konsequent ist, nicht physisch hart sein muß. Er gibt in den folgenden Bemerkungen eine allgemeine Darstellung des Systems:

Bestrafung ging nicht bis zum Verhauen. Sie bekamen nur einen Schlag auf die Finger, als sie klein waren und man mit ihnen nicht vernünftig reden konnte. Als sie älter wurden, war es dann Beschränkung ihrer Unternehmungen. Ein perfektes Beispiel dafür ist das folgende. Wir hatten ihnen gesagt, sie sollten nicht auf die Straße gehen. Sie wußten, daß es nicht recht war. Eines Tages fuhr ich vorbei und sah meine beiden auf der Straße zwischen zwei geparkten Autos, wie sie den Verkehr anhielten. Ich sagte: »Ihr wißt, was das bedeutet. Marsch nach Hause und ab ins Bett.« Sie wissen, daß Verstöße solcher Art ausziehen und ins Bett gehen bedeuteten. Wenn etwas gesagt wird, wird's gemacht und damit basta. Sie akzeptieren ja und nein als Antworten. Ich glaube, das ist im Grunde die beste Antwort.

INTERVIEWER: Was passiert, wenn sie nicht zur verabredeten Zeit nach Hause kommen?

HERR STEELE: Beschränkungen ihrer Unternehmungen. Sie dürfen nicht rausgehen und spielen. Auch heute noch wird Ins-Bett-Schicken als Strafe benutzt. Es ist nicht nötig, das oft zu praktizieren. Wir wissen, daß sie ihre Zeiten haben und daß sie nicht immer solche Engelskinder sein können wie früher, als sie kleiner waren.

INTERVIEWER: Was passiert, wenn sie Widerworte gebrauchen?

HERR STEELE: Sie müssen es sofort zurücknehmen. Sie müssen sagen, daß es ihnen leid tut. Wenn das nicht hilft, zeitweilige Beschränkung ihrer Unternehmungen. Es klingt so, als ob wir hart mit ihnen sind, aber meistens geschieht es ohne Verärgerung. Sie wissen genau, daß es getan werden wird und daß daran kein Zweifel besteht.

John Steeles Haltung gegenüber den äußeren, formalen Aspekten der Regulierung betont den Generationsunterschied in der Familie. Die Kinder haben im Grunde keine Verhandlungsmöglichkeit. Ihre stärkste und wirkungsvollste Position wird in erster Linie durch Konformität mit dem Ideal der Familie erreicht – dadurch daß sie zeigen, daß sie »anständige« Menschen sind, und sich so für die Belohnungen, die die Familie zu bieten hat, qualifizieren. John Steele hat nicht die Absicht, eine »demokratische« Familie zu etablieren; die Eltern wissen, was für die Kinder das Beste ist, und sind moralisch verpflichtet, Verhaltensstandards durchzusetzen. Seine Haltung ist eine Wiederholung derjenigen seiner eigenen Eltern, wie er sie erinnert:

Wir hatten ein strenges Elternhaus; der Kirchgang war obligatorisch, und alles war obligatorisch. Es kann sein, daß ich für ebenso streng gehalten werde wie mein Vater damals. Verstöße wurden nicht geduldet. Wir hatten ein glückliches Leben.

Die Assoziation zwischen strenger Disziplin und »einem glücklichen Leben« ist nicht zufällig. Die ganze Familie unterschreibt bis zu einem gewissen Grade den Satz, daß Glücklichsein durch Zurückhaltung und Disziplin erreicht wird. Frau Steeles Bemerkung, daß Kinder glücklicher und in der Außenwelt willkommener sind, wenn sie sich gut benehmen, ist offensichtlich für diesen Punkt von Bedeutung. Die drei Kinder teilen ebenfalls diese Ansicht, obgleich mit leicht ambivalenten Gefühlen. Sie erwähnen, wie wir gesehen haben, Herrn Steeles Strenge als einen der Vorzüge, die ihre Familie gegenüber anderen Familien, die sie kennen, hat. Ein Beispiel für diese Haltung sind Bills Bemerkungen:

Eine Familie weiter unten in der Straße beneidet uns. Wir machen Picknicks und sie nicht. Wir werden nicht gerne beneidet. Meine Mutter ist ganz anders als sie. Sie kauft den Kindern immer irgendwelche Sachen – meine Mutter tut das nicht, außer zu Geburtstagen oder Weihnachten oder wenn wir etwas brauchen. Der Vater ist anders. Mein Vater ist Techniker. Er ist Kaufmann; sie sind sehr gegensätzlich.
INTERVIEWER: In welcher Beziehung behandeln eure Eltern euch anders als jene Eltern ihre Kinder?
BILL: Unsere Eltern sind strenger als ihre. Wenn die Kinder etwas Unrechtes tun, verhängt sie [die Nachbarin] eine Strafe. Dann tut es ihr leid, und sie führt sie nicht aus.
INTERVIEWER: Inwiefern ist das anders als in deiner Familie?
BILL: Unsere verhängen keine so schlimmen Strafen, aber sie sorgen dafür, daß wir es auch tun. Als ich Nancy einmal schlug, schickte mein Vater mich ins Bett. Wenn sie [die Nachbarin] ihren Jungen ins Bett schickte, ließ sie ihn bald wieder aufstehen, weil es ihr leid tat.

Bill ergänzt diese Darstellung später im Interview, wenn er erklärt, daß ein guter Vater »streng sein [sollte], wenn es erforderlich ist«.

Herrn Steeles Bericht über seine disziplinarischen Maßnahmen wird von den Kindern bestätigt. Susan bemerkt, daß Ins-Bett-geschickt-werden die wirkungsvollste Strafe ist, die ihre Eltern gebrauchen. Sie stimmt auch mit dem Bericht ihrer Eltern überein, daß sie am häufigsten wegen Gefühlsausbrüchen oder kleineren Kabbeleien mit Nancy in Schwierigkeiten kommt. Bill jedoch hat nicht nur Schwierigkeiten mit seinem heftigen Temperament, sondern zählt eine ganze Reihe von Taten auf, für die er bestraft wird:

Wenn es [das Fehlverhalten] ziemlich schlimm ist, schickt er uns für ein paar Stunden ins Bett. Als wir jünger waren, hat er uns gewöhnlich verhauen – er hat eine ziemlich gute Handschrift.
INTERVIEWER: Was mißbilligt er, wenn du es tust?

BILL: Wenn meine große Schwester und ich anfangen, Nancy zu ärgern, brüllt sie, und er bestraft uns deswegen. Wenn wir uns bei Tisch Zucker nehmen. Und einmal war da eine alte Frau weiter unten in der Straße, die niemand leiden konnte, und wir spielten in der Nähe ihres Hauses, und er bestrafte uns, weil wir sie belästigten. Als ich die Lampe umwarf, bekam ich Schläge.

Herr Steele spricht auch von Bills Mangel an Verantwortungsbewußtsein, der Anlaß zu Disziplinierung gibt. Dies steht im Einklang mit seinem Anliegen, bei seinen Kindern Kooperation zu entwickeln. Für Bill geht es im wesentlichen um die Bestrafung von impulsivem Verhalten.

Nancys Bericht über die Methoden der Disziplinierung stimmt im wesentlichen mit dem ihrer Geschwister überein. Wie Susan kommt sie wegen Streitigkeiten unter den Geschwistern in Schwierigkeiten (»Mein Vater macht dem Streit ein Ende, und wir gehen ins Bett«). Sie scheint jedoch der Meinung zu sein, daß Susan und Bill häufiger als sie das Objekt der Disziplinierung sind.

Nach Ansicht der Familie hat Frau Steele eine kleinere disziplinarische Rolle inne. Wegen des größeren Ausmaßes an Zeit, die sie mit den Kindern verbringt, stimmt dies fast sicher nicht, wenn man die Gesamtzahl der Gelegenheiten nimmt. Herr Steele wird jedoch als die strengere Autoritätsperson, die auch das letzte Wort hat, angesehen. In Beantwortung einer Frage über den relativen Anteil an der Disziplinierung der Kinder sagt er:

Es ist ziemlich genau, gleichmäßig verteilt. Etwas mehr auf meiner Seite. In wichtigeren Fällen lag es bei uns beiden, nicht nur bei Phyllis.

Frau Steele scheint der gleichen Meinung zu sein:

Sie [die Kinder] meinen, daß die Disziplinierung mehr bei ihrem Papa liegt. Sie sind mir gegenüber offener. Ich bin mehr hier. Die Kinder meinen, ihr Papa ist sehr streng. Er duldet keinen Unsinn. Wenn er sagt: »Geh' und mach' das«, dann erwartet er von ihnen, daß sie es tun.«

Frau Steeles Methoden der Behandlung der Kinder weichen gelegentlich von denen ihres Mannes ab, aber sie versucht, eine mit ihm stets übereinstimmende Haltung gegenüber den Kindern zu wahren: »John und ich widersprechen einander nie. Johns Hauptkritik an mir ist die, daß ich Drohungen ausspreche und sie dann nicht ausführe.« Ihre Einschätzung seiner Leistung als Vater ist im allgemeinen positiv:

Ich finde, er ist ein großartiger Vater. John neigt dazu, das Stadium, in dem die Kinder sich befinden, nicht zu berücksichtigen. Ich habe mich oft gefragt, ob es die Kinder wohl in der Pubertät leicht haben würden. Seit seinem vierzehnten Lebensjahr ist er auf sich gestellt gewesen. Ich glaube nicht, daß er Geduld haben wird mit pubertärer Unentschlossenheit, aber er interessiert sich so sehr dafür, was sie tun, und ist ihnen sehr zugetan. Er wird mit ihnen zu fast allem bereit sein. Er wird provoziert, aber verliert niemals seine Beherrschung. Er hat eine Engelsgeduld. Er sieht keinen Sinn darin, die Geduld zu verlieren – man gewinnt dadurch nichts.
Sehr oft fühle ich mich schrecklich unfähig. Es scheint mir, wir sollten in der Lage sein, mehr gemeinsam zu unternehmen. Das tägliche Allerlei ist hinderlich. Das provoziert mich. Wenn sie in ihren besten Jacken im Dreck buddeln – es ist eine Geringfügigkeit, und ich sollte es eigentlich leichter nehmen können. Ich könnte mehr Gutes tun, wenn ich mehr Dinge mit mehr Humor nehmen könnte, Ich neige eher dazu, Kritik zu äußern, wohingegen es viel besser wäre, die Angelegenheit ins Komische zu ziehen. Ich lasse mich zu oft provozieren.
INTERVIEWER: Verlieren Sie je die Beherrschung oder werden wütend?
FRAU STEELE: Wenn die Kinder etwas anstellen, wie zum Beispiel Bill neulich abend seine Hände ganz mit Tinte beschmiert hatte. Es kam ihm gar nicht in den Sinn, seine Hände zu waschen, und so hatte er nachher das ganze Hemd voll. Das ärgert mich. Sie trödeln so viel, wenn sie zum Beispiel ihre Zimmer sauber machen. ... Jetzt ist es für uns mit den Kindern wirklich anstrengend. Nichts, was Nancy tut, findet ihren Beifall.
INTERVIEWER: Wie handhaben Sie das?
FRAU STEELE: Ich lange ihnen einfach eine, was nicht gut ist. Manchmal trenne ich sie. Gewöhnlich ist das so. ... Wir erwarten von ihren Freunden, wenn sie hier sind, dasselbe wie von ihnen. Es macht mir überhaupt nichts aus, ein Kind nach Hause zu schicken. Neulich hatte Bill einen Freund hier, und sie spielten. Sie fingen an zu raufen. Das geht nicht. Ich bat den Jungen, nach Hause zu gehen, und schickte Bill ins Bett. Das ist schlimmer als Verhauen – sich ausziehen und ins Bett gehen.

Frau Steele ist deutlich weniger zufrieden mit ihrem Rollenverhalten auf diesem Gebiet als ihr Mann. Sie sorgt sich um ihre Motive und ihre Unfähigkeit, Ungeduld und Verärgerung zu beherrschen. Die Vergleiche, die sie zwischen sich selbst und ihrem Mann zieht, tragen nicht zu ihrer Beruhigung bei. Sie will sich bei den Kindern durchsetzen, ist aber beunruhigt über ihre Impulse, diese zurückzustoßen, wenn sie sich schlecht benehmen. Frau Steele glaubt, daß sie Nancy eine kompetentere Mutter ist, als den beiden anderen Kindern:

Sie [Nancy] hat immer ein sonniges Gemüt gehabt. Als kleines Kind war sie überhaupt keine Last. Ich versuchte nie, ihr zu sagen, sie sollte etwas nicht tun. Sie war einfach ein glückliches Kind. Ich schätze, der Grund dafür ist der, daß sie das dritte Kind war und ich wußte, wie ich mit ihr umgehen mußte.

Wie viele Mütter heutzutage neigt Frau Steele dazu, sich wegen emotionaler und Verhaltensproblemen, mit denen sich die Kinder konfrontiert sehen, Vorwürfe zu machen. Sie glaubt, daß Susan in zu starkem Maße liebebedürftig ist, weil sich die Eltern hier eine Unzulänglichkeit haben zuschulden kommen lassen. Frau Steeles ambivalente Gefühle bezüglich Anerkennung der Kinder und ihrer Rolle als Mutter rufen dann eine ganze Menge Schuldgefühle hervor, wenn sie glaubt, daß ihre Kinder innere Spannungen oder offene Schwierigkeiten erleben. Sie macht sich in besonderem Maße Sorgen wegen Bills Unfähigkeit, sein Temperament und seine Angst zu beherrschen.

Wenn Bill durcheinander ist, sieht er so aus, als ob er gleich anfängt zu weinen. Wir erwähnen das ihm gegenüber nicht, weil wir ihm keinen Anlaß dafür geben wollen. Wahrscheinlich wird er von seinen Freunden deswegen aufgezogen, und das kann der Grund sein, warum er sich balgt. Wenn er die Beherrschung verliert, kriegt er einen richtigen Wutanfall, aber heute beherrscht er sich schon so viel besser als früher. Er läßt sich nicht gerne stören. ... Bill bekommt viele Einträge [in der Schule]. John spricht mit ihm darüber, aber wir können nicht viel tun. Beim Elternabend wollten wir mit seinem Lehrer sprechen. Er war wegen Raufereien hereingerufen worden. Auch zu Hause hat er solch eine Phase durchgemacht. Wir haben versucht, Bill zu sagen, er soll nicht anfangen zu raufen, aber ich bin nicht sicher, daß er es nicht doch tut.

Die Kinder stimmen darin überein, daß die Bestrafung hauptsächlich bei ihrem Vater liegt; ihre Mutter übernimmt es in seiner Abwesenheit.

SUSAN: Es hängt davon ab, wer zu Hause ist. Wenn es abends ist, mein Vater. Wenn er nicht zu Hause ist, tut sie es. Dann erzählt sie es meinem Vater beim Abendbrot. Wir diskutieren Familienangelegenheiten beim Abendbrot.

Bills Meinung wird in dem folgenden Gespräch wiedergegeben:

INTERVIEWER: Wer sorgt am meisten dafür, daß ihr gehorcht, deine Mutter oder dein Vater?
BILL: Mein Vater. ...
INTERVIEWER: Wie versucht eure Mutter euch zum Gehorchen zu bringen?
BILL: Sie schreit uns immer an.

INTERVIEWER: Weswegen schreit sie euch an?
BILL: Wenn wir Widerworte gebrauchen. Sie bestraft uns nicht wegen schlimmer Dinge. Das läßt sie Papa tun.

In gewissem Sinne ist die Festigkeit der Grenzen, die das Steelesche Universum umgeben, durch die Klarheit und Strenge der disziplinarischen Kontrolle angedeutet. Man hält die Dinge unter Kontrolle. Eines der zentralen Ziele der Disziplinierung ist die Einschränkung des Verhaltens. Initiative und die Verfolgung individueller Ziele werden nicht gefördert. Den Steele-Kindern wird Verantwortung für übertragene Aufgaben beigebracht, aber Autonomie ist nur in engen Grenzen gestattet.

Belastung durch Intimität und Furcht vor Trennung

In einer sowohl emotional wie physisch eng verwobenen Familie richtet sich die Aufmerksamkeit des Beobachters auf die psychologische Bedeutung, die der Zwang zum Miteinander für jedes Mitglied der Familie hat, die emotionalen Reaktionen des einzelnen Mitglieds auf die Intimitätsideologie und die daraus resultierende Interaktion. Für die Steeles ist die enge Zusammengehörigkeit der Familie von zentraler Bedeutung. Da es keine Basis für diesen Wunsch in den externen sozialen Bedingungen der Familie zu geben scheint, keine offensichtlich gegen sie gerichtete Diskrimination, kein Gefühl, daß soziale oder ethnische Schranken sie zwängen, sich selbst zu genügen, schließen wir, daß der Wunsch nach Intimität eine über mehrere Jahre hinweg entwickelte Haltung ist, die der Art am nächsten kommt, in der die Familienmitglieder zu sich selbst und der Außenwelt in Beziehung treten wollen.

Wie wir bereits bemerkten, erinnert sich Herr Steele an sein Elternhaus als eine glückliche und eng zusammengehörige Gruppe. Als Teil seines eigenen Rollenverständnisses ist er ein kompetenter Vater, dessen Handlungen zur Förderung und Erhaltung von Familiensolidarität dadurch beitragen sollen, daß er als hilfreicher Erwachsener, als wirksamer Erzieher auftritt und eine Bereitschaft erkennen läßt, für das Wohl der Gruppe persönliche Opfer zu bringen. Im SCT gibt er folgende Antworten:

Väter / geben [manchmal] zu leicht auf.
Eine gute Mutter / sollte [immer] die Unterstützung eines guten Vaters haben.
Wenn Vater nach Hause kommt, / sollte es besser gehen.
Die Kinder wären besser dran, wenn ihre Eltern / mit ihnen *und für* sie lebten.

Das Thema der Fürsorge für andere wird im TAT sichtbar. Ein Ausschnitt aus seiner Antwort auf Karte 1:

Vielleicht denkt er darüber nach, was das Instrument für die Leute, denen er aufspielt, tun kann, und nicht so sehr, was es für ihn tun kann. Seine Gedanken gelten mehr der Sorge um andere als um sich selbst, wenn er ein wahres Genie ist, anstatt die Gelegenheit auszunutzen.

Und auf Karte 2:

... Ich sehe nichts als Stärke und Bereitschaft zu arbeiten oder im Interesse des Mannes die Aufgaben anzugehen.

Herr Steele sagt von sich, daß er sein Ideal von der Vaterrolle »gerade durchschnittlich« erfüllt. Es gibt Evidenz dafür, daß er sich in dieser Selbsteinschätzung bescheiden gebärdet. Im SCT gibt es mehrere Antworten, die zeigen, daß er nach seinem Gefühl in seiner Rolle erfolgreich ist und daß er beträchtliches Selbstvertrauen hat. Er ist offensichtlich stolz auf seine Familie und auf die Tatsache, daß die Kinder ihn bewundern und gerne bei ihm sind. Sie teilen seine Begeisterung für kleinere Abenteuer im Freien und für manuelle Fertigkeiten.
Zwischen John Steele und seiner Frau scheint es nur sehr wenige Reibungspunkte zu geben. Im Umgang mit den Kindern wahren sie den Schein der Übereinstimmung; über unterschiedliche Meinungen und Verfahrensfragen unterhalten sich die beiden, wenn sie alleine sind. Frau Steele sagt, daß es in ihrer Ehe keinen nennenswerten Streit gegeben hat (»Wir sind seit dreizehn Jahren verheiratet und haben uns nie gestritten«). Die Berichte der Kinder scheinen ihre Behauptung zu stützen. Die Übereinstimmung, die die beiden in Familienangelegenheiten erreicht haben, ist eine bedeutungsvolle Komponente ihrer Beziehung. Auf Fragen nach ihrer Haltung oder Meinung im Interview antworten sie charakteristischerweise mit was »wir« tun oder denken oder fühlen. Der Wert, den sie in ihrem Umgang mit den Kindern auf gegenseitigen Respekt legen, gilt auch für ihre eigene Beziehung.

John Steeles Antworten auf die TAT-Karten und im Interview zeigen jedoch eine Sorge über interpersonale Beziehungen. Im Interview gibt er zu, daß er sich als Junge und Heranwachsender in gesellschaftlichen Situationen nicht wohlgefühlt hat:

Wir haben die Tatsache betont, daß ein jedes [seiner Kinder] ein Individuum ist, daß sie nicht wie jeder andere sein müssen, daß es am einfachsten ist, sie selbst zu sein. Wir tun das, um diese Minderwertigkeitskomplexe zu überwinden, die nahezu in ein Leiden ausarten können wie bei mir, als ich jung war. Ich war scheu.

Zur Überwindung dieses »Leidens« konzentrierte sich John Steele mehr darauf, individuelle Fertigkeiten und persönliche Stärke sowie ein unerschütterliches Festhalten am eigenen Standpunkt zu entwickeln als eine Fähigkeit zu ungezwungenem interpersonalem Austausch. Er betonte die Vorteile dessen, der in der Lage ist, etwas für andere Leute zu tun, seine Stärke und sein Durchhaltevermögen zu gebrauchen, um seine eigene Achtung und die anderer zu verdienen. Seine Wandlung vom jungen Mann mit »Minderwertigkeitskomplexen« zum selbstbewußten Erwachsenen kommentiert er: »Danach ... konnte ich mit nahezu jedem reden.« Das Verständnis von gesellschaftlicher Fähigkeit als einer selbstbewußten, einseitigen Handlung und das Bemühen um persönliche Tüchtigkeit und nicht so sehr den emotionalen Austausch sind für seine Familienbeziehungen charakteristisch.
Die Gefahr des Auseinanderbrechens persönlicher Beziehungen durch Feindschaft, Entfremdung oder Schwäche ist eine hervorstechende Eigenschaft in Herrn Steeles TAT-Antworten. Seine wiederholt vorgebrachte Bemerkung, daß es in seinem Elternhaus keine ernsten Konflikte gab, als er ein Kind war, und seine Aussagen, die erkennen lassen, daß in seiner Beziehung zu Frau und Kindern nur sehr wenige Unstimmigkeiten oder Verärgerung aufkommen, deuten darauf hin, daß er versucht, dieses Problem zu bewältigen, indem er sowohl die Gefahr zerstörerischen Konfliktes als auch die Bedeutung offener Disharmonie leugnet oder minimiert.
Sich zu anderen in Beziehung zu setzen, ist für John Steele ein grundlegendes Problem. Das bestätigt sich an seiner geringen Neigung, sich außerhalb der Familie auf sozialen Austausch einzulassen. Er besucht die Kirche noch seltener als

andere Familienmitglieder; ab und an erklärt er sich zu einem Abend außer Haus bereit, weil er die Gesellschaft seiner Frau genießt; er gehört keinen Clubs oder sozialen Vereinigungen an außer dem Club der Ehepaare der Kirche. Innerhalb der Familie teilt sich seine Interaktion charakteristischerweise dadurch mit, daß er etwas tut – mit Bill oder Frau Steele an etwas arbeiten, auf Bäume klettern oder mit den Kindern wandern. Beide Tätigkeiten und die Tatsache, daß er sie mit Mitgliedern seiner Familie vollbringt, sind für ihn wichtig. (Karte 14 gefiel ihm, weil »ein Mann sich an solchen einfachen Dingen wie dem Leben im Freien freuen kann«.) Es ist eine seiner bevorzugten Situationen, seine Familie mit sich in den Wäldern zu haben. Den anderen nahe zu sein, ist für ihn wichtiger als verbale Kommunikation.

Frau Steele sagt, daß sie und ihr Mann sich nie widersprechen.

Selbst wenn ich wüßte, daß er zu streng wäre, sage ich das nicht vor den Kindern.

INTERVIEWER: Haben Sie und Ihr Mann je Meinungsverschiedenheiten?

FRAU STEELE: Nicht richtig. Wir stimmen nicht immer vollkommen überein, besonders nicht über gewisse Dinge in der Psychologie. Er hält das für Unfug. Aber er kommt auf anderen Wegen zu demselben Ergebnis.

In anderer Beziehung bestätigt sie das allgemeine Bild von Herrn Steeles sozialen und familialen Beziehungen, und sie fügt diesen bedeutsamen Kommentar hinzu: »Ihre [Susans] Kinderliebe ist der Johns ähnlich. Wenn er ein Baby sieht, muß er es einfach in den Arm nehmen. Sie hat mit kleinen Kindern die gleiche Geduld wie er.«

Frau Steele würde gerne ungezwungener und häufiger mit Menschen außerhalb der Familie zusammenkommen. Sie ist in der Kirche ziemlich aktiv:

Ich mag Menschen. Ich beschäftige mich gerne in der Gruppe. Ich gehöre zu einem Mütterclub in der Kirche. Es ist eine sehr aktive Gruppe. Es macht mir Spaß, in der Sonntagsschule zu unterrichten. Ich unterrichte gerne ältere Kinder.

Frau Steele glaubt, daß sie und ihr Mann glücklicher sind als die meisten Ehepaare. Ihre Hochachtung für ihn drückt sie sowohl direkt wie auch indirekt aus; seine praktische, vernünftige Lebensauffassung hat es ihr besonders angetan. Sein Bildungsrückstand macht beiden Sorge. Aber sie sind beide der Meinung, daß das, was er erreicht hat, um so bemerkenswerter ist. Ihr besonderes Lob gilt seiner Leistung im Beruf:

Es macht ihm Spaß. Er hat eine Menge Verantwortung. Das Zusammensein mit anderen Menschen und die Arbeit machen ihm Spaß. Er genießt die Veränderung, nicht immer am gleichen Platz arbeiten müssen. Es irritiert ihn, daß der Chef nicht immer dafür sorgt, daß das Material rechtzeitig da ist. Sie schicken ihn dahin, wo sie einen guten Eindruck machen wollen. Er ist ein Gewinn für die Firma, weil er so praktisch veranlagt ist. Die Männer arbeiten gerne mit ihm. Er denkt gerne über Verbesserungen nach.

Auch Frau Steeles Antworten im TAT zeigen eine Besorgnis über interpersonale Bindungen. In ihren Interpretationen kommt jedoch erheblich mehr Austausch unter den Personen vor. Karte 2 identifiziert sie sofort als Familienszene, aber eine, in der die Harmonie fehlt:

... Tochter und Eltern verstehen einander nicht. Die Tochter wird entweder weglaufen oder frustriert und ihr ganzes Leben lang angebunden sein, wenn sie gezwungen wird zu bleiben. Ich glaube allerdings, sie wird wahrscheinlich weglaufen.

Sie wählt diese Karte als eine von zweien, die ihr am besten gefallen, mit der folgenden Bemerkung: »Sie sagt ewas aus und sagt es gut. Man kann die beteiligte Emotion spüren, und sie scheint natürlich zu sein, sowohl auf seiten der Eltern wie auch des Mädchens.«
Hinter ihrer offenen Bewunderung für ihren Mann verbirgt sie eine leichte Furcht vor emotionaler Abhängigkeit von ihm: »Meine größte Befürchtung ist, / daß meinem Mann etwas passieren könnte (Allerdings verbringe ich den Tag nicht damit, mir Sorgen zu machen!).«
Zuweilen bedrückt sie die beengende Nähe der Welt der Familie; sie würde eine Überschreitung der Grenzen der Familie begrüßen und eine Gelegenheit, von den Kindern wegzukommen. »Manchmal habe ich das Gefühl, / ich möchte ein paar Tage mit meinem Mann davonlaufen, um eine bessere Perspektive zu erhalten«, sagt sie im SCT. Zu dem, was sie zur Zeit nicht kann, aber gerne tun möchte, sagt sie: »Reisen. Außerhalb des Hauses etwas gemeinsam unternehmen. Ferien machen.« Ihr Gefühl, daß die Ansprüche der Familie überaus groß sind, wird durch die folgende Bemerkung im Interview veranschaulicht:

Sie [Susan] ist sehr herzlich – manchmal zu sehr – bis zum Überdruß. Sie hält mich auf, wenn ich einen Topf mit heißer Soße in der Hand habe, um mir einen Kuß zu geben. Eine Zeitlang haben wir uns darüber Gedanken gemacht. Sie verlangt über Gebühr viel. Das muß eine Mangelerscheinung sein, sonst wäre es nicht so.

Von Frau Steele stammt in erster Linie die auch von ihrem Mann geäußerte Meinung, daß die Eltern das Zentrum des Heims bilden und die Kinder hierbei den zweiten Platz einnehmen. In gewisser Weise wetteifert sie mit den Kindern um einen Platz bei Herrn Steele. Er und die Kinder machen sich mehr aus Picknicks als sie. Eins der Kinder schildert sie als einen unlustigen Teilnehmer an diesen Ausflügen: »Auch wenn sie nicht gerne zu Picknicks geht, sie geht in jedem Fall. Sie sagt es, aber da sie möchte, daß wir vergnügt sind, kommt sie auch.«

Die Kinder und das Zuhause sind ihr äußerst wichtig als Evidenz dafür, daß sie in größerem Umfang für sie sorgt, als ihre Eltern das taten, als sie ein Kind war. »Wenn mein Vater nur / sich Zeit genommen hätte, um mit mir zu spielen«, sagt sie im SCT. Ihre Enttäuschung darüber, daß ihre Eltern ihr Eigenheim verkauften, ist bereits notiert worden. Unbewußt versteht sie sich immer noch als eine ihren Eltern gegenüberstehende, unverstandene und wenig geschätzte Tochter. Ihre derzeitigen Rollen werden zum Teil als Belastung empfunden.

Die Intimität und das Miteinander der Familie haben für Herrn und Frau Steele unterschiedliche Bedeutung. Für ihn schaffen die Gefühle väterlicher Verantwortung und enger Zusammengehörigkeit der Familie Beziehungen und Bindungen, die seinen Ansprüchen, sich zu anderen in Beziehung zu setzen, entgegenkommen und stellen die einzige, für ihn verfügbare Möglichkeit zu bedeutsamem sozialem Austausch dar; für Frau Steele ist die enge Zusammengehörigkeit der Familie ein Zeugnis ihrer Kompetenz als Mutter, aber sie ist nicht in demselben Ausmaß wie ihr Mann bereit, die emotionalen Forderungen der Kinder zu akzeptieren. Sie hat das Bedürfnis, ihnen eine Zeitlang zu entfliehen, um ihre Beziehung zu ihrem Mann zu bestätigen. Die Gruppe ist sich zu nah, als daß sie sich behaglich fühlen könnte; jedoch würde eine abweichende Meinung nicht in ihre Vorstellung von mütterlicher Kompetenz passen und ihre Beziehung zu ihrem Mann bedrohen. Sowohl Herr als auch Frau Steele bewältigen diese grundlegenden Probleme dadurch, daß sie der Familie größtmögliche Bedeutung zumessen und ihre kleine Insel fest absichern. Da die Familie so offensichtlich an erster Stelle steht, kann Herr Steele seinen Wunsch nach zusätzlichem sozialem Austausch außerhalb der Familie zurückstecken und kann Frau Steele ihrem Wunsch zu entfliehen als einer nicht zu verwirklichenden Phantasievorstellung nachhängen. Für Frau Steele stellt die enge, nahe Intimität der Familie eine nachträgliche Befriedigung ihres Bedürfnisses nach emotionaler Wärme dar, welche ihre eigene Familie ihr nicht bieten konnte. Die Schutzmaßnahmen der Steeles sind stark, und die Gratifikation, die sie aus der Familie und dem Umgang miteinander ableiten, ist höchst bedeutsam. Diese Kombination von Effekten sorgt für Reibungslosigkeit und Stabilität in ihrem emotionalen Leben.

Die Eltern Steele haben voneinander abweichende gefühlsmäßige Bindungen an die Kinder. Als Baby war Susan der Liebling ihres Vaters, und sie hat auf ihn bereitwilliger und herzlicher reagiert als auf Frau Steele. John Steele wollte, schon bevor Susan geboren war, daß es ein Mädchen wird. Seine Bevorzugung der Mädchen gegenüber Bill geht aus seinem Interview und aus den Bemerkungen der übrigen Familienmitglieder so deutlich hervor, daß sie offen erkennbar ist. Frau Steele sagt ihrerseits, daß Susan »kein anschmiegsames Baby war«.

Sie war selbstgenügsam. Bis sie zwei Jahre alt war, schenkte sie mir gar keine Beachtung. Als sie achtzehn Monate alt war, wurde Bill geboren. Bill war eines dieser anschmiegsamen Babies. Er konnte einem gar nicht nahe genug kommen. Erst als Susan sah, wieviel Zärtlichkeit Bill zuteil wurde, weil er anschmiegsam war, fing sie an, danach zu verlangen, obwohl wir Susan gegenüber immer zärtlich waren – aber Bill hat es immer gern gehabt.

Susan hat mit einer offensichtlichen Vorliebe für ihren Vater reagiert.

Er ist nett. Wenn wir Ball spielen, hilft er uns, und er hilft uns immer mit unseren Basteleien. Er ist wirklich aufmerksam. Er ist der Typ, der sich nicht oft beklagt.
Interviewer: Wie ist er im Vergleich mit anderen Vätern?
Susan: Er ist streng. Der Vater nebenan ist gar nie zu Hause. Sie machen nie ein Picknick. Mein Vater macht Ausflüge mit uns, mehr

als andere Kinder. Im letzten Sommer hat er die Kinder aus der Nachbarschaft rüberkommen und auf dem Gerüst spielen lassen. Es machte ihnen Spaß. Wir durften ein großes Feuer im Garten machen. Das hat Spaß gemacht. Aber er gibt uns auch bestimmte Aufgaben. ... Er verliert die Geduld, aber er schreit nicht. Er sagte meiner Mutter, sie solle uns nicht so viel anschreien.

Susans Bild von ihrem Vater ist das eines einschränkenden Erziehers, einer starken, jedoch häufig nachsichtigen Autoritätsperson voller Selbstbeherrschung, ansprechbar und hilfreich. Sie hat ihn gern und ist stolz auf ihren Platz in seinem Herzen. Im Gegensatz zu ihrer Mutter sagt sie, daß er nicht parteiisch ist. Die Implikation ist die, daß er alle Kinder gern hat und der ganzen Familie zur Verfügung steht. An einer Stelle des Interviews beklagt Susan sich darüber, daß Nancy ihn mit Beschlag zu belegen versucht: »Sie zieht meinen Vater gerne an den Abendbrottisch. Sie läuft hin und reißt ihn uns beinahe aus der Hand.«

Susan hat eine weniger lebhafte Vorstellung von ihrer Mutter. Sie bemerkt über Ähnlichkeiten zwischen sich selbst und Frau Steele:

Wir frieren beide leicht ... Ich weiß nicht.
INTERVIEWER: In welcher Beziehung möchtest du ihr ähnlich sein?
SUSAN: Ich würde gerne so gut nähen wie sie. Ich fange an, aber kann es nicht so gut.
INTERVIEWER: Und sonst?
SUSAN: Ich glaube nicht.

Sie scheint erfreut oder vielleicht beruhigt darüber, daß ihre Mutter die Familie bei den Picknickausflügen begleitet, auch wenn ihre Präferenzen woanders liegen. Susan erkennt in Frau Steele eine starke Loyalität der Familie gegenüber und eine Bereitschaft zu helfen. Ihre Bindung an ihre Mutter ist jedoch nicht ohne gewisse Vorbehalte auf ihrer Seite. »Meine Mutter / um sich zu haben, ist gelegentlich ganz nützlich«, sagt sie auf das Satz-Ergänzungs-Material.

Nach Frau Steeles Bericht zu urteilen, scheint es so zu sein, daß Susan als Baby ihre Mutter abgelehnt hat. Frau Steele berichtet zwölf Jahre später und ohne Befragung oder Ermunterung durch den Interviewer, daß Susan als Baby nicht auf sie reagieren wollte. Wahrscheinlich veranlaßt sie ein anhaltendes Ressentiment wegen dieser Tatsache dazu, sich über Susans »lästigen« Versuch des Gefühlsaustausches zu beklagen.

Früher war Susan gleichgültig und jetzt erwartet und fordert sie zu viel von ihrer Mutter. Susan würde es ihrerseits begrüßen, wenn ihre Mutter in größerem Maße verfügbar und hilfreicher wäre. In ihren TAT-Antworten sieht sie erwachsene weibliche Personen häufig als überlastet, kritisch und traurig.

Susans Gefühle hinsichtlich der erzwungenen Intimität des Zuhauses sind ambivalent. Sie sagt im SCT, daß manchmal sowohl Väter wie Mütter »gemein« sind. Obwohl Herrn Steeles Heimkehr nach der Arbeit mutmaßlich ein anregendes Ereignis des Tages ist, sagt Susan im SCT: »Wenn Vater nach Hause kommt, / müssen wir das Radio leiser stellen und ihn in seinem Sessel sitzen lassen.« Sie meint, daß die Familie »ziemlich glücklich« ist, aber »Brüder und Schwestern / gehen einem ziemlich oft auf die Nerven«. Sie verneint das Thema des Miteinander (»Wenn die Familie beisammen ist, / beschäftigen wir uns mit unterschiedlichen Dingen«) und widerspricht dabei den Bemerkungen, die sie im Interview gemacht hat. Sie hat das Gefühl, daß die Familie zu viele Beschränkungen auferlegt und zu restriktiv ist.

Susan verspürt in gewisser Weise einen inneren Drang zu größerer Individualität und Trennung von der Gruppe und deren Anforderungen.

Ich hätte gerne neue (Schlafzimmer-)Möbel und ein eigenes Zimmer. Ich will unbedingt ein eigenes Zimmer haben. Ich meine, es müßte von Vorteil sein, wenn wir eine Privatsphäre hätten.

Ihre Antwort auf Karte 14 des TAT steht zu diesem Thema in Beziehung:

Er sieht so aus, als ob er rausgeht oder aus dem Fenster schaut oder vielleicht durch ein Fenster hereinkommt. Vielleicht ist er ein Dieb. Es sieht so aus, als ob es wahrscheinlich im Sommer ist, weil er seine Ärmel hochgekrempelt hat. Das ist so ungefähr alles.

Die offensichtlichste Disharmonie in den interpersonalen Beziehungen unter den Familienmitgliedern besteht zwischen Susan und Nancy. Obgleich Susan anfänglich von dem Gedanken an eine kleine Schwester begeistert war, wurde sie bald desillusioniert:

Als ich klein war, wollte ich eine kleine Schwester haben. Aber dann mußte ich sie ausfahren, und ich hatte keine Lust dazu. Ich wollte rausgehen und spielen. Als Nancy älter wurde, war sie ein bißchen verwöhnt. Da sie die jüngste ist, versucht sie, wie wir zu sein. ...

Und an anderer Stelle:

Nancy und ich kommen nicht so gut miteinander aus. Sie kommt rüber in meine Hälfte des Zimmers... und fängt an zu singen, immer wieder dasselbe Lied. Nach einer Weile werde ich wütend. Wenn ich auf Nancy wütend bin, werde ich angeschrien. Meine Mutter steht öfter auf Nancys Seite, weil wir beide gegen Nancy sind und Nancy in einem solch unschuldigen Alter ist. Wenn man sie bittet, meinem Vater und meiner Mutter irgend etwas nicht zu erzählen, verspricht sie es; dann erzählt sie es doch. Ich kann sie nicht anfassen, ohne daß sie es erzählt.

Bill ist Susans engster Freund. Zuhause oder auf Streifzügen in den nahegelegenen Park sind sie häufig und vertraut beieinander. Frau Steele bemerkt:

Susan und Bill sind sehr gute Freunde. Es gibt kleine Reibereien, aber sie haben viel Spaß zusammen. Es ist zu schade, daß Nancy dabei nicht mitmacht. Ihre ausgedehnten Streifzüge sind Johns Idee. Sie kundschaften die ganze Umgebung aus. Solange die beiden zusammen sind, braucht man sich keine Sorgen zu machen. Sie passen aufeinander auf.

Wie Susan hat auch Bill Schwierigkeiten mit Nancy: »Was mich in Schwierigkeiten bringt, ist / wenn ich meine kleine Schwester ärgere.«
Bill ist der Liebling seiner Mutter. Sie vergleicht Bill und Susan miteinander und sagt:

Susan ist mir viel ähnlicher – wie ich war, als ich heranwuchs. Jedoch fühle ich mich ihr nicht so nahe wie Bill; ich weiß nicht genau warum. ... Es macht viel Spaß, mit Bill zusammenzusein, weil er seine Freude zeigt. Er genießt alles so intensiv. Ihm macht alles Spaß. Ich freue mich sehr, daß er so veranlagt ist. Es ist zu schade, daß er klein und Susan groß ist. Was seine Persönlichkeit angeht, so schlägt er aus der Familie.

In ihrer frühen Kindheit wurden die beiden älteren Kinder je einem Elternteil zugeordnet. Herr Steele versuchte nicht, seine Vorliebe für Susan zu verbergen. Er war der Meinung, daß Frau Steele erwartungsgemäß ungewöhnlich intensives Interesse an Bill zeigen sollte. Frau Steele beschreibt die Situation:

Ich habe Ihnen schon erzählt, daß Susan von Anfang an Vaters Tochter war. Als Bill kam, bestand er darauf, daß Bill mein Junge sein sollte, und so ist es dann auch gekommen. Bevor Nancy mit am Tisch essen konnte, bestand Bill darauf, neben mir zu sitzen, und Susan wollte neben ihrem Vater sitzen. Wir hielten das nicht für gut. Als sie ungefähr fünf waren, beschlossen wir, daß sie abwechseln sollten. Heutzutage gibt es keine besondere Vorliebe für den einen oder den anderen.

Obwohl Bill von den drei Kindern das am wenigsten gesprächige war, deuten seine Bemerkungen darauf hin, daß er sich von seinem Vater etwas vernachlässigt fühlt. Er streicht die Gelegenheiten groß heraus, bei denen sein Vater ihm gestattete, ihn an seinem Arbeitsplatz zu besuchen. »Er ließ mich helfen und zusehen. Ich mag die Arbeit.« Hier eine weniger ungewöhnliche Szene aus dem häuslichen Bereich: »Wenn mein Vater heimkommt, macht er sich an die Arbeit im Haus, also schaue ich gewöhnlich zu oder helfe.« Auf die Frage nach den Ferien der Familie sagt er: »Meistens arbeitet er am Haus. ...«

Daß eine gewisse Distanz zwischen den beiden männlichen Mitgliedern der Familie besteht, deuten Herrn Steeles Bemerkungen an. Er beschreibt Bill als mit viel Sinn für Humor ausgestattet, aber nicht als guten Verlierer oder als jemanden, der Begonnenes auch zu Ende führt. Er sagt über Bills Probleme:

Launen und Mangel an emotionaler Stabilität bei Bill. Das möchte ich gerne ausgerottet haben. Er stampft mit dem Fuß auf, obwohl er weiß, daß er dann sofort in sein Zimmer geschickt wird. Wenn sie eine Schneeballschlacht machen und er meint, ungerecht behandelt worden zu sein, kocht er richtig.

Im Gruppen-TAT drängte Herr Steele, nachdem die Familie über eine der Karten diskutiert hatte, Bill dazu, die Gedanken der Gruppe zusammenzufassen. Das führte zu dem folgenden Austausch:

Herr Steele: Du nennst Frau B. [der Interviewerin] die herausragenden Punkte, Bill. Nun sag's. Jetzt hast du Gelegenheit dazu.
Bill: Ich habe Mamis Geschichte zum Teil vergessen.
Frau Steele: Er kam nach Hause, und sie hatten Meinungsverschiedenheiten über irgend etwas an seiner Arbeit, und er wird es so machen, wie es ihm gefällt, ganz gleich, was sie sagt.
Herr Steele: Das hast du gut erzählt, Bill.
Bill *(scheint zu erröten und sich unbehaglich zu fühlen):* Soll ich es ihr [Frau B.] jetzt erzählen? Sie weiß es ja schon.
Herr Steele: Laß uns sehen, wie du es formulierst. Vielleicht würde es helfen, das Bild dabei anzuschauen.
Susan *(zu Frau Steele):* Du hast es ihr gerade erzählt.
Herr Steele *(zu Bill):* Schau das Bild an.

BILL: Der Mann argumentiert mit seiner Frau.
FRAU STEELE: Über?
BILL: Über seine Arbeit.
HERR STEELE: Das ist ein weiterer Schritt zum Ziel.
FRAU STEELE: Wie wird er sich verhalten?
BILL: Wie es ihm gefällt.
HERR STEELE: Deine Zähne sind ja leichter rausgekommen als das hier.

(Alle lachen. Bill ist ganz rot geworden. Obwohl Herr Steele lächelt, amüsiert ihn die Situation gewiß nicht.)

HERR STEELE: Hör lieber zu.

Bill empfindet, daß sein Platz in der Familie keineswegs sicher ist. Ein tiefes Schuld- und Angstgefühl geht deutlich aus seinen Antworten und seinem Verhalten während der Interview-Sitzungen hervor. Er weigerte sich in mehr als der Hälfte der Fälle, die Sätze im SCT zu ergänzen. Er empfindet auch das Zuhause als ein- und beschränkend, und in seiner Phantasie sucht er verschiedene Aus- und Fluchtwege. Ihm gefällt das Haus:

Es gibt eine hübsche Dachstube, in der man spielen kann, viele gemütliche Ecken, in die man sich zurückziehen kann. Mir gefällt die Umgebung, weil es, wenn wir Versteck spielen, viele Stellen gibt, wo man durchkommt, so daß man leicht entwischen kann.

Auf die Frage, was er gerne tun würde und nicht tun konnte, antwortet er:

Ich würde gerne mehr reiten. Ich würde gerne während der Ferien eine weite Reise mit dem Flugzeug oder dem Zug machen. Ich würde gerne auf einer Farm leben, weil ich Tiere gerne habe. Ich kann keine Haustiere haben, weil meine Mutter dann niesen muß. Deswegen würde ich gerne auf einer Farm leben. Auf einer Farm gibt es viel Platz zum Spielen.

Seine Unzufriedenheit mit dem Zuhause ist vermutlich zum Teil durch die physische Beschränkung bedingt. Er sagt, ein guter Vater sollte »mit den Kindern ab und an ein Picknick machen, damit sie zu Hause nicht soviel Theater machen, damit sie sich nicht gehemmt fühlen«. Bill fühlt sich gehemmt – physisch und emotional.

Ein Aspekt seiner Ansicht über den Platz, den die Kinder in der Familie einnehmen, wird durch seine Antwort auf die TAT-Karte B deutlich. Nach einer langen Pause fragt der Interviewer:

Wie fühlen sich die Leute?
BILL: Sie sind ziemlich wütend, und ich glaube, sie sind wütend auf ein Kind wegen der Spielsachen auf dem Boden im Zimmer nebenan.
INTERVIEWER: Was, meinst du, denken sie?
BILL: Wenn sie wütend auf ein Kind sind, denken sie vermutlich an irgendeine Art Bestrafung, und sie denken wahrscheinlich daran, was sie wütend gemacht hat. ...
INTERVIEWER: Was wird geschehen?
BILL: Ich weiß nicht.

Bill verweilt im Interview mehr als Susan oder Nancy auf Ereignissen, die Fehlverhalten oder Bestrafung beinhalten. In seinen Bemerkungen über seine Eltern beschreibt er diese jedoch als hilfreich, an Kindern interessiert und streng. Er bezieht sich in dem Interview sehr wenig auf Susan, scheint aber ihre Freundschaft hochzuschätzen: »Was mir an Susan am besten gefällt, ist, daß sie ein richtiger Wildfang ist und gerne Jungenspiele spielt. So habe ich immer jemanden zum Spielen, wenn sie da ist.« Es wird deutlich, daß Nancy ein Mitglied der Gruppe ist, aber sie und Bill scheinen wenig mehr als eine zufällige Familienbekanntschaft zu haben. »Was mir am meisten gefällt« an Nancy ist nach Bill, daß »sie immer so fröhlich ist.«

Nancy könnte als ein übriggebliebenes Kind beschrieben werden. Aufgeweckt, gesprächig und liebreizend arbeitet sie fast verzweifelt daran, sich am Familientisch Raum zu schaffen. Sie ist sich wie auch die anderen der Bedeutung des Miteinanders in der psychischen Struktur der Familie bewußt, und in ihrem Bericht über den Tagesablauf spricht sie mehr davon, was die Familie oder die Kinder zusammen tun, als Susan oder auch Bill. Nancy ist sich wie ihr Vater des Tagesablaufs der übrigen Familienmitglieder bewußt und hat einen Eindruck davon, was jedes Mitglied den größten Teil des Tages über tut. Ihre Ansicht über die enge Interaktion der Familie zeigt sich in der folgenden Beschreibung eines typischen Sonnabendnachmittags:

... dann ist Mittagessenszeit. Mittags essen wir alle gemeinsam. Nach dem Mittagessen gehen wir raus, und die Männer arbeiten und die Damen nähen. An manchen Sonnabenden kommen Leute uns besuchen. Am letzten Sonnabend hatten wir so viele Leute zu Besuch. Es waren zehn. Wir zeigten ihnen Schlupfwinkel in der Dachstube. Wenn es Abend ist, gibt es Waffeln oder so etwas zum Abendbrot. Wir machen sie selbst. Wir baden, wir drei. Meine Mutter und mein Vater baden. Wir gehen nicht zur gewohnten Zeit ins Bett.

Nancy ist sich der Gefühle Susans und Bills über sie bewußt. Aus ihren Bemerkungen geht hervor, daß die Kluft zwischen den Kindern eine offen eingestandene Situation ist.

Mit meinem Bruder und meiner Schwester und meinem Vater lerne ich gerne Ball spielen. Ich spiele nicht gerne mit Susan und Bill, weil sie auf mir herumhacken. Das gefällt mir nicht. Sie beschimpfen mich.
INTERVIEWER: Was tust du dann?
NANCY: Ich beschimpfe sie.

Es gibt jedoch Gelegenheiten und Aktivitäten, die Nancy und die beiden anderen zeitweilig zusammenführen, obwohl dies eher zu Paarbildungen zu führen scheint als zu einem verträglichen Trio.

NANCY: Ich mag meinen Bruder, weil er manchmal nett ist. Manchmal ist er es nicht. Aber manchmal ist er wirklich ausgesprochen nett. Ich mag meine Schwester, weil sie gerne mit mir spielt – verkleiden –, das gefällt mir.

Sie gibt eine eindeutige Vorliebe für ihren Vater an. Auf die Frage, ob er jemals sehr ärgerlich wird und seine Geduld verliert, antwortet sie:

Und ob er das tut! Er wird manchmal wütender als meine Mutter, aber ich mag ihn lieber. ...
INTERVIEWER: In welcher Beziehung möchtest du deiner Mutter ähnlich oder unähnlich sein?
NANCY: Ich möchte lernen, wie man Kleider näht. Wenn ich erwachsen bin und ein Mädchen in meinem Alter habe, möchte ich netter sein als meine Mutter.
INTERVIEWER: In welcher Weise könnte sie deiner Meinung nach eine bessere Mutter sein?
NANCY: Weiß ich nicht. Wenn ich ein Baby hätte, würde ich es mitnehmen, anstatt einen Babysitter zu besorgen.

Frau Steele hat offensichtlich nicht bemerkt, daß Nancy eine Vorliebe für Herrn Steele behauptet. Sie erinnert sich daran, daß Nancy als Baby:

...mehr als die anderen ein Mutterkind war. Sie – Susan und Bill – gingen mit jedem. Schon seit ihrer frühesten Kindheit wollte Nancy von niemandem anderen versorgt werden. Als sie eineinhalb Jahre alt war, brachte ich sie gewöhnlich für eine halbe Stunde in das Haus einer Freundin, wenn ich einkaufen ging. Es hat nicht allzu lange gedauert, bis sie merkte, daß ich zurückkommen würde.

Auch Herr Steele berichtet, daß Nancy Mutters Tochter ist und daß sie gewöhnlich mit ihren persönlichen Problemen zu Frau Steele geht.
Das zentrale Thema der Familie Steele – das Miteinander – erfüllt unterschiedliche Funktionen für die verschiedenen Familienmitglieder und wirkt sich unterschiedlich auf sie aus. Der Gruppengeist, den Herr und Frau Steele zu fördern versucht haben, war nicht ausreichend, um ernsthafte Cliquenbildung in der Familie zu verhindern. Das Bild des Miteinander wird in beobachtbarem Verhalten ausgefüllt und im Gebrauch und in der Organisation von Raum und Zeit in der Familienroutine, aber es gibt Komplikationen unterhalb dieser Ebene, die Herr und Frau Steele kaum bemerken. Die Art und Weise, wie das System funktioniert, scheint Herrn Steeles Interessen am besten zu entsprechen. Es ermöglicht ihm häufigen Zugang zu der Familie durch, wie es ihm scheinen muß, intimen Austausch; es stellt einen Ersatz für sozialen Austausch mit Gleichaltrigen außerhalb der Familie dar und bietet eine Rationalisierung, um mit seinem potentiellen Unbehagen wegen seines eigenen Mangels an sozialer Fähigkeit fertig zu werden; es stimmt mit seinem Bild von dem, was eine Familie sein sollte, überein und gibt ihm ein Gefühl von Leistung und Zufriedenheit in seinen Rollen als Vater und Ehemann. Als einzig ernsthaftes Problem erscheint ihm Bills emotionale Stabilität und Verläßlichkeit. Das jedoch betrachtet er eher als ein individuelles Problem denn als einen Reflex auf die kooperative Einheit der Gruppe. Bills geringe emotionale Kontrolle ist ihm unangenehm, und gelegentlich scheint er sie so zu handhaben, als ob Bill bewußt versuchte, das Familienbild zu sabotieren. So ist also Herr Steele in bezug auf das wesentlichste und empfindlichste Problem der Familie unfähig, mit seinem Sohn zu empfinden oder in einer Weise, die bedeutend wäre, die Schwere oder Größe des Problems, mit dem Bill sich konfrontiert sieht, zu erfassen. Selbst ein Mann von beträchtlicher Stärke, hält er daran fest, daß Charakter und Entschlossenheit zusammen mit ein wenig Konformität das Problem zur Zufriedenheit sowohl Bills als auch der Gruppe lösen würden.
Während das angestrebte Miteinander Herrn Steeles Absichten gut entspricht, wird für Bill damit der gegenteilige Effekt

erreicht. Er fühlt sich eingeengt von einer Familienideologie, die er weder unterschreiben, noch vermeiden kann. Die Ätiologie seines gegenwärtigen Dilemmas läßt sich aus unseren Daten nicht eindeutig ermitteln, aber es gibt Umstände, die seine Probleme erschwert, wenn nicht ausgelöst haben müssen. In gewisser Weise lehnte Herr Steele seinen Sohn als Kind ab, indem er Susan offen zu seinem Liebling machte und Bill seiner Mutter zuwies. Selbst heute ist Herrn Steeles positiver Affekt deutlicher auf die Mädchen als auf Bill gerichtet. Die Anforderungen, die an Bill gestellt werden, scheinen ihm in keinem Verhältnis zu der Wärme zu stehen, die ihm die Familie zukommen läßt; Konformität zahlt sich nur unzureichend aus. In der Tat gibt es Gelegenheiten, wenn er seinen Vater bewußt provoziert und sehenden Auges seine Straflast vergrößert. Obwohl er weiß, daß er bestraft werden wird, läßt er nicht davon ab, bei seiner Aufgabe, wöchentlich einmal sein Zimmer sauber zu machen, zu trödeln. Sein Gefühl des Ausgeschlossenseins aus der Familie kommt zum Teil in seiner Antwort auf TAT-Karte 14 zum Ausdruck. Eine lange Pause; dann fragt der Interviewer:

Was geschieht hier?
BILL: Es sieht aus wie ein Junge, der auf dem Fensterbrett sitzt und sich im Haus etwas ansieht. ...
INTERVIEWER: Wie fühlt er sich?
BILL: Das kann ich nicht sagen, weil er keinen Ausdruck im Gesicht hat.

Bills Bild davon, wie eine Familie sein sollte, und wie sich die Familie ihm darstellt, stehen in einem schmerzlichen Mißverhältnis. Seine Überzeugung, daß andere Familienmitglieder die Familie als eine Quelle der Zufriedenheit empfinden, hilft ihm wenig.

Frau Steele unterschreibt das Bild der Familie und zieht erhebliche Gratifikation aus der ihrer Meinung nach bedeutsamen Kongruenz zwischen dem Bild und dem Verhalten der Familie. Sie ist der Meinung, daß ihre Kinder einen Familienzusammenhalt bekommen haben, den sie in diesem Ausmaß in ihrer eigenen Kindheit nicht kannte. Obwohl sie eine gewisse Ambivalenz wegen ihrer Rolle bei der Aufrechterhaltung der Verhaltensformen in der Familie, die nötig sind, um dem Bild zu entsprechen, empfindet, gelingt es ihr, diese Unzufriedenheit meist zu verbergen. Wie Bill empfindet sie eine leichte Verärgerung über die autoritäre Art und Weise, in der Herr Steele das Eltern-Kind-Arrangement zwischen Susan und Bill diktiert. Das ist möglicherweise der Grund dafür, daß sie Bill nicht so viel emotionale Wärme entgegenbrachte, wie sie es unter anderen Umständen getan haben könnte. Sie ist der Meinung, daß die Forderungen der Familie nach enger Interaktion unverhältnismäßig auf ihr lasten. Sie erfährt jedoch teilweise Entlastung durch den Teil des Bildes, der speziell sie und ihren Mann in den Mittelpunkt der Familie stellt und den Kindern einen zweiten Platz zuweist.

Bei Susan stellt sich das Gefühl ein, daß die enge Zusammengehörigkeit der Gruppe ihren Bedürfnissen gedient hat, und sie unternimmt erste Versuche, sich von den Forderungen der Familie ab- und zu autonomerem Verhalten hinzuwenden. Seit kurzem hat sie begonnen, die Abendgottesdienste allein zu besuchen, und es gibt weitere Hinweise darauf, daß sie der Adoleszenz mit Interesse entgegensieht. In ihrem Fall ist es schwer zu entscheiden, ob dies mehr als eine Entwicklungsphase ist.

Nancys Position ist in mancher Beziehung der Susans entgegengesetzt. Nancy versucht, sich im Beziehungssystem der Familie fester zu etablieren und sich deutlicher einen Platz in dem emotionalen Zirkel zu sichern. Ihr offensichtlichstes Problem ist die Gruppierung von Susan und Bill, die sie von einem Großteil der Interaktion effektiv ausschließt.

Das Thema der Familie wirkt sich für die einzelnen Familienmitglieder in unterschiedlicher Weise aus. Alle müssen sich zu ihm in Beziehung setzen; alle werden von ihm und von den Reaktionen der anderen Mitglieder betroffen. Die von ihm ausgehenden Befriedigungen sind den Eltern am ehesten zugänglich; an den Kindern werden die Enttäuschungen am deutlichsten sichtbar.

Kapitel VII

DIE FÜNF FAMILIEN
EINE VERGLEICHENDE ZUSAMMENFASSUNG

Die von uns beschriebenen Familien – die Clarks, Lansons, Littletons, Newbolds und Steeles – sind in gewisser Weise »typische« amerikanische Familien. Sie sind insofern typisch, als die größeren sozialen, kulturellen und psychologischen Umstände, die ihre familialen Interaktionen und Aktivitäten beeinflussen, von vielen amerikanischen Familien geteilt werden. Unsere fünf Familien haben ihre eigenen Adaptionen an die Gratifikationen und Spannungen des Familienlebens in einer Weise ausgebildet, die generell für die Umgebung, in der sie leben, akzeptabel ist. Während sie wohl einzigartig sind in dem Sinne, daß alle Familien einzigartige Interaktionsschemata entwickeln, weichen sie unserer Meinung nach nicht von der statistischen Norm ab und sind auch nicht ungewöhnlich. Wir haben sie vorgestellt, um etwas von der Komplexität und der Vielfalt der Lösungen aufzuzeigen, die Kernfamilien entwickeln, um mit mehreren zentralen Problemen des Familienlebens zurechtzukommen.

Zum Schluß wollen wir diese fünf Familien überschauen im Hinblick auf einige der Probleme und Konzepte, die bei der Analyse und dem Verständnis familialer Interaktion in die Augen springen. Unsere Absicht geht hier über die im Eröffnungskapitel bezeichneten Ziele hinaus: Die Komplexität des emotionalen Lebens der Familie zu erforschen, sowie Konzepte für das Verständnis und Studium gewöhnlicher, nicht-pathologischer amerikanischer Stadtfamilien einzuführen und anzuwenden.

Fallstudien mit ihrer Ausrichtung auf detaillierte Analysen verschlungener psychologischer und sozialer Prozesse haben ihre eigenen Schwächen. Auf der Basis von fünf Familien kann man natürlich nicht generell auf amerikanische Familien schließen. Im Gegenteil, die zwischen diesen fünf Familien offenbar werdenden Unterschiede zeigen die Risiken, die man eingeht, wenn man solche Unterschiede als unbedeutend betrachtet. Typologien von familialen Interaktionsschemata müssen der Natur der Sache nach bedeutsame Abweichungen in den Interaktionsprozessen von Familien, die Charakteristika eines konstruierten Typs aufweisen, ignorieren. So haben wir zum Beispiel unter unseren fünf Familien zwei, die als »Mutter-dominant« bezeichnet werden könnten. Eine sorgfältige Untersuchung der Prozesse innerhalb einer jeden zeigt jedoch, daß beide von den Müttern in sehr unterschiedlicher Weise, aus unterschiedlichen Motiven und mit recht unterschiedlichen Techniken beherrscht werden. Darüberhinaus weichen die Auswirkungen auf die Kinder sehr stark voneinander ab, und die entstehende familiale Interaktion zeigt an, daß die Beherrschung einer Familie durch einen weiblichen Erwachsenen zu sehr stark differierenden Ergebnissen führen kann.

Wir haben es vorgezogen, mehr die Unterschiede als die Gemeinsamkeiten zwischen unseren Familien zu betonen. Durch diese Entscheidung haben wir uns zumindest zeitweise der methodologischen Vorteile begeben, die mit dem Gebrauch von Typologien einhergehen. Es ist jedoch möglich, vielleicht wahrscheinlich, daß die Dimensionen der von uns vollzogenen Analyse die Entstehung von Typen familialer Interaktionsprozesse durch empirische Untersuchungen, welche sowohl zwischen Familien diskriminieren als auch eine Gruppierung von Familien zulassen, erleichtern wird. Dies ist ein offensichtlich wünschenswerter Schritt, wenn wir die Beziehung zwischen Interaktionsprozessen und zwischen diesen Prozessen und anderen Variablen, in Sonderheit jenen, bei denen es um die Persönlichkeitsentwicklung der Kinder geht, untersuchen wollen.

Der Vergleich der fünf Familien miteinander dient sowohl dazu, die Nützlichkeit der ausgewählten Konzepte zur Unterscheidung zwischen normalen Familien aufzuzeigen, als auch einige Möglichkeiten der Gruppierung von Familien gemäß diesen Dimensionen anzudeuten. Unsere Zusammenfassung wird die fünf Familien anhand dieser Dimensionen, die alle bis zu einem gewissen Grade im Einführungskapitel erörtert wurden, vergleichen.

Das Bild der Familie und die Art und Weise wechselseitiger Regulierung

Die Art und Weise, in der Familienmitglieder sich anderen und der Gruppe gegenüber verhalten, und ihre Versuche, die jeweiligen Reaktionen auszulösen und zu ändern, sind ein Teil der geoffenbarten Bemühung, kongruente Bilder unter Familienmitgliedern zu erreichen. Die offensichtlichste Illustration dieses Prozesses ist vielleicht die Disziplinierung des Kindes durch die Eltern. Hier versuchen die Eltern, ihr Bild vom Kind durch direkte Überredung oder direkten Zwang durchzusetzen. Diese Erfahrungen lehren das Kind aller Voraussicht nach etwas über die Beschaffenheit des Bildes, das die Eltern im Sinne haben; die Verinnerlichung des Bildes durch das Kind ist ein Maß für die Wirksamkeit der Disziplinierung und Indoktrinierung durch die Eltern.

Das Beispiel von Eltern, die auf das Kind einwirken in der Bemühung, als Ergebnis ein erwünschtes Verhalten hervorzurufen, ist ein bekanntes Beispiel für Kontrolle und Disziplinierung in einer Familie. Von hier aus stellen sich automatisch Fragen in bezug auf Dominanz/Unterwerfung, demokratische/autokratische Typen familialer Autorität und ihre Auswirkungen. Wir halten diese Konzepte in der Diskussion der Komplexität gegenseitiger Einflußnahme und Regulierung für unzureichend. Die Frage, in welcher Weise Autorität unter den Familienmitgliedern verteilt worden ist, ist ein nützlicher Bezugspunkt, besonders deshalb, weil sie die Position der Eltern zu der Autorität, die ihnen naturgemäß aufgrund ihres biosozialen Status in der Familie zufällt, widerspiegelt. Es ist auch von Interesse zu bestimmen, ob die von ihnen eingenommene Haltung eine Verwirklichung des Bildes der Familie oder ein Schema von Handlungen und Haltungen ist, in die sie durch interne oder eheliche Konflikte gedrängt worden sind. Wir müssen jedoch über die Frage von Verteilung und Ausdruck der Autorität hinausgehen, um die weniger offensichtlichen Ausdrucksformen von Kontrolle zu verstehen, von denen einige die Absicht der Kinder darstellen, die Autorität der Eltern einzuschränken, andere hinwiederum den Versuch, spezifische Ziele in interpersonalem Austausch innerhalb der Familie zu erreichen.

Gegenseitige Verhaltensregulierung ist das Ergebnis verschiedener Typen von Motivation oder Einfluß, welche die Mitglieder einer Familie aufeinander oder auf sich selbst anwenden. Es wird nicht notwendig mit ihr die Absicht verfolgt, das Problem des Machtüberhangs von Ehemann über Ehefrau oder Ehefrau über Ehemann beizulegen oder aufzuzeigen. In manchen Familien mag dies ein Problem sein, aber für andere ist diese Fragestellung – »Dominanz der Ehefrau« und »Dominanz des Ehemannes« – nicht relevant, da Ehemann und Ehefrau zur Zufriedenheit eines jeden kooperativ die besondere Macht- oder Autoritätsbeziehung, die zwischen ihnen besteht, entwickelt haben. Sie haben beide befriedigende Reaktionen entwickelt, die ihnen im großen und ganzen geben, was sie wollen. Ob dieses Schema in zufriedenstellender Weise in das kulturelle Stereotyp paßt (oder ob sie sich darum scheren), ist eine andere Sache.

In unseren analytischen Portraits dieser fünf Familien haben wir versucht, nicht nur die Linien, entlang deren sich die Einflußnahme innerhalb der Familie vollzieht, zu zeigen, sondern auch die Techniken und Motivationen, welche die Gruppe wie auch das einzelne Familienmitglied benutzt, um Einfluß geltend zu machen und eine Verhaltensform jeweils zu erreichen.

Einige der Regulierungsprozesse kann man verstehen, wenn man den Verhandlungsspielraum untersucht, den die Eltern dem Kind gewähren – das Ausmaß des öffentlich anerkannten Einflusses, den das Kind auf die Eltern ausüben darf. Dies ist zu einem Teil davon abhängig, wie die Eltern den Generationsunterschied zwischen ihnen und dem Kind verstehen und handhaben. Sie können ihn leugnen und behaupten, daß ihre Familie demokratisch ist und jedes Mitglied über eine gleiche Stimme verfügt; sie können dafürhalten, daß der aus dem Generationsunterschied resultierende Vorteil ein natürliches Recht darstellt und ihnen die Fähigkeit und die Verantwortung gibt, die autoritäre Kontrolle über ihre Kinder im Dienste der Sozialisation auszuüben. Oder sie können diese Autorität ablegen, sie weder teilen noch ausüben und sie aus Mangel an Initiative oder Zielsetzung unbenutzt lassen. Im Extremfall können sie ihren Vorteil als eine Gelegenheit benutzen, Feindseligkeit und nicht-disziplinarische Aggression gegenüber dem Kind auszudrücken.

Diese Verhaltensweisen und -techniken sind von Person zu Person verschieden, obwohl es eine gewisse Ähnlichkeit unter Familienmitgliedern zu geben scheint in dem Sinne, daß Überzeugungsversuche sich häufig um Familienthemen und -probleme ranken. Bei den Lansons ist die Drohung mit der Zerstörung der Harmonie und Fröhlichkeit der Familie eine psychologische Waffe, die von allen Mitgliedern der Familie benutzt wird; in der Familie Littleton versucht man, ein erwünschtes Ziel auf dem Wege der Steigerung oder Manipulation von Schuldgefühlen zu erreichen. Die Newbolds, in der Absicht, den Gegner zu unterdrücken oder zu überwältigen, gehen ohne Zögern einen direkten Weg. Diese charakteristischen Vorgehensweisen zeigen die große Bedeutung, welche die strukturierende Rolle des Familienthemas und des Familienbildes bei der Formulierung des Verhaltens der Gruppe spielt. So gesehen sind viele Begegnungen zwischen zwei Familienmitgliedern nicht bloß ein Zusammentreffen von zwei Personen; sie vollziehen sich im Kontext von Familienfragen und -problemen und bieten eine Gelegenheit zu oder Verantwortung für Einflußnahme auf den anderen oder Darlegung der eigenen Aneignung von Werten der Familie.

Der Regulierungsprozeß wird durch den Standpunkt, den die Eltern in der Frage der Begründung von Forderungen und Erwartungen einnehmen, und die Autorität, aufgrund deren sie auferlegt werden, beeinflußt. So betrachten zum Beispiel die Clarks die Kirche als die Institution, welche den Verhaltenskode definiert. Die Eltern fungieren als Administratoren einer höheren Autorität. Durch das Medium der Eltern sind die Kinder Gott verantwortlich. Als Administratoren jedoch brauchen die Eltern viele verhaltensbezogene Forderungen nicht zu befragen oder zu rechtfertigen – sie brauchen sie nur durchzusetzen. Die Kinder sind so im Nachteil: Sie haben praktisch keinen Verhandlungsspielraum gegenüber ihren Eltern. In einer Familie dieses Typs wird die Durchsetzung von Verhaltensstandards sehr erleichtert, sobald das Kind die moralischen Standards verinnerlicht und das Prinzip göttlicher Setzungen als den Ursprung eines Verhaltenskodes akzeptiert hat. Lucy und Jim Clark sehen in der Gottheit die letztendliche Quelle der Autorität; in vielen Fällen würde die Infragestellung ihrer Eltern eine Infragestellung der göttlichen Setzungen für sie bedeuten. Die Familie Newbold hat ein Kontrollsystem erarbeitet, das sich vorzüglich auf elterliche Autorität und Familientradition stützt – die Eltern betrachten sich selbst und die Werte der Familie als den Ursprung der von ihnen geäußerten Forderungen; eine Rechtfertigung wird in das Vokabular von elterlicher Präferenz und Kontinuität von Werten der Familie gekleidet.

Versuche, Verhalten zu beeinflussen, nehmen gelegentlich die Form an, daß man ein erwünschtes Schema von Aktivitäten und Haltungen in der Hoffnung aufnimmt, daß andere Familienmitglieder entsprechend reagieren werden. So weigert sich Herr Littleton auf der Suche nach neuen Berufsmöglichkeiten oder bei der Benennung von Präferenzen hinsichtlich der Erziehung und Laufbahn seiner Kinder, die Initiative zu ergreifen. Seine Untätigkeit erweckt bei seiner Frau das Gefühl, daß sie das Ruder in die Hand nehmen und der Familie Richtung und Führung geben müsse. Nicht alle Frauen würden so reagieren, eine Tatsache, von der wir annehmen, daß auch Herr Littleton sie bemerkt. Er hat ihr Verhalten teilweise durch sein eigenes diktiert, ihre Freiheit und Reaktionsmöglichkeiten beschränkt. Was sie angeht, so traf sie Joe Littleton zu einer Zeit, als sie Freundschaften beargwöhnte und emotionale Bindungen aus Furcht, sie könnten nicht von Dauer sein, sehr mißtrauisch gegenüberstand. Sie brauchte einen Mann, der in ausreichendem Maße auf die Unterstützung einer Frau angewiesen war, um ihre Furcht, im Stich gelassen zu werden, zu verringern. Wir haben allen Grund anzunehmen, daß ihre Handlungen während der ersten Ehejahre genauso wie heute darauf abzielten, seine Tätigkeit einzuengen, ihn davon zu überzeugen, daß er sie brauche, und ihm die Bedeutung seiner eigenen Schwächen und mangelnden Leistung deutlich zu machen. Obwohl sie ihn kritisiert, weil er sich nicht stärker als Mann gebärdet, konnte sie keinen Mann akzeptieren, der stark genug war, sie zu verlassen. Tatsächlich brauchen die Littletons ihre gegenseitigen Schwächen und Stärken. Der Verhaltensaustausch zwischen Bobby Littleton und seiner Mutter zeigt die Richtungslosigkeit der Versuche, Reaktionen und Reaktionsfähigkeit in anderen zu beeinflussen. Im allgemeinen scheint es bei einem beständigen emotionalen Rahmen der Familie beinahe unumgänglich, daß solch wechselseitige Interaktion teilweise die Bedürfnisse der betroffenen Mitglieder berücksichtigt.

Die Feinheiten gegenseitiger Regulierung zeigen sich an der Reaktion der Familie Newbold auf Curt. Er erwirkt ihre Anpassung an seine Variante des Ideals der Familie. Sowohl Herr wie auch Frau Newbold sind bereit, ihr gewohntes Handlungsschema zu ändern, um die Ansprüche zu befriedigen, die Curt aufgrund seiner Unterschiede gegenüber seinem Bruder und seines Wunsches, von der Linie der Familie abzuweichen, stellt. Hier liegt wiederum ein Beispiel gegenseitiger Regulierung vor: Curt, der in der Familie den geringsten Status als ein Newbold hat, ist in der Lage, das Verhalten der Gruppe zu beeinflussen und es regulieren zu helfen. Seine Empfindung ihnen gegenüber und sein Verhalten werden hinwiederum durch ihre Bereitschaft, eine Befriedigung seiner unausgesprochenen Wünsche zu versuchen, geändert.

Die gegenseitige Angleichung emotionaler Schemata in dem Bemühen, das erwünschte Bild der Familie zu erreichen und zu erhalten, ist nicht immer für alle betroffenen Mitglieder in gleicher Weise befriedigend. Die Anpassung an Ansprüche der Gruppe oder Erwartungen von Ehemann oder Ehefrau kann Ressentiments erzeugen, die meistenteils unterdrückt werden, aber auf indirekte Weise Ausdruck finden und auf andere Objekte übertragen werden können. Frau Steele ist hierfür ein Beispiel. Wie ihr Mann lobt sie die Vorteile der kameradschaftlichen Familienatmosphäre, die sie zusammen geschaffen haben. Auch sie wünscht, daß die Kinder Teil des engen Familienkreises sind. Aber das Thema der Familie leistet für sie weniger als für ihren Mann. Sie hat Ressentiments bezüglich der Ausflüge in den Park und sehnt sich danach, von den Kindern wegzukommen, um eine Weile mit Herrn Steele alleine zu sein. Die Bedürfnisse und Ansprüche der Kinder lasten auf ihr schwerer und beständiger als auf ihrem Mann. Ihr Ressentiment gegenüber dem immer gegenwärtigen Thema der festgefügten-kleinen-Familie mag zum Teil für ihre Reizbarkeit in bezug auf die Kinder und deren Ansprüche sowohl disziplinärer wie emotionaler Natur, die eine Reaktion auf ihrer Seite erfordern, verantwortlich sein.

Die Lenkung der Aktivitäten einer Familie gestaltet sich in jenen Familien einfacher, die eine Familienideologie oder ein erwünschtes Familienbild, zu dem sie ihre Aktivitäten in Beziehung setzen und mittels dessen sie sich selbst und einander evaluieren, entwickelt haben. In gewissem Sinne stellt das Bild der Familie jedem Familienmitglied eine ständige Frage oder Fragen, mittels deren es seine Handlungen beurteilen muß. In der Familie Lanson lautet diese Frage: Fördert das die Harmonie und das Glück der Familie? Von den fünf Familien hat die Familie Littleton die Fragen, die die Familienmitglieder anwenden können, um sich selbst zu evaluieren und die Gebiete abzustecken, in denen Leistung mit Sicherheit eine Belohnung nach sich zieht, weniger klar definiert als die anderen. Dieses Fehlen einer Familienideologie steht in Beziehung zu der Ungleichmäßigkeit der Disziplinierung innerhalb der Familie und der Unsicherheit, die die Kinder bei ihren Versuchen, ihren Wert innerhalb der Familie unter Beweis zu stellen, empfinden.

Es ist möglich und nützlich, die Familien danach zu evaluieren, welche Umstände oder Faktoren die wichtigste Rolle bei der Regulierung der Aktivitäten und des emotionalen Austausches der Familie spielen. Diese Faktoren sind von Familie zu Familie verschieden. Für die Newbolds sind die beiden wichtigsten einflußreichen Faktoren der hohe Wert, der auf Konformität mit der Ideologie der Familie gelegt wird, und die starke Autorität des Vaters bei der Durchsetzung des Familienbildes. Für die Lansons stellen die Intensität frühzeitiger Sozialisation, die den Weg zu einem harmonischen, an der Oberfläche »demokratischen« Familiensystem ebnete, und das Festhalten an einem festen Konzept des Familienbildes die zentralen regulierenden Kräfte dar. Die Clarks stützen sich stark auf den von der Kirche entwickelten Verhaltenskode. Dem fügen sie den Nachdruck der Mutter als der dominierenden und gebenden Kraft in der Familie hinzu, indem sie sie mit einer ungewöhnlich effektiven disziplinarischen Position ausstatten. In der Familie Littleton ist der wesentlichste Zug der Versuch der Mutter, ihr eigenes Leben durch ihre Kinder neu zu gestalten, oder vielmehr sicherzustellen, daß ihre Kinder einige tragische Umstände ihres eigenen Lebens und einige der Fehler ihres Mannes vermeiden. Für die Steeles sind die zentralen Kräfte der feste Zusammenhalt der Familie, der tief empfundene Wunsch, Schwäche und Unfähigkeit zu vermeiden, die Furcht vor Isolation von der Familie und die Unvermeidbarkeit der Bestrafung als Reaktion auf eine Verletzung des Familienkodes.

Die Regulierung der Interaktion der Familie kann so für die von uns behandelten fünf Familien nach sieben Gesichtspunkten analysiert werden: dem Bemühen, erwünschte individuelle und Familienbilder zu erfüllen; der Verteilung der Autorität im formalen Sinne unter Ehemann und Ehefrau; der Einstellung hinsichtlich des dem Generationsunterschied inhärenten Machtvorteils und der Frage, wie er gebraucht werden sollte; dem den Kindern gewährten Verhandlungsspielraum und der Basis, auf der er genutzt werden kann; der Deutlichkeit eines Schemas von Verhaltensregeln der Familie, sei es eine Ideologie der Familie oder eine andere Art Kode, mit dem die Familie erwartungsgemäß konform gehen soll; der emotionalen Manipulation unter den Familienmitgliedern einschließlich der Fähigkeit der Familienmitglieder, von anderen die erwünschte emotionale Reaktion hervorzurufen; und der Fähigkeit der Familie, sich gegen die Bedrohung durch zerstörende Feindseligkeit zu verteidigen.

Die Themen einer Familie

Das Thema oder die Themen einer Familie stellen die entscheidenden Probleme – die Hauptanliegen – der Interaktion der Familie dar, wie sie von der Gruppe selbst definiert worden sind. Die Herauskristallisierung eines Themas setzt also ein Verstehen der Einstellung der Familie zur Welt und zu sich selbst voraus. Das Thema hat Anteil an den dominanten inneren Anliegen der Familienmitglieder als Individuen. Die Ausdehnung dieser Anliegen in die Interaktion der Gruppe führt das Thema ein, welches dann durch die Reaktionen der Mitglieder aufeinander weiter ausgearbeitet wird.

Die Clarks sind ein besonders deutliches Beispiel für die Art und Weise, in der persönliche Probleme der Eltern als Themen in das Familienleben eingehen. Beide Eltern empfanden den Mangel an Stabilität und voraussagbarer emotionaler Gratifikation in ihren Kindheitserfahrungen innerhalb der Familie sehr intensiv. Beide faßten den Entschluß, ihren eigenen Kindern die ökonomische und emotionale Sicherheit zu geben, die sie entbehrten. Der Verlust, den sie erlitten, kann jedoch nicht gänzlich vergessen oder ignoriert werden; ihre Bemühungen im Interesse der Kinder sind auch Bemühungen in ihrem eigenen Interesse. Das Thema ihres gemeinsamen Familienlebens ist die Vermeidung einer emotionalen und ökonomischen Katastrophe, und dieses Thema wird von jedem Familienmitglied in einem anderen Lichte gesehen. Für Herrn Clark bedeutet es die Bemühung, finanziell für die Familie zu sorgen und sich selbst und den Kindern die Unterstützung und Fürsorge einer starken Muttergestalt zu sichern. Seine Beziehung zu Frau Clark und den Kindern ist Ausdruck dieses Themas. Es zeigt sich in Jimmys Beschwerde darüber, daß er und sein Vater gemeinsam Zeit damit verbringen, den Katalog anzuschauen, um Geschenke für Frau Clark auszusuchen. Das Thema der Vermeidung einer emotionalen Katastrophe wird so in Haltungen gegenüber Frauen im allgemeinen und gegenüber Frau Clark als Person umgesetzt. Herrn Clarks Aufmerksamkeit Frauen gegenüber wie auch sein Frauenbild werden direkt durch Beispiel und indirekt durch die Definition emotionaler Gratifikation als eines heiklen und angsterzeugenden Bereiches auf seinen Sohn übertragen.

Frau Clark trägt zu dem Thema bei, indem sie sich als den Mittelpunkt des Haushalts definiert – kompetent, fürsorgend, verfügbar, wenn die Kinder sie brauchen. Sie spürt jedoch, daß die an sie gestellten Anforderungen unangemessen hoch sind und daß sie, während ihr Leben in mancher Hinsicht befriedigend für sie gewesen ist, doch viele Freuden des Lebens verpaßt hat. Ihr inneres Ressentiment erschließt ihre emotionalen Ressourcen. Die Furcht vor emotionalem und ökonomischem Unheil hat sie nie ganz verlassen. Ihre Kinder sind sich dieser Besorgnis bewußt, aber können in den Ereignissen ihrer Umgebung keine Rechtfertigung dafür erkennen. Sie teilen ganz vage ihre Furcht. Ihre Angst wird zum Teil durch etwas explizitere Konformität mit einem religiösen Kode beschwichtigt, aber selbst diese Bemühung wird manchmal als ein vager Versuch »gut zu sein« und ein Gefühl der Gegenwart des Bösen erfahren. Das Thema der Vermeidung und die damit verwandten Themen der Konformität und der Suche nach Schutz haben den Clarks geholfen, ihr tägliches Leben zu ordnen und Stabilität und einen gewissen Grad an Sicherheit zu erreichen.

Das Thema der Clarks bleibt weitgehend unartikuliert und unbewußt. Während sie überlegt und bewußt danach streben, ihre Lage im Verhältnis zu den Umständen ihrer Ursprungsfamilien zu verbessern, sind sie sich der weitreichenden Folgen des Themas für das Leben der Familie nicht bewußt. Die Newbolds jedoch haben das Thema ihrer Familie artikuliert und halten es ständig im Bewußtsein. Das Thema aktiver Beherrschung ist für die Familie sichtbar und seine Anwendung auf das Verhalten individueller Mitglieder ist Stoff für offene Diskussion. Einige der kompetitiven Elemente sind Ausweitungen unterdrückter aggressiver Impulse einzelner Familienmitglieder, und dies ist eine Art, in der das Thema der Gruppe zu individueller Psychodynamik in Beziehung steht. Aber diese kompetitiven Komponenten kommen in Begegnungen mit Personen außerhalb der Familie auf höchst direkte Art zur Wirkung. Die Mitglieder verhindern nicht nur offene Feindseligkeit innerhalb des Familienkreises, sondern tragen tatsächlich zu einem Gefühl der Erfüllung des Familienbildes und der Erhaltung ihrer Ideologie bei. Das Gefühl der Befriedigung und Leistung, welches die Jungen, vor allem Ted, aus ihren eigenen Eroberungen und indirekt aus jenen anderer Mitglieder der Familie ableiten, akzentuiert ihre Teilhabe am Thema der Familie und dessen Rolle für ihre persönliche Entwicklung. Wie bei den Clarks wird auch hier das Thema auf die Kinder übertragen. Es ist wahrscheinlich, daß sich dieses Thema in abgewandelter Form in den Familien, die sie für sich als Erwachsene etablieren, wiederfinden wird.

Die Bedeutung des Themas der Familie für die Gruppe wird in der Besorgnis deutlich, die sie im Hinblick auf Curt zeigt. Die positiven Züge des Themas werden als ein Kriterium zur Evaluierung seines Verhaltens benutzt. Gemessen an den Standards gewisser Familien würde er als eine Quelle des Stolzes angesehen werden; in dieser Familie veranlaßt sein Mangel an Begeisterung für Handlungsfähigkeit, die anderen Mitglieder dazu, ihren Stolz auf und ihr Lob für seine Fähigkeiten einzuschränken. Ironischerweise ist es gerade die Stärke des kompetitiven Familiengeistes, die Curt im Vergleich mit seinem Bruder, den er nicht übertreffen kann, einen solchen psychologisch nachteiligen Platz zuweist und die ihn zwingt, sich zurückzuziehen.

Ein Element des Themas ist Bereitschaft zu Wettbewerb. Ted bringt das in seiner Bemerkung zum Ausdruck, daß man keine Aufgaben angehen sollte, bevor man nicht bereit ist, sie gut durchzuführen. Curts Verhalten ist folglich keine Weigerung, den Nachdruck der Familie auf Aktivitätsmeisterung und bereitwilliger Herausforderung zu akzeptieren; es spiegelt vielmehr eine Anerkennung der Ziele der Familie. Sein Rückzug ist ein Versuch, den Implikationen seiner Unreife und seines Mangels an Befähigung im Vergleich mit seinem älteren Bruder zu entrinnen. Das Thema der Familie ist für Curt ein heikles Problem, auf welches er reagiert und welches sein Leben sowohl außerhalb wie innerhalb der Familie beeinflußt. Andere Familienmitglieder setzen sich auf direktere Weise mit dem Problem auseinander, wobei jeder von ihnen es zu seiner eigenen Zufriedenheit löst. Die Familie Newbold ist ein Beispiel dafür, daß ein Familienmitglied nicht notwendigerweise die dominante Version des Themas der Familie repräsentieren muß, um stark darin verwickelt zu werden.

In unseren fünf Familien und vielleicht ganz allgemein stellt das Thema der Familie ein ungelöstes psychologisches Problem in der Gruppe dar. Es ist auch ein ungelöstes persönliches Problem für zumindest einen der Eltern und ist wahrscheinlich ein herausragendes Anliegen der Kinder. Oft wird es besonders schwer auf einem der Kinder lasten, als ob seine Eltern es als Mittel gebrauchten, um zu versuchen, das Problem in den Griff zu bekommen, und andere Kinder weniger oder auf weniger intensive Art und Weise einbeziehen. Die Steeles sind ein Beispiel für einen Familientyp, in dem das Thema für ein Familienmitglied mehr Belastung bringt als für andere. Die Familie Steele hat ein zweifaches Thema: Den Wunsch, Gefühle der Inkompetenz abzuwehren, und den Wunsch nach Miteinander und Kooperation in der Interaktion der Familie. Diese stehen, wie wir gesehen haben, in John Steeles Vergangenheit in Beziehung zueinander. Er war es, der beide Themen in die Familie eingebracht hat. Sie durchdringen die täglichen und wöchentlichen Gruppenaktivitäten der Familie; sie sind die Basis für die von den Eltern entwickelten, höchst wirksamen disziplinarischen Techniken; und sie bestimmen die Beziehung der Familie zur Außenwelt.

Die zugrunde liegende psychologische Einstellung der Steeles ist die, daß Unterstützung und Kraft in der Familie gefunden werden. Diese Unterstützung ist notwendig, um dem einzelnen Mitglied zu helfen, seine Schwächen zu überwinden. Gegenseitige Hilfsbereitschaft und Kooperation werden durch das beständige Miteinander der Familie bestätigt und dargestellt. Diese Aussage über die Definition, welche die Familie von ihrem Platz in der Welt gibt und über die vorherrschenden psychologischen Probleme der Gruppe berücksichtigt die teilweise bewußten Probleme – die Furcht vor dem Alleinsein oder sozialer Isolation, die durch mangelndes Vertrauen in menschliche Beziehungen entsteht, und die Furcht vor Inkompetenz und Unzulänglichkeit. Diese Probleme führen zu Versuchen, sie durch das Miteinander der Familie und die Notwendigkeit zu individueller Stärke und Stärke der Gruppe zu bewältigen.

Die positiven Züge des Themas der Lansons, die offensichtlicher sind als seine einschränkenden Wirkungen auf die einzelnen Familienmitglieder, porträtieren die Familie als eine Gruppe, die ernsthaft nach äußerer Ruhe und Harmonie strebt. Das Leben hat keine wichtigen äußeren Probleme. Fragen der sozialen Mobilität, des Einkommens oder der Anerkennung in der größeren Gemeinschaft und des Lebens sind aufgegriffen und gelöst worden. Der Lohn der Familie ist Harmonie untereinander und mit der sozialen Umgebung im Hinblick sowohl auf die Gemeinde wie auf die gesellschaftliche Schicht. Einer der dafür zu entrichtenden Tribute ist die Begrenztheit der emotionalen Ausdrucksfähigkeit und Spontaneität, aber sie wissen nicht, wie sie es vermeiden können, ihn zu zahlen. Harmonie und Heiterkeit prägen den Interaktionsaustausch; intensive emotionale Interaktion ist nicht nur überflüssig, sie wäre geradezu hinderlich.

Das Thema der Lansons wie das der Steeles ist Ausdruck einer spezifischen Qualität der Interaktion zwischen Familienmitgliedern, bei der die physische Gegenwart von wesentlicher Bedeutung ist. Während der Drang nach Beherrschung der eigenen und anderer Personen ein Thema ist, das bei den Newbolds sichtbar wird und individuell verfolgt werden kann, verlangt das Thema der Lansons Interaktionssituationen, an denen zumindest zwei, vorzugsweise aber alle Mitglieder der Gruppe beteiligt sind. Frau Lansons Bemerkung, daß sie die Ferien ge-

nieße, weil ihre Mädchen ihr bei der Arbeit so gut zur Hand gingen, zeigt die interaktive Natur der dominanten psychologischen Bemühungen dieser Familie auf.
Das Thema der Littletons ist das komplizierteste und am schwierigsten zu erkennende der fünf von uns beschriebenen Familien. Die Familie hält ihre Stellung in der Welt für im wesentlichen ungenügend und unbefriedigend. Die Vergangenheit ist eine schwere Last von Unerfülltheit und versäumten Gelegenheiten. Die Mitglieder können sich nicht einander zuwenden, weil keines über genügend Wärme verfügt, um der Gruppe zu dienen. Ihre gegenseitige Enttäuschung ist auch eine Frustration, und sie vermeiden engen und häufigen Kontakt, um die allgemeine Form der Familie aufrechtzuerhalten und sich zu vergewissern, daß die Familie nicht auseinanderbrechen wird. Die Mitglieder der Familie schwanken zwischen der Frustration versuchter emotionaler Gratifikation und der Furcht vor Isolation. Die ständigen Bemühungen, so wie sie in diesem Thema zum Ausdruck kommen, zeigen sich an der täglichen Interaktion der Familie, an der Hinwendung und an der Opposition der Familienmitglieder zu diesem Thema, an der Verwendung der Zeit, welche für den Austausch unter den Familienmitgliedern verfügbar gemacht werden könnte.

Verbundenheit und Getrenntheit

Die Frage, wie ein befriedigender Grad an Verbundenheit sichergestellt werden kann, ist verwoben mit dem Problem von Autonomie und Getrenntheit. Man kann beide zusammen als konstituierende Faktoren eines einzigen zentralen Problems der Familie betrachten; ändert die Familie ihre Haltung gegenüber dem einen, so wird davon notwendig die Erreichung des anderen betroffen. Das einzelne Mitglied ist nur teilweise frei in seiner Entscheidung, wie es dieses Dilemma für sich selbst lösen will – es mag zu engerem Kontakt oder im Gegensatz zu seinen Präferenzen in die Isolation getrieben werden. Die Familie kann dieses Problem in das Thema der Familie oder das Bild, das sie von sich selbst entworfen haben, einbinden, indem sie es betont und ihm dauerhaft Aufmerksamkeit widmet. Die jeweiligen Bedeutungen von Verbundenheit und Getrenntheit sind natürlich subjektiver Natur; in einigen Fällen kann die Familie versuchen, dadurch mit ihnen zu Rande zu kommen, daß sie ein äußeres Gerüst von Aktivitäten errichtet, welche den Standpunkt der Familie hierzu symbolisieren. Einige Familien haben Schwierigkeiten, über diese äußeren Zeichen und beobachtbaren Darstellungformen hinauszugehen. Verbundenheit ist nicht eine Frage, wie sie sich als Familie fühlen, sondern was sie zusammen tun. Getrenntheit, ebenfalls eine subjektive Erfahrung, kann auf die Darstellung gemeinsamer Aktivitäten der Gruppe verzichten; die innere Empfindung muß nicht notwendigerweise mit der öffentlich vertretenen Ansicht übereinstimmen.

Ebenso wie es eine Furcht oder Besorgnis vor dem Schmerz der Getrenntheit gibt, gibt es auch ein Mißtrauen gegenüber und eine Furcht vor Verbundenheit. Man betont gewöhnlich die verpflichtenden und einengenden Gefahren, wie sie aus engem Familienzusammenhalt hervorgehen, aber es geht um mehr als eine Bedrohung der Autonomie. Einige Mitglieder unserer Familien mißtrauen der mit dem engen Zusammenhalt einhergehenden Verwundbarkeit; emotionale Interaktion ist eine Bedrohung ihres Selbstbildes. Herr Newbold stellt sich selbst dar als jemanden, der »nicht zum Turtel- und Schnäbeltyp gehört«, und auch in anderer Beziehung vermeidet er den herzlichen und zärtlichen Austausch von der Art, wie man ihn oft in der Interaktion von Familien erwartet. Wir treffen hier teilweise auf die Definition von Männlichkeit in unserer Kultur – eine Definition, die häufig dahingehend interpretiert wird, daß Ausdruck zärtlicher Gefühle notwendig auf Freundinnen, Bräute und Babies zu beschränken sei; und sogar Babies wachsen in ein oder zwei Jahren aus dieser Kategorie heraus.

Herrn Newbolds Verhalten gegenüber Curt steht teilweise in Widerspruch zu seiner reservierten Haltung: Zwischen den beiden besteht eine unausgesprochene Intimität, eine Interaktion, die Herrn Newbold nur teilweise berührt. Zwischen Frau Newbold und Curt gibt es auch mehr Wärme, als zwischen ihr und Ted sichtbar wird. In seltsam verkehrter Weise ist es Curt, der mit den höchsten Werten und dem Bild der Familie am wenigsten übereinstimmt, und dennoch ist er derjenige, welcher einer engen emotionalen Verbundenheit mit seinen Eltern am nächsten kommt. Teds Bindungen mit der Familie sind am dichtesten in den Bereichen des Bildes und der Ideologie; Curt hat engeren

Kontakt mit den Menschen. Verbundenheit und Getrenntheit können also durch das Medium des persönlichen Kontakts oder durch Loyalität gegenüber einem Bild der Familie ausgedrückt werden, eine konstant wiederholte Validierung der Integration mit der Familie und ihren Idealen. Das Newboldsche gemeinsame Abendessen als eine Gelegenheit für Gruppengeist, der durch den Austausch von Berichten über außer-familiale Konformität mit den Idealen der Familie gespeist wird, ist ein Beispiel für Verbundenheit, die sich auf die Treue zu einem gemeinsamen Bild gründet.

Während die Newbolds Nachdruck legen auf Zusammenhalt der Familie, der sich auf Annäherung an die Gruppenideologie stützt, definieren die Steeles engen Familienzusammenhalt eher als physische Nähe und gemeinsame Tätigkeit. Die den Familienmitgliedern auferlegten Beschränkungen zur Aufrechterhaltung von Gruppenkontakt sind an ihren Bemerkungen deutlich erkennbar. Frau Steele geht mit der Familie in den Park, obwohl sie aus dem Ausflug selbst weniger Befriedigung ableitet als die anderen. Für diese Familie stellt ihre physische Anwesenheit Familienharmonie und -zusammenhalt dar. Bei den Steeles gehört die Vorstellung von Intimität zum Bild der Familie; sie ist auch eines ihrer zentralen Themen der Interaktion. Die Bedeutung, die sie ihm beilegen, enthüllt den herausragenden Platz, den es in ihrer psychologischen Ökonomie einnimmt. Für die Kinder und Frau Steele liegt in bezug auf Gruppenzusammenhalt ein Ungleichgewicht vor; sie würden größere Autonomie, mehr Getrenntheit bevorzugen. Für sie ist das enge Interaktionssystem der Familie sowohl eine Last wie auch eine Stütze. Für Herrn Steele bedeutet enge familiale Interaktion die teilweise Erfüllung eines persönlichen Bedürfnisses. Er hat aus diesem Bedürfnis ein Thema der Familie gemacht und eine bedeutsame Kompenente der Selbstachtung und des Stolzes der Familie. Als solches ist es zu einer wichtigen Bedingung der persönlichen Wertschätzung für jedes Mitglied der Familie geworden.

Die Lansons haben dieses Problem in der Weise angegangen, daß sie interpersonale Harmonie zum Symbol des Familienzusammenhalts gemacht haben. Einheit wird durch Übereinstimmung demonstriert; Getrenntheit und Autonomie betrachten sie als gefährliche Verstöße gegen das Bild der Familie. Für sie ist Nicht-Übereinstimmung mit der Gruppe oder mit anderen Familienmitgliedern Ausdruck für den Wunsch, sich zurückzuziehen – ein Zeichen für Ablehnung. Sobald Übereinstimmung in der Familie als ein wünschenswertes Ziel akzeptiert und im äußeren Verhalten erreicht worden ist, nimmt es die Form eines verbindlichen emotionalen Kontraktes an, dem alle Mitglieder zustimmen und an den sich alle halten. Die positiven Seiten der Autonomie verschwimmen so und sind ihnen wenig vertraut; man betrachtet sie nicht so sehr im Hinblick auf ihren Wert für das einzelne Mitglied, sondern unter dem Aspekt eines Treuebruchs gegenüber der Gruppe. Diese Familie spielt die positiven Aspekte der Autonomie und die negativen Konsequenzen dauernder Übereinstimmung herunter oder negiert sie. Ihre Betrachtungsweise des gesamten Problems ist einseitig, sie konzentrieren sich auf die Lösung, die ihnen die geringste interpersonale Reibung zu verursachen scheint. Der Konfliktmöglichkeit innerhalb einer Familie begegnen sie dadurch, daß sie all jene Verhaltensweisen, die zu interpersonaler Spannung und Meinungsverschiedenheiten in der Gruppe führen, für inakzeptabel erklären. Autonomie ist notwendigerweise tabu; sie impliziert eher Selbstbestimmung als Gruppenentscheidung und öffnet das Tor zu Gruppendissens, verwirrend intensiven Emotionen und individueller Erfahrung. In dieser Gruppe ist verbale Übereinstimmung, gemeinsame Erfahrung und Gleichmut Evidenz für Einheit.

Die Suche nach einer Lösung des Problems von Verbundenheit und Getrenntheit kann auch in Gruppenbildungen unter den Mitgliedern der Familie zum Ausdruck kommen. Die enge Freundschaft zwischen Susan und Bill Steele bietet nicht nur einem jeden von ihnen die Gelegenheit, Erfahrung zu teilen, sie gestattet beiden auch, sich aus dem einengenden Kreis der Familie zu entfernen. Frau Steele berichtet, daß die beiden gemeinsam die ganze Nachbarschaft auskundschaften und daß sie ihre Streifzüge in die Umgebung billigt. Für sie ist ein intimes Band der Weg zu einer begrenzten Trennung von der Gruppe. In anderen Fällen kann eine Gruppenbildung in der Familie Intimität zum Hauptziel haben. Dies wird bei den Littletons am deutlichsten, wo jeder Elternteil eines der Kinder zum Liebling erkoren hat. Ein jeder wählte ein Kind des anderen Geschlechts, und in beiden Paaren herrscht ein herzlicherer Ton als zwischen Herrn und Frau Littleton. Frau Littleton beschreibt Bobby als demonstrativer und herzlicher als ihren Mann; Herr Littleton ist Sally gegenüber liebevoller, als er es gewöhnlich gegenüber seiner Frau ist. Die Bindung zwischen Herrn Littleton und Sally ist für Betty wie auch für Frau Littleton eine Bedrohung. Intimität innerhalb einer Familie kann dazu führen, Familienmitglieder zu isolieren, wenn sie nicht in einer Weise verteilt wird, die die Befriedigung der Bedürfnisse der gesamten Gruppe zum Ziel hat.

In der Familie Littleton sind Isolation und Getrenntheit mehr als Verbundenheit die vorherrschenden Merkmale interpersonaler und familialer Interaktion. Getrenntheit trägt dazu bei, diese Gruppe zusammenzuhalten. Die Intensität der persönlichen Bedürfnisse eines jeden Mitglieds ist groß; keines der Familienmitglieder ist in der Lage, die an es gestellten Anforderungen emotionaler Art zu erfüllen. Je enger die Interaktion und der persönliche Kontakt werden, desto stärker wird die Frustration aufgrund unerfüllter Bedürfnisse. Die Mitglieder der Familie meiden einander, um Gereiztheit und Feindseligkeit in Grenzen zu halten. Die geringe Qualität der Interaktion wird an Bobbys bereits zitierter Bemerkung über seinen Vater deutlich.

Ich glaube, er hat mich am liebsten. Ich störe ihn nie. Deswegen.
INTERVIEWER: Was stört ihn denn?
BOBBY: Sie sitzen immer auf seinem Schoß, wenn er sie nicht haben will.

Getrenntheit erscheint hier als Bedingung für Zustimmung und Zugänglichkeit. Die Bedürfnisse der Intimität sind nicht erfüllbar; statt dessen wird Billigung aus der Entfernung gewährt.

Diese Familien zeigen verschiedene Versionen des Versuchs, eine gewisse Verbundenheit zu schaffen, und befassen sich dennoch mit dem Bedürfnis nach Getrenntheit. Diesem Anliegen wird in unterschiedlicher Weise Rechnung getragen, und sein Verhältnis zu anderen Problemen der Familie hängt von der Intensität der Bemühung ab. Verschiedene Mitglieder derselben Familie leiten aus der Haltung der Gruppe in dieser Angelegenheit unterschiedlich starke Befriedigung ab. Die äußeren Handlungen, deren Ziel die Herbeiführung und Zurschaustellung familialer Einheit ist, haben nicht notwendigerweise ihre Entsprechung in der subjektiven Erfahrung der einzelnen Mitglieder. Zusammenhalt mag einschränkend oder beruhigend sein; häufiger ist er vielleicht beides.

Die Grenzen der Familie und der Validierungsbereich

In der gesamten Untersuchungsgruppe werden die Grenzen der Familie von den Familien selbst bestimmt, praktisch ohne irgendwelchen restriktiven oder zwangsweisen Druck von Quellen außerhalb der Familie.[1] Der Lebensraum der Familie wurde nach den jeweiligen Präferenzen »abgesteckt« oder wurde andererseits undefiniert und unstrukturiert belassen, weil es an einem deutlichen Plan für das Familienleben fehlte.

Die Welt der Familie hat Grenzen, die in gewisser Weise geographisch sind. Sie ist physisch definiert bis zu dem Grad, zu dem sich die Familie ihrer physischen Umgebung bewußt ist und sie im Verfolg von Familienzielen benutzt. Die Steeles ziehen enge Grenzen – geographisch gesehen – um die Welt ihrer Familie. Bedeutsame Interaktion und Aktivität der Familie findet hauptsächlich im Haus oder im Hof statt; die Kinder werden ermuntert, zu Hause zu spielen; an Sonntagen ist es den Freunden der Kinder nicht gestattet, zum Spielen zu kommen. Die Gruppe ist nie in Ferien gefahren, wenn auch Herr und Frau Steele vor Jahren einmal in Ferien waren. Die Familienausflüge in den Park und in den Wald bieten für die Familie eine weitere Gelegenheit, alleine zusammenzusein. Die Mitglieder wenden sich einander zu und ab von Erfahrungen mit der Außenwelt.

Den Newbolds jedoch erscheint die Außenwelt wie eine Auster. Der Raum will erforscht sein. Ferienfahrten über Land, Besuche der historischen Stätten, Ausflüge in relativ unbekannte Gegenden Chicagos und Pläne für eine Weltreise weisen alle darauf hin, daß nach ihrer Einschätzung die Grenzen der Familie weitgesteckt und flexibel sind. Die Eltern Steele und

[1] Die Welt einer Familie kann natürlich drastisch eingeengt werden durch formellen und nicht-formellen sozialen Einfluß und Sanktion, durch Gesetz oder andere Umstände, welche zwangsweise die Bewegungsfreiheit oder den sozialen Austausch mit anderen Mitgliedern der Gesellschaft einschränken. Innerhalb ziemlich weiter Grenzen waren die hier beschriebenen Familien frei, ihre eigenen Welten zu gestalten, und unbehindert von äußeren Beschränkungen.

die Eltern Newbold ziehen es beide vor, ihre Familien in einem Haus anstatt in einer Wohnung großzuziehen. Sie sind beide der Meinung, daß ein Haus der geeignete Platz für Familien ist, und sie haben den physischen Kontext gewählt, von dem sie glauben, daß er ihrer Ansicht von der Familie am zuträglichsten sei. Die Familie Littleton ist weniger bestimmt in ihrer Konzeption dessen, welche physischen Grenzen und Ausstattung die Familie umgeben sollten. Sie wollen mehr Raum anstatt eines Hauses. Ferien machen sie selten. Charakteristischerweise ist Herr Littleton während der Ferien von seiner Familie getrennt. Raum bedeutet für die Familie Littleton eine Gelegenheit, den Unannehmlichkeiten von Nähe und Interaktion aus dem Wege zu gehen. Sie nutzen den Raum, um sich voneinander zu entfernen; die Steeles nutzen ihn, um die Familie in immer engere Interaktion zu drängen.

Andererseits macht die Welt der Clarks bei der Definition der Familie nur sehr geringen Gebrauch von physischen Grenzen. Eine gelegentliche Ferienreise, häufige Besuche im Museum oder Zoo und weniger häufige Besuche bei Verwandten gehören zum Schema dieser Familie. Die Kinder interagieren frei mit anderen Kindern in der Nachbarschaft. Der geographische Umkreis ist nur eine geringe Aufforderung für sie, bietet ihnen nur wenig Spannung oder Entspannung von der täglichen Routine. Die Welt der Lansons hat relativ enge physische Grenzen, aber sie nutzen die Ferien und andere Erweiterungen der Erfahrung zu vorsichtigen Experimenten mit neuen Stimuli und zur Einübung von Harmonie der Familie in einer nicht vertrauten Umgebung.

Die Welt der Familie ist auch durch die Intensität der Erfahrung, welche sie unter ihren Mitgliedern ermuntert und gestattet, definiert. Die Tiefe des Gefühls und die Bereiche, die besonders betont werden und zu denen man immer wieder zurückkehrt, bilden eine grobe Übersichtskarte einer weiteren Dimension des Familienuniversums. Die Lansons sind ein Beispiel für ein Extrem unter unseren fünf Familien, was ihre Regulierung der Emotion, ihre Tabus bezüglich intensiver Gefühle und impulsives Verhalten angeht. In dieser Dimension ist die Welt ihrer Familie gleichmäßig, aber schmal; Spontaneität ist nicht ermutigt worden. Mit den Grenzen, welche man gezogen hat, um angemessene Intensität der Erfahrung zu definieren, betont man Mäßigung und Homogenität.

Die Familie Littleton steht diesbezüglich in scharfem Kontrast zu den Lansons. Sie gestattet und ermuntert starke, ja sogar heftige Emotionen. Ihre Bemerkungen bezüglich Schreien und Schlagen und Unglück zeigen den weiten Bereich emotionaler Erfahrung und Darstellung, der in ihrer Familie gestattet ist. Obwohl es verbale Dämpfer in den schwerwiegenderen Fällen gibt, sind sie tatsächlich als ein legitimer Teil persönlicher Erfahrung und interpersonalen Austausches zugelassen. Frau Littletons Bemerkung über ihre Verärgerung wegen der Kinder zeigt teilweise, wie intensive Gefühle und ihr Ausdruck in akzeptables Familienverhalten eingearbeitet worden sind: »Wenn ich ärgerlich werde, erkläre ich, wenn mir nicht so viel an ihnen [den Kindern] läge, würde ich auch nicht verärgert sein.« Auch der Ausdruck von Zuneigung wird ermuntert, besonders bei Bobby.

Die Newbolds ziehen einen Grad an Intensität vor, der von Selbstkontrolle und Zurückhaltung bestimmt ist, aber sie gestatten intensive Gefühle, wenn ihr Ausdruck sorgfältig kontrolliert ist. In der Tat scheint es eine Tendenz zu geben, sich in einigen Bereichen als größerer Intensität bedürftig zu sehen. Frau Newbold spricht davon, daß sie ihren Kindern die Wärme geben möchte, die ihre Mutter ihr ihrer Meinung nach nie gab; Herr Newbold nimmt Curt mit, um ein morgendliches Unwetter zu sehen, aber im Interview spielt er seine eigenen Emotionen herunter. Außerdem muß Erfahrung vielfältig und stimulierend sein. Ferien an einem ruhigen kleinen See würden Frau Newbold zufolge »Herrn Newbold und Ted zu Tode langweilen«. Diese Familie bedarf trotz ihrer Bemühung um Selbstkontrolle der Spannung und der Stimulation – die Grenzen der Familie müssen ausgedehnt werden, um sie einzuschließen.

Die Clarks wollen Spannung und Kontrast vermeiden, aber sie gestatten eine Intensität der Erfahrung, die von Hingabe bis Verärgerung reicht. Spannung wird durch visuelle Stimulation erreicht – das Museum, der Zoo und Fernsehen. In dieser Beziehung ähneln sie den Littletons. Mehr als die Newbolds geben sie auf subjektive Gefühle acht, sie sind bereitwilliger als diese, ihre eigenen Emotionen auszuloten – besonders im religiösen Bereich. Wenn sie auch in gewissem Maße den Ausdruck von Impulsen und religiösem Affekt gestatten, fehlt es dem emotionalen Ton der Familie im allgemeinen an Tiefe. Intensität der Erfahrung ist auf relativ wenige Bereiche begrenzt, aber innerhalb dieser Grenzen kann sie eine erhebliche Streubreite aufweisen.

Das Universum der Familie ist ebenfalls dadurch begrenzt, wie Verhalten evaluiert wird. Zunächst bestimmen die Eltern später die Geschwister, ob Handlungen innerhalb oder außerhalb dessen, was als geziemende oder angemessene Erfahrung definiert ist, liegen. Evaluierung ist der Versuch, der Erfahrung Grenzen zu setzen, sie zu gestalten und sie in akzeptable Formen umzusetzen. In dieser Dimension unterscheiden sich Familien in zweifacher Weise: in dem Ausmaß, in welchem Verhalten und Erfahrung evaluiert wird, und in der Natur der Evaluierung. Die Begriffe der Evaluierung können streng religiös oder in Ausdrücke gefaßt sein, die Rationalität vermuten lassen. In diesem Sinne sprechen die Clarks davon, daß Verhalten gut oder schlecht sei; die Newbolds evaluieren Verhalten nach seiner Übereinstimmung mit ihrem Familienbild von Selbstkontrolle und Vernünftigkeit; die Steeles betrachten das Verhalten ihrer Kinder unter dem Aspekt, ob es zur Fähigkeit des einzelnen Mitglieds beiträgt, sich selbst und seine Umgebung adäquat zu handhaben; die Lansons beurteilen ihr Verhalten aus dem Blickwinkel der Harmonie und Übereinstimmung in der Familie. Alle Familien haben Wertmaßstäbe, um zwischen akzeptablem Verhalten und Handlungen, die zurückgewiesen oder korrigiert werden müssen, zu unterscheiden, aber die spezifischen Handlungen, welche in diese Kategorien fallen, sind von Familie zu Familie verschieden, da das Evaluierungskriterium in dem Bemühen angewendet wird, das jeweilige Bild, welches die Familie von sich hat, zu erreichen.

Der Verhaltensbereich, der von der Evaluierung erfaßt wird, ist ebenfalls teilweise eine Funktion der verwendeten Evaluierungskriterien. Curt Newbold bereitet seinen Eltern einige Sorge, weil er sich nicht sehr schnell freiwillig zu Tätigkeiten zur Verfügung stellt; in der Familie Clark würde dieses Zögern weder Sorge hervorrufen noch eine Bemerkung provoziert haben, außer es wäre als ein Zeichen von Bescheidenheit oder Höflichkeit belobigt worden. In einigen Familien unserer Untersuchung gestatten die Eltern aufgrund der Überlegung, daß Kinder ebenso wie Eltern ein Recht haben, ihre Meinung zu sagen, ihren Kindern, »Widerworte zu geben«, anderer Meinung zu sein und zu diskutieren. Andererseits sagt Frau Littleton über ihre Kinder: »Sie können denken, was sie wollen. Sie können denken, daß ich verrückt bin, aber sie müssen es für sich behalten.« Ihr Schweigen wird zu einer Art Definition der Grenzen eines einzelnen Familienmitglieds und schränkt vermutlich interpersonalen Austausch ein. In einigen Familien geht die Evaluierung des Verhaltens bis zur Zensur oder versucht zumindest, Fernsehsendungen, Schlager und andere Manifestationen populären Kulturschaffens zu bewerten. Außer-familiale Stimulation wird durch die Perspektive der Eltern und dadurch, welche Art Erfahrung sie für ihre Kinder für wünschenswert halten, gesiebt und gefärbt. Evaluierung kann die Form eines bewußten Versuchs annehmen, die Entscheidungsfähigkeit zu verstärken oder zu vermindern, sie kann auch eine subtile, unbeabsichtigte Ausdehnung der Ansichten und Vorurteile der Eltern sein.

Handlungen werden selektiv evaluiert. Die Probleme der Familie – ihre Themen und Bilder – bestimmen Bereich und Auswahl der zu evaluierenden Objekte. Die Ideologie der Familie ist für die Beschaffenheit der Kriterien und für das Ausmaß, in dem die Wertungen moralisch sind, verantwortlich. Diese Elemente sind es auch, die die zu erwartende Strafart festlegen, wenn Maßstäbe nicht erfüllt werden, und folglich die Art der Motivation, die das Kind veranlassen, sein Verhalten gemäß dem Familienkode einzurichten.

Das Universum der Familie hat interne Grenzen – Trennlinien zwischen Geschlechtern, zwischen Generationen und einzelnen Familienmitgliedern. Dies ist teilweise eine Frage der Toleranz individueller Unterschiede innerhalb einer Familie. Bis zu welchem Grad ist es dem einzelnen Mitglied gestattet, sich in Bereichen zu entwickeln, welche nur wenig Anteil an dem die Familie Verbindenden haben? Welche Unterschiede der Präferenz, des Temperamentes und des äußeren Verhaltens werden toleriert? In der Familie Littleton sind Unterschiede zwischen den Kindern gestattet, sie werden sogar gefördert.

Man betrachtet und akzeptiert die Kinder als ganz verschieden voneinander und bis zu einem gewissen Grad als von den Vorstellungen ihrer Mutter abweichend. Die Clarks jedoch bestehen auf einem großen, allen gemeinsamen Terrain in bezug auf das Verhalten und die Persönlichkeit der Kinder und die Werte der Kirche. Unterschiede sollten nicht ermutigt, hochbewertet oder gestattet werden, es sei denn in einem sehr engen Bereich. Die Newbolds und die Lansons lassen ebenfalls weniger Raum für Unterschied, als sie gerne glauben. Dies ist das Ergebnis und die Problematik einer starken Ideologie der Familie und einer effektiven Disziplinierungstechnik.

Familiengrenzen sind Ausdruck der Probleme und der Aspirationen der Familie. Sie stimmen mit dem Selbstbild der Familie überein – ein Indiz für das Identitätsgefühl der Familie. Sowohl die externen wie auch die internen Dimensionen werden geschaffen, um Ziele der Familie zu erreichen. Dadurch affizieren sie notwendig die Vorstellung, die das Kind von der physischen, emotionalen, sozialen und kulturellen Welt, in der es lebt, entwickelt.

Kontinuität über Generationen und Identität der Familie

Die Struktur der Kernfamilie schafft psychologische Probleme, denen sich die Eltern stellen müssen. Diese dem Familienleben inhärenten Probleme sorgen für Dimensionen des Verhaltens der Familie, zu denen sich Familien notwendigerweise auf irgendeine Art in Beziehung setzen müssen. Darin eingeschlossen sind Entscheidungen über Vorgehensweisen, die den Eltern aufgezwungen werden – Entscheidungen, welche die grundlegenden Interaktionsschemata der Gruppe affizieren. Die Haltung, welche die Eltern bewußt oder unbewußt dazu einnehmen, ist zum Teil eine Funktion des Bildes, das sich die Eltern von ihrer Familie machen oder anstreben.

Eines der Probleme dieser Art ist die Frage der Kontinuität von Tradition, Ideologie und äußerem Verhalten von Generation zu Generation. In der Tat müssen die Eltern die Frage entscheiden, welche Charakteristika ihrer selbst und der Ursprungsfamilien sie ihren Kindern weitergeben wollen. Verstehen sie sich als Teil einer fortlaufenden, unveränderten Familientradition und -verhaltensweise, oder verstehen sie sich als jemand, der den generationsmäßigen Trend entweder durch sein eigenes Verhalten oder das seiner Kinder ändert? Für die Verhaltensschemata, die sie im Sozialisationsprozeß betonen, greifen die Eltern auf verschiedene Quellen zurück. Die Tendenz der Eltern in unserer Gesellschaft, den Rat von Experten in Erziehungsfragen und bei der Evaluierung des Verhaltens der Kinder einzuholen, deutet auf eine gewisse Unsicherheit in bezug auf ihre eigentliche Rolle und ihren Standpunkt im Vermittlungsprozeß. Gerade diese Unsicherheit zeigt Unzufriedenheit mit ihren Ursprungsfamilien und mit sich selbst als deren Produkt an. In unserer Untersuchungsgruppe war die Behauptung von Eltern, sie seien mit ihrem eigenen Verhalten zufrieden und bereit zu versuchen, es ohne erhebliche Modifikationen an ihre Kinder weiterzugeben, ungewöhnlich. Diese geäußerten Haltungen wurden durch die Evidenz verstärkt, die uns über das Sozialisationsverhalten der Eltern zugänglich war. Ein seltsames Resultat ihrer Unzufriedenheit mit sich selbst und den Familien, aus denen sie stammen, ist die Neigung vieler Eltern, dasjenige Verhalten ihrer Kinder, welches ihre eigenen Fehler wiederholt, am stärksten zu unterbinden. Von den Kindern erwartet man, daß sie die Persönlichkeits- und Verhaltensschwächen der Eltern überwinden; die Eltern sind häufig verwirrt, wenn dies nicht erreicht wird. Sie haben das Gefühl, daß, da sie mittlerweile die Fehler ihrer eigenen Kindheit erkennen und ihre Kinder davor gewarnt haben, es ein Zeichen von Widerspenstigkeit ist, wenn das Kind gegen den Rat der weiseren Eltern deren Fehler wiederholt. Die Funktion der Eltern besteht in den Augen derjenigen, die ihre Kinder umwandeln wollen, darin, ein besseres Produkt herzustellen. Ihrer eigenen Fehler gewahr, wenden sie sich an Experten, die ihnen helfen sollen, Kinder hervorzubringen, die ihnen unähnlich sind.

Mehrere Charakteristika unterscheiden zwischen den Positionen der Eltern in bezug auf das Problem der Kontinuität über Generationen. Das bedeutsamste ist vielleicht das Bild, welches die Eltern von ihrer Ursprungsfamilie und ihrem Platz darin haben. Die Eltern in unseren fünf Familien zeigen einen weiten Bereich von Haltungen in der Evaluierung ihrer eigenen Eltern. Herr Newbold spricht mit Stolz sowohl von seinem Vater wie auch von seiner Mutter. Seine Aussage im SCT (»Mein Vater / ist der beste Mann, den ich je gekannt habe«) hat ihre Entsprechung darin, daß er den gleichen Beruf und den gleichen allgemeinen Lebensstil annahm. Frau Newbold sagt, daß ihr Mann und sein Vater sehr ähnlich seien, und lobt sie beide sehr. Herr Newbold ist auch zufrieden mit sich selbst als Vater und wünscht, daß seine Söhne es ihm so nachtun: »Ich bin zufrieden [mit mir selbst als Vater]. Wenn ich das Gefühl hätte, es gäbe etwas zu ändern, würde ich es ändern.« Hier liegt eine bewußte, direkte, nicht von Skrupeln geplagte Bemühung vor, Vermittlung durch Vervielfältigung zu versuchen. Jedoch, Bewunderung für die eigenen Eltern und Zufriedenheit mit dem Platz, den man als Kind in der Familie innehatte, führt nicht notwendigerweise zu Versuchen, Kontinuität zu wahren. Auch Herr Littleton spricht von seinem Vater als »einem der besten Männer, die ich je gekannt habe«, und sagt, daß dieser den Respekt seiner Kinder hatte. Seiner eigenen Kindheit mangelte es jedoch seiner Meinung nach an Freiheit und Spielraum für Aktivitäten. Trotz dieses Berichtes über seine Erinnerung an die eigene Familie nimmt er eine von Herrn Newbold völlig verschiedene Haltung ein. Joe Littleton sagt, er würde es vorziehen, wenn seine Kinder ihn nicht als Modell benutzten; er verneint, außer Ehrlichkeit Qualitäten zu haben, die auch sie seiner Meinung nach haben sollten. Er glaubt, daß er und seine Familie wenig zu bieten haben, und zieht es vor zu glauben, daß seine Kinder Charakteristika ihrer Mutter empfangen, die es ihnen ermöglichen werden, ein zufriedeneres Leben zu führen als er selbst.

Die Unzufriedenheit, welche Eltern mit ihren Eltern empfinden, kann Kritik an persönlichen Unzulänglichkeiten der Eltern oder unpersönlichen Umständen, welche die Eltern-Kind-Interaktion affizierten, sein. Frau Steele kritisiert zum Beispiel ihre Eltern ganz offen. Sie hat das Gefühl, von ihnen vernachlässigt worden zu sein, daß sie sie zu sehr auf Distanz hielten und schließlich im Stich ließen. Auch Frau Newbold erzählt von dem Mangel an emotionaler Wärme ihrer Mutter. Die stärkste Unzufriedenheit mit den Eltern zeigt Frau Littleton, die glaubt, daß beide Eltern sie im Stich gelassen haben. Herr Clark, der sein eigenes Familienleben für unbefriedigend hält, neigt andererseits dazu, den Mangel als ein ökonomisches Problem zu betrachten. Ihm geht es weniger darum, ein ordentlicher Mensch zu sein, als darum, eine Situation für die Familie zu schaffen, die allen Sicherheit bietet.

Die Handhabung des Problems der Kontinuität über die Generationen ist auch eine Funktion des Bildes, welches die Eltern von ihrem Platz in den drei Generationsstadien – Eltern, Selbst, Kind – haben. Eine mögliche Haltung ist die, etwas trotz der Eltern und der Umstände in der Familie erreicht zu haben und entschlossen zu sein, daß die Kinder es noch besser tun sollen. In mancher Beziehung ist dies die Haltung Frau Littletons, der Clarks und Frau Steeles. In diesen Fällen haben die Eltern das Gefühl, daß sie dem Kind etwas mitgeben können – nicht soviel, wie sie gerne möchten, aber immerhin ein großer Schritt auf dem Weg zu einem besseren Leben. Einer der Väter aus unserer Untersuchungsgruppe sagte tatsächlich: »Ich bin ein besserer Vater, als mein Vater war; mein Sohn wird ein besserer Vater sein als ich, besonders dann, wenn er einige Charakteristika von mir und einige von seiner Mutter hat.« Sie sehen sich selbst als jemanden, der viele der Ressourcen bereitstellt, welche die Kinder seiner Meinung nach brauchen. Herr Littleton und bis zu einem gewissen Grad Herr Clark sind verzweifelt und fühlen sich unwürdig und behaupten, nur wenig bieten zu können.

Die von den Eltern, welche eine Vervielfältigung vermeiden wollen, gewählten Alternativen bieten andere Kriterien zur Differenzierung der Themen, in denen das Problem der Kontinuität gehandhabt wird. Herr Littleton zieht sich zugunsten seiner Frau zurück; Herr Clark tritt seine Position in der Transmissionskette zugunsten seiner Frau ab und unterstützt ihre Position in der Familie und ihre Sozialisationstechniken. Sie sind sich zumindest einig über die Werte, welche die Kinder annehmen, und den allgemeinen Lebensstil, den sie übernehmen sollten. Die Steeles, die Lansons und die Newbolds verstehen das Vermittlungsproblem als Gemeinschaftsaufgabe, bei der die Eltern übereinstimmen und an der sie beide teilhaben; ein jeder ist der Meinung, daß beide Elternteile bedeutsame Charakteristika haben, die weiterzugeben wären.

Das Problem der Kontinuität kann auch von einem im Grunde negativen Blickwinkel aus angegangen werden – dem Wunsch, Verhalten der Kinder, mit dem die Eltern selbst in ihren eigenen Persönlichkeiten nicht fertig wurden, zu vermeiden oder zurückzuweisen. Auf diese Weise neigen die Eltern in einem solchen Fall dazu, das in Frage stehende Verhalten zu problematisieren, das Kind für die Bedeutung, die ihm beigemessen wird, empfänglich zu machen und nicht selten ein ähnliches Problem für das Kind zu schaffen. Herrn Steeles Kampf gegen seine eigene Schüchternheit und sein Wunsch, sein Sohn möge seine emotionale Instabilität und Furchtsamkeit überwinden, illustrieren die Übermittlung von Problembereichen von Eltern zu Kindern.

Das Identitätsempfinden der Familie wird von ihrer Haltung in der Kontinuitätsfrage tiefgreifend beeinflußt. Ein Gefühl des Stolzes und der Leistung kann durch die Wahrung einer Tradition gewonnen werden; es kann auch dadurch erreicht werden, daß eine Familie erfolgreich umgewandelt wird. Identität ist jedoch etwas, das langsam wächst, subjektiv ist und vom Ruf abhängt, und derjenige, der sie erst kürzlich erreicht hat, ist immer im Nachteil.

ANHANG

EINIGE BEMERKUNGEN ZUR METHODE

Die methodische Konzeption dieser Untersuchung ist zu einem Großteil bereits an dem, was wir in den vorausgehenden Kapiteln geschrieben haben, ablesbar. In diesem Anhang möchten wir die Untersuchungsmethoden mehr im Detail darlegen, wobei wir die bei der Auswahl der Familien und der Sammlung und Analyse der Daten zugrunde gelegten Vorgehensweisen in Betracht ziehen.

Hintergrund

Das Hauptziel des Forschungsprojekts war es, Familien als Personengruppen zu untersuchen. Dieses Ziel veranlaßte uns dazu, spezifische Kriterien für die Auswahl von Familien zu formulieren. Die nachfolgenden Bemerkungen beziehen sich nicht nur auf die in diesem Buch dargestellten fünf Familien, sondern auch auf die dreiunddreißig Familien insgesamt, die bei der Datensammlung berücksichtigt und aus denen diese fünf ausgewählt wurden. Hier sind die kennzeichnenden Merkmale der untersuchten Familien:

1. Die untersuchte Einheit ist die Kernfamilie – Eltern, die mit ihren leiblichen Kindern zusammenleben. Familien mit adoptierten Kindern wurden ausgeschlossen, da unser Interesse gewöhnlichen, intakten Familien galt. Da unser Interesse in erster Linie dem Verständnis der inneren Organisation der Einheit, die aus Ehemann, Ehefrau und ihren Kindern besteht, galt, untersuchten wir nicht die erweiterte Familie – die Einheit, die Onkel und Tanten, Vettern und Basen, Großeltern und auch die Kernfamilie einschließt.

2. Die Kinder sind in diesen Familien zwischen sechs und achtzehn Jahre alt. Dieses Kriterium basiert mehr auf praktischen als theoretischen Erwägungen. Da alle unsere Techniken zur Datensammlung verbaler Natur waren, schien uns das Alter

von sechs Jahren der früheste Zeitpunkt, zu dem wir geeignete Daten erhalten konnten. Wir waren nicht in der Lage, uns mit Spiel und anderen nicht-verbalen Techniken zu befassen wegen der zusätzlichen Komplikationen, die diese nach sich ziehen würden. Die obere Altersgrenze von achtzehn Jahren wurde durch unsere Absicht, ganze Familien zu untersuchen, vorgeschrieben. In diesem Alter verlassen einige Kinder ihr Elternhaus, wenn auch nur zu dem Zweck, das College zu besuchen, und sind folglich oft nicht greifbar. Der von uns entwickelte und in Kapitel I dargelegte grundlegende analytische Bezugsrahmen ist auf Familien anwendbar mit Kindern, die jünger oder auch älter sind als diejenigen der vorliegenden Untersuchung, aber seine Anwendung würde beinahe mit Sicherheit eine Modifizierung der Vorgehensweisen bei der Datensammlung erfordern.

Die gewählte Altersspanne ist groß. Die Begriffe unseres analytischen Bezugsrahmens sind auf einer so allgemeinen Ebene angesiedelt, daß sie nicht an bestimmte Altersgruppen oder Konstellationen unter den Geschwistern gebunden sind. Für unsere Zwecke genügte es, einige Familien mit Jungen, einige mit Mädchen und einige mit Jungen und Mädchen zu haben. Die gewählte Altersspanne hatte den entschiedenen Vorteil, uns in die Lage zu versetzen, einen Bezugsrahmen zu entwickeln, der allgemeiner Natur und nicht altersgebunden war.

3. Die Familien sind nordwesteuropäischer Herkunft. Dieses kennzeichnende Merkmal ergibt sich aus unserem Ziel, eine Gruppe zu untersuchen, die relativ homogen, was den ethnischen Hintergrund anbetrifft, und in der amerikanischen Gesellschaft von minimaler ethnischer Auffälligkeit ist. Unser Interesse lag darin, etwas von den Unterschieden zu erfassen, die in der breiten Palette von Familien existieren, die den kulturellen Kern der Vereinigten Staaten ausmachen und die sich nicht durch Mitgliedschaft und Tradition einer Minoritätengruppe verbunden oder diesbezüglich in einem inneren Konflikt fühlen. Die ausgewählten Familien sind in einem weiten soziologischen Sinne nicht in irgendeiner Weise »speziell«.

Man kann geteilter Meinung sein über den Grad an Homogenität, der durch den Begriff »nordwesteuropäisch« dargestellt wird, wenn man nachdrücklich darauf besteht, daß nur diejenigen englischer Herkunft in dieser Gesellschaft keine »Minoritäts«-Merkmale aufweisen. Der Einwand scheint kaum schwerwiegender Natur zu sein. Wahrscheinlich hat es in den Vereinigten Staaten mehr Heiraten unter Nordwesteuopäern gegeben als zwischen ihnen und Mittel- oder Südeuropäern. Außerdem haben Personen holländischer oder deutscher oder skandinavischer Herkunft im großen und ganzen ihre ethnische Auffälligkeit viel schneller abgelegt als Angehörige zum Beispiel der slavischen oder Mittelmeerrasse.

4. Die Familien leben alle in großstädtischen Gebieten, obgleich in einigen Fällen die Eltern in Kleinstädten geboren sind und dort ihre frühe Kindheit verbrachten.

5. Was die soziale Schicht anbetrifft, so reichen die Familien von der oberen Unterschicht bis zur oberen Mittelschicht. Diese Streuung war absichtlich, da wir vermuteten, daß in dieser Hinsicht wichtige Unterschiede im Familienleben bestehen würden. Unterschiedliche Schichtenzugehörigkeit sollte einen weiten Bereich von Unterschieden, die aller Voraussicht nach das Familienleben beeinflussen könnten, gewährleisten. Soziale Schicht ist in unserer Untersuchung ein Hintergrundphänomen und steht nicht im Mittelpunkt des Interesses. Gleichzeitig kam uns diese breite Streuung in gleicher Weise zugute wie im Falle der Altersspanne bei den Kindern: Hierdurch wurde die Entwicklung von Konzepten zur Familienanalyse, die nicht schichtgebunden sind, erleichtert wie im Falle der nicht altersgebundenen. Die Berufe waren ebenfalls weit gestreut, eine Streuung, für welche die in diesem Buch beschriebenen fünf Familien repräsentativ sind.

6. Die Familien stammen nicht aus einer klinischen Population, sondern wurden aus der Normalbevölkerung ausgewählt. Die Bedeutung dieses Kriteriums leitet sich wiederum aus unseren grundlegenden Zielen ab. Wir wollten die psychosoziale Binnenstruktur von Familien untersuchen, ein Untersuchungsgebiet, das weitgehend eine Domäne von Psychiatern, Psychologen und Sozialarbeitern gewesen ist, die Personen mit psychoklinischen Störungen behandelten. Unsere Untersuchung zielte auf das Verständnis der psychosozialen Bindungen in gewöhnlichen Familien.

Dieses sind also die Spezifikationen der Familien, die wir zu untersuchen beabsichtigten. In der Zeit, die uns für die »Arbeit vor Ort« zur Verfügung stand, gelang es uns, Daten über dreiunddreißig Familien zu sammeln. In dieser Zeit lehnten ungefähr fünfundzwanzig Familien, die unsere Selektionskriterien erfüllten und angesprochen wurden, eine Teilnahme an der Untersuchung ab. Darüber hinaus weigerte sich eine Familie, die ursprünglich zugestimmt hatte, weiter mitzumachen, nachdem die Hälfte der Daten zusammengetragen worden war. Dies war der einzige Ausfall.

Die Namen potentieller Familien für unsere Untersuchung erhielten wir auf zweierlei Weise. Verschiedene Personen, von denen angenommen werden konnte, daß sie Familien benennen könnten, wurden angesprochen. Wir erklärten ihnen unsere Absichten in Formulierungen, wie sie später auch den Familien vorgelegt wurden:

»Ein jeder kennt das Sprichwort ›Wie der Vater so der Sohn‹, und wir wissen auch, daß das nicht immer stimmt. Wir möchten gerne genauer erfahren, auf welche Weise Kinder ihren Vätern und Müttern ähnlich sind, oder wenn nicht, warum nicht. Wir interessieren uns für normale, typische amerikanische Familien. Ungewöhnliche oder anormale Familien sind häufig untersucht worden, aber es gibt relativ wenige Untersuchungen über die große Zahl normaler Familien in unserer Bevölkerung. Wir hoffen, daß unsere Arbeit mehr Information über die wichtige Frage der Kindererziehung zutage fördern wird.«

Natürlich betonten wir, daß die Anonymität der untersuchten Familien gewahrt werden würde. Wir ließen auch etwas von der Breite der Themen durchblicken, die in den Interviews erfaßt würden, und sagten, daß wir die intimsten, persönlichen Aspekte des Familienlebens unberührt lassen würden, daß unsere Interviews sich mit den gewöhnlichen Ereignissen des täglichen Lebens befassen würden.

Die Adressen der Mehrzahl der von uns kontaktierten Familien erhielten wir von den Leuten, die in der Lage waren, uns mehrere zu nennen. Die zweite Quelle waren die von uns tatsächlich untersuchten Familien. Auf unsere Bitte hin verwiesen uns einige auf Familien aus ihrer Bekanntschaft. Aus der gesamten Gruppe von dreiunddreißig Familien wurden uns sechs von teilnehmenden Familien genannt.

Dem Ehemann, dessen Frau oder beiden einer jeden der von uns kontaktierten Familien erklärten wir die Ziele der Untersuchung. Wir erklärten auch, daß der Interviewer mit jedem Mitglied der Familie allein sprechen wollte und daß das, was das einzelne Familienmitglied sagte, in keinem Fall irgendeinem anderen Mitglied der Familie mitgeteilt würde. Den Eltern sagten wir, daß die Untersuchung ungefähr fünfzehn bis zwanzig Stunden in Anspruch nehmen würde – nicht mehr als drei oder vier Stunden für jede Person.

In den meisten Fällen genügte die Darlegung der Ziele und des Zeitaufwands der Untersuchung. In einigen wenigen Fällen wollten die Familien wissen, welchen unmittelbaren Nutzen sie aus der Untersuchung hätten. Bei einigen bedeutete die Frage, ob sie Unterstützung bei der Bewältigung ihrer Familienprobleme erhalten würden. Andere verbanden mit ihrer Frage etwas vagere Absichten. Wir erläuterten, daß wir keine Beratung bei Familienproblemen anbieten könnten und daß wir der Familie in keiner Weise eine Deutung ihrer selbst geben würden. Hätten wir dies getan, wäre dies ein Verstoß gegen die wichtigste Voraussetzung gewesen, unter der die Untersuchung geführt wurde – daß jedes Familienmitglied über sich selbst und seine Familie ohne die anderen allein mit dem Interviewer sprechen würde und Vertraulichkeit gesichert wäre.

Wir erklärten, daß der einzige Vorteil, den die Familie erwarten könne, die Befriedigung sei, daß sie durch ihre Teilnahme einen Beitrag zur Forschung über das Familienleben leisteten und daß dies, wie wir hofften, letztlich anderen Eltern bei der Erziehung ihrer Kinder zugute kommen würde.

Die Motive für die Teilnahme an der Untersuchung haben wir nicht explizit oder systematisch untersucht. Einige der Eltern, besonders, aber nicht ausschließlich, die weniger gebildeten, sagten freiwillig, sie freuten sich und seien sogar geschmeichelt, daß sie auf diese Weise einen Beitrag zur Forschung leisten könnten. Einige schienen die Untersuchung als Gelegenheit zu nehmen, ihre Zufriedenheit über das von ihnen im Familienleben Erreichte zum Ausdruck zu bringen. Andere schienen neugierig zu sein, wie ein solches Projekt aussehen könnte, oder betrachteten es einfach als eine willkommene neue Bereicherung ihres Lebens. Einige wenige hofften vielleicht trotz unserer Erklärung immer noch, daß sie direkte Unterstützung für ihre unmittelbaren Probleme erhalten würden.

Nur in einem Fall fragten uns die Eltern direkt wegen eines Kindes um Rat; wir lehnten es zwar ab, unmittelbar zu raten, verwiesen die Eltern aber an eine entsprechende Stelle.
In einigen wenigen Fällen versuchten die Eltern herauszufinden, wie sich ein Kind aufgeführt oder was es der Interviewerin erzählt hatte. Solche Versuche wurden von der Interviewerin sofort abgeblockt, indem sie erklärte, daß sie die Vertraulichkeit, die allen Familienmitgliedern zugesichert worden war, nicht durchbrechen würde. Versuche herauszufinden, was ein Gatte dem Interviewer erzählt hatte, waren noch seltener. In solchen Fällen wurde ähnlich verfahren.

Datensammlung

Nachdem die Familie ihre Teilnahme zugesichert hatte, begannen die Interviews mit der Sammlung von Hintergrundinformation über die Familien. Bei dieser ersten Sitzung waren meist beide Eheleute anwesend, gelegentlich aber auch nur die Frau. Wir bevorzugten den ersten Weg, aber das ließ sich wegen des Zeitplans der Familie nicht immer einrichten. In diesem Fall wurde zu einem späteren Zeitpunkt zusätzliches Material vom Ehemann eingeholt. In diesem Eröffnungsinterview, das zum Warmwerden diente und es den Eltern gestattete, sich mit dem Interviewer einzurichten, wurden hauptsächlich zwei Komplexe behandelt:

A. Personenstatistik
1. Alter der Familienmitglieder
2. Geburtsort eines jeden Mitglieds
3. Ortswechsel der Familie
4. Schulbildung von Ehemann und Ehefrau
5. Derzeitiger und vormaliger Beruf von Ehemann und Ehefrau
6. Nationalität der Vorfahren
7. Religionszugehörigkeit

B. Daten über die Kindheit von Ehemann und Ehefrau
1. Welcher Art ihre Eltern waren
2. Information über Brüder und Schwestern
3. Eine Charakterisierung ihres Elternhauses

Rückblickend scheint es, daß eine gründlichere Untersuchung des frühen Familienlebens der Eltern zur Erhellung ihrer gegenwärtigen Motive in der Familie hilfreich gewesen wäre.

Verschiedene Arten von Daten wurden von jedem Familienmitglied erhoben: ein Interview, das manchmal eine Sitzung, aber oft zwei und gelegentlich drei in Anspruch nahm; ein TAT; ein Satz-Ergänzungs-Test; ein kurzer Aufsatz von jedem Kind über das Thema »Wem ich gerne ähnlich sein möchte«[1] und ein Aufsatz von jedem Elternteil zum Thema »Wie ich mir mein eigenes Kind wünsche«. Die Datensammlung – die ausschließlich im Haus der Familie durchgeführt wurde – schloß mit der Vorlage einer Reihe von fünf TAT-ähnlichen Bildern für die Familie als Gruppe. Diese Bilder wurden besonders für diese Untersuchung entworfen. Die Familie wurde aufgefordert, zu jedem Bild in gemeinsamer Diskussion eine von allen akzeptierte Geschichte zu entwerfen. Die Diskussionen wie auch die Geschichte wurden aufgezeichnet.

Ein jeder wurde separat interviewt, die Kinder in Sitzungen zwischen einer und eineinhalb Stunden, die Eltern zwischen zweieinhalb und drei Stunden. Die Anzahl der Sitzungen, die auf das Interview einer Person verwendet wurde, war von den individuellen Umständen abhängig. Jedes Mitglied wurde im wesentlichen zu denselben Themen befragt. Es handelte sich um offene Fragen in der Absicht, den Interviewten zu veranlassen, sich frei zu allgemeinen Diskussionsthemen zu äußern. Wo es angezeigt erschien, folgten den anfänglichen Antworten spezifische Fragen. Das Interviewmanual erfaßte folgende Bereiche:

1. Wie jedes Mitglied seine Familie sieht – wie sie ist, was das Wichtige an ihr ist.
2. Den Tagesablauf der Familie – was sie tun und wie sie sich dabei fühlen. Das Ausmaß und die Vielfalt ihrer Tätigkeiten in und außer Hause. Wie sich die Wochenenden von den Werktagen unterscheiden. Was sich tatsächlich abspielt und die Art der Interaktion zwischen den Familienmitgliedern, die dabei entsteht.
3. Die jedem Mitglied zugeschriebenen Rollen bezüglich Arbeit und Verantwortung unter Einschluß nicht nur der Ernährerrolle des Ehemanns/Vaters und wie die anderen dazu stehen, sondern auch der Zuteilung oder Übernahme von Verantwortung bei der Haushaltsführung. Ebenso außer-familiale Verpflichtungen in Schule, Kirche und öffentlichen Organisationen.
4. Den Weg, den die Entwicklung der Familie genommen hat, beginnend mit den Ursprungsfamilien der Eltern. Wie ihre Eltern waren,

[1] Diese Technik wird beschrieben bei R. J. Havighurst, M. Z. Robinson und M. Dorr, »The Development of the Ideal Self in Childhood and Adolescence«, *Journal of Educational Research,* Vol. XL, No. 4 (Dezember, 1946).

und wie ihre Elternhäuser aussahen. Wie sich die Eltern heute in Relation zu ihrer Vergangenheit verstehen – welche Ziele sie für sich selbst und welche sie für ihre Kinder verfolgen. Ihre Ziele, Aspirationen, was sie bedauern und was sie enttäuscht hat.

5. Im Zusammenhang mit dem Vorausgehenden die Sozialisation der Kinder. Allgemein, wie die Eltern mit ihren Kindern umgehen, wie sie die Eltern-Kind-Beziehung verstehen. Welche Verhaltensweisen sie als Verstöße ansehen und wie sie diese handhaben.

6. Wie die Familienmitglieder einander sehen und was sie voneinander halten. In welcher Weise sie ihrer Meinung nach einander ähneln oder sich unterscheiden.

7. Welche persönlichen Probleme jedes Mitglied seiner Meinung nach hat und welche in Beziehung zu anderen Familienmitgliedern. Was ihm besonders an jedem anderen Mitglied gefällt. In welcher Weise er sich selbst oder andere geändert wissen möchte.

Das Interview ging im allgemeinen so vonstatten, obwohl der Vorgang flexibel war und individuellen Gegebenheiten angepaßt wurde.

Von jeder Person erhielten wir TAT-Interpretationen zu mindestens zehn Bildern. Zwei der Bilder gehörten zu der bereits erwähnten, speziell angefertigten Reihe. Der Rest wurde aus dem Harvard-TAT ausgesucht. Eltern und Kinder bekamen die gleichen Bilder zu sehen. Einige Bilder, die wir bei den ersten zu untersuchenden Familien benutzten, wurden jedoch später fallengelassen, da sie nicht genügend brauchbares Material hergaben, um ihre Verwendung zu rechtfertigen. Eine Liste der verwendeten Bilder erscheint am Ende dieses Anhangs. Wir wählten Bilder aus, die nützliches Material für die Analyse der Familie herzugeben versprachen. Einige von denen, die wir nicht nahmen – zum Beispiel 12BG –, hätten sich auch als recht ergiebig erweisen können.[2]

Zwei Versionen des Satzkomplettierungstests wurden entwickelt, eine für jüngere, die andere für ältere Kinder und Eltern. Auch diese werden am Ende dieses Anhangs wiedergegeben.

Mit dem bereits erwähnten Gruppen-TAT versuchten wir, nebeneinander projektive und Interaktionsdaten zu gewinnen. Bis jetzt haben wir noch keine zufriedenstellende Methode zur Analyse dieses Materials gefunden, obwohl wir mehrere ver-

[2] Eine systematische Darstellung der mittels TAT ermittelbaren Daten gibt William E. Henry, *The Analysis of Fantasy: The Thematic Apperception Technique in the Study of Personality* (New York: John Wiley & Sons, 1956).

sucht haben. In diesem Buch greifen wir gelegentlich zu Illustrationszwecken auf die Protokolle zurück. In keinem der hier vorliegenden Fälle stützt sich eine Interpretation in erster Linie auf dieses Material.
Zur Ergänzung der direkt von den Familienmitgliedern gewonnenen Daten haben wir die Aufzeichnungen des Interviewers. Sie beschrieben die Wohnverhältnisse der Familie und jedes Mitglied. Sie beschrieben auch ihr Verhalten in den Interview- und Testsitzungen.

Die Datenanalyse

Die von uns verwendeten verschiedenen Techniken zur Datensammlung für diese Untersuchung sind alle relativ unstrukturiert. Unsere Strategie war bewußt so eingerichtet, um den Spielraum nach zwei Richtungen zu maximieren. Sie war so angelegt, daß unsere Informanten sich so frei wie möglich über ihre Familien und sich selbst äußern konnten und auch um dem Forscherteam einen großen Interpretationsspielraum zu gewähren. Unser Ziel war klar: Wir wollten einen Weg finden, um Familien als Einheiten zu beschreiben und zu verstehen und gleichzeitig die Persönlichkeiten der Mitglieder zu der Einheit in Beziehung setzen zu können. Das bedeutete, daß wir mit Konzepten aus Psychologie, Anthropologie, Soziologie und Sozialpsychologie arbeiten mußten – aber in welcher Kombination, das wußten wir zu Beginn der Untersuchung nicht. Wie in jedem Forschungsprojekt bestand unsere Aufgabe sowohl in der Analyse wie auch in der Interpretation. Bei der Durchführung dieser Aufgabe machten wir drei grundsätzliche Annahmen: (1) Die Daten sprechen nicht für sich selbst, sondern gewinnen erst dann Konsistenz, wenn sie mit einer nützlichen Theorie in Verbindung gebracht werden. (2) Die Antworten, die ein jeder Informant uns gibt, sagen potentiell mehr aus, als seine Worte vordergründig anzeigen. Er spricht auch zu uns über die impliziten Prinzipien, die sein Leben leiten, und darüber, wie er die Wirklichkeit organisiert. Er teilt etwas mit über seinen Gesichtskreis, seine Energie, seine Konventionalität. Schlußfolgerungen in bezug auf solche Charakteristika sind möglich, wenn man nicht nur das, was gesagt wird, sondern auch, wie es gesagt wird, beachtet. Nur wenn man sehr viele Äußerungen einer Person insgesamt betrachtet, kann man zu verläßlichen Schlußfolgerungen kommen. (3) Was ein jedes Familienmitglied sagt, erhält zum Teil seine Bedeutung aus dem, was andere Familienmitglieder sagen.

Diese Annahmen haben uns bei der Verarbeitung der Daten geleitet. Unsere charakteristische Arbeitsweise kann als »Bewegung« beschrieben werden – davon gibt es drei Arten. Wir gingen ohne Zögern von einem Datentyp zum anderen über und wieder zurück, werteten aus, was eine jede Person bei einem jeden der Testinstrumente gesagt hatte, und gebrauchten es je nachdem, welche Fertigkeit und Erkenntnisfähigkeit wir aufzubringen vermochten. Es gehörte nicht zu unserer Absicht, die verschiedenen Datentypen zu vergleichen.

Wir sind von einem Familienmitglied zum nächsten geschritten auf der Suche nach Verbindungspunkten in ihrem Material. Jedes Mitglied wurde der Reihe nach als Bezugspunkt genommen; wir untersuchten, wie jedes andere Mitglied es sah – unter Einschluß seines Selbstbildes –, und versuchten dann die Konsequenzen dieser Bildkongruenzen und -inkongruenzen zu verfolgen. Auf der Basis jeder einzelnen Kongruenz versuchten wir zum Beispiel zu beschreiben, wie Mitglieder zusammengebracht oder auseinandergedrängt wurden; welcher Art äußeren familialen Verhaltens begünstigt und welche Art Gefühle gedämpft wurden; wie jedes Mitglied seinen Platz in der Familie definierte und wie ihm von anderen ein Platz zugewiesen wurde. Bei der Durchsicht des gesamten Materials einer Familie stellten wir uns Fragen wie die folgenden: Gibt es ein klares Bild der Familie oder ist es diffus? Wie bestimmt die Familie ihre Grenzen? Wo liegt die Quelle ihrer Stimulation? Welche Erfahrungen und Gefühle werden den Mitgliedern ans Herz gelegt, welche werden vermieden? Wie reguliert die Familie Verhalten? Welchen Widerspruch gibt es zwischen impliziten und expliziten Tendenzen? Wie behandelt die Familie Unterschiede im Alter, im Geschlecht und der Geschwisterreihe?

Schließlich gingen wir von einer Familie zur anderen und zurück, betrachteten eine jede als Einheit und fragten: Was unterscheidet diese Familie von anderen? Bei diesem Vorgehen gerät die Familie als Gruppe stärker in den Blick, und die Charakteristika einzelner Mitglieder werden dieser umfassenderen Ansicht eingegliedert. Auf diesem Betrachtungsniveau werden die verschiedenen Persönlichkeiten und Beziehungen innerhalb einer Familie in Form einer Gruppentendenz ausgedrückt. Es ist dann möglich, Aussagen wie die folgenden zu machen: Die Lansons bieten keinen offenen Auslaß für Intensität, die deshalb in die Phantasie abgeleitet werden muß. Die Newbolds verlangen Intensität und Selbstbehauptung, und sie gehen gegen jedes Anzeichen ihres Fehlens vor. Solcher Art Schlußfolgerungen sind nur möglich, wenn alle Mitglieder der Familie untersucht werden, und nur dann, wenn eine Familie mit einer anderen verglichen wird.

Wenn wir auch hier die Prinzipien, nach denen die Arbeit durchgeführt wurde, niederlegen, sind wir dennoch verpflichtet zu sagen, daß ihre Anwendung nicht nach einer präzisen Vorschrift erfolgen kann. In zweierlei Hinsicht liegt die Anwendung dieser Prinzipien zur Zeit noch jenseits des Zugriffs exakter Methode und Messung. Erstens stellt sich das Problem, was der Forscher aus seinen Daten schließen kann und will. Was er zur Geltung kommen läßt und wieweit er seine Folgerungen zu dehnen bereit ist, wird über die Natur seiner Schlußfolgerungen bestimmen. Zweitens ist es nicht möglich, genau anzugeben, wo im Datenmaterial nach der Antwort auf eine bestimmte Frage zu suchen wäre. Die sorgfältige Untersuchung unserer Daten hat uns gelehrt, daß man nicht voraussagen kann, wo jemand sich am deutlichsten und bedeutsamsten erklären wird. Vermutlich ist alles, was eine Person sagt, aus einem Guß, wenn wir nur wüßten, wie die Form zu finden wäre. In manchen Fällen ist das einfacher als in anderen. Aber in jedem Fall gibt es keinen Ersatz für das Sichten und Analysieren, bis der Forscher zu einer deskriptiven Interpretation kommt, die sich mit dem ihm zur Verfügung stehenden Material in Übereinstimmung befindet.

TAT-Karten

Im Forschungsprogramm wurden die folgenden Karten aus dem »Thematic Apperception Test« benutzt. Die Beschreibungen der Bilder sind dem TAT-Handbuch von Murray entnommen.[3]

1. Ein junger Mann betrachtet eine Geige, die vor ihm auf einem Tisch liegt.

2. Ländliche Szene: Im Vordergrund befindet sich eine Frau, die Bücher in der Hand hält; im Hintergrund arbeitet ein Mann auf dem Feld und eine ältere Frau schaut zu.

3BM. Auf dem Boden gegen eine Couch gelehnt sieht man die kauernde Gestalt eines Jungen, dessen gebeugter Kopf auf seinem rechten Arm ruht. Neben ihm auf dem Fußboden liegt ein Revolver.

4. Eine Frau umklammert die Schultern eines Mannes, dessen Gesicht und Körper abgewendet sind, als ob er versuchte, sich von ihr loszureißen.

6BM. Eine kleine ältere Frau steht mit ihrem Rücken zu einem großen jungen Mann. Er schaut zu Boden mit einem verwirrten Ausdruck im Gesicht.

7BM. Ein grauhaariger Mann schaut einen jungen Mann an, der verdrossen in die Ferne schaut.

7GF. Eine ältere Frau sitzt nahe neben einem Mädchen auf einem Sofa. Sie spricht mit ihm oder liest ihm vor. Das Mädchen hält eine Puppe auf seinem Schoß und sieht weg.

8BM. Ein heranwachsender Junge sieht geradewegs auf ein Bild. Der Lauf eines Gewehrs ist auf einer Seite sichtbar und im Hintergrund die schwach erleuchtete Szene einer chirurgischen Operation wie in einem Traumbild.

9GF. Eine junge Frau mit einer Zeitschrift und einer Geldbörse in ihrer Hand betrachtet aus einem Versteck hinter einem Baum eine andere junge Frau in einem Partykleid, die den Strand entlang läuft.

11. Eine Straße, die zwischen hohen Klippen an einem tiefen Abgrund vorbeiführt. Auf der Straße sind in der Entfernung undeutliche Gestalten zu erkennen. Aus der Felswand ragt an einer Seite der lange Kopf und Hals eines Drachen heraus.

12M. Ein junger Mann liegt mit geschlossenen Augen auf einer Couch. Die hagere Gestalt eines älteren Mannes beugt sich über ihn, die Hand über dem Gesicht der liegenden Gestalt ausgestreckt.

14. Die Silhouette eines Mannes (oder einer Frau) gegen ein helles Fenster. Das restliche Bild ist vollständig dunkel.

[3] Henry A. Murray, *Thematic Apperception Test* (Cambridge: Harvard University Press, 1943).

18GF. Eine Frau, die ihre Hände auf die Kehle einer anderen Frau preßt. Sie scheint sie rückwärts über das Geländer einer Treppe zu stoßen.
19. Ein verwunschenes Bild mit Wolkenbildungen über einer schneebedeckten Hütte auf dem Land.
Wir fügten zwei Karten aus einer Reihe hinzu, die für den Gebrauch von projektiven Bildtechniken in Familiengruppen entworfen worden waren. Sie können so beschrieben werden:
B. Im Vordergrund stehen ein Mann und eine Frau, offensichtlich unter emotionaler Anspannung. Hinter ihnen werden in einem angrenzenden Raum ein Wägelchen und eine Puppe durch eine Tür hindurch auf dem Boden sichtbar.
C. Links im Vordergrund sitzt eine Frau in einem Lehnstuhl. Im Hintergrund sitzen ein junges Mädchen, das etwas auf seinem Schoß hält, und ein Mann mit einer Zeitung auf einem Sofa. Ein kleiner Junge liegt vorn Mitte ausgestreckt auf dem Boden, und ein älterer Junge steht außen rechts.

Unvollständige Sätze (für Erwachsene)

Vervollständigen Sie alle diese Sätze, so schnell Sie können. Schreiben Sie, was Ihnen zuerst in den Sinn kommt!

1. Es gibt Zeiten, wo ich
2. Was den Leuten an mir am meisten gefällt, ist
3. Es macht Spaß, sich Tagträumen hinzugeben über
4. Die Leute meinen, ich bin
5. Mein Vater
6. Wenn etwas schiefgeht, ... Mutter
7. Was ich nicht nicht ausstehen kann, ist
8. Um mit den Leuten auszukommen, ... ich
9. Meine Mutter
10. Meine größte Befürchtung ist
11. Wenn ich nur nicht
12. Ich möchte, daß meine Kinder
13. Meine schwächste Seite
14. Die Tatsache, daß ich versagt habe,
15. Kinder
16. Insgeheim ... ich
17. Andere Leute
18. Ich halte mich oft für
19. Wenn mein Vater nur
20. Ich halte meine Freunde für
21. Die meisten Frauen
22. Väter ... manchmal
23. Kranksein
24. Ich kann nicht verstehen, was mich veranlaßt
25. Ich verachte

26. Ich mag Menschen nicht, die
27. Wenn sich jemand über mich lustig macht
28. Eine gute Mutter ... immer
29. Ich mag Kinder nicht, die
30. Niemand kann mich dazu bringen
31. Mütter ... manchmal
32. Wenn es nach mir ginge
33. Im Vergleich mit Frauen sind Männer
34. Wenn Vater nach Hause kommt
35. Manchmal habe ich das Gefühl, ich
36. Im Vergleich mit Männern sind Frauen
37. Wenn ich aufgefordert werde, mich so zu verhalten, wie es mir zukommt, ... ich
38. Als sie mich mieden,
39. In dieser Gegend ... zu viele Leute
40. Wenn die Familie beisammen ist,
41. Chefs können
42. Die meisten Männer
43. Untergebene
44. Wenn ich unter Druck gesetzt werde
45. Nichts macht mich wütender als
46. Wenn andere es besser machen,
47. Brüder und Schwestern
48. Unsere Familie
49. Wenn man mir sagt, es ist gefährlich
50. Die meisten Leute wissen nicht, daß ich
51. Ich bin ganz niedergeschlagen, wenn
52. Die Kinder wären besser dran, wenn ihre Eltern
53. Meine stärkste Seite ist
54. Selbst der beste Mensch
55. Was mich in Schwierigkeiten bringt, ist

Unvollständige Sätze (für Kinder)

1. Meine Mutter und ich
2. Wenn die Familie beisammen ist
3. Mein Vater und ich
4. Wenn etwas schief geht ... Mutter
5. Ich habe keine Angst vor
6. Wenn ich etwas Unrechtes tue ... Vater
7. Wenn die Kinder nicht mit mir spielen
8. Die Leute meinen, ich bin
9. Mein Vater
10. Meine Mutter
11. Es tut mir leid, wenn ich
12. Ich möchte, daß meine Kinder
13. Was mich in Schwierigkeiten bringt, ist

14. Kinder
15. Wenn mein Vater nur
16. Mütter ... manchmal
17. Insgeheim ... ich
18. Väter ... manchmal
19. Ich hasse
20. Wenn Vater nach Hause kommt
21. Ich mag Kinder nicht, die
22. Wenn es nach mir ginge
23. Was mich wirklich wütend macht, ist
24. Was den Leuten an mir am meisten gefällt, ist
25. Brüder und Schwestern
26. Unsere Familie
27. Wenn man mir sagt, ich soll es nicht tun, ... ich
28. Eine Sache, die ich nicht ausstehen kann, ist
29. Damit die Leute mich gernhaben
30. Andere Kinder
31. Lehrer sind
32. Ich finde, meine Freunde
33. Die meisten Mädchen
34. Kranksein
35. Ich mag Menschen nicht, die
36. Wenn jemand sich über mich lustig macht
37. Niemand kann mich dazu bringen
38. Manchmal habe ich das Gefühl
39. Die meisten Jungen
40. Wenn ich mich um jüngere Kinder kümmere
41. Wenn jüngere Kinder hier sind
42. Es macht Spaß, sich Tagträumen hinzugeben über
43. Ich bin traurig, wenn
44. Die Kinder wären besser dran, wenn ihre Eltern

NACHWORT DES HERAUSGEBERS

Die Konstruktion der Wirklichkeit in der Familie

Obwohl man es in der Sozialisationsforschung heute allgemein als eine gesicherte Erkenntnis betrachtet, daß die sozialen und kulturellen Lernprozesse des Kindes in der Familie, vor allem die frühkindlichen Erfahrungen, für die Persönlichkeitsentwicklung eine entscheidende Rolle spielen, sind die sozialen Vorgänge und Mechanismen, die spezifische Reproduktion der Kultur und die Kommunikationsweisen innerhalb des Familienlebens, worauf diese prägenden Einflüsse beruhen, noch nicht besonders gut bekannt. Man kennt die Ergebnisse besser als die Vorgänge, die zu ihrer Entstehung führen. Man weiß, daß die Familie in den modernen Industriegesellschaften manche ihrer alten Funktionen verloren oder verändert und neue hinzugewonnen hat; aber man weiß im Grunde noch sehr wenig darüber, wie diese Funktionen im Familienleben konkret wahrgenommen werden. Die gesamtgesellschaftlichen Bedingungen und Leistungen der Familie und ihrer verschiedenen Typen, die Formen der Ehepartnerwahl, die Verwandtschaftssysteme und -beziehungen, der Familienzyklus und die Phänomene familialer Desorganisation, die sozialschichtspezifischen Vergünstigungen und Benachteiligungen der Familie im Zusammenhang mit sozialer Mobilität, die verschiedenen kommunikativen Codes, die Angehörige von Unterschicht- und Mittelschichtfamilien benutzen, wenn sie im Rahmen anderer sozialer Organisationen oder vor den Augen von Sozialforschern auftreten – das alles scheint man besser zu kennen als das intime soziokulturelle Geschehen, das sich im Inneren der Familie abspielt und das ein typisches und bedeutungsvolles Stück der Sozialbiographie der meisten Zeitgenossen ausmacht.[1]

[1] Vgl. R. König: Soziologie der Familie. In: R. König (Hg.): Handbuch der empirischen Sozialforschung, 2. Bd. Stuttgart 1969, S. 172—305.

Welche Bedeutung die innerfamiliären Kommunikationsweisen für die Persönlichkeitsentwicklung gewinnen, ist trotz einiger maßgeblicher theoretischer Ansätze, die viele Forschungen angeregt haben, noch nicht zu der Durchsichtigkeit gebracht worden, wie sie zum vollen Verständnis der »zweiten, sozio-kulturellen Geburt« des Menschen in der Familie und für die praktische Erfüllung sozialpädagogischer Aufgaben in bezug auf Familien mit Lebensproblemen erforderlich wäre.[2] Wir denken dabei an die Lehre Freuds von der Bedeutung der libidinösen Beziehungen der Kinder zu den Eltern, Adlers Bemerkungen über die Funktion der Geschwisterrivalität, G. H. Meads Überlegungen zur Rolle der Eltern als signifikante Andere des Kindes, Horkheimers Studien über die Begründung des autoritären Charakters in der bürgerlichen Familie, Kardiners und Lintons kulturanthropologische Idee von der Ausprägung einer »basic personality«, Parsons' und Bales' theoretische Ausführungen über die instrumentelle Position der Vater- und die expressive der Mutterrolle, die Forschungen von Spitz und Erikson über die emotionale Fundierung des Kleinkindes durch die Interaktion mit der Mutter, Bossards »Gesetz der Familieninteraktion« und seine Arbeiten über die Bedeutung von Familiengespräch und -ritual sowie die Untersuchungen von Waller und Hill über die Dynamik und Belastbarkeit von Familien.[3] Vor dem Hintergrund dieser älteren, wegweisenden Ansätze bedeuten neuere Studien über die partnerschaftliche Intensivierung der Gatten- und die Intimisierung der Eltern-Kind-Beziehung,

[2] Vgl. D. Claessens: Familie und Wertsystem. Eine Studie zur „zweiten, sozio-kulturellen Geburt" des Menschen und der Belastbarkeit der „Kernfamilie". 3. Aufl. Berlin 1972.

[3] S. Freud: Jenseits des Lustprinzips; ders.: Das Ich und das Es. In: Gesammelte Werke, Bd. 13. London, Frankfurt 1948. — A. Adler: Praxis und Theorie der Individualpsychologie. München 1920; ders.: Heilen und Bilden. Frankfurt 1973. — G. H. Mead: Geist, Identität und Gesellschaft. Frankfurt 1968. — M. Horkheimer (Hg.): Studien über Autorität und Familie. Paris 1936. — A. Kardiner: The Individual and His Society. New York 1939. — T. Parsons, R. F. Bales: Family, Socialization, and Interaction Process. Glencoe, Ill. 1955. — R. Spitz: Die Entstehung der ersten Objektbeziehungen. Stuttgart 1973. — E. H. Erikson: Kindheit und Gesellschaft. Stuttgart 1961. — J. H. S. Bossard, E. S. Boll: The Sociology of Child Development. New York, Evanston, London 1960; J. H. S. Bossard: Ritual in Family Life. Philadelphia 1956. — R. Hill: Families under Stress. New York 1949; W. Waller, R. Hill: The Family. A Dynamik Interpretation. New York 1951.

das Sozialisations- und Freizeitpotential, die Elastizität und kulturelle Vermittlungsfunktion der modernen Kernfamilie, über schichtspezifische Elterneinflüsse und Verhaltens-Codes im Sozialisationsprozeß einen Schritt weiter auf dem Weg, den die Forschung durch die verschiedenen Binnensphären des sozialen Raums der Kernfamilie nehmen muß, wenn sie die einzigartige Vermittlerrolle der Familie zwischen Gesellschaft und Individuum, Kultur und Person durchsichtig und verständlich machen will.[4]

Die Tendenz aller jener Bemühungen scheint in eine Richtung zu gehen, die René König bezeichnet hat, wenn er behauptet: »Letztlich können die wirklichen Verhältnisse in einem gegebenen Familientyp *einzig und allein durch die Interaktionen der verschiedenen Mitglieder untereinander erfaßt werden.*«[5] Allerdings ist es für die Forschung schwierig und bedarf es besonderer Methoden, um in die Innenbereiche der familialen Interaktion hineinzugelangen, und dies obwohl die meisten Menschen in einer Familie aufgewachsen sind und eine Familie »haben«, obwohl die in der Familie gemachten Erfahrungen zu den vertrautesten, längsten und wirksamsten gehören, die jeder einzelne für sich hat. Aber gerade dieser private Charakter der familiären Beziehungen erschwert die mikrosoziologische und sozialpsychologische Forschung und Theoriebildung in diesem Bereich. Das ist letztlich auch der Grund für das Fehlen einer »Pädagogik der Familie«, nicht im Sinne von praktischen Ratschlägen für Eltern zur Kindererziehung, sondern als grundlegender Bestandteil einer systematisch durchkonstruierten Theorie der Erziehung. Die merkwürdige Gegenstandslosigkeit und freischwebende Abstraktheit der derzeitigen Ansätze zu einer Erziehungstheorie sind die Folge davon, daß die in der Familie und anderen Primärgruppen ablaufenden kommunikativen Lernprozesse und Formen ihrer edukativen Steuerung nicht als die eigentliche empirische Grundlage der erziehungswissenschaftlichen Theoriebildung systematisch aufgenommen und integriert

[4] Vgl. G. Wurzbacher u. a.: Die Familie als Sozialisationsfaktor. Stuttgart 1968. — b:e Redaktion (Hg.): Familienerziehung, Sozialschicht und Schulerfolg. Weinheim, Berlin, Basel 1971. — B. Bernstein: Studien zur sprachlichen Sozialisation (Sprache und Lernen Bd. 7). Düsseldorf 1972. — D. Claessens: a. a. O., S. 68 f. über die „Sphären“ der Kernfamilie.

[5] R. König: a. a. O., S. 209.

worden sind.[6] Das setzt freilich eine konkretere Kenntnis der für die Kernfamilie, Peer-Gruppe, Schulklasse usw. konstitutiven Interaktions- und Kommunikationsweisen voraus, als wir sie gegenwärtig in den einschlägigen Wissenschaften zur Verfügung haben. – In diesem Zusammenhang verstehen wir unter »Kernfamilie« die Familie, die aus den Ehegatten und einem oder mehreren unmündigen Kindern besteht; unter »Peer-Gruppe« verstehen wir eine Gruppe, deren Mitglieder sich aufgrund eines Statusmerkmals, z. B. des Alters, in dem sie sich annähernd gleichen, zusammengeschlossen haben. »Interaktion« nennen wir jede beobachtbare soziale Verhaltensweise, die durch das Prinzip der Gegenseitigkeit bestimmt ist; »Kommunikation« bezeichnet die Aktivitäten des Austauschs von Informationen kognitiver wie emotionaler Art, die gegenseitigen Mitteilungs- und Verständigungsvorgänge, die bei der Interaktion stattfinden.

Nun gibt es seit einigen Jahren Fragestellungen und Methoden, die geeignet sind, tiefer in die innerfamilialen Interaktions- und Kommunikationsformen einzudringen und ihre tiefgreifenden Auswirkungen auf die Persönlichkeitsentwicklung besser zu verstehen. Das sind zum einen die Untersuchungen des Einflusses der sog. Familienkonstellationen auf den Menschen und sein soziales Verhalten und zum anderen in der Psychiatrie vorangetriebene Ansätze, die zu einleuchtenden Hypothesen über die Verursachung von Schizophrenie durch Kommunikationsdefizite in der Familie geführt haben.[7] – In welcher Weise die Erforschung der Familienkonstellationen, d. h. der Positionen, die die Geschwister, aber auch die Eltern sowie die Eltern und Kinder im Verhältnis zueinander einnehmen, Einblick in die Komplementarität und Konflikthaftigkeit der zwischenmenschlichen Beziehungen innerhalb der Familie und ihrer Folgen außerhalb zu geben vermag, machen Walter Tomans einleitende Ausführungen deutlich:

[6] Das gilt für so verschiedene Ansätze wie: W. Brezinka: Grundbegriffe der Erziehungswissenschaft. München, Basel 1974. — H. J. Gamm: Einführung in das Studium der Erziehungswissenschaft. München 1974. — K. J. Klauer: Revision des Erziehungsbegriffs. Düsseldorf 1973. — K. Mollenhauer: Theorien zum Erziehungsprozeß. München 1972.

[7] W. Toman: Familienkonstellationen. Ihr Einfluß auf den Menschen und sein soziales Verhalten. München 1974. — P. Watzlawick et al.: Menschliche

»Eltern und Geschwister üben einen Einfluß aufeinander aus, der noch näher beschrieben werden soll. Wenn aber die Eltern etwa einen großen Altersunterschied aufweisen oder erst sehr viel später ihre Kinder bekommen haben als im Durchschnitt der Ehen, wenn ein Geschwister durch einen besonders großen oder aber durch einen besonders kleinen Altersabstand von einem Familienmitglied getrennt ist, wenn ein Elternteil oder ein Geschwister verloren wird, wenn ein solcher Verlust sehr früh im Leben einer Person oder erst relativ spät eintritt, wird die Familiensituation gegenüber anderen Familien in wichtigen Aspekten bleibend verändert. Es ist anzunehmen und konnte empirisch in vielfacher Weise belegt werden..., daß solche veränderten Situationen ihre Wirkungen auf das Sozialverhalten des einzelnen innerhalb der Familie haben, aber auch, daß ihre Wirkungen in sozialen Situationen und Kontexten außerhalb der Familie auftreten. Der einzelne verallgemeinert oder überträgt... seine Erfahrungen in der Familie auf soziale Situationen außerhalb der Familie, etwa auf den Kinderspielplatz, den Kindergarten oder die Schule, auf Bekanntschaften und Freundschaften, die er schließt, auf Gruppen und Vereine, denen er sich zugesellt, auf Arbeits- und Berufssituationen, die er zum Teil selbst wählen kann und in die er sich jedenfalls täglich aufs neue und oft viele Jahre lang ohne Unterbrechung begibt.«[8]

Die in der Schizophrenie-Forschung entdeckten Zusammenhänge zwischen schizophrenen Verhaltensweisen und widersprüchlichen Kommunikationsweisen sowie der Unfähigkeit zur Metakommunikation in den Familien der betroffenen Patienten haben die Aufmerksamkeit von den Ergebnissen der Sozialisation auf die innerfamilialen Kommunikationsprozesse zurückgelenkt, in denen der heranwachsende Mensch lernend und sich zugleich dabei entwickelnd seine sozialen Fähigkeiten bildet oder mißbildet und seine persönliche Identität gewinnt oder vergeblich zu erlangen sucht. Nach Theodore Lidz

»vermag uns die Untersuchung von Familien, in denen schizophrene Patienten aufgewachsen sind, neue Einblicke in die Familie als eine spezifisch menschliche Institution zu gewähren. ... Die Erforschung der individuellen Persönlichkeitsentwicklung erfordert eine volle Einbeziehung der Funktionen der Familie als eines sozialen Systems, in welchem Kinder zum Leben in sozialen Systemen mittels Internalisierung von Institutionen und Erlernens von sozialen Rollen – ebenso der Rollen anderer wie der eigenen Rollen – aufgezogen werden. Die Betrachtung der Persönlichkeitsentwicklung eines Menschen auf dem Hintergrund seines Familienzusammenhanges lenkt das Interesse auf

Kommunikation. Formen, Störungen, Paradoxien. Bonn, Stuttgart 1969. — G. Bateson et al.: Schizophrenie und Familie. Frankfurt 1969.

[8] W. Toman: a. a. O., S. 12.

die Beziehung zwischen der Strukturierung des Ichs und der Struktur der sozialen Einheit, in der er aufwächst. Forschungen, die mit der Einzelperson beginnen, begegnen somit den soziologischen Untersuchungen der Familie als einer Grundeinheit der Gesellschaft und schließen die Kluft zwischen den biologisch orientierten Studien und Theorien des menschlichen Verhaltens und den gesellschaftlich ausgerichteten – eine Fusion, die für das umfassende Verständnis der Organisation, der Motivation und des Verhaltens des Menschen von grundsätzlicher Bedeutung ist.«[9]

Im Zusammenhang dieser Fragestellungen steht auch das hier in der Reihe »Sprache und Lernen« vorgelegte Buch von Robert D. Hess und Gerald Handel über »Familienwelten«. In seinem ersten Kapitel wird ein theoretisches Konzept zur Beschreibung und Analyse der Komponenten entwickelt, die Lebensanschauung und Lebensweise von Familien bestimmen. Kapitel zwei bis sechs bringen Monographien, detaillierte Einzelfallstudien nach den aufgestellten Gesichtspunkten, von fünf nordamerikanischen Stadtfamilien mit zwei bis drei Kindern im Alter zwischen sieben und fünfzehn Jahren. Die soziale Lage dieser Familien variiert von der oberen Unterschicht bis zur oberen Mittelschicht. Sie sind äußerlich intakt, und es handelt sich dabei nicht um Problemfamilien, sondern um Familien, die die Werte der nordamerikanischen Gesellschaft in einer durchschnittlichen Weise verkörpern. »Diese fünf Familien weisen keine extremen Konflikte oder psychologische Krisen auf; ihre Probleme sind typisch. In jedem Fall trafen wir (aus einem größeren Sample) eine Auswahl unter zwei oder drei Familien, die in ihren interaktionalen Problemen, ihrem Lebensstil und allgemeinen soziologischen Charakteristika sehr ähnlich waren.« Bei diesen Familienportraits geht es den Autoren darum, »Familien mit typischen Spannungen und internen Beziehungen zu beschreiben und die Art und Weise zu untersuchen, in der Familien mit den tagtäglichen Aufgaben des Familienlebens fertigwerden« (S. 13). Das Ergebnis dieser fünf Kapitel ist insofern bemerkenswert, als sie zeigen, daß jede der Familien in ihrer Lebensanschauung und Lebensweise zu einer eigenartigen, gewissermaßen originellen Lösung einer Reihe grundlegender Probleme gelangt, die jeder von ihnen im Kontext der gemeinsamen Gesellschaft und Kultur gleichermaßen gestellt sind. Unter den im Einleitungskapitel

[9] Th. Lidz: Familie und psychosoziale Entwicklung. Frankfurt 1971, S. 6 f.

systematisch entwickelten Gesichtspunkten bringt das siebente Kapitel eine vergleichende Zusammenfassung dieser Befunde und kann dabei in verschiedener Hinsicht die Ergiebigkeit des Ansatzes demonstrieren. Der Anhang enthält einige Erläuterungen zum Untersuchungsverfahren und eine Darstellung der benutzten Interview- und Testinstrumente. Soviel zum äußeren Aufbau des Buches.

Es ist klar, daß dieses Buch nicht wegen der Auskünfte interessiert, die es über das Privatleben von fünf amerikanischen Durchschnittsfamilien gibt, sondern durch sein theoretisches Konzept, das eine individualisierende Erforschung des »Innenlebens« von Familien ermöglicht. Bei diesem Konzept handelt es sich um die Entwicklung einer Fragestellung, die über die biologischen und kulturanthropologischen Universalien und über soziologische und sozialpsychologische Typisierungen hinaus die verstehende Beschreibung und analytische Auffassung derjenigen Merkmale im Bewußtsein und Verhalten einer Familie ermöglicht, die sie von anderen Familien des gleichen Typs und ähnlicher sozialer Lage unterscheiden, und zwar infolge der lebensgeschichtlichen Besonderheiten und individuellen Begabungen oder Schwächen einzelner Familienmitglieder, aber auch der sozialen Geschichte und Situation der Ehe- und Familienpartner als einer Kleinstgruppe mit einer eigentümlichen subkulturellen Dynamik, ja Kreativität.[10] Diese Betrachtungsweise sucht also über die für die Kernfamilie konstitutive soziale Positions- und Rollendifferenzierung und ihre Auswirkungen hinauszugelangen in eine Dimension, wo das Individuelle einer Familie sowohl als Ausdruck der persönlichen Eigenheiten als auch als Folge des gemeinsamen Handelns und Schicksals ihrer Mitglieder faßbar wird.

»Die Komponenten familialer Rollen, welche den Mitgliedern einer bestimmten Kultur gemeinsam sind, stellen nützliche Konstrukte für das Studium der Familie als einer Institution und für interkulturelle Vergleiche der Familie als eines zentralen Elements der Sozialstruktur dar. Die Dynamik familialer Interaktion wird jedoch von mächtigen situationalen und idiosynkratischen Komponenten beeinflußt, so daß die Analyse einer einzelnen Familie über die Fakten hinausgeht, die sich ergeben, wenn man biologisch und kulturell Vorgegebenes zum Verhalten einer Familie in Beziehung setzt. Wir verfolgen die Absicht,

[10] Vgl. dazu D. Claessens: a. a. O., S. 147 ff.

hier einige der Variationen in der Lebensgestaltung zu untersuchen, die einzelne Familien entwickelt haben, in der Absicht, ihre emotionalen und sozialen Konsequenzen zu verstehen« (S. 9).

Die »situationalen und idiosynkratischen Komponenten«, von denen die Verfasser sprechen, lassen sich als Prinzipien verstehen, die vermittels der Kommunikation der Familienmitglieder das Familienleben mehr oder weniger bewußt bestimmen: die Gefühle und Einschätzungen, die die Familienmitglieder gegenüber einander hegen, die Positionen, die sie als Eltern und Kinder, Gatten und Geschwister in bezug aufeinander einnehmen, und die mehr oder weniger weiten Spielräume, die sie sich dabei zur individuellen Entfaltung gegenseitig einräumen, die Formen der sozialen Kontrolle, die sie bei ihren Interaktionen aufeinander ausüben, die Gewohnheiten, die sich bei den sich wiederholenden Alltagshandlungen des Familienlebens ausprägen, die sinngebenden Gespräche und Unternehmungen, durch die sich die Familie immer wieder neu ihres Zusammenhalts zu versichern sucht. Die Konstruktionsprinzipien des familialen Bewußtseins und Handelns erwachsen aus den grundlegenden Problemen, welche die soziale Situation einer Familie in einer bestimmten Gesellschaft und vielleicht sogar darüber hinaus universell bedingen und welche die Familie mit den kulturellen Möglichkeiten der sozialen Klasse oder Schicht, der sie angehört, und mit den persönlichen Kompetenzen ihrer Mitglieder zu lösen versuchen muß. So steht jede der untersuchten Familien vor den gleichen Grundproblemen, aber indem jede Familie ihre eigentümliche Lösung dafür findet, werden diese Probleme als Komponenten familialer Lebensformen und Lebenswelten bedeutungsvoll. In dieser Weise werden den fünf Familien folgende Probleme unterstellt, die als sinngebende Auslöser ihrer soziokulturellen Dynamik und der Konstruktion individueller »Familienwelten« fungieren.
Erstens hat jede Familie das Problem des Verhältnisses von *»Verbundenheit und Getrenntheit«* zu lösen. Damit die Familie nicht auseinanderfällt, müssen ihre Mitglieder ein gewisses Maß von Verbundenheit aufrechterhalten. Diese Verbundenheit darf jedoch nicht so beengend oder gar unterdrückend sein, daß sie dem einzelnen Familienmitglied keinen Spielraum für die Befriedigung seiner individuellen Bedürfnisse und Entfaltung seiner individuellen Fähigkeiten mehr läßt. Deshalb muß die Familie

bei aller Verbundenheit, wodurch sie besteht, zugleich auch eine Dimension eröffnen, wo den Familienmitgliedern getrenntes Handeln möglich wird. Im konkreten Fall geht jedoch die Lösung dieses Problems nicht wie eine Gleichung auf. Jede Lösung geht auf Kosten der einen oder der anderen Seite des Problems. So gewinnt Familie Newbold ihren Zusammenhalt gerade durch die Leistungen, die jedes der Mitglieder für sich außer Hause vollbringt, weil Aktivität und Leistung die sinngebenden Werte ihrer Familienideologie darstellen, deren man sich bei Tischgesprächen immer wieder neu vergewissert. Umgekehrt sucht Familie Steele zugunsten des Vaters und auf Kosten der Mutter durch eine Vielzahl gemeinsamer Tätigkeiten Verbundenheit in Gestalt physischer Nähe zu finden, die Eltern und Kinder vereint. Die Lösung kann aber auch so paradox sein wie bei den Littletons, wo die Familienmitglieder bestehender Spannungen wegen einander meiden, damit es nicht zu Konflikten kommt, und gerade durch diese Strategie ein Mindestmaß von Verbundenheit bewahren. So können Attitüden äußerster Rücksicht, ja der Kontaktmeidung zu Symbolen gegenseitiger Verpflichtung werden. Überhaupt vermag in bezug auf das zu lösende Problem von Getrenntheit und Verbundenheit jedes Ereignis und jede Verhaltensweise, jedes Wort und jede Geste eine symbolische Bedeutung zu gewinnen.

Zweitens können die Interaktionen der Familienmitglieder auf die Dauer nur funktionieren, wenn jedes ein gewisses Maß von Rücksicht auf die anderen nimmt. Das ist möglich aufgrund einer reflexiven Haltung, die G. H. Mead »taking the role of the other«, sich Hineinversetzen in die Rolle des Anderen, und »generalizing the other«, Verallgemeinerung des Anderen, genannt hat.[11] So lernt das Kind in der Familie sein Selbstbild über das Bild, das die anderen von ihm haben und ihm durch vielerlei Worte und Handlungen immer wieder neu bezeugen. Ohne ein gewisses Maß von *»Kongruenz der Bilder«*, die die Familienmitglieder von sich selbst und voneinander und von der Familie als ganzer haben, ist die für ein befriedigendes Familienleben erforderliche Koordination des Verhaltens aller nicht möglich. Als Verallgemeinerung aus diesem Bemühen um Kongruenz der Bilder entsteht das Bild der Familie, die Fami-

[11] Vgl. G. H. Mead: a. a. O., S. 192 ff., 300 f., 412, 415 f., 420 ff.; S. 194 ff.

lienideologie, von der jedes Mitglied wiederum seine eigene Version mit sich herumtragen kann. Das Familienbild sowie die Bilder, die die Mitglieder sich voneinander machen, dienen dazu, »die Aktion des einen gegenüber dem anderen zu lenken und zu gestalten» (S. 21). In dieser Funktion ist vor allem das Bild der Familie ein Kriterium zur Bewertung des inner- und des außerfamilialen Verhaltens. Mit diesem Begriff des Bildes, das eine Familie von sich hat und das die Familienmitglieder sich voneinander machen, kommt in der familialen Interaktion ein Element der Bewußtheit, eines verpflichtenden Wissens, zum Vorschein, eine das Verhalten objektivierende und stabilisierende geistige Konstruktion, die zwar starr werden und hemmend wirken, aber auch im Fluß bleiben und einer fortlaufenden Kontrolle durch das Familiengespräch und Veränderung durch die sozialen Erfahrungen, die man damit macht, unterliegen kann. Prinzipiell besteht eine Wechselwirkung zwischen Familienbild und der Interaktion, die es symbolisch bezeugt: die Bilder steuern die Interaktionen, und diese wirken korrigierend über Erfahrungen auf die Bilder zurück. In diesem fortwährenden Prozeß findet bis hin zur Ebene der Gefühle jene gegenseitige Anpassung und Differenzierung statt, die in jeder Familie zur Ausprägung individueller Bilder, aber auch individueller Interaktionsmuster führt.

Drittens wird das Verhalten der Familie von dem Anliegen beeinflußt, das im Zentrum des Interesses aller steht als *das »Thema« der Familie.* Eine Familie kann auch mehrere Themen haben, die ihr Verhalten bewußt oder unbewußt motivieren. Man kann das Thema, das in den meisten Fällen »ein ungelöstes psychologisches Problem« darstellt (S. 292), auch als den zentralen Wert oder das zentrale Interesse einer Familie bezeichnen. Von ihm her stellen sich die strukturierenden Aufgaben für die familialen Aktionen und Interaktionen.

»Ein Thema ist ein bedeutsames Problem im Leben einer Familie; in ihm kommen grundlegende Formen der Beziehung zur Außenwelt und der interpersonalen Verflechtung zum Ausdruck. ... Das Thema bildet also eine besonders nützliche Einheit für die Analyse des Familienlebens, denn es schafft die Möglichkeit, die Familie in weitgespannten und bedeutsamen psychosozialen und psychokulturellen Dimensionen zu charakterisieren« (S. 27).

An dem Familienthema nimmt jedes Familienmitglied seinen spezifischen Anteil; es geht in die Selbst- und Partnerbilder ebenso als bestimmende Komponente ein wie in das Gesamtbild der Familie. Es ist letztlich sinngebend und insofern legitimierend für die Aktivitäten, die von der Familie als wichtig angesehen werden, und wirkt in dieser Funktion normativ vorschreibend in bezug auf das, was getan werden und was nicht getan werden soll. Ein solches alle Tätigkeiten in seinen Bann schlagendes Familienthema kann die Furcht vor wirtschaftlicher Not oder das Bestreben sein, Eroberungen außerhalb der Familie zu machen, deren man sich bei den Familiengesprächen rühmen kann; es kann in dem Wunsch bestehen, durch eine Vielzahl gemeinsamer Unternehmungen Gefühle der Inkompetenz zu kompensieren, oder aber in dem Streben nach äußerer Ruhe und Harmonie bei begrenzten emotionalen Ausdrucksmöglichkeiten; auch können Versäumnisse, die in der Vergangenheit der Eltern liegen, das Thema bestimmen, sei es, daß sie eine Strategie der Bewahrung geordneter Verhältnisse um jeden Preis, sei es, daß sie um des Zusammenhalts der Familie willen eine der Konfliktvermeidung begründen. In jedem Fall ist das Thema der Familie ein maßgebender Faktor bei der Definition ihrer Situationen.[12]

Das vierte Problem, das jede Familie als soziale Gruppe in irgendeiner Weise lösen muß, ist *»die Festsetzung von Grenzen für die familiale Erfahrungswelt«*. Diese Grenzen müssen in verschiedener Hinsicht gezogen werden: im Innenraum der Familie in bezug auf die Spielräume, die sich die Familienmitglieder zur Selbstbestimmung und Persönlichkeitsentfaltung zugestehen; in bezug auf die Intensität der Erfahrungen, d. h. das Ausmaß der emotionalen Hingabe an Personen und Projekte, das man sich gegenseitig erlaubt. Eine weitere wichtige Dimension ist natürlich die geographische, die Extensität der Erfahrung, die Enge oder Weite des Raumes, den eine Familie zur befriedigenden Darstellung ihrer Welt benötigt, wozu auch das Ausmaß ihres Interesses an den Dingen der Nachbarschaft, der Gemeinde, des Landes und anderer Länder (z. B. durch Reisen) und an der Welt überhaupt gehört. Schließlich ist für diese

12 Zum Begriff der Situationsdefinition vgl. W. I. Thomas: Person und Sozialverhalten. Neuwied, Berlin 1965, S. 114.

Komponente der Familiengrenzen das Problem grundlegend, nach welchen Kriterien eine Familie ihre Erfahrungen evaluiert: nach moralischen oder religiösen, ästhetischen oder ökonomischen. Wie verschieden die untersuchten Familien Abgrenzungsfragen dieser Art beantwortet haben, zeigt sich z. B. daran, daß Enge wie Weite des abgesteckten Lebensraumes sich sowohl mit schwacher als auch mit starker Gefühlsintensität verbinden können (vgl. S. 299 ff.).

Ein fünfter und letzter Problembereich, der von jeder Familie Lösungen verlangt, ist in den *»biosozial« bedingten Differenzen* der Generationen und Geschlechter gegeben.[13] Wie wird in einer Familie der Generationsunterschied zwischen Eltern und Kindern interpretiert und welche Konsequenzen werden aus dieser Interpretation für Art und Ausmaß der elterlichen Autoritäts- und Machtausübung, der Erziehungs- und Disziplinierungspraktiken, der Formen der Belohnung und Bestrafung gezogen? Wie stellt sich der Unterschied der Geschlechter bei den Interaktionen der Eltern den Kindern dar und wie werden die Geschlechtsunterschiede in einer Familie evaluiert? Eine außerordentlich wichtige, in der Sozialisationsforschung noch kaum ausgearbeitete Frage ist die sich in diesem Zusammenhang stellende Frage nach den Wachstumskonzepten, Zeit- und Raumperspektiven, die Eltern in bezug auf ihre Kinder haben. Davon hängt es ab, welches Maß von Zeit man seinen Kindern gibt oder nimmt, erwachsen zu werden, inwieweit man das Kind sich selbst überläßt, wieviel eigenen Raum und Eigenwelt man den Kindern zugesteht.[14] Diesem Problembereich ordnen die Verfasser auch die Frage zu, wie es die Eltern im Verhältnis zur Generation ihrer Eltern einerseits und andererseits zur Generation ihrer eigenen Kinder mit der Überlieferung der familialen Werte und Bilder halten, wie sich Zufriedenheit oder Unzufriedenheit mit der sozialen Herkunft – bestärkend oder schwächend – auf das Verhalten der Eltern gegenüber ihren Kindern auswirken und in welchem Ausmaß überhaupt im Zusammenhang der Genera-

[13] Zur Bedeutung der elterlichen Koalition, der Wahrung der Generationsschranken und geschlechtsgebundener Rollen für die familiale Sozialisation des Kindes und seine weitere Persönlichkeitsentwicklung vgl. Th. Lidz: a. a. O., S. 33 ff.

[14] Vgl. M. J. Langeveld: L'»endroit secret« dans la vie de l'enfant. In: I. H. van den Berg et al. (Hg.): Situation, Bd. I. Utrecht, Antwerpen 1954, S. 124—146.

tionen eine Familie Kontinuität und Identität bewahren kann (vgl. S. 304 ff.).

Den fünf Familienmonographien, die auf alle diese Fragen Antwort suchen, gelingt der Nachweis einer erstaunlichen Varianz der Problemlösungen. In jeder dieser Familien werden die soeben zusammenfassend dargestellten Grundprobleme zu Prinzipien für den Aufbau individueller »Lebenswelten«,[15] und die familienspezifische Lösung jedes Problems macht es zu einer eigentümlichen Komponente der betreffenden »Familienwelt«. Von hier aus gewinnt der zunächst befremdlich anmutende Titel des Buches seine Bedeutsamkeit und seinen erklärenden Inhalt. Bei jeder dieser fünf Familien scheinen wir uns in einer anderen Welt zu befinden. Es sind nicht einfach nur verschiedene Weltansichten, sondern von den Familienmitgliedern faktisch erfahrene Teilwelten, Lebenswirklichkeiten, konstruiert aus den sinngebenden und das Verhalten motivierenden Lösungen der Problemkomponenten, die das Familienleben bestimmen. Im Anschluß an den interessanten Aufsatz von Peter L. Berger und Hansfried Kellner über »Die Ehe und die Konstruktion der Wirklichkeit» können wir in bezug auf die hier zur Debatte stehenden Einzelfallstudien von einer Konstruktion der Wirklichkeit in der Familie sprechen.

»In unserer Gegenwartsgesellschaft ... konstituiert jede Familie ihre eigene segregierte Teilwelt, mit ihren eigenen Kontrollen und ihrem eigenen, geschlossenen *Gespräch.* Diese Tatsache erfordert einen viel größeren Einsatz der Ehepartner. Ungleich früheren Zeiten, in denen die Gründung einer neuen Ehe nur einen Zuwachs an Differenzierung und Komplexität zu einer *bereits bestehenden* sozialen Welt bedeutete, finden sich die Ehepartner heute vor der oftmals schwierigen Aufgabe, sich ihre eigene private Welt, in der sie leben werden, selbst zu schaffen. ... Bei einer Beziehung, die allein von zwei Menschen gebildet wird und von deren Bemühungen abhängt, muß der andauernde Prozeß der Welt-Schaffung seine *Intensität* wegen der numerischen Armut dieser Beziehungen verstärken. Dies wiederum akzentuiert das Drama und die Unsicherheit. Die später hinzukommenden Kinder verdichten in der Kernfamilie dann jedoch den bereits vorhandenen Objektivierungsgrad, so daß die eheliche Beziehung in erheblich geringerem Maße der Unsicherheit überlassen ist.«[16]

[15] Zum Begriff der Lebenswelt vgl. E. Husserl: Die Krisis der europäischen Wissenschaften und die transzendentale Phänomenologie. Den Haag 1962. — A. Schütz: Der sinnhafte Aufbau der sozialen Welt. Wien 1960.

[16] P. L. Berger, H. Kellner: Die Ehe und die Konstruktion der Wirklich-

Das Hervorbringen solcher Ehe- und Familienwelten wird in den modernen Industriegesellschaften in dem Umfang möglich und sinnvoll, in dem ihre öffentlichen Institutionen Ehe und Familie den Charakter der Privatheit zubilligen. Die Objektivierung einer solchen gemeinsamen Privatwelt vollzieht sich als Uminterpretation und Neudefinition der mitgebrachten individuellen Welten in kommunikativen Formen, die man zusammenfassend das Gespräch der Ehepartner nennen kann. Im Verlauf der Ehe werden an diesem Gespräch, wenn Kinder zur Welt kommen, Freunde beteiligt oder gar Peer-Gruppen einbezogen werden, noch andere Personen teilnehmen und dafür Sorge tragen, daß die Familienwelt nicht zu privat und als familiärer Aspekt der Alltagswelt, die jedermann geläufig ist, bewußt bleibt.[17]

»Das diesem Gespräch implizite Problem ist die Frage danach, wie die von zwei verschiedenen Menschen gegebenen Definitionen der Wirklichkeit aufeinander abzustimmen sind. Aus der Beziehung ergibt sich schlüssig, daß eine Definition, die beiden gemein ist, erreicht werden muß, da sonst das Gespräch unmöglich ist und *ipso facto* die Beziehung gefährdet wird. Dieses Gespräch kann als das Hervorbringen eines ordnenden und typisierenden Apparats – oder, falls man dies vorzieht: eines objektivierenden Apparats – verstanden werden. Jeder Partner trägt seine Konzeption der Wirklichkeit vor – die im allgemeinen nicht nur einmal, sondern mehrmals ›durchgesprochen‹ und somit durch den Gesprächsapparat objektiviert wird. Je länger das Gespräch anhält, um so realer werden den Partnern die Objektivierungen. Das eheliche Gespräch erschafft nicht nur eine neue Welt, sondern sorgt auch dafür, daß sie repariert und fortwährend neu ausgestaltet wird. Für die beiden Partner wird die subjektive Realität dieser Welt durch das gemeinsame Gespräch erhalten. Durch das endlose Gespräch, das von dem zehrt, was sie gemeinsam und getrennt erfahren, wird das *nomische* Instrument der Ehe ständig konkretisiert. ... Dieser Prozeß zeitigt ein wichtiges Ergebnis – nämlich die Erhärtung und Stabilisierung der gemeinsam objektivierten Realität.“[18]

Vor dem Hintergrund der vorstehenden Ausführungen über eine »Mikrosoziologie des Wissens«, das in der ehelichen und fami-

keit. Eine Abhandlung zur Mikrosoziologie des Wissens. In: Soziale Welt 16 (1965), S. 225.

[17] Zur Funktion der peer group für Ehepaare vgl. J. Pitts: The Structural-functional Approach. In: H. T. Christensen (Hg.): Handbook of Marriage and the Family. Chicago 1964.

Zur Funktion des Gesprächs in der Familie vgl. J. H. S. Bossard, E. S. Boll: a. a. O., S. 133 ff.:„Family Table Talk“.

[18] P. L. Berger, H. Kellner: a. a. O., S. 228.

lialen Kommunikation erzeugt und als Steuerungsapparatur in den Aktionen und Interaktionen der Ehepartner und Familienmitglieder wirksam wird, läßt sich das von Hess und Handel vorgetragene und in den Familienmonographien bewährte Konzept der »Familienwelten« in seiner wissenschaftslogischen und methodologischen Relevanz besser verstehen. Die Dialektik von Verbundenheit und Getrenntheit, die Verallgemeinerung der Selbst- und Partnerbilder zum Bild der Familie, das Thema der Familie, die Kriterien zur Bestimmung der Erfahrungsgrenzen, das familiale Wertsystem und seine Überlieferung oder Unterbrechung im Verhältnis der Generationen und Geschlechter: das alles sind – bei allen emotionalen Einflüssen, die darin zur Geltung kommen oder davon ausgelöst werden – *kognitive Komponenten,* Wissensformen, zur »gesellschaftlichen Konstruktion der Wirklichkeit« in der Kernfamilie.[19] Die analysierten und in ihrem subjektiven Sinn verständlich gemachten Familienwelten sind die kognitiven Komponenten, die in den betreffenden Familien das Leben bestimmen. Es sind Wissensformen höchst individueller, ja idiosynkratischer Art, und sie dienen – bei allen irrationalen Momenten, die darin unausgedacht mitspielen mögen, trotz der unterschiedlichen Bewußtheit, in der sie vorschweben – der sinngebenden Verständigung der Familienmitglieder darüber, wie sie ihr Leben zusammen führen wollen und wie sie die Erfahrungen, die sie dabei machen, bewerten und als »Alltagswelt« zur Grundlage dieses Wissens machen wollen. Der individuelle Charakter dieses Alltagsweltwissens ist es gerade, der die Unterscheidung verschiedener Familienwelten ermöglicht, wie es im Buch die Analysen anhand der einzelnen Familien zeigen.

Was diese Untersuchungen ans Licht bringen, ist, daß es nicht nur die alle Mitglieder einer Gesellschaft miteinander in einem gemeinsamen Bewußtseinshorizont verbindende Wirklichkeitskonstruktion des Alltagsweltwissens gibt, über das jedermann sich in der Umgangssprache mit jedermann verständigen kann, sondern daß in den verschiedenen Familienwelten spezifischere Wirklichkeitskonstruktionen vorliegen, die gar nicht so einfach mit der Fiktion einer gesamtgesellschaftlichen Alltagsweltwirk-

[19] P. L. Berger, Th. Luckmann: Die gesellschaftliche Konstruktion der Wirklichkeit. Eine Theorie der Wissenssoziologie. Frankfurt 1969.

lichkeit in Einklang zu bringen sind, weil sie einen einzigartigen, privaten Charakter haben, der auch ihre schlichte Mitteilbarkeit an und Zugänglichkeit für andere erschwert, so daß es wie im Falle unserer fünf Familien besonderer wissenschaftlicher Methoden und Bemühungen bedarf, um einen Einblick in diese familienspezifischen Privatwelten zu gewinnen. So ist die Alltagsweltwirklichkeit der Familie Clark eine ganze andere als die der Familie Newbold, und auch die umgangssprachlichen Formeln, in denen sich in diesen Familien das »Familienweltwissen« im Gespräch der Familienmitglieder objektiviert, sind nicht jedermann, sondern nur im Sinnkontext der betreffenden Familie verständlich. Man stelle sich vor: das Ehepaar Clark und das Ehepaar Newbold oder Steele hätten die Absicht, sich über ihre Familienwelten zu verständigen. Eine solche wechselseitige Überschreitung der familialen Sinn- und Erfahrungsgrenzen wäre außerordentlich schwierig, wenn es auch zwischen Familienwelten vermittelnde soziale Räume gibt wie z. B. die Nachbarschaft oder Peer-Gruppen.[20]

Von hier aus ergibt sich eine Kritik an der von Peter L. Berger und Thomas Luckmann im Anschluß an Husserl und Schütz vertretenen These von einer der natürlichen Einstellung aller Mitglieder einer Gesellschaft gemeinsamen, alltäglich gegenwärtigen Lebenswelt.

»Die Wirklichkeit der Alltagswelt stellt sich mir ... als eine intersubjektive Welt dar, die ich mit anderen teile. Ihre Intersubjektivität trennt die Alltagswelt scharf von anderen Wirklichkeiten, deren ich mir bewußt bin. Ich bin allein in der Welt meiner Träume. Aber ich weiß, daß die Alltagswelt für andere ebenso wirklich ist wie für mich. Tatsächlich kann ich in der Alltagswelt nicht existieren, ohne unaufhörlich mit anderen zu verhandeln und mich mit ihnen zu verständigen. Ich weiß, daß meine natürliche Einstellung zu dieser Welt der natürlichen Einstellung anderer zu ihr entspricht, daß sie wie ich die Objektivationen erfassen, durch die diese Welt reguliert wird ... Ich weiß selbstverständlich auch, daß die anderen diese gemeinsame Welt aus Perspektiven betrachten, die mit der meinen nicht identisch sind.«[21]

Wie verhalten sich die Wirklichkeiten der Familienwelten, die Hess und Handel erhoben haben, zur Wirklichkeit der Alltagswelt, von der Berger und Luckmann sprechen? Gegen die Be-

[20] Vgl. W. Loch: Die Bedeutung der Nachbarschaft im Leben des Kindes. In: Das neue Erlangen 1967, H. 9, S. 610—617.
[21] P. L. Berger, Th. Luckmann: a. a. O., S. 25 f.

hauptung eines die Gesellschaft im ganzen zusammenhaltenden, allen ihren Mitgliedern gleichermaßen präsenten und in der Umgangssprache austauschbaren Alltagswissens spricht heute nicht nur die Existenz privater Familienwelten, nicht nur das Bestehen von kaum überbrückbaren Gegensätzen zwischen gesellschaftlichen Schichten, sondern in einer Zeit innergesellschaftlicher Krisen eine Mannigfaltigkeit von Gruppengegensätzen, die sich in widersprechenden Wertsystemen, Gruppenwelten, Wirklichkeitskonstruktionen und gruppenspezifischen Umgangs- bzw. Sondersprachen mehr oder weniger demonstrativ und füreinander unverständlich zum Ausdruck bringen.[22]

Um solche gruppenspezifische »Weltmodelle« adäquat zu beschreiben, bedarf es neuartiger ethnographischer Methoden. In diesem Zusammenhang ist es für den Ansatz von Hess und Handel kennzeichnend, daß sie die Reihe der beschriebenen kognitiven Problemkomponenten zunächst in Form sehr allgemein gefaßter Begriffe an die einzelnen Familien herantragen, um in der detaillierten Analyse der verschiedenen Aussagen der Familienmitglieder zu verfolgen, in welcher Weise und in welchem Ausmaß die einzelnen Familienmitglieder wie die Familie als Gruppe diese Problemkomponenten zu Prinzipien ihres individuellen Denkens und Handelns, Fühlens und Interagierens machen. Dieses Verfahren hat eine gewisse Verwandtschaft mit neueren anthropologischen und linguistischen Forschungsrichtungen, die sich »Ethnographie of Communication« und »Ethnoscience« (Ethnotheorie) nennen.[23] Diesen Ansätzen ist das Bemühen gemeinsam, sich in die Perspektive der Individuen oder Gruppen zu versetzen, deren »individuelles Weltmodell« sie erforschen wollen.[24]

[22] Vgl. D. Lawton: Soziale Klasse, Sprache und Erziehung (Sprache und Lernen Bd. 8). Düsseldorf 1973, S. 7 ff. — W. Loch: Die stationäre Emanzipation. In: F. Neidhardt et al.: Jugend im Spektrum der Wissenschaften. München 1970, S. 229—251.

[23] Vgl. D. H. Hymes: Die Ethnographie des Sprechens. In: Arbeitsgruppe Bielefelder Soziologen (Hg.): Alltagswissen, Interaktion und gesellschaftliche Wirklichkeit. Bd. 2: Ethnotheorie und Ethnographie des Sprechens (rororo studium 55). Reinbek bei Hamburg 1973, S. 338—432. — J. J. Gumperz, D. H. Hymes: The Ethnography of Communication. In: American Anthropologist. Special Publication 66 (1964) 2,6. — G. Psathas: Ethnotheorie, Ethnomethodologie und Phänomenologie. In: Arbeitsgruppe Bielefelder Soziologen (Hg): a. a. O., S. 263—284.

[24] Vgl. A. F. C. Wallace: Die psychische Einheit menschlicher Gruppen. In: Arbeitsgruppe Bielefelder Soziologen (Hg.): a. a. O., S. 295 ff.

Ward H. Goodenough hat diese methodische Zielsetzung folgendermaßen formuliert:

»Die Kultur einer Gesellschaft besteht aus allem, was man wissen oder glauben muß, um in einer Weise handeln zu können, die von den Angehörigen der Kultur akzeptiert wird – und zwar in jeder Rolle, die für jeden der Kulturzugehörigen akzeptiert wird... Es geht um die Ordnung der Dinge in den Köpfen der Menschen, um die Modelle der Wahrnehmung und der Deutung, die von ihnen gehandhabt werden... Die ethnographische Beschreibung benötigt daher Methoden, mit Hilfe derer beobachtete Erscheinungen so behandelt werden können, daß wir auf induktive Weise eine Theorie entwickeln können darüber, wie unsere Informanten die in Rede stehenden Erscheinungen organisiert und konstruiert haben. Es ist die Theorie, nicht die Erscheinung allein, die in der ethnographischen Beschreibung abgebildet werden soll.«[25]

In einer ganz ähnlichen Weise gehen Hess und Handel bei der Untersuchung der fünf Familien vor. Dabei zeigt ihr Verfahren Merkmale, wie sie für die sog. *Komponentenanalyse* maßgebend sind. Für diese im Rahmen der nordamerikanischen Cultural Anthropology entwickelte Methode ist es charakteristisch,

»daß Leitfragen so sorgfältig und vorsichtig formuliert werden müssen, daß über sie keine Ideen an den autochthonen Informanten herangetragen werden, die nicht schon Teil von dessen kognitivem System sind. ... Der Forscher bemüht sich, jene Komponenten oder konzeptuellen Prinzipien aufzuspüren, die dem Prozeß zugrunde liegen, in dem Bezeichnungen oder Namen gebraucht werden, um Dinge zu ordnen und zu klassifizieren. Wenn diese Prinzipien entdeckt sind, kann der Forscher ein ›kulturell angemessenes Verhalten‹ rekonstruieren, denn er hat nun die Perspektive des in die Kultur Hineingeborenen erfaßt. Zugleich hat er aufgedeckt, welche Komponenten für die Zugehörigen der untersuchten Kultur signifikant oder relevant sind.«[26]

Hess und Handel untersuchen zwar keine Kulturen, dafür aber Subkulturen. Jede Familie ist als eine individuelle Subkultur auffaßbar.[27] Auch sie haben Leitfragen vorsichtig formuliert wie die Frage nach der Kongruenz der Bilder und dem Familienthema – Fragen, die so allgemein sind, daß sie nichts präjudi-

[25] W. Goodenough: Cultural Anthropology and Linguistics. In: D. H. Hymes (Hg.): Language in Culture and Society. New York 1964, S. 36—39. Zit. nach G. Psathas: a. a. O., S. 265.

[26] G. Psathas: a. a. O., S. 264 ff.

[27] Zur Auffassung der Familie als „Subkultur" vgl. D. Claessens: a. a. O., S. 159 ff.

zieren. Wenn nicht auf anthropologische Universalien, so beziehen sich diese Fragen auf gesellschaftliche Typisierungen sehr allgemeiner Art. Unter der Leitung dieser Fragen werden die in den Interviews und Tests relativ offen erhobenen Aussagen der Informanten analysiert und verglichen, so daß schließlich die »Komponenten« oder »konzeptuellen Prinzipien« sich herausschälen, aus denen die jeweilige »Familienwelt« als Steuerungsinstanz des betreffenden Familienlebens in seinen verschiedenen sozialen und personalen Dimensionen konstruiert ist.

Mit der durch diese methodologischen Überlegungen gewonnenen Perspektive könnte man den in diesem Buch vorgetragenen Ansatz als den einer »Ethnographie der Familie« bezeichnen. Die Autoren heben jedoch einen anderen Gesichtspunkt als zentral für ihren Ansatz hervor. Der Untertitel des englischen Originals lautet: »a psychosocial approach to family life«. Was ist ein »psychosozialer« Zugang? Wenn wir die Verfasser richtig verstehen, ist dieser Ansatz nicht zu verwechseln mit einem »sozialpsychologischen«, wo nach den psychologischen Konsequenzen soziologischer Bedingungen gefragt wird.[28] Vielmehr soll »psychosozial« heißen, daß die Psyche der einzelnen Mitglieder einer Familie für die Betrachtung ebenso relevant ist wie die Eigenart der sozialen Beziehungen, die zwischen ihnen bestehen. Die Kernfamilie ist gleichsam ein psychosoziales Molekül, eine Kleinstgruppe, in der die psychischen Eigenheiten und die sozialen Beziehungen in einer ständigen Wechselwirkung stehen, ohne daß eine Seite zur dominierenden Variablen wird. Psychosozial als Kennzeichen einer Betrachtungsweise bedeutet die Bemühung, die psychischen und die sozialen Elemente einer Gruppe als gleichgewichtig zu behandeln, m. a. W. die Persönlichkeitsstrukturen und die Sozialstruktur einer Familie als noch relativ ungeschiedene Elemente anzusehen, die auch noch nicht starr geworden sind, so daß Psychisches bzw. Persönliches unmittelbar in Soziales umschlagen kann und umgekehrt. Das ist die »neue Perspektive«, die die Autoren für das Studium der Familie als nötig erachten.

»Den verschiedenen Konzeptualisierungen des Problems der Familienkohäsion fehlt es typischerweise an der Vorstellung, daß die jeweiligen

[28] Als ähnlichen, aber „sozialpsychologischen" Ansatz vgl. A. R. Lindesmith, A. L. Strauss: Symbolische Bedingungen der Sozialisation. Eine Sozialpsychologie (Sprache und Lernen Bd. 26). Teil 1. Düsseldorf 1974.

Persönlichkeiten der Individuen, die eine Familie ausmachen, ein wesentliches Element ihrer Struktur sind. ... In gewisser Weise kann man also sagen, daß klinische Praktiker und (soziologische) Theoretiker an demselben Problem von zwei grundsätzlich verschiedenen Perspektiven aus gearbeitet haben. Aufgrund seiner Ausbildung, seiner Denkgewohnheiten und professionellen Verantwortung beginnt der klinische Praktiker beim Individuum und weitet dann Schritt für Schritt seinen Gesichtskreis aus. Aus genau denselben Gründen beginnen Soziologe und Anthropologe mit der Gruppe« (S. 11 f.).

Der psychosoziale Ansatz versucht die beiden Perspektiven gleichgewichtig miteinander zu verbinden, und in diesem Zusammenhang ist es bezeichnend, daß sich die Verfasser bei der (in der deutschen Ausgabe weggelassenen) Danksagung in ihrem Vorwort ausdrücklich auf Allison Davis, Robert J. Havighurst, William E. Henry und W. Lloyd Warner beziehen. Eine Familie als eine »psychosoziale Organisation« zu beschreiben, bedeutet, eine Antwort auf die Frage zu finden: »Wie kann man wohl eine Familie beschreiben und dabei allen ihren Mitgliedern Rechnung tragen?«

Was bei einer solchen, die makrosoziologischen Beziehungen weitgehend außer acht lassenden Betrachtung der Familie herauskommt, ist, daß diese Familien – gleich, ob in der Unterschicht oder in der Mittelschicht beheimatet – als dynamische Einheiten erscheinen, die ihre Lebenswelt aktiv gestalten, wenngleich nicht übersehen werden darf, daß dieses Erscheinungsbild zum Teil das Ergebnis der Ausklammerung der beruflichen Sphäre und der sonstigen Außenbeziehungen durch die Darstellung selbst ist. Was zum Vorschein kommt, ist das »Privatleben« der Familien, und in diesem Bereich sind sie dynamisch. Hier ergeben sich interessante Beziehungen zu den Ausführungen, die Dieter Claessens in seinem Buch »Familie und Wertsystem« über die »Eigendynamik der Kernfamilie« gemacht hat:

»Wird von Eigendynamik der Kernfamilie gesprochen, so sind damit Tendenzen gemeint, die zu der wesentlichen Aufgabe der Kernfamilie gegenläufig erscheinen und damit nicht in das Konzept der Tradierung von Wertbezügen, der kulturtypischen Formung des Nachwuchses zu passen scheinen. Teils handelt es sich um einfache Möglichkeiten, die zur Verfügung gestellt und von den Familienmitgliedern in einer kulturell nicht vorgesehenen Weise genutzt werden. Die damit geförderten Verhaltensweisen ›passen‹ bereits – obenhin gesehen, wie sich herausstellen wird – nicht in das sozio-kulturelle Konzept. Sie sollen mit dem Begriff der ›Selbstdarstellung‹ gefaßt werden. Teils handelt es sich um die gegenseitige Beeinflussung von Kind und Eltern aufgrund der Ontogenese der letzteren, ein Wechselspiel, das nur schwer mit den vorgegebenen kulturellen Verhaltensmustern in Einklang zu bringen ist und gewisse Verzerrungen in den ›Erziehung‹ genannten Prozeß der Sozialisierung hineinträgt... Ferner ergeben sich Spannungen zwischen Kultur- und Familienstil, die praktisch Veränderungen des kulturell vorgegebenen Verhaltensstils sind; und außerdem ... erweisen sich bestimmte Verhaltensweisen in der Kernfamilie, die hervorragend der Verfestigung sozio-kultureller Werte dienen können, zugleich auch insofern als ›eigendynamisch‹, als sie die Familie auch wert*un*abhängig machen können. Es sind dies die Familien-›Rituale‹.«[29]

Die Monographien zeigen die Familien insofern als kulturell kreative Gruppen, als jede von ihnen aus ihrer schicht- und milieuspezifischen Kultur ihre spezifische, individuelle Subkultur, man könnte auch sagen: Privatkultur gestaltet, die nicht nur das Ergebnis der persönlichen Stärken, sondern gerade auch der Schwächen der Familienmitglieder, vor allem natürlich der Eltern, ist.

Zum Schluß muß die Frage nach der Relevanz dieses Buches für die Reihe »Sprache und Lernen« und für eine an diesem Grundverhältnis orientierte pädagogische Anthropologie noch direkt beantwortet werden. Zu den vorgesehenen Themenbereichen der Reihe gehört die Darstellung der sozialen Gruppen, in deren Kontexten sich der Zusammenhang von sprachlicher Kommunikation und Lernen entfaltet. Der Sprachgebrauch in Familie, Peer-Gruppe, Schulklasse und anderen primären Gruppen ist deshalb in bezug auf die Lern-, Enkulturations-, Sozialisations- und Entwicklungsprozesse, die er steuert und von denen er wiederum selbst in seinen kommunikativen Möglichkeiten bereichert wird, durch Auffinden geeigneter Arbeiten für die Reihe in vielfältiger Hinsicht zu erschließen. Die sozialisierende Funktion der Sprache und die Sozialisierung der Sprache durch die Altersgenossengruppe wird in den Büchern von Jean Piaget über »Sprechen und Denken des Kindes« (Band 1 der Reihe »Sprache und Lernen«), von A. R. Lurija und F. Ja. Judowitsch »Die Funktion der Sprache in der geistigen Entwicklung des Kindes« (Band 2) und Morris M. Lewis »Sprache, Denken und Persönlichkeit im Kindesalter« (Band 3) bereits instruktiv auf-

[29] D. Claessens: a. a. O., S. 147 f.

gewiesen. Basil Bernsteins »Studien zur sprachlichen Sozialisation« (Band 7) und die ergänzende Arbeit von Denis Lawton über »Soziale Klasse, Sprache und Erziehung« (Band 8) bringen unter dem Aspekt der Auswirkung sozialer Klassen- bzw. Schichtphänomene auf die kommunikativen Fertigkeiten die bekanntesten Forschungsbeiträge, wobei – zwar im Blick auf das schulische Lernen – die Familie schon im Zentrum des Interesses steht.[30] Hier wird nun der Band 41, das Buch von Robert D. Hess und Gerald Handel über »Familienwelten« einzufügen sein, dem wir zur genaueren Bezeichnung seines Gegenstandes den Untertitel »Kommunikation und Verhaltensstile in Familien« gegeben haben. Zum Sprachgebrauch in schulischen Gruppen tragen folgende Arbeiten bei: Gerhard Priesemann »Theorie der Unterrichtssprache« (Band 11), Dieter Spanhel »Die Sprache des Lehrers« (Band 12) und »Schülersprache und Lernprozesse« (Band 29) sowie als Band 15 das bekannte Buch von Arno A. Bellak u. a. »Die Sprache im Klassenzimmer«, aber auch in schulkritischer und sozialpädagogischer Hinsicht der Beitrag von Hans Günther Homfeldt über »Stigma und Schule« (Band 46).
Unter anderen Gesichtspunkten läßt sich das hier zu besprechende Buch anderen in »Sprache und Lernen« erschienenen Werken zuordnen. Als Beitrag zum Thema »Sprache und Interaktion« bringt es sich einerseits mit der »Kommunikativen Ethik« von Edeltraut Bülow (Band 21) und der »Sprachpsychologie und Theorie der Verständigung« von Ulrich Haug und Georg Rammer (Band 39) in Verbindung und andererseits mit den von George J. McCall und J. L. Simmons unter dem Titel »Identität und Interaktion« vorgelegten »Untersuchungen über zwischenmenschliche Beziehungen im Alltagsleben« (Band 36) und der bereits erwähnten »Sozialpsychologie« von Alfred R. Lindesmith und Anselm L. Strauss, der wir den Titel »Symbolische Bedingungen der Sozialisation« gegeben haben (Teil 1, Band 26). Die Bezugnahme auf diese Arbeiten wirft jedoch die Frage auf, worin der eigentliche Beitrag der »Familienwelten« im Hinblick auf die Sprache liegt und das Lernen, das sie induziert. Sicherlich ist der Sprachgebrauch zwischen Eltern und

[30] Vgl. auch R. D. Hess, V. Shipman: Frühkindliche Erfahrung und Sozialisation kognitiver Stile. In: C. F. Graumann, H. Heckhausen: Pädagogische Psychologie 1. Frankfurt 1973, S. 287—307. — R. D. Hess, R. M. Bear (Hg): Frühkindliche Erziehung. Weinheim, Basel 1972.

Kindern nicht der Gegenstand, auf den Hess' und Handels Interesse gerichtet ist. Die vielen Auszüge aus den Interview- und Testprotokollen, die in den Text des Buches eingeflochten sind, lassen zwar im Zusammenhang mit den basalen Komponenten der familiären Kommunikationsstile eine Auswertung nach linguistischen Gesichtspunkten zu. Die Bedeutung des Buches für die pädagogisch-anthropologische Fragestellung nach dem Verhältnis von Sprache und Lernen liegt aber in der Aufdeckung jener basalen Komponenten, die als Konstruktionsprinzipien von Familienwelten zugleich die Kommunikationsstruktur von Familien als individualisierende Faktoren bestimmen. Es gibt wenig Untersuchungen, die einen derart detaillierten Einblick in die kommunikativen Prozesse zu geben vermögen, die im Binnenbereich der Familie das bewirken, was wir Persönlichkeitsentwicklung, Enkulturation, Sozialisierung und Identitätsgewinnung nennen. »Ob und wie das Kind die primären Rollen (Geschlecht und Generation) lernt, hängt von der Kommunikationsstruktur der Familie ab. Die Ausbildung der Ich-Identität ist an eine gebrochene Intersubjektivität der umgangssprachlichen Kommunikation gebunden. Unter diesem Gesichtspunkt begreifen Hess und Handel die Familie nicht als System, sondern als Lebenswelt.«[31]

Flintbek, im Februar 1975 *Werner Loch*

[31] J. Habermas: Stichworte zu einer Theorie der Sozialisation. In: J. Habermas: Kultur und Kritik. Frankfurt 1973, S. 137.

Sprache und Lernen

Internationale Studien zur pädagogischen Anthropologie

Herausgegeben von
Werner Loch, Harm Paschen und Gerhard Priesemann

Arno A. Bellack u. a.
Die Sprache im Klassenzimmer 1974

Basil Bernstein
Studien zur sprachlichen Sozialisation ^{3}1974

James Britton
Die sprachliche Entwicklung in Kindheit und Jugend 1973

Jerome S. Bruner
Der Prozeß der Erziehung ^{3}1973

Jerome S. Bruner
Entwurf einer Unterrichtstheorie 1974

Karin Bühring
Allgemeine Semantik: Sprachkritik und Pädagogik 1973

Edeltraud Bülow
Kommunikative Ethik 1972

G. W. Ford und L. Pugno (Hrsg.)
Wissensstruktur und Curriculum 1972

Hans G. Furth
Denkprozesse ohne Sprache 1972

Hans G. Furth
Piaget für Lehrer 1973

Ulrich Haug und Georg Rammer
Sprachpsychologie und Theorie der Verständigung 1974

Gotthilf Gerhard Hiller
Konstruktive Didaktik 1973

H. P. Hirst und R. S. Peters
Die Begründung der Erziehung durch die Vernunft 1972

Hans Günther Homfeldt
Stigma und Schule 1974

William Kay
Die moralische Entwicklung des Kindes 1974

Guido König
Strukturen kindlicher Sprache 1972

Denis Lawton
Soziale Klasse, Sprache und Erziehung ^{3}1973

Henri Lefebvre
Sprache und Gesellschaft 1973

Morris M. Lewis
Sprache, Denken und Persönlichkeit im Kindesalter [3]1975

A. R. Lurija und F. Ja. Judowitsch
Die Funktion der Sprache in der geistigen Entwicklung des Kindes [3]1973

George J. McCall und J. L. Simmons
Identität und Interaktion 1974

David McNeill
Der Spracherwerb 1974

Thomas Molnar
Die Zukunft der Bildung 1971

Charles W. Morris
Zeichen, Sprache und Verhalten 1973

R. S. Peters
Ethik und Erziehung 1972

Jean Piaget
Sprechen und Denken des Kindes [2]1975

Jean Piaget
Urteil und Denkprozeß des Kindes [2]1974

Jean Piaget und Bärbel Inhelder
Die Entwicklung der elementaren logischen Strukturen
In zwei Teilbänden 1973

Gerhard Priesemann
Zur Theorie der Unterrichtssprache [2]1974

Jan Prucha
Sowjetische Psycholinguistik 1974

Israel Scheffler
Die Sprache der Erziehung 1971

Jörg Schlee
Sozialstatus und Sprachverständnis 1973

Jonas F. Soltis
Einführung in die Analyse pädagogischer Begriffe 1971

Dieter Spanhel
Die Sprache des Lehrers [2]1973

Dieter Spanhel (Hrsg.)
Schülersprache und Lernprozesse 1973

Klaus R. Wagner
Die Sprechsprache des Kindes
In zwei Teilbänden 1974

Pädagogischer Verlag Schwann
4 Düsseldorf · Postfach 7640